Bleicher/Leberl/Paul

KNUT BLEICHER / DIETHARD LEBERL /
HERBERT PAUL

UNTERNEHMUNGS-VERFASSUNG UND SPITZENORGANISATION

FÜHRUNG UND ÜBERWACHUNG VON AKTIEN-GESELLSCHAFTEN IM INTERNATIONALEN VERGLEICH

GABLER

Autoren:

Dr. Knut Bleicher ist Professor für Betriebswirtschaftslehre und Leiter der Direktion des Instituts für Betriebswirtschaft an der Hochschule St. Gallen. Zusammen mit Prof. Dr. D. Hahn leitet er weiterhin das Institut für Unternehmensplanung (IUP) in Gießen, wo er vorausgehend zwei Jahrzehnte als Ordinarius für Betriebswirtschaftslehre tätig war.

Dr. Dr. Diethard G. Leberl war Assistent von Prof. Dr. Bleicher an der Universität Gießen und an der Hochschule St. Gallen. Er ist heute Management Consultant bei Winter Partners, einer auf den Dienstleistungssektor spezialisierten, internationalen Unternehmensberatungsgesellschaft, an deren Hauptsitz in Zürich.

Dr. Herbert Paul, MBA, war ebenfalls Assistent von Prof. Dr. Bleicher an der Universität Gießen und später an der Hochschule St. Gallen. Danach folgte eine dreijährige Tätigkeit im Finanzbereich der Hoffmann-La Roche in Basel. Dr. Paul ist jetzt als Unternehmensberater bei McKinsey in Düsseldorf tätig.

CIP-Kurztitelaufnahme der Deutschen Bibliothek

Bleicher, Knut:
Unternehmungsverfassung und Spitzenorganisation: Führung und Überwachung von Aktiengesellschaften im internationalen Vergleich / Knut Bleicher; Diethard Leberl; Herbert Paul. – Wiesbaden: Gabler, 1989
ISBN 3-409-13340-2
NE: Leberl, Diethard G.:; Paul, Herbert:

Der Gabler Verlag ist ein Unternehmen der Verlagsgruppe Bertelsmann.

Lektorat: Dr. Reinhold Roski

Umschlaggestaltung: Schrimpf und Partner, Wiesbaden
Satz: FEMOSET GmbH, Wiesbaden
Druck und Buchbinder: Konrad Triltsch, Würzburg
Printed in Germany
ISBN 3-409-13340-2

Vorwort

Die Debatte um eine zweckmäßige Ausgestaltung der Verfassung der Führung und Überwachung von Aktiengesellschaften ist unter dem Druck einer stark gestiegenen Komplexität und Dynamik unserer gesellschaftlichen und ökonomischen Entwicklung international in Bewegung geraten. Vielfältige Kritik wird an den rechtlichen Rahmenbedingungen, aber auch an der Ausformung der Spitzenorgane und ihrer Arbeitsweise geübt. Die 5. EG-Richtlinie, die die Unternehmungsverfassung von Aktiengesellschaften innerhalb der europäischen Gemeinschaft harmonisieren will, steht vor der Tür und ist bislang eher in einem Kreis von Experten diskutiert worden.

Zwar ist der Rechtsrahmen des eigenen Landes weitgehend bekannt, dies gilt jedoch schon in sehr abgeschwächter Form für dessen praktische Umsetzung und die Veränderung, die dieser im Laufe der Jahre unter dem Einfluß des Umfeldwandels erlebt hat. Für die zunehmende Zahl international operierender Unternehmungen kommt die Auseinandersetzung mit teilweise recht unterschiedlichen rechtlichen aber auch kulturell geprägten andersartigen Verhaltensweisen von Spitzenorganen anderer Länder hinzu.

Diese Überlegungen haben die Verfasser veranlaßt, in zwei breit angelegten Forschungsprojekten den rechtlichen Bedingungen und vor allem der praktischen Gestaltung von Spitzenorganen anhand von drei unterschiedlichen nationalen Grundmodellen nachzugehen: Dem bundesdeutschen zweistufigen Vorstands-/Aufsichtsratsmodell unter dem Einfluß der Mitbestimmung, dem einstufigen Boardmodell US-amerikanischer Prägung und dem gleichfalls einstufigen Verwaltungsratsmodell schweizerischer Provenienz, beide ohne Mitbestimmung.

Innerhalb des ersten von der Deutschen Forschungsgemeinschaft im Rahmen des Schwerpunktprogrammes „Unternehmungsverfassung – ökonomische und organisatorische Probleme“ und vom Institut für Unternehmungsplanung (IUP) an der Justus-Liebig-Universität Giessen geförderten Forschungsprojekts wurden in der Zeit von Mitte 1982 bis Mitte 1986 der bundesdeutsche Vorstand und Aufsichtsrat, der amerikanische Board of Directors und der schweizerische Verwaltungsrat untersucht. Das Ziel des empirischen Projekts bestand darin, vergleichende Informationen über die Verfassungswirklichkeit im bundesdeutschen und amerikanischen Modell der Spitzenverfassung zu erheben, um daraus Einsichten in Strukturen und Entwicklungen zu gewinnen.

Die folgenden Daten geben einen Überblick über den Umfang des Projekts: An der schriftlichen Befragung des Vorstands beteiligten sich 62 Unternehmungen und an der mündlichen 53. In der Aufsichtsratsuntersuchung wurde zunächst nur die Situation des Aufsichtsrats in 13 Unternehmungen durch Interviews erfaßt. Zu diesem Zeitpunkt zeichnete sich die Möglichkeit einer Zusammenarbeit mit der Bertelsmann-Stiftung ab, die die Durchführung einer wesentlich repräsentativer angelegten Aufsichtsratsstudie zum Ziel hatte. Im amerikanischen Teil des Projekts haben sich 42 Unternehmungen einer schriftlichen und 63 einer mündlichen Befragung gestellt. Die Untersuchung des schweizerischen Verwaltungsrats wurde aufgrund der besonderen Situation des Verwaltungsrats als Modell der Spitzenverfassung zwischen dem zweistufigen deutschen und dem einstufigen amerikanischen System weniger breit angelegt. An der mündlichen Befragung beteiligten sich hier 13 Unternehmungen.

Alle Untersuchungsteile wurden durch entsprechende Dokumentenanalysen (Geschäftsberichte, Satzungen, Geschäftsordnungen, 10K-Formulare, Proxy Statements etc.) ergänzt. Zusätzlich zu den Vertretern der Spitzenorgane wurden in der Bundesrepublik 21, in USA 16 und in der Schweiz 6 Erfahrungsträger befragt, die als Betriebswirtschaftler oder Juristen selbst auf dem Gebiet der Unternehmungsverfassung forschen.

Allen Führungs- und Fachkräften, die in vielfältiger Weise diese Projekte in Form von Interviews und persönlichen Gesprächen, wie auch durch die Aufbereitung von Unterlagen und die Beantwortung von Fragebogen unterstützt haben, sei an dieser Stelle noch einmal Dank gesagt.

Eine ausführliche Darstellung der Ergebnisse und des Untersuchungsdesigns enthält der unveröffentlichte Abschlussbericht für die Deutsche Forschungsgemeinschaft (Knut Bleicher, Herbert Paul: Unterschiedliche Verfassungen der Leitungsspitze aus organisatorischer Sicht. Die dualistische Spitzenverfassung der Aktiengesellschaft in der Bundesrepublik Deutschland im organisatorischen Vergleich mit der monistischen Board-Verfassung der Corporation in den Vereinigten Staaten von Amerika. St. Gallen 1985).

Im Hinblick auf das rechtlich ausgefeiltere bundesdeutsche Modell stellte sich während der Projektarbeit recht schnell heraus, daß das kritische Glied des Modells durch den Aufsichtsrat gebildet wird. Hier bot es sich an, in einem zweiten Forschungsprojekt noch einmal und diesmal eher repräsentativ nachzufassen. Mit der persönlichen Unterstützung von Reinhard Mohn und der Bertelsmann-Stiftung, die das EMNID-Institut zur Befragung von 779 bundesdeutschen Aufsichtsräten durch strukturierte Interviews beauftragte, wurde der „Status quo“ der Aufsichtsratsarbeit und der Einstellung von Aufsichtsräten zum deutschen System in der Zeit von September 1985 bis Februar 1986 erhoben. Die Ergebnisse dieser Studie sowie Angaben zum Forschungsdesign sind in einer separaten Schrift enthalten (Bleicher, Knut: Der Aufsichtsrat im Wandel. Eine repräsentative Studie über Aufsichtsräte in bundesdeutschen Aktiengesellschaften im Auftrag der Bertelsmann-Stiftung. Gütersloh 1987).

Während der Projektdauer haben eine Reihe von Mitarbeitern, denen wir zu großem Dank verpflichtet sind, in den verschiedensten Funktionen Beiträge geliefert. An der Vorbereitung der deutschen Untersuchung waren Dr. rer. pol. Winfried Zapp und die Diplomkaufleute Günter Selzer, Rainer Kleinmann und Klaus-Dieter Bortel maßgeblich beteiligt. Frau Bärbel Strothmann hat insbesondere bei der Auswertung der amerikanischen Untersuchung mitgearbeitet. Bei der Vorbereitung dieser Schrift hat Herr lic. oec. Patrick Bürgi redaktionelle Aufgaben übernommen.

Unser Dank gilt nicht zuletzt Frau Erika Beer, Frau Cornelia Engwitz und Frau Therese Krumnacker, die in den verschiedenen Projektphasen keine Mühe gescheut haben, die einzelnen Manuskripte in eine lesbare Form zu bringen.

Beide Projekte bilden die Grundlage der vorliegenden Schrift, die keinen auf vielfältigen Statistiken aufbauenden Report beider Forschungsprojekte versucht, sondern vielmehr eine mehr oder weniger problemorientierte und systematische Darstellung der Ausgestaltung der Führung und Überwachung in Spitzenorganen der Aktiengesellschaft unter dem Einfluß unterschiedlicher rechtlich geprägter Verfassungssysteme.

Sie fokussiert in einem hochkomplexen Umfeld des Einflusses politisch-gesetzlicher, ökonomischer, technologischer und soziokultureller Einflüsse das Organisationsproblem der Ausgestaltung der Spitzenorgane von Aktiengesellschaften in der Rechtswirklichkeit. Den Besonderheiten des Einflusses der Mitbestimmung, der lediglich für die bundesrepublikanische Situation zutreffend ist, wird, nachdem hierzu bereits eine Fülle einschlägiger Schriften vorliegt. nicht explizit nachgegangen.

Dieser internationale Vergleich möge den Leser gleichzeitig dafür sensitivieren, daß auch andere Gestaltungsformen der Spitzenorganisation zum Erfolg führen können und ihn vielleicht anregen, die eigene Praxis von Führung und Überwachung zu revidieren. Um ihn dazu zu provozieren, halten die Verfasser auch nicht mit ihrer eigenen Meinung zu einigen zentralen und kontroversen Fragen zurück.

KNUT BLEICHER
DIETHARD LEBERL
HERBERT PAUL

Inhalt

C. Spitzenverfassung im doppelstufigen Vorstands-/Aufsichtsratsmodell deutscher Aktiengesellschaften

D. Spitzenverfassung im einstufigen Board-Modell amerikanischer Aktiengesellschaften

F. Einsichten und Empfehlungen

Abbildungsverzeichnis

A. Die Spitzenverfassung der Aktiengesellschaft – Problematischer Teil der Unternehmungsverfassung

Die Unternehmungs*verfassung* gehört als *expliziter* Rahmen neben der *impliziten* Unternehmungs*philosophie* zum konstitutiven Grundbestand jeder *originären* Unternehmungs*politik*, die wiederum als *normative* Gestaltungsdimension der *strategischen* und *operativen* Unternehmungsführung den Weg weist. Verfassung, Philosophie und Politik der Unternehmung kanalisieren das Verhalten ihrer Mitglieder, indem sie mit unterschiedlichem Ansatz eine erstrebte Richtung definieren, in der sich aus der Vergangenheit heraus die Unternehmungs*entwicklung* in die Zukunft hinein vollziehen soll. Strategische und operative Führung konkretisieren diesen Entwicklungspfad mit gestaltenden und lenkenden Konzepten und Maßnahmen, indem sie Potentiale aufbauen, erhalten und abbauen. Aus diesem Gesamtzusammenhang der Unternehmungsführung greift die folgende Schrift die konstitutive Grundlegung der Führung durch die Unternehmungs*verfassung* heraus.

I. Unternehmungs- und Organisationsverfassung von Aktiengesellschaften

1. Zum Begriff der Unternehmungsverfassung

Analog zur *Staatsverfassung*, die den Staatsbürgern ihr Verhältnis und ihre Einordnung in den Rahmen des Staatsganzen verdeutlicht (vgl. Kolbinger, Personalwesen, 62), ist die *Unternehmungsverfassung* als Grundentscheidung über Art und Form einer gestalteten Ordnung eines sozialen Verbandes zu verstehen. Die Unternehmungsverfassung fußt dabei im Recht, hier insbesondere im Handels-, Gesellschafts- und Mitbestimmungsrecht. „Rechtlich gesehen ist die Verfassung die Norm der Normen, eben insbesondere als ‚Grundgesetz'... formell in Erscheinung tretend" (Kolbinger, Personalwesen, 62). In systemorientierter Weise kann sie weiter als Ausdruck eines soziologischen und ontologischen Grundbefundes, der nicht ohne Rückgriff auf die Tradition einer Unternehmung erfolgen kann und in seiner Zukunftsorientierung eine geplante und bewußt gestaltete Idealstruktur umfaßt, gekennzeichnet werden (vgl. Kolbinger, Personalwesen, 62 f.).

„Die Ordnung der Unternehmung ist kein isolierter Vorgang für sich, sondern ein Teil der gesamtwirtschaftlichen Ordnung. In diesem Ordnungsgefüge spielt die Unternehmung eine aktive und eine passive Rolle. Sie ist Förderer der gesellschaftlichen Entwicklung; auf der anderen Seite wird die Unternehmensordnung durch die gesamtwirtschaftliche Ordnung entscheidend festgelegt; Unternehmungsverfassung und Gesamtwirtschaftsverfassung stehen in gegenseitiger Wechselwirkung" (Czubek, Die Unternehmensverfassung, 10).

In *formeller Hinsicht* wird die Verfassung weitgehend als Summe von Rechtsnormen gesehen, die in der Gesetzgebung schriftlich verankert sind. Sie legt somit nach Maßgabe des Handels-, Gesellschafts- und Mitbestimmungsrechts eine Rahmennorm fest, die im Autonomiebereich der Unternehmung durch weitere interne nicht-gesetzliche Regelungen konkretisiert werden kann. Soweit die Regelungen formalisiert sind, finden sie ihren Niederschlag in Statuten, in der Geschäftsordnung, in Geschäftsverteilungsplänen und anderen Dokumenten („Leitlinien") der Unternehmungsverfassung. In *materieller Hinsicht* ist unter Verfassung dann die faktische, also auch gesetzlich nicht im einzelnen (vor)geschriebene, rechtliche Grundordnung zu verstehen.

In der Unternehmungsverfassung wird damit ein von außen vorgegebener, nach dem Treffen konstitutiver Grundsatzentscheidungen, wie Standort, Rechtsform u.ä. der Autonomie der Unternehmung entzogener Rahmen, in dem die Unternehmung institutionell und in ihrem Handeln rechtlich konstituiert wird, im inneren Autonomiebereich durch eigene statutarische und leitlinienhafte Regelungen ergänzt und konkretisiert. Da die Unternehmungsverfassung in ihren vorverfaßten und eigengeregelten konstitutiven Rahmenregelungen Gestaltungsfreiräume und -grenzen definiert, schafft sie *Kompetenzen* und *Legitimationen* für Organe und Personen. Sie greift damit grundlegend in die Machtstruktur eines sozialen Systems ein.

In der Unternehmungsverfassung wird idealiter ein Verfassungs*anspruch* artikuliert, der teils im gesetzlich-statutarischen Bereich formal Modi und Grenzen der Gestaltungsfreiheit definiert und damit Normverstösse identifizierbar macht, teils im Leitlinienbereich inhaltlich wünschenswertes und anzustrebendes Verhalten umschreibt, um Funktionalitäten im Bildungs- und Erreichungsprozeß von Unternehmungspolitiken lokalisierbar zu machen. Diesem Anspruch steht die Verfassungs*wirklichkeit* gegenüber, also die Ausfüllung des Verfassungsrahmens durch tatsächliches Verhalten, das ungünstigenfalls aus Mißbräuchen, Formverletzungen, Regelverstössen und durch den Anspruch nicht gedeckten, zweckabgewendeten Sachverhalten besteht. Es ist anzunehmen, daß der faktische Satz von Regeln, der einen Verfassungsanspruch ausmacht, aus einer *Rückkoppelung* seitens der Verfassungswirklichkeit an den Verfassungsanspruch mit hervorgegangen ist: Jede Entwicklung der Verfassungswirklichkeit, die aus einem Mißverhalten besteht, kann den Ruf nach neuen Regelungen hervorrufen, die den Verfassungsausgleich deutlicher artikulieren. Dies scheint eine Entwicklung zu sein, die, durch die Medienlandschaft verstärkt, in einer Welt zunehmender Komplexität und Dynamik ständig an Format gewinnt.

Wird dagegen von der Maxime ausgegangen, daß Regelungen zur Verfassung der Unternehmung nicht nur Fehlverhalten im Sinne von Normverstössen und Dysfunktionalitäten im Ziel-Maßnahmen-Bereich vermeiden wollen, sondern auch ein Höchstmaß an unternehmerischer Gestaltungsfreiheit schaffen sollen, um ein flexibles und schlagkräftiges Reagieren auf die wachsenden Anforderungen des Marktes und der Technik zu ermöglichen, dann erfährt diese Maxime vielfältige Einschränkungen. Sie leiten sich weitgehend aus der Gefahr und Erfahrung eines Mißbrauchs der Gestaltungsautonomie ab. Durch zunehmende Beschränkungen wird versucht, Gestaltungsmißständen entgegenzuwirken, was letztlich zu einer mehr oder weniger deutlichen Einschränkung der autonomen Handlungsfreiheit in einem System führen kann.

Die Verfaßtheit einer Unternehmung wirkt über ihre *identitätsprägende Rolle* sowohl nach außen – und trägt hier über die Generalisierung von Verhaltenserwartungen zum Umgang von Wirtschaftssubjekten bei – als auch nach innen, indem sie über das Vehikel unternehmungspolitischen Wollens die *Konsistenz* des arbeitsteiligen, ökonomisch-sozialen Systems Unternehmung sichern hilft.

2. Staats-, Unternehmungs- und Betriebsverfassung

Verfassungstatbestände als konsistenz-schaffende, konstituierende Rahmenregelungen für institutionalisierte soziale Systeme können auf den Ebenen des Staates, der Unternehmung – hier mit Erich Kosiol als selbständiger Erzeugungsbetrieb verstanden (vgl. Kosiol, Organisation, 17 ff.) – und des Betriebes – im Sinne einer abgrenzbaren lokalen Stätte unselbständigen Handelns innerhalb einer Unternehmung – angewendet werden. Staats-, Unternehmungs- und Betriebsverfassung weisen formal den gleichen Regelungscharakter, jedoch nach Regelungsziel und -objekt unterschiedliche Inhalte und eine unterschiedliche Tiefe und Dichte der Regelung auf.

Da die hier zu betrachtende Unternehmungsverfassung in ihren Ursprüngen einige Parallelitäten zur Staatsverfassung zeigt, kann zunächst an diese angeknüpft werden. Als Kernabsicht der Verfassungsgeber innerhalb der Staatsverfassung gilt,

„... die urwüchsigen Kräfte des gesellschaftlichen Lebens so zu bändigen, daß Konflikte in einem geordneten, gewaltfreien Verfahren gelöst werden können" (Brose, Erkenntnisstand und Perspektiven, 39).

Der Gedanke hierzu liegt in der Schaffung einer gewollten Ordnung, in der die Zuständigkeitsbereiche einzelner und das Zusammenwirken aller festen Regelungen unterworfen werden soll. Mittels dieser normativen Rahmenordnung wird zunächst ein gewisser Soll-Zustand des Gesamtsystems beschrieben. Soweit man lediglich die dokumentierten, gesetzlich festgelegten Reglements der Verfassung betrachtet, handelt es sich demzufolge um einen *formellen Tatbestand.* Die Lebens- und Arbeitsfähigkeit des geordneten Systems muß aber zusätzlich durch eine Reihe von Einzelmaßnahmen zur Konkretisierung der Rahmennormen flankierend unterstützt werden, die die *materiellen Verfassungstatbestände* ausmachen.

Stellt die *Unternehmungsverfassung* ein Regelungsgesamt dar, das

"... die Gründung und die Beendigung einer Unternehmung, ihr Außenverhältnis, die Verteilung ihres ökonomischen Erfolges (Gewinn, Wertschöpfung), die Grundrechte der Unternehmungsmitglieder allgemein sowie speziell ihrer Organe, insbesondere deren Bezeichnung, Zustandekommen,

Zusammensetzung, Zusammenwirken und Kompetenzverteilung betreffen" (Brose, Erkenntnisstand und Perspektiven, 40)

– eine Definition, die in neuerer Sicht einer Erweiterung bedarf –, so regelt die *Betriebsverfassung* lediglich einen Teilaspekt, nämlich das Regelungsgesamt im organisatorischen Teilbereich Betrieb.

„Betriebsverfassung ist also jene Norm, die in allgemeinster Weise Ziele und Aufgaben des Betriebes und damit gleichzeitig die Glieder und Teilbereiche desselben sowie alle übrigen Sacherfordernisse der Zielerreichung umschreibt und der oberleitenden Institution die Anordnungsbefugnis für alle nachgeordneten, endgültig auswirkenden Handlungen verleiht" (Kolbinger, Bauplan, 50).

Die Betriebsverfassung stellt demnach eine betriebliche Gesellschaftsordnung dar (vgl. Kolbinger, Personalwesen, 66).

3. Organisation, Markt und Finanzen als Regelungsobjekte der Unternehmungsverfassung

Wirtschaftliche Macht wird zum einen durch die Entscheidungsbeteiligung der Interessen(träger) einer Ordnung gebildet, zum anderen durch die Konstituierung interessenpluralistischer Überwachungsträger gebunden. In die Unternehmungsverfassung fließen damit wesentliche Elemente wirtschaftsdemokratischer Vorstellungen ein (vgl. Theissen, Überwachung, 184 f.).

Nach den Regelungsobjekten, die Gegenstand unternehmungsverfaßter Konstitution sind, lassen sich mit Klaus Chmielewicz (vgl. Chmielewicz, Probleme der Unternehmensverfassung), der in seiner Einteilung über die von Brose gegebenen Inhalte hinausgeht, die *Organisationsverfassung*, die *Marktverfassung* und die *Finanzverfassung* der Unternehmung unterscheiden.

Regelobjekte der *Organisationsverfassung* können mit Jürgen Wild (vgl. Wild, Management-Konzeptionen) gekennzeichnet werden als Organe der Unternehmung, die hinsichtlich ihrer Zusammensetzung, organisatorischen Eingliederung und ihrem Zusammenwirken mit anderen Organen charakterisiert werden und ihre Legitimation begründen: Die *Festlegung von Befugnissen und Verantwortung, der Vollzug der Willensbildung und -durchsetzung* sowie *das Verhältnis nach außen* und die *Rechte und Pflichten der Systemmitglieder*.

„In Anlehnung an die Idee des Verfassungsstaates ergibt sich für (sie – Anm. des Verfassers) das Problem, die unternehmungstragenden Kräfte dergestalt einzubinden, daß sie ihre Auseinandersetzungen in einem geordneten Verfahren vollziehen. Dabei wird dem Zusammenwirken der Kräfte besondere Aufmerksamkeit gewidmet. Nicht das Teilende, sondern das Verbindende bildet die Gestaltungsabsicht. Die Einheit des Unternehmens wird nur insoweit als realisierbar eingeschätzt, als es gelingt, die Vielzahl der Interessen, Bestrebungen und Verhaltensweisen zu einem einheitlichen Handeln und Wirken zusammenzuführen" (Witte, Verfassung, 331 f.).

Die *Marktverfassung* bezieht sich vor allem auf die von außen gesetzten Wettbewerbsregeln, die durch interne Verhaltenskodizes für das Verhalten gegenüber Wettbewerbern ergänzt werden können.

„Marktwirtschaftliche Unternehmungsverfassungen basieren auf einer absatzorientierten Steuerung und müssen auf *Überleben im Wettbewerb* konzipiert sein (Kosten-, Preis- und Innovationswettbewerb im Absatzmarkt). Daneben müssen sie für Fremd- und Eigenkapitalgeber (Anteilseigner) im Kapitalmarkt und für Arbeitnehmer im Arbeitsmarkt wettbewerblich attraktiv sein" (Chmielewicz, Probleme der Unternehmensverfassung, 14).

Die Integration von *Konsumenten-* und *Anteilseignerinteressen* mit *Arbeitnehmerinteressen* steht im Vordergrund der Betrachtung, eingebettet in die allgemeine Wirtschaftsstruktur unter Berücksichtigung der Erhaltung von Wettbewerbs- und Innovationsfähigkeit für den externen Bereich, sowie der Erhaltung oder Erneuerung bestehender Organisationsstrukturen im *internen Bereich.*

Regelungen der Einkommensströme, der Besteuerung und Haftung fallen dagegen nach Chmielewicz in den Bereich der *Finanzverfassung* einer Unternehmung. Primäre Ansatzpunkte hierzu sind, daß eine eindeutige Klärung der *Vermögenswerte* anzustreben ist, d. h. Dispositions- und Verfügungsrechte über das Vermögen (Verkauf, Schließung der Unternehmung, Eigenkapitalabzug), daß *Gewinnrechte* geregelt, anknüpfend hieran aber auch Verlust- bzw. Risikoübernahmen erörtert werden und daß die *Willensbildung* gegenüber der Umwelt insbesondere zum Staat und nach innen zu den Arbeitnehmern bestimmt wird.

Die weiteren Ausführungen dieser Schrift konzentrieren sich im Sinne dieser Einteilung ausschließlich auf die Organisationsverfassung der Unternehmung. In ihrem Rahmen wird der Schwerpunkt der Betrachtung auf den Teil der Organisationsverfassung eingegrenzt, der die *Spitzenorgane der Aktiengesellschaften* betrifft (*„Spitzenverfassung"*). Das Beziehungsverhältnis zur Repräsentanz der Aktionäre in der Hauptversammlung bleibt dabei ausgeklammert.

II. Problematische Regelungsbereiche der Spitzenverfassung

1. Die Spitzenverfassung als tragender Teil der Organisationsverfassung

Unternehmungsverfassung im formell vorgegebenen, rechtlichen Sinne greift vor allem indem sie den Grenzbereich zwischen dem System Unternehmung und seinen Umsystemen, insbesondere den an der Unternehmung Interessierten regelt. Eine organisatorische Teilfrage dieses Regelungskomplexes (Organisationsverfassung) ist die institutionelle Ausgestaltung der Spitzenorgane, d. h. die Regelung ihrer Verteilungs- und Arbeitsbeziehungen in der *Spitzenverfassung*.

Die Gestaltung der Spitzenverfassung von Unternehmungen wirft eine Reihe von Fragen auf, die teils den Gesetzgeber, teils die Unternehmung (in ihrer verbleibenden Autonomie zur Gestaltung ihrer Verfassung) betreffen. *Die Regelungsdichte, Monismus oder Pluralismus der Berücksichtigung von Interessen relevanter Gruppen, die Ein- oder Mehrstufigkeit von Geschäftsführung und Überwachung und das Kollegial- oder Direktorialprinzip* sind im obigen Sinne grundlegende Fragen konstitutiver Gestaltung der Unternehmungspitze in der Spitzenverfassung.

1.1 Regelungsdichte

Bei der organisatorischen Gestaltung der Führungsspitze stellt sich insbesondere die Frage, inwieweit diese durch *zwingende gesetzliche Vorschriften* vorgegeben oder im *Autonomiebereich der Unternehmung* geregelt werden soll. So weist Rühli auf unterschiedliche gesetzliche Einflußrichtungen bei der Gestaltung der Leitungsorganisation hin (vgl. Rühli, Rechtsnormen, 156 ff.). Zum einen kann das Gesetz zwingend bestimmen, welchen Organen in welcher Zusammensetzung Geschäftsführung und Vertretung der Unternehmung zustehen. Zum anderen kann ein Gesetz subsidiär die gesetzlichen Regelungen nur dann greifen lassen, wenn keine Entscheidungen über die Führungsorganisation getroffen werden.

Während im deutschen Recht nicht nur alle notwendigen Organe und deren Aufgaben und Befugnisse bestimmt, sondern auch ihre Zusammensetzung weitgehend festgelegt werden, fehlt im amerikanischen Rechtssystem eine nur annähernd vergleichbare rechtliche Fixierung. Dies bedingt in den USA einen vergleichsweise weit *höheren internen Regelungsbedarf* der Unternehmungsverfassung im eigengesetzten Bereich der Unternehmung. Der historisch kulturelle Kontext beider Länder kann hierfür als Erklärung herangezogen werden. Die hohe Regelungsdichte des deutschen Systems führt dagegen zu einer relativ einheitlichen Ausgestaltung der Führung aller betroffenen Unternehmungen, indem versucht wird, ein hohes Maß an Sicherheit und Stabilität zu gewährleisten.

Das *amerikanische Rechtssystem* befähigt Unternehmungen zu erheblicher *Flexibilität und Kreativität*, indem es ihnen erlaubt, die Verfassung intern an unterschiedliche Kontexte und Situationen, Interessen, Personen und zu lösende Probleme anzupassen. Im angelsächsischen Sprachraum wird die Unternehmungsverfassung weniger im Sinne eines juristischen Rahmens sondern vielmehr als ein Modell für die *konstitutive Sicherung* des Funktionierens der Unternehmung als ein arbeitsfähiges, zielstrebiges System gesehen. In diesem Sinne argumentiert beispielsweise Vance in Übereinstimmung mit der National Association of Corporate Directors:

„Corporate Governance ensures that long-term strategic objectives and plans are established and that the proper management structure (organization, systems, and people) is in place to achieve those objectives, while at the same time making sure that the structure functions to maintain the corporation's integrity, reputation, and responsibility to its various constituencies" (Vance, Corporate Leadership, 7).

Das *schweizerische Verwaltungsratsmodell* liegt hinsichtlich der Gestaltungsfreiheit, die es Unternehmungen gewährt, zwischen diesen beiden Rechtsmodellen. Während einige Länder, wie Österreich, den deutschen Vorstellungen gefolgt sind, haben andere sich der eher offen strukturierten angelsächsischen Tradition angeschlossen. *Französische Aktiengesellschaften* verfügen über ein Wahlrecht zwischen einem eher offenen einstufigen und einem reglementierenden zweistufigen System nach deutschem Muster. Die *5. EG-Richtlinie* sieht Wahlmöglichkeiten im System vor, tendiert jedoch in wesentlichen Grundzügen eher zum deutschen Modell.

1.2 Monismus/Pluralismus

Die Entwicklung von Unternehmungsverfassungen in einzelnen europäischen Ländern legte zunächst Entscheidungen über die allgemeine Zielsetzung und Politik der Unternehmung ausschließlich in die Hände der Kapitaleigner (vgl. Steinmann/Gerum, Reform, 4 ff.). Allein das Kapitaleigentum legitimierte Entscheidungen und Herrschaft in der Unternehmung. Es wird damit deutlich, daß die *Unternehmungsverfassung* aus einem *Zweck-Mittel-Zusammenhang der bestehenden Wirtschafts- und Gesellschaftsordnung* abgeleitet ist.

„Man hat also die Unternehmensverfassung als integralen Bestandteil des jeweiligen gesellschaftlichen Ordnungszusammenhangs (Sozialmodell) und als von daher in ihrer spezifischen Ausgestaltung begründbar zu sehen" (Steinmann/Gerum, Reform, 4).

Eine *monistische Auffassung* läßt in der Unternehmung als institutionellem Rahmen für die Kooperation verschiedener Interessen keinen Platz. Interessenausgleich findet grundsätzlich nur am Markt oder in den Köpfen einzelner unternehmerischer Akteure statt. Diese generelle Auffassung einer monistischen, lediglich kapitalorientierten Unternehmungsverfassung wurde mit fortschreitender Industrialisierung kritisiert und einer Dekkung von aktienrechtlichem Modell und aktienrechtlicher Wirklichkeit zugeführt.

Die *Trennung von Eigentum und Verfügungsgewalt* kam mit einer stärkeren *Streuung des Aktienbesitzes* immer deutlicher zum Ausdruck. Bestehende Machtkonzentrationen bildeten den Ansatzpunkt wettbewerbstheoretischer und -politischer Entwicklungsrichtungen einer Machtentflechtung im Sinne einer Reform der gegebenen Verfassungsstruktur, womit zugleich Fragen der Organisations- und Marktverfassung von Unternehmungen problematisiert werden (vgl. Böhm, Demokratie, 3 ff. und Mestmäker, Verwaltung, 20 ff.).

„So wurde ... der Antrag auf Gleichberechtigung von Arbeit und Kapital im deutschen Reichstag eingebracht, was sicherlich auf die Entwicklung der sog. „Betriebsdemokratie" bestimmend einwirkte" (Kolbinger, Personalwesen, 68).

Flankierend fruchteten Bestrebungen von Seiten der *Arbeitnehmer*, in dem die bislang unumstrittene Kapitalgeberposition deutlich relativiert wurde.

Im Rahmen der nachfolgenden *Mitbestimmungsgesetzgebung* fand eine grundlegende Umgestaltung der Verfassungsstrukturen statt. Zunehmend wurden die interessenmonistischen, kapitalorientierten Strukturen abgelöst. Wenn auch zunächst noch keine paritätischen Mitbestimmungsmodelle vorgesehen waren, so zielt die Entwicklung der Mitbestimmungsmodelle deutlich auf eine Machtverschiebung hin. Diese Ansätze beziehen sich sowohl auf die Ordnung der Machtbeziehungen im *Innengefüge* als auch im *Aussenverhältnis*. Einerseits erfahren *Operationsnähe und Professionalisierung des Managements* eine stärkere Berücksichtigung im Innenverhältnis, andererseits die unterschiedlichen Interessenschwerpunkte von Groß- und Kleinaktionären im Verhältnis zu den Kapitalgebern. Hinzu treten die Arbeitnehmerinteressen und in Ansätzen sonstige Interessen der Konsumenten, Lieferanten und der Öffentlichkeit. Alle diese Interessengruppen zu berücksichtigen und ihre Vertreter in Unternehmungen zu bestellen, ist aber nach wie vor eine der problembehafteten Fragen der Spitzenverfassung von Unternehmungen. Im Zuge der *zunehmenden Vernetzung von Wirtschaft und Gesellschaft* verlangen sowohl die Binnenbeziehungen von *Arbeitnehmern, Anteilseignern und Management* als auch die Außenbeziehungen zu *Lieferanten, Verbrauchern* und die Einordnung in das gesamte *politisch-gesellschaftliche System* nach einer gebührenden Berücksichtigung in der Normvorgabe einer Unternehmungsverfassung.

Die institutionelle Verankerung dieser Interessen ist Gegenstand der Theorie einer *pluralistischen Unternehmungsverfassung*. Aus der Vielzahl der mittlerweile vorgelegten Ansätze (vgl. hierzu insbesondere den Überblick von Horst Krüger, Stand, 327-346) werden hier die Arbeiten von Steinmann (‚Großunternehmen') und Peter Ulrich (‚Institution') aufgrund ihrer Bedeutung herausgegriffen.

Steinmann bündelt die zahlreichen Teilprobleme der Unternehmungsverfassung zu zwei Grundfragen:

(1) Welchen Interessen hat eine Großunternehmung Rechnung zu tragen?

(2) Welche Unternehmungsordnung gewährleistet eine nachhaltige Ausrichtung der Unternehmungsaktivität auf diese Interessen?

Auf der Basis dieser Fragen prüft Steinmann die bisher vorgelegten Reformkonzepte der Unternehmungsverfassung und entwickelt seinen eigenen Ansatz, der auf zwei Thesen aufbaut:

(1) Großunternehmungen haben Macht.

(2) Die Unternehmungsmacht muß gebunden werden. Dazu ist eine interessen-pluralistische Reform geeignet.

Als notwendige, zu berücksichtigende Interessen betrachtet er die der Arbeitnehmer, Kapitaleigner und Öffentlichkeit, als zusätzliche, mögliche Interessen die der Großlieferanten, -abnehmer und -gläubiger (vgl. dazu auch Alewell/Hahn, Mitbestimmung, 871 f.). Die Berücksichtigung dieser Interessen erfolgt durch eine Umgestaltung des Aufsichtsrats zu einem pluralistischen „*Unternehmungsrat*". Dabei geht Steinmann nicht von Mitbestimmungsvorstellungen aus, sondern begreift die Stellung des Rates als die einer Opposition zum Führungsorgan. Beide Organe sollen personell und funktionell strikt getrennt werden. Eine Interessensicherung soll u.a. dadurch erfolgen, daß jedes Mitglied des Rates ein Widerspruchsrecht bei Entscheidungen erhält. Ohne auf inhaltliche Kritikpunkte des Modells einzugehen, dürfte mit Steinmanns Arbeit ein Modell vorgelegt worden sein, das auf einem durchgängigen theoretischen Ansatz aufbaut.

Peter Ulrich versucht die Unternehmungsverfassung auf der Basis eines umfassenden, politikwissenschaftlich orientierten Ansatzes zu begründen. Er sieht die Großunternehmung als eine *„quasiöffentliche Institution"* und will eine *„gesellschaftlich rationale", pluralistische Unternehmungskonzeption* entwerfen. Für die Realisation dieses Konzepts ist nach seiner Ansicht ein Verwaltungsrats- bzw. Board-Modell am besten geeignet. Dieses Organ sollte zu je 30 % mit Kapital-, Arbeitnehmer- und Öffentlichkeitsvertretern besetzt werden. Die restlichen 10 % sind Management-Vertreter, die als „Linking Pins" fungieren. Der Ansatz von Peter Ulrich zeichnet sich durch eine *holistische Vorgehensweise* aus. Dabei wird insbesondere die Frage der gesellschaftlichen Legitimation der Unternehmung ausführlich behandelt.

Daß ein umfassendes Konzept aufgrund dieser Problemvielfalt nicht ohne weiteres gefunden werden kann, erscheint deutlich. Primär muß es in der Forderung nach einer Verinnerlichung der Interessenvielfalt und -gegensätze darum gehen,

„... die weitgehenden Normen unter den Gesichtspunkt zu ordnen, ob und inwieweit die einzelnen Vorschriften den typischen Interessenlagen und Konflikten der an einem Unternehmen Beteiligten oder Interessierten, den Eignern, Gläubigern, Arbeitnehmern, Verbrauchern usw. gerecht werden..." (Raisch, Unternehmensrecht, 13),

um gewissermaßen durch einen Anstoß von außen die innere Ordnung der Unternehmung herzustellen.

Über die *Gruppeninteressen* hinaus ist ein auf die *zielorientierte Koordination der Einzelteile des Ganzen gerichtetes Ordnungsproblem* zu lösen, eine Forderung, die beispielsweise gerade in heutiger Zeit durch die Wahrnehmung des *Depotstimmrechts der*

Banken eine deutliche Einschränkung erfährt.

In der pluralistischen Unternehmungsverfassung werden Interessen, Motivationen und Ziele, die vorher als externe Interessen begriffen wurden, institutionell im Mandat des Managements internalisiert. An die Stelle bloßer *externer Gegenmachtbildung* tritt die *interne, demokratische Kompromiß- und Konsensbildung* in der Unternehmung. Im Rahmen der Möglichkeiten dieser Konsensbildung tritt *kollektive Rationalität* an die Stelle *individueller Rationalität.* Damit wird das theoretische Konzept der Unternehmung als Koalition in die Praxis umgesetzt (vgl. Steinmann, Großunternehmen, 180 f.).

Versucht man generell *allen* Verflechtungstatbeständen (z.B. Interessengruppen) im Binnen- sowie Außenverhältnis gerecht zu werden, kann dies zu einer *unerträglichen Regelungsdichte* führen; denn es ist zu erwarten, daß je deutlicher der Interessenpluralismus in der Unternehmungsverfassung Berücksichtigung findet, desto höher die Regelungsdichte und desto geringer die Autonomie der Unternehmung werden – ein Entscheidungsproblem, das nahezu unlösbar erscheint.

Die grundlegende Frage, die sich mit einer Interessenvertretung in den Spitzenorganen der größeren Aktiengesellschaften verbindet, ist die nach der Verbindung zunehmender politischer Relevanz wirtschaftlicher Macht und des pluralistischen Gesellschaftsmodells (vgl. Friedman, Profil, 6; Hayek, Corporations, 238; MacAvoy, Business, 160; Levitt, Dangers 45 ff):

„Sollen die unerwünschten gesellschaftlichen Effekte privatwirtschaftlichen Handelns durch freiwillig moralisch motivierte Verantwortung der Unternehmer oder Manager oder aber durch gesetzliche Verantwortlichkeiten in die wirtschaftlichen Entscheidungen internationalisiert werden? ... Kann die multifunktionale Ausrichtung der einzelnen Unternehmung ihrer Selbstverantwortung überlassen werden oder nicht?“ (Ulrich, Institution, 213).

Ohne hier in eine ordnungspolitische Grundsatzdebatte eintreten zu wollen, ergeben sich bei einer weitgehenden Berücksichtigung interessen-pluralistischer Aspekte im Rahmen der Ausgestaltung der Spitzenverfassung von Unternehmungen eine Reihe von kritischen Grundsatzfragen (vgl. Drucker, Praxis, 522 ff. – hier nach Dyllick, Umweltbeziehungen, 204 ff.):

- Die Grenze der Entscheidungsfreiheit für das Management muß dort gegeben sein, wo es seine primäre Verantwortung für die Leistung der ihr anvertrauten Institution zu vernachlässigen beginnt.

- Dem Management darf die spezifische Fähigkeit des effizienten Einsatzes von Ressourcen der Unternehmung für gesellschaftliche Zwecke nicht aberkannt werden. Ansonsten würde „völlig verkannt, daß es gerade die Unternehmungen sind, die in vielen Bereichen der Technik und Wissenschaft über Einsichten und Know-how verfügen, die niemand anderes...“ besitzt (Dyllick, Umweltbeziehungen, 204).

- Entsteht mit dem Wegfall der Einheit von Eigentum und Verfügung ein rechtliches Legitimationsdefizit für die Unternehmung, so ist zu bedenken, daß es nicht nur einer verfassungsmäßigen Legitimation der Entscheidungsmacht einer Institution bedarf, sondern auch einer Legitimation durch Leistung:

„Als die gesellschaftlichen Institutionen, für die der produktiv-wirtschaftliche Auftrag der primäre ist, darf insbesondere bei den Unternehmungen dieses Effektivitätsziel nicht unberücksichtigt bleiben bei der Diskussion einer Reform der Legitimitätsbasis und der Forderung nach Übertragung politischer Entscheidungsmechanismen auf die Unternehmung. Was deshalb zu verlangen wäre, ist ein begründeter Kompromiß zwischen diesen beiden Dimensionen, nicht eine Optimierung einer einzigen ... Im Hinblick auf das Effektivitätsziel darf nicht jegliche Handlungsfreiheit ‚wegdemokratisiert' werden" (Dyllick, Umweltbeziehungen, 209).

1.3 Einstufigkeit/Mehrstufigkeit

Obwohl die Rahmenstrukturen für die Organisation der Unternehmungsspitze in einzelnen Ländern nach Art und Umfang unterschiedlich geregelt sind, ist in den Aktiengesetzen der verschiedenen Länder dennoch eine *gemeinsame Überlegung erkennbar*: Die Geschäftsführung verlangt *besondere Fähigkeiten und Fertigkeiten*, die durch das Eigentumsrecht an einer Gesellschaft nicht automatisch gegeben sind. Das Verfügen über Ressourcen, ihr wirtschaftlicher Einsatz zum Wohle der Anteilseigner müsse deshalb, wenn nicht automatisch Eigentumsrechte und Führungsqualifikation zusammenfallen, einem *professionalisierten Management* übertragen werden können, das hauptamtlich mit der *Geschäftsführung* betraut wird. Im Sinne von *„Checks and Balances"* verlangt eine derartige teilautonome Delegation von Rechten jedoch gleichzeitig die Einbindung in einen Pflichtenkatalog, etwa der Information und Rechenschaftslegung sowie die unabdingbare Anbindung dieses Personenkreises an Personalentscheidungen der Delegierenden.

Damit diese sinnvoll den Delegationsbereich der Geschäftsführung handhaben können, stehen ihnen neben der *Personalhoheit* vor allem *Überwachungsrechte* und – in einigen verfassungsrechtlichen Rahmen – auch *Genehmigungs- und Mitentscheidungsrechte* bei Sachfragen zu, die entweder das Profil der Unternehmung ganz wesentlich verändern oder aber für das Fortbestehen dieser unternehmerischen Einheit von gravierender Bedeutung sein können. Alle Schöpfer eines aktienrechtlichen Rahmens waren sich bezüglich dieses Delegationsverhältnis von Eigentum und Geschäftsführung weiter dahingehend einig, daß bei größeren Gesellschaften eine Vertretung der Anteilseigner, etwa in der Hauptversammlung, diese „Checks and Balances" nicht hinreichend gewährleisten könne.

Bis zu diesem Punkt kann eine Gemeinsamkeit der organisationsphilosophischen Einschätzung im internationalen Rahmen vermutet werden. Von hier ab divergiert jedoch die weitere Argumentation: Während im *angelsächsischen Bereich* der verschiedenen Corporate Laws und auch im *schweizerischen Obligationenrecht* ein Organ geschaffen wird, das die *Interessen der Anteilseigner* sowohl im Hinblick auf die Überwachung als auch die *Geschäftsführung* wahrnimmt, wird das *deutsche Modell* im Sinne des *staatstheoretischen Modells der Gewaltenteilung – wie bereits angedeutet – von zwei Organen* getragen: Der *Vorstand* übernimmt die Geschäftsführung, der Aufsichtsrat die Überwachung der Geschäftsführung des Vorstandes, wozu er auch mit der Personalhoheit über den Vorstand ausgestattet wird. Daraus ergibt sich für das Spitzenorgan die Notwendigkeit, neben der Geschäftsführung als *Treuhänder der Eigentümer* fungieren zu müssen. Diese Funktion schlägt sich nieder in der *Überwachung der Widmung und Entwicklung der Aktiven einer Unternehmung* im langfristigen Interesse der Aktionäre. Die Geschäftsführung hingegen bezieht sich auf die *Setzung von Zielen* für die Unternehmungsentwicklung, die eine operative Unternehmungsgestaltung möglich machen und die langfristige Stabilität und das Wachstum in einer sich schnell ändernden Umwelt sichern sollen (vgl. Koontz, Corporate Board, 75-82).

Im angelsächsischen Modell werden Überwachungs- und Führungsfunktionen von einem Spitzenorgan, dem Board of Directors, wahrgenommen. Im *schweizerischen Obligationenrecht* findet sich eine *besondere Variante des Vereinigungsmodells*. Hier sind zwar grundsätzlich Überwachungs- und Führungsfunktionen in einem Organ, dem *Verwaltungsrat*, vereinigt. Da es diesem jedoch offensteht, Funktionen der Geschäftsführung einem oder mehreren Delegierten zu übertragen, wie es insbesondere in Großunternehmungen in Anlehnung an das deutsche kollegiale Vorstandsmodell häufig praktiziert wird, engt sich die Tätigkeit des Verwaltungsrats weitgehend auf die Überwachung ein. Damit nimmt das schweizerische Modell im Vergleich der beiden Grundmodelle der Spitzenverfassung eine mittlere Stellung ein.

1.4 Kollegial-/Direktorialprinzip

Den nach unterschiedlichen Ausprägungen der Verteilungs- und Arbeitsbeziehungen differenzierten Strukturformen der Führungsspitze im Vereinigungs- und Trennungsmodell lassen sich bestimmte Strukturtypen zuordnen. Unter Zuhilfenahme der Kollegialität der Führungsspitze als typenbildendes Merkmal kann zwischen zwei grundsätzlichen Varianten unterschieden werden:

(1) Kollegial

(2) Direktorial

Direktoriale Arbeitsformen der Führungsspitze sind zwangsläufig verwirklicht, wenn die oberste Instanz nur mit einer Person besetzt ist (*Singularinstanz*) (vgl. Kosiol, Organisation, 124). Die *kollegiale* Arbeitsform der Führungsspitze ist in ihrer reinsten Form dann realisiert, wenn deren Mitglieder gleichberechtigt sind und sie Entscheidungen nach dem Einstimmigkeits- oder dem Mehrheitsgrundsatz treffen (*Pluralinstanz*) (vgl. Gutenberg, Unternehmensführung, 47).

Die doppelstufige Führungsspitze des *deutschen Aktienrechts* sieht auf beiden Ebenen eine *kollegiale* Willensbildung von Pluralinstanzen vor. Die Vorteile des Kollegialprinzips liegen in der Möglichkeit der *Selbstkontrolle*, die das Entstehen einer omnipotenten dominierenden Stellung einer Person im Ansatz verhindert, und in der Möglichkeit, in

Zeiten gestiegener Komplexität *Entscheidungen* in stärkerem Maße *arbeitsteilig* zu bewältigen. Die Nachfolge ist im kollegialen Vorstand, der eine Kontinuität der Entscheidungsbildung stärker sichert als eine direktoriale Führungsform, an sich weniger kritisch und leichter zu lösen. Nachteilig wirkt sich das Kollegialprinzip jedoch aus, indem es Entscheidungen verzögern kann, Ressortinteressen vor ganzheitlichen Unternehmungsbetrachtungen betont und die Identifikation von Verantwortlichkeiten mit den einzelnen Entscheidungen innerhalb des Spitzenorgans erschwert.

Im *amerikanischen Modell* – als typischem Fall für das *direktoriale* System – konzentriert sich die exekutive Macht im Rahmen des Boards direktorial beim Chief Executive Officer (CEO). Die omnipotente Stellung des CEO wird auch durch die Tatsache, daß er in den Board kollegial integriert ist, nur bedingt gemildert.

Die Vorteile des Direktorialprinzips liegen in (1) der *Vereinheitlichung der Willensbildung* und damit in eindeutigen Entscheidungen, (2) *seiner raschen Aktions- und Reaktionsfähigkeit,* (3) einer *straffen Unternehmungsführung* sowie (4) der *Erleichterung der Beziehungen zwischen Führung und Überwachung* (vgl. Arbeitskreis Dr. Krähe, Organisation der Geschäftsführung, 62; Kosiol, Organisation, 117; Stratoudakis, Organisation der Unternehmensführung, 977). Als Nachteil läßt sich insbesondere die recht *umfangreiche Führungsarbeit* nennen, die von einer einzelnen Person zu bewältigen ist und auf Dauer gesehen nur schwer durchgestanden werden kann. Hinzu tritt, daß einer einzelnen Person an der Spitze der Unternehmung eine zu *große Machtstellung* eingeräumt wird, die nur sehr schwer ausreichend überwacht werden kann (vgl. Deppe, Willensbildung, 10f.). Nicht selten sind mit einer ausgeprägten direktorialen Führung Nachfolgeprobleme verbunden.

Weiterhin spricht für das Kollegialprinzip die größere Kontinuität in der Behandlung unternehmungspolitischer Problemstellungen. Der CEO kennt die Intimitäten seiner Organisation und verfügt über einen Informationsstand, der von den outside Direktoren kaum erreicht wird. Weiterhin bestehen in den USA letztlich klar definierte Unterstellungsverhältnisse, die in der Führungspyramide auf einzelne Personen und nicht auf Gremien hinauslaufen.

Das einstufige *Schweizer Verwaltungsrat-Modell folgt* im Grundsatz eher dem amerikanischen Ansatz, läßt jedoch die Frage der direktorialen oder kollegialen Leitung über das Delegationsverhältnis an ein mögliches Direktorium offen. Es finden sich hier alle Spielarten von direktorialer Führung nach dem Muster des amerikanischen CEO's und von kollegialen Formen, die eher dem deutschen Vorstandsmodell entsprechen.

2. Bemühungen um eine Revision der Spitzenverfassung

Die diesbezügliche Fragestellung hat in den letzten Jahren sowohl im internationalen als auch im nationalen Rahmen erneut Aktualität gewonnen.

Zunehmend wird die Diskussion um die *5. EG-Richtlinie*, mit der eine Harmonisierung des Aktienrechts in den EG-Ländern angestrebt wird, beachtet. Die institutionelle Zuweisung der Überwachung innerhalb der Spitzenverfassung in den einzelnen EG-Mitgliedstaaten ist derzeit höchst unterschiedlich, wie die Übersicht in Abb. A 1 zeigt.

Überwachungsträger/ Überwachungskompetenzen \ EG-Mitgliedstaat	Deutschland	Frankreich	Niederlande	Dänemark	Belgien	Luxemburg	Griechenland	Italien	Spanien	Portugal	England	Irland
• Aufsichtsratsmodell	x	x	x	x								
• Überwachung d. GF												
- Ordnungsmäßigkeit	x	x	x	x	x	x						
- Zweckmäßigkeit	x	x	x	x	x	x						
• Beratung d. GF			x		x	x						
• Weisungsrecht				x								
• Verwaltungsratsmodell					x	x	x	x	x	x	x	x
• Wirtschaftsprüfer (unabh.)	x	x	x	x	x	x	x	x	(x)		x	x
• Prüfung d. GF												
- Rechnungslegung	x	x	x	x	x	x	x	x	x		x	x
- Ordnungsmäßigkeit d.GF							x	x			(x)	(x)
- Zweckmäßigkeit d. GF												
• Beratung d. GF							x	x				
• Mitwirkung eines WP										x		
• Prüfungsorgan (abh.)				(x)				x	x	x	x	x
• Überwachung d. GF												
- Ordnungsmäßigkeit				x				x	x	x	x	x
- Zweckmäßigkeit				x								
• Beratung d. GF								x	x			
• Sonderprüfer (unabh.)	x	x	x	x	x	x	x	x			(x)	(x)
• Überwachung d. GF												
- Ordnungsmäßigkeit	x	x	x	x			x	x			x	x
- Zweckmäßigkeit	x	x	x	x			x	x			x	x
• Einzelprüfungen					x	x						

Abb. A 1: Überwachungsträger und Überwachungskompetenzen in den Mitgliedstaaten der Europäischen Gemeinschaft (Quelle: Theisen, Überwachung, 108).

Der jetzt dem EG-Parlament vorliegende und von der EG-Kommission genehmigte Entwurf gibt den Mitgliedstaaten die Möglichkeit, sich für das zweistufige deutsche oder das einstufige angelsächsische System zu entscheiden. Letzteres unterscheidet sich jedoch nach den EG-Vorstellungen vom traditionellen Board-System durch eine *differenzierte Rollenzuweisung* für die *inside* und *outside Direktoren*. Während die nicht-geschäftsführenden Mitglieder (Outsider) für Überwachungsaufgaben zuständig sind, obliegt den geschäftsführenden Mitgliedern (Insider) die Geschäftsführung. In ihrer Stellungnahme zum Entwurf der 5. EG-Richtlinie anerkennt die Kommission Organisation im Verband der Hochschullehrer für Betriebswirtschaft die Notwendigkeit, die derzeit unterschiedlichen praktischen Ausgestaltungen (bisweilen unbefriedigenden) Kompromisslösungen zuzuführen. Zustimmung finden vor allem die Bemühungen, Rechte und Pflichten der Mitglieder des Überwachungsorgans zu verankern und seine Funktionsfähigkeit insgesamt zu verbessern. Auf Kritik stößt dabei allerdings, daß eine Unterrichtung des Überwachungsorgans über die zukünftige wirtschaftliche Unternehmungsentwicklung und die daraus abzuleitenden Unternehmungspläne nach wie vor nicht vorgesehen ist (vgl. Kommission Organisation, Stellungnahme, 539).

In der *Bundesrepublik* ist es neben der andauernden Diskussion um die Ausgestaltung der Mitbestimmung vor allem die Tätigkeit der Unternehmensrechtskommission und ihr Bericht gewesen, die zu einer verstärkten Beschäftigung mit dem Fragenkreis der Spitzenverfassung in Aktiengesellschaften Anlaß gegeben hat (vgl. Bundesministerium der Justiz, Bericht).

In *USA* waren es Auseinandersetzungen mit den „Figurehead-" oder „Rubberstamp-Boards", die zu einer wesentlichen Veränderung in der Verfassungswirklichkeit geführt haben. Bemühungen des American Law Instituts (ALI), der Securities and Exchange Commission (SEC) und der Börsenzulassung der New York Stock Exchange (NYSE) haben dazu beigetragen, daß sich die amerikanische Spitzenverfassung faktisch veränderte.

In der *Schweiz* sind mit der „Botschaft über die Reform des Aktienrechts" durch den Schweizerischen Bundesrat zuhanden des Parlaments ebenfalls Bestrebungen für eine Revision des Obligationenrechts in Gang gekommen (vgl. Scherrer, Reform). Das Schwergewicht dieser Revision liegt insbesondere auf der Zuweisung von eindeutig definierten und nicht delegierbaren Aufgaben an den Verwaltungsrat.

B. Die Gestaltung der Führungsspitze als Teil der Spitzenverfassung

I. Externe und interne Aufgaben der Führung

Die *Unternehmungsverfassung* regelt Grundtatbestände der *Verkoppelung der Unternehmung mit ihrer Umwelt*. Als Teilkomplex sind Aufgaben, Kompetenzen und Verantwortung der Unternehmungsspitze für die Sicherung der langfristigen Überlebens- und Entwicklungsfähigkeit der Unternehmung mit den Forderungen und Unterstützungen relevanter Umweltsegmente in Übereinstimmung zu bringen (vgl. Bleicher, Board-System, 222). Aus dieser Betrachtung heraus können *interne und externe Aufgaben der Führungsspitze* abgeleitet werden:

„There are two distinct and not mutually exclusive strategies that organizations can pursue in attempting to ensure their survival and continued growth. One is to concentrate on improving the efficiency of the internal transformation process so that resources can be used as economically as possible, and exchange be maintained or improved. A second strategy is to attempt to improve or ensure favorable exchanges with external organizations through political actions taken vis-à-vis these organizations" (Pfeffer, Size, 220).

Im letzten Jahrzehnt ist ein umfangreiches Schrifttum entstanden, das sich insbesondere mit der Rolle der Führungsspitze bei der Integration der *externen* Umwelt der Unternehmung beschäftigt. Im Anschluß an Lawrence/Lorsch (Differentiation), Burns/Stalker (Innovation), Emery/Trist (Texture), Neghandi/Reiman (Task) und Osburn/Hunt (Environment) wurde eine Beziehung zwischen der Komplexität der Umwelt und der Komplexität von Grenzsystemen einer Organisation hergestellt:

„A generalization of these findings to boards of directors suggests that the more an organization depends on elements of its external environment and the greater the uncertainty in that environment, the more the organization will tend to diversify its board to reflect the demands and pressures of the organization's external environment" (Provan, Board Power, 223).

Abhängigkeit („Dependence") und *Unsicherheit* („Uncertainty") der Umwelt werden von Thompson näher charakterisiert, indem er darauf hinweist, daß eine Unternehmung dann von Elementen ihrer Aufgabenumwelt abhängig sei, wenn ihr Systembestand auf Ressourcen oder Leistungen, die diese Elemente bereitstellen, beruht, während andere Elemente über diese Ressourcen oder Leistungen nicht oder kaum verfügen (vgl. Thompson, Action). Blau beschreibt einen Zustand der Unabhängigkeit durch die folgenden Merkmale:

(1) Besitz von strategischen Ressourcen,

(2) Zugang zu alternativen Ressourcen,

(3) Macht, andere zur Abgabe bestimmter Ressourcen zu zwingen,

und

(4) die mangelnde Notwendigkeit auf knappe Ressourcen zurückgreifen zu müssen (vgl. Blau, Exchange).

Pfeffer hat weiter auf drei grundsätzliche Möglichkeiten hingewiesen, über die Unternehmungen verfügen, um sich aus einer Abhängigkeit zu befreien:

(1) Die *Professionalisierung*, um die Unternehmung von der Beherrschung von Klienten unabhängig zu machen

(2) Der Abbau der Abhängigkeit von einer knappen Ressource durch *Diversifikation.*

(3) Die *Absorption* von externen Ressourcen durch Verträge, Kooptationen und Fusionen (vgl. Pfeffer, Size).

Neben der Erfüllung der externen Aufgaben im Hinblick auf die Kooptation bestandskritischer Umweltsegmente durch die Bestellung von entsprechenden *Interessenvertretern* in das Spitzenorgan stehen *interne Aufgaben*, denen die Führungsspitze gerecht werden muß. Die internen Funktionen der Führungsspitze werden dabei in starkem Maße durch die unterschiedlichen Regelungen in den einzelnen Ländern dominiert. Ohne hier bereits einen detaillierten Aufgabenkatalog aufstellen zu wollen, dürfte die zentrale interne Aufgabe der Führungsspitze darin bestehen, die *generellen Unternehmungsziele* und die *grundsätzliche Unternehmungspolitik* festzulegen. Über die Definition der Ziele hat die Führungsspitze die Möglichkeit, Anspruchsniveaus zu bestimmen und damit den internen Transformationsprozeß im Sinne der Schaffung neuer Kompetenzen in den verschiedenen Funktionsbereichen zu beeinflussen.

II. Auftrag zur Führung, Überwachung und Interessenvertretung

1. Der Führungsauftrag

Im Rahmen der Spitzenverfassung werden der Führungsspitze drei Funktionen zugewiesen: zum einen *Geschäftsführung* und *Überwachung* und zum anderen, insbesondere aus europäischer Sicht, die *Vertretung* spezifischer externer Interessen („Constituencies").

Es geht an dieser Stelle nicht darum, einen weiteren Beitrag zur allgemeinen Führungsdiskussion zu liefern. Ziel ist vielmehr die grundsätzliche Aufdeckung des problembehafteten Beziehungsgefüges von (externer) Normierung und (interner) Gestaltung. Dazu ist es jedoch unerläßlich, sich zunächst - wenigstens rudimentär - Klarheit über den Führungsbegriff zu verschaffen.

Hahn unterscheidet zwischen Führung als Prozeß und Führung als Institution (vgl. Hahn, PuK, 20 ff.). Führung als Prozeß dient der

- Willensbildung und
- Willensdurchsetzung

in den Phasen der

- Planung,
- Steuerung und
- Kontrolle.

Führung als Institution dagegen umfaßt alle diejenigen Personen (Führungskräfte), die aufgrund rechtlicher oder organisatorischer Regelungen mit Weisungsbefugnissen gegenüber unternehmungsinternen Dritten ausgestattet sind (vgl. Hahn, PuK, 20 ff.).

Die doppelte Verwendung des Führungsbegriffes in der Überschrift dieses Abschnittes verdeutlicht, daß im gegebenen Kontext beide Dimensionen der Führung angesprochen sind; jedoch beide nicht in ihrem jeweils vollen Umfang, sondern nur in Teilbereichen.

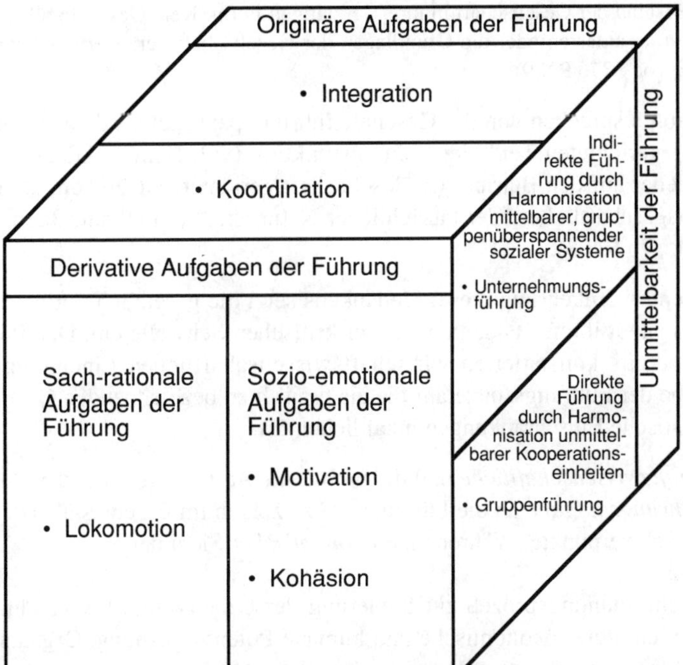

Abb. B 1: Gestaltungsfelder der Führung (Bleicher/Meyer, Führung, 46)

Führung als *Institution* umfaßt typischerweise das obere, mittlere und untere Management. Von diesen institutionellen Teilbereichen interessiert (interessieren) hier ausschließlich das (die) Organ(e), dem (denen) durch exogene juristische Normierung die Aufgabe der Führung (Geschäftsführung) übertragen ist, in aller Regel also die oberste Führungsebene.

Die besondere Betonung *juristischer Aspekte* in diesem Zusammenhang weist bereits auf eine Reihe von *Einschränkungen* hin. Nicht alle Gestaltungsfelder des Führungsprozesses, wie sie Abb. B 1 zeigt, werden von den obersten Führungsinstanzen, der Führungsspitze, gleichmäßig bearbeitet. Diese betriebswirtschaftliche Einschränkung wird ergänzt durch dezidiert juristische Vorstellungen, die in ihren prinzipiellen Grundzügen nahezu unabhängig von nationalen Ausgestaltungsformen sind. Dabei erfolgt zumeist eine allgemeine Zuweisung der Führungsaufgabe an das oberste Führungsorgan, die jedoch partiell delegierbar ist (bis auf die eigentliche „Leitungsfunktion"). Die *Grenzen der Delegierbarkeit* sind dort zu suchen, wo die Existenz der Unternehmung in ihrem (ökonomischen oder formal-juristischen) Kern tangiert wird. Eine typisch juristische Definition des Führungsbegriffs findet sich z.B. bei Baumbach-Hueck:

„Die Geschäftsführung betrifft... die Frage, inwiefern der Geschäftsführer zur Vornahme von Handlungen den Gesellschaftern und der Gesellschaft gegenüber berechtigt ist. Sie findet ihre Grenze am Bestand der Gesellschaft in ihrer derzeitigen Form: Kein Geschäftsführer darf den Gesellschaftsvertrag antasten oder die Grundlagen der Gesellschaft verändern" (Baumbach-Hueck, Aktiengesetz, vor § 376 RN 9).

Andere Autoren sprechen von der Geschäftsführung pauschal als dem auf die „faktische Abwicklung gerichteten Teil" der Leitungsfunktion (vgl. Henn, Aktienrecht, 181) oder auch von "jeder auf den Betrieb der Gesellschaft gerichteten Tätigkeit, „... gleichgültig, ob sie rechtsgeschäftlicher oder tatsächlicher Natur ist..." (wiederum Baumbach-Hueck, Aktiengesetz, 76 RN 8).

In konsequenter Umkehrung dieses Gedankens setzt die gesetzlich normierte Führungsverantwortlichkeit ihrerseits dann an dieser kritischen Schwelle ein. Damit ergeben sich außer den bereits konstatierten wirtschaftswissenschaftlichen Einengungen der Führungsaufgabe der Führungsspitze auf die als typisch zu bezeichnenden Gestaltungsfelder weitere juristische Einschränkungen inhaltlicher Art.

Die *wirtschaftswissenschaftliche* und die *juristische Auffassung* über den *Zuweisungsgehalt der Führungsaufgabe* an die Führungsspitze zeigen im Ergebnis also deutlich unterschiedliche Schwerpunkte: Während aus *ökonomischer* Sicht der

- Strategische Planungsprozeß zur Sicherung der Lebens- und Entwicklungsfähigkeit der Unternehmung (ökonomische und humane Potentialplanung, Organisationsstruktur- und Managementsystemplanung)

im Mittelpunkt der Führungsaufgabe der Führungsspitze steht, ist dies unter *juristischen* Aspekten

- die Regelung der rechtsverbindlichen Vertretung der Gesellschaft nach außen (Außenverhältnis), sowie die der Beziehungen (Rechte und Pflichten) zwischen den einzelnen Gesellschaftsorganen (Innenverhältnis).

Pointiert formuliert ist der *wirtschaftswissenschaftliche* Schwerpunkt bei *internen und prozeßbezogenen Führungsaufgaben*, der *juristische* dagegen bei *externen und strukturbezogenen* angesiedelt.

2. Der Überwachungsauftrag

Auch die Überwachungsfunktion der Führungsspitze bewegt sich in diesem normativen Spannungsfeld zwischen juristischer Vorgabe und praktischer Ausgestaltung. Die gesetzliche Übertragung allgemeiner *Überwachungs- und Kontrollaufgaben* auf die Führungsspitze erlaubt unterschiedliche Interpretationen. Wiederum unabhängig von konkreten (Überwachungs-/Kontroll-)Inhalten läßt sich vereinfachend generell trennen zwischen

- struktur- und zeitpunktbezogener statischer und
- prozeß- und zeitraumbezogener dynamischer *Überwachung*.

Lück unterscheidet vier Merkmale der Überwachung:

(1) Überwachungsgegenstand (-objekt)

(2) Überwachungsnorm (-regel)

(3) Überwachungsträger (-subjekt)

(4) Überwachungsurteil (vgl. Lück, Betriebswirtschaft, 1105).

Für den bundesdeutschen Aufsichtsrat als Überwachungsträger bedeutet dies beispielsweise, daß die Geschäftsführung der Unternehmung (sowohl in institutionalem als auch prozessualem Verständnis) Überwachungsgegenstand ist, deren Ordnungs- und Zweckmäßigkeit (Überwachungsurteil) anhand primärer juristischer wie derivativer ökonomischer Überwachungsnormen festgestellt und schließlich in entsprechenden Berichten dokumentiert werden. Der *Oberbegriff „Überwachung"* setzt sich dabei aus den Teilfunktionen

- Aufsicht,
- Kontrolle und
- Prüfung

zusammen und umfaßt die drei originären Aufgaben der

- Beobachtung (des Überwachungsobjekts),
- Sicherung (Überprüfung der Handlungsalternativen) und
- Entlastung a priori, d.h. Reduktion von Unsicherheit der Handlungsträger durch „Vor-Selektion" aller potentiellen Handlungsmöglichkeiten (vgl. Theisen, Überwachung, 19 und 31 ff.).

Die Aufgaben der *Beratung* und *Führungspartizipation*, die immer wieder als Funktionen der Führungsspitze diskutiert werden, sind dagegen dem reinen Überwachungsbegriff zunächst wesensfremd, obwohl praktische Notwendigkeiten in der Realität zu vielfältigen Überschneidungen führen. Theisen faßt Überwachungsinstitution, -funktion und -phase (autoritativ, simultan, konsekutiv) als „disjunkte qualitative Ausprägungen" in einer Art Überwachungstensor zusammen, der sich von den übrigen in der Literatur gebrauchten Begriffen – wie Überwachungsfrequenz, -technik, -methode, -zugang, -position etc. – durch die prinzipielle Unabhängigkeit seiner Ausprägungen unterscheidet (vgl. Theisen, Überwachung, 10 ff.). Dementsprechend handelt es sich beim bundesdeutschen *Aufsichtsrat*, um eine *unternehmungsführungsexterne Überwachungsinstitution*, die *prozeßabhängig antizipativ* und *prozeßunabhängig simultan* und *konsekutiv* tätig wird (vgl. Theisen, Überwachung, 12).

Aus ökonomischer Sicht entspricht der Forderung nach einer permanenten Planung die Forderung nach einer permanenten Kontrolle. Bei Öffnung der Planung für eine variantere und akzelerierend dynamische Umwelt bleiben anderenfalls wesentliche Alternativen verstellt, da eine entsprechende Absicherung der analytischen Informationsbasis fehlt (so für den Teilbereich der Organisationskontrolle bereits Bleicher, Unternehmungsentwicklung, 223; ebda. findet sich eine differenzierte Kontrollmatrix, 222). Die nach wie vor steigende Veränderungsrate der Umwelt hat der reinen Strukturüberwachung inzwischen das meiste von ihrem Aussagewert als Parameter wirtschaftlicher Effizienz genommen. Denn jede zeitpunktspezifische Überwachung von Strukturen ist notwendig vergangenheitsorientiert: erst nachträglich zeigt sich, zu welchen Leistungen die betrachtete Struktur in der abgelaufenen Periode fähig war. Die Trendextrapolation in die Zukunft bleibt Spekulation.

Eine auf die *Führungsaufgabe des strategischen Planungsprozesses* ausgerichtete *Überwachung* (als Kontrolle einschließender Oberbegriff) muß darum immer wesentliche Komponenten einer *dynamischen Prozeßkontrolle* umfassen. Toleranzgrenzen über- bzw. unterschreitende Abweichungen können nur so rechtzeitig (d.h. bereits unmittelbar nach ihrer Entstehung) erkannt, analysiert und ggf. über eine Redefinition von Mitteln und Maßnahmen der Zielerreichung korrigiert werden. Sollte letzteres nicht möglich sein, hat eine Neubestimmung der Zielparameter zu erfolgen. Prozeßbegleitende Kontrollen sind damit aus ökonomischer Sicht essentielle Voraussetzung für eine effektive Erfüllung der Überwachungsaufgabe der Führungsspitze.

Zumindest das *deutsche Aktienrecht* trifft keine terminologische Unterscheidung zwischen Überwachung und Kontrolle. Insofern ist *Überwachung als Oberbegriff* zu verstehen und schließt Kontrolle - auch wenn der Gesetzeswortlaut sie nicht ausdrücklich nennt - jedenfalls nicht aus (vgl. Henn, Aktienrecht, 195 f. mit umfangreichen Nachweisen; für die Schweiz entsprechend Oesch, Verwaltungsrat, 23 ff.). Auch in der Vollumfänglichkeit des gesetzlichen Überwachungsauftrags der Geschäftsführung im allgemeinen kommt ihre Einbeziehung implizit zum Ausdruck. Dennoch bleibt festzuhalten, daß die juristische Normierung aus dieser Vollumfänglichkeit gerade wieder jene Bereiche explizit als besonders interessant oder kritisch heraushebt, die sich auf die Einhaltung formaler struktureller Grenzen beziehen. Für das deutsche Recht sind das primär

- die Personalhoheit über den Vorstand (§§ 84, 87 AktG)
- der Zustimmungsvorbehalt zu bestimmten Geschäften (§ 111 Abs. 4 S. 2),
- die Vertretung der Gesellschaft gegenüber Vorstandsmitgliedern (§ 112) sowie in Anfechtungs- und Nichtigkeitsprozessen (§ 246 Abs. 2, 249 Abs. 1) und
- die Mitwirkung bei der Bilanzfeststellung (§§ 170-173).

Das *schweizerische Obligationenrecht* bindet entsprechend die Überwachung für den Fall der Delegation der Geschäftsführung in Art. 722 vor allem an die Einhaltung von

- Gesetzen,
- Statuten und
- Reglementen.

Insgesamt zeigt sich also eine starke Divergenz in der Ausrichtung des wirtschaftlichen und juristischen Überwachungsinteresses. Im zugrundeliegenden einheitlichen Realvorgang wird unter *ökonomischen* Aspekten vor allem die *dynamische Überwachung* (Kontrolle), unter *juristischen* dagegen mehr die statische betont. Im betriebswirtschaftlichen Beziehungsrahmen rücken damit gleichzeitig Überwachungs- und Führungsaufgabe der Führungsspitze erheblich näher zusammen als im juristischen. Diese doppelte *Divergenz*, von der sowohl die Führungs- als auch die Überwachungsaufgabe der Führungsspitze betroffen ist, kann als eine inhärente theoretische Ursache für *Dysfunktionalitäten* gesehen werden, die bei der praktischen Umsetzung juristischer Normen nahezu zwangsläufig auftreten.

3. Der Auftrag zur Interessenvertretung

Während traditionell die Unternehmung vom Eigentümer selbst geführt wurde, hat mit zunehmender Größe der Unternehmung eine Trennung von Management und Eigentum stattgefunden. Die große Zahl der Aktionäre, die Anteile an einer Unternehmung ohne Schwierigkeiten kaufen und verkaufen können, hat dazu geführt, daß die Anteilseigner kaum mehr in der Lage sind, die Unternehmungspolitik und -strategie zu bestimmen. Diese Rolle wurde zunehmend vom Management übernommen. Gleichzeitig bedeutet eine wachsende Unternehmungsgröße, daß eine Veränderung von Unternehmungspolitik und den Strategien zu ihrer Verfolgung erhebliche gesellschaftspolitische Konsequenzen nach sich ziehen kann. Anknüpfend an die Diskussion über die Verkoppelung der externen Umwelt mit der Unternehmung wird deutlich, daß externe Interessengruppen Ansprüche in bezug auf eine prägende Mitgestaltung von Unternehmungspolitik und -strategie ableiten. Damit entsteht letztlich die Frage, welchen Interessen die Unternehmung zu dienen hat. Mintzberg hat diesen Zusammenhang mit Hilfe eines Hufeisens (Abb. B 2) dargestellt (vgl. Mintzberg, Control, 92).

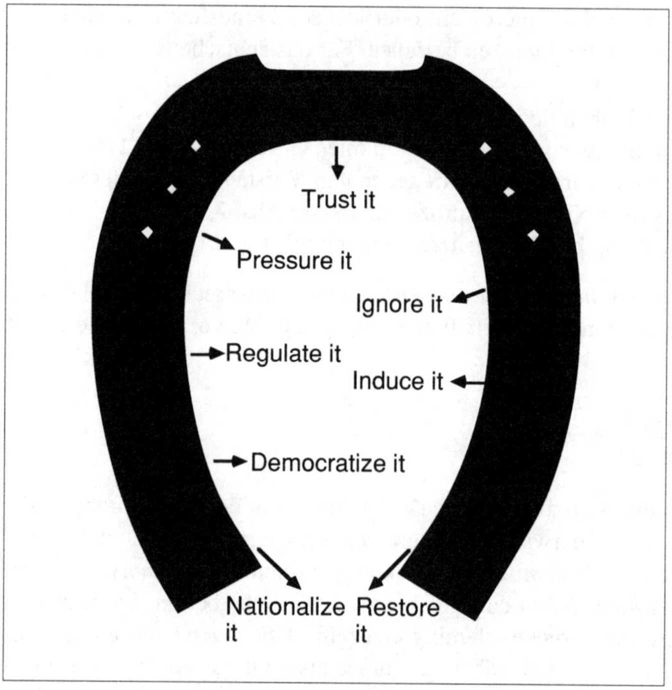

Abb. B 2: Konzept zur Berücksichtigung öffentlicher Interessen (Mintzberg, Control, 92)

Ausgangspunkt seiner Betrachtung ist eine Unternehmung, die sich *sozial verantwortlich* verhält und der man vertrauen kann. Aus dieser Position heraus werden verschiedene Möglichkeiten der Einflußnahme abgeleitet. Zunächst besteht die Möglichkeit, die Unternehmung unter *öffentlichen Druck* zu setzen, um bestimmte Ziele zu erreichen. Ralph Nader und die Kampagne General Motors sind ein Beispiel für diese Strategie (vgl. Kapitel D.I.2.1). In der nächsten Stufe werden *Maßnahmen und Vorschriften* zur Durchsetzung externer Interessen durch den *Staat* formuliert. In einem weiteren Schritt wird eine Demokratisierung in der Weise eingeleitet, daß *bestimmte Positionen* in der Führung der Unternehmung an *Interessengruppen abzutreten* sind. Ein Beispiel hierfür wäre die Mitbestimmung in der Bundesrepublik Deutschland. Am Ende der Skala steht dann die *Nationalisierung*, d.h. die Übernahme der Unternehmung durch den Staat, um auf diese Weise die Befriedigung öffentlicher Interessen sicherzustellen.

Auf der anderen Seite des Hufeisens steht zuvorderst die Position einer *völligen Ignoranz* gegenüber der Unternehmung. Eine Veränderung der Unternehmungsstrategie zur Berücksichtigung bestimmter Ansprüche wird von den relevanten Interessengruppen nicht gefordert. In der nächsten Stufe wird ein gewünschtes Verhalten der Unternehmung durch die Bereitstellung von *Anreizen* gefördert. Hier geht es in erster Linie um *Subventionen*. Die dritte und letzte Position auf der rechten Seite des Hufeisens ist ideologisch geprägt. Sie entspricht dem Gedankengut von Milton Friedman:

„In a free-enterprise, private-property system, a corporate executive is an employee of the owners of the business. He has direct responsibility to his employees. That responsibility is to conduct the business in accordance with their desires, which generally will be to make as much money as possible while confirming to the basic rules of the society, both those embodied in laws and those embodied in ethical custom" (Friedman, Doctrine, 33).

Mit der eindeutigen Unterordnung des Managements unter die Eigentümer wird *jegliche Berücksichtigung externer Interessen abgelehnt.*

Vor diesem Hintergrund ist die Diskussion zu sehen, die die Mitglieder von Spitzenorganisationen in das Spannungsfeld einer *monistischen Verpflichtung* gegenüber den *Aktionären* (Trustee-Funktion) auf der einen Seite und einer *pluralistischen Verpflichtung* gegenüber den verschiedenen *„Outside Constituencies"* auf der anderen Seite stellt. Ein *institutionalistischer* und ein *reduktionistischer* Ansatz bieten sich als mögliche Lösungswege an.

Eine *institutionelle Lösung* liegt dann vor, wenn relevante Interessengruppen Vertreter in das Spitzenorgan entsenden. Die *Kooptation* von Interessenvertetern anderer Organisationen durch die Bestellung von Aufsichtsrats- oder Board-Mitgliedern beschreibt Pfeffer wie folgt: „The strategy of cooptation involves exchanging some degree of control and privacy of information for some commitments for continued support from the external organization" (Pfeffer, Size, 222).

Zald argumentiert in diesem Zusammenhang, daß ein *effizienter Board* die *relevante Umwelt möglichst exakt widerspiegeln* sollte. Nur auf diese Weise sei es dem Board möglich, die Akzeptanz und Unterstützung der Öffentlichkeit für die Unternehmung zu sichern (vgl. Zald, The Power and Function of Boards, 97-111). In diesem Modell wird eine Veränderung der Machtstruktur innerhalb des Spitzenorgans angestrebt.

„They aim to change the allocation of power within the corporation, to assure the public or particular groups of a role in the decisions that effect them, and to render the corporation both accountable and legitimate" (Blumberg, Who belongs on Corporate Boards, 42).

Als Interessenvertreter kommen die folgenden Gruppen in Frage: Mitarbeiter, Gewerkschaften, Konsumenten, Frauen, Minoritäten, Händler, Lieferanten und Umweltschützer.

Eine *reduktionistische Lösung* des Konflikts zwischen Aktionärsinteressen und dem Anspruch externer gesellschaftlicher Gruppen ist dann gegeben, wenn *jeder Direktor den Interessenausgleich für sich selbst vollzieht.* Diese Lösung entspricht der mittleren Position im Hufeisen von Mintzberg. Die Unternehmung ist sich ihrer sozialen Verantwortlichkeit bewußt; die Öffentlichkeit vertraut ihr im Hinblick auf die Berücksichtigung sozialer Pflichten neben den Aktionärsinteressen. Mintzberg beschreibt dieses Konzept wie folgt:

„... it alone postulates a natural balance between social and economic goals, a balance which is to be attained in the heads (or perhaps hearts) of responsible businessmen. And, as a not necessarily incidental consequence, power can be left in the hands of the managers; the corporation can be trusted to those who reconcile social and economic goals“ (Mintzberg, Control, 101).

III. Mögliche Integration der Aufgaben der Führungsspitze in Modelle der Spitzenverfassung

Die Zuweisung von Aufgaben der Führung, Überwachung und Interessenvertretung zu organisatorisch-rechtlichen Einheiten ist nicht zuletzt von deren gesetzlich-normativer Ausgestaltung im Rahmen der Spitzenverfassung abhängig. Organisatorische Einheiten werden mit dieser Zuweisung zu gesellschaftsrechtlichen Organen. Wie bereits erwähnt, sind grundsätzlich zwei Modelle der theoretischen Ausgestaltung (vgl. Steinmann/ Gerum, Reform, 85 ff.) vorstellbar:

- Das *dualistische, doppelstufige* oder *Trennungsmodell* mit zwei eigenständigen, deutlich gegeneinander abgegrenzten Organen zur getrennten Aufgabenwahrnehmung im Hinblick auf Geschäftsführung und Überwachung. Das Trennungsmodell ist im bundesdeutschen Aktienrecht in den Organen des Vorstands und des Aufsichtsrats verwirklicht.
- Das *monistische, einstufige* oder *Vereinigungsmodell* mit einem einzigen Organ zur Wahrnehmung der dargestellten Aufgaben. Das Vereinigungsmodell findet sich im US-amerikanischen Board und im schweizerischen Verwaltungsrat wieder.

1. Das doppelstufige Vorstands-/Aufsichtsratsmodell

In der theoretischen Konzeption der Spitzenverfassung liegt es nahe, die Unterschiedlichkeit von Führungs- und Überwachungsaufgabe durch die getrennte Zuweisung beider Aufgaben an unterschiedliche Organe der Führungsspitze deutlich zum Ausdruck zu bringen. Das *deutsche Aktiengesetz* bestimmt darum in § 76 Abs.1: „Der Vorstand hat unter eigener Verantwortung die Gesellschaft zu leiten". Und in § 111 Abs. 1: „Der Aufsichtsrat hat die Geschäftsführung zu überwachen.“ Beide Ausführungen sind jedoch trotz ihrer prägnanten Kürze definitorisch wenig befriedigend. Das gilt vor allem für die Begriffe der *„Leitung der Gesellschaft“* und der *„Geschäftsführung“* in ihrem Verhältnis zueinander. Auf unterschiedliche Auffassungen zum Begriff der Geschäftsführung wurde bereits in Kapitel A. II.1. hingewiesen. Da es in der Aktiengesellschaft keine Institution mit dem Namen „Geschäftsführung" gibt, kann damit nur die auf § 77 basierende Tätigkeit des Vorstands gemeint sein. „Geschäftsführung" wird demgemäß zum Teilbegriff der umfassenden Leitungsfunktion des Vorstands, die zusätzlich weitere Aspekte umfaßt (vgl. Henn, Aktienrecht, 181). Dem Aufsichtsrat obliegt also ausdrücklich *nicht* die *Überwachung sämtlicher Aspekte* der Vorstandstätigkeit, sondern nur die *eines bestimmten Teils*. Da andererseits ausschließlich der Vorstand für die Geschäftsführung zuständig ist, ergibt sich daraus auch eine *Überwachung des Vorstands als Institution*, die neben die Überwachung der auf Rechtsverbindlichkeit im Innenverhältnis und die faktische Abwicklung der Leitungsfunktion gerichteten Geschäftsführungsmaßnahmen tritt. Somit stellt sich das Verhältnis von Vorstand und Aufsichtsrat im dualistischen Modell der Spitzenverfassung in der folgenden schaubildliche Darstellung (vgl. Abb. B 3) dar:

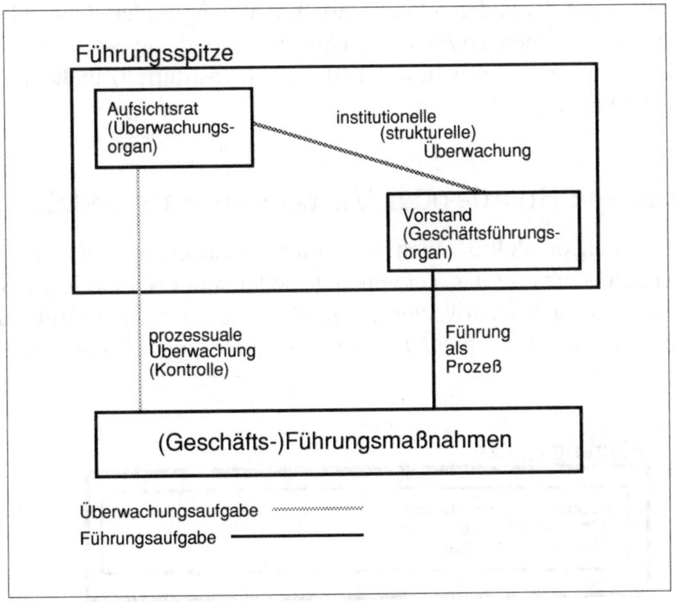

Abb. B 3: Führung und Überwachung im Trennungsmodell

Diese prinzipielle Darstellung unterliegt einer wesentlichen Einschränkung, die sich aus den Worten „in eigener Verantwortung" in § 76 Abs. 1 ergibt: Die Überwachungsaufgabe des Aufsichtsrats endet dort, wo durch ständige Kontrolle der Geschäftsführung bis in alle Details in die unternehmerische Freiheit/Eigenverantwortlichkeit des Vorstands eingegriffen wird (vgl. Henn, Aktienrecht, 195 mit umfangreichen Nachweisen). Eine geschäftsbegleitende Kontrolle ist darum nur für Einzelmassnahmen besonderer Bedeutung angezeigt. Diese Einschränkung der dynamischen (prozessualen) Überwachungsfunktion in der Ausgestaltung des zweistufigen Modells der Spitzenverfassung korrespondiert auffällig mit der bei der Beschreibung der Überwachungsaufgabe allgemein festgestellten Betonung der statischen oder strukturellen Überwachung unter juristischen Gesichtspunkten. Das *Trennungsmodell* kann darum als *theoretisch optimales Vehikel* der Umsetzung *juristischer Vorstellungen* zu Ausgestaltung und Verhältnis von *Führungs- und Überwachungsaufgabe* der Führungsspitze in die gesellschaftsrechtliche Realität bezeichnet werden. Die Berücksichtigung spezifisch ökonomischer Belange durch eine enge Zusammenarbeit von Vorstand und Aufsichtsrat ergibt sich in diesem Modell allein aus praktischen Erwägungen, nicht aber aus dem Modellaufbau per se.

Hinsichtlich der Interessenvertretung hat man in der *Bundesrepublik Deutschland* eine *institutionalistische Lösung* mit der Bestellung von Arbeitnehmer- und Gewerkschaftsvertretern in den Aufsichtsrat gefunden. Dabei gilt allerdings das Prinzip eines *Interessendualismus*, in dem ausschließlich Anteilseigner auf der einen Seite und Arbeitnehmer und Gewerkschaften auf der anderen Seite Berücksichtigung finden. Obwohl es an Vorschlägen für einen weitergehenden *Interessenpluralismus* (vgl. die bereits erörterten Konzepte von Steinmann, Großunternehmen, und Ulrich, Institution) nicht fehlt, ist eine ernsthafte Realisierung nicht erkennbar.

2. Das einstufige Board- oder Verwaltungsratsmodell

Während das Trennungsmodell deutlich von formal-juristischem Gedankengut geprägt ist, läßt sich Vergleichbares für das Vereinigungsmodell a priori nicht feststellen. Indem sowohl Führungs- als auch Überwachungsaufgabe einem einzigen Organ übertragen werden, stellt es sich zunächst *erheblich undifferenzierter* und *unkomplizierter* dar (vgl. Abb. B 4):

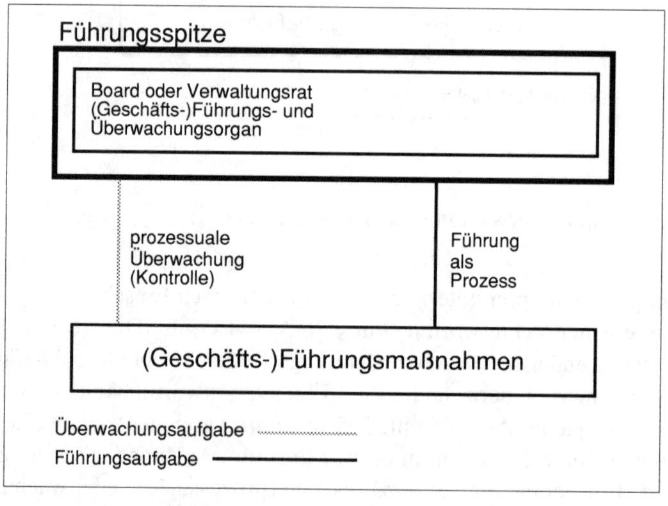

Abb. B 4: Führung und Überwachung im Vereinigungsmodell

Am auffälligsten ist dabei, daß für die institutionelle Komponente der Überwachung praktisch kein Raum mehr bleibt. Denn anders als *prozessuale* (Selbst-)*Kontrolle* bezüglich der Einhaltung von Zielvorgaben bei Ergreifung und Umsetzung konkreter Maßnahmen ist *strukturelle* (Selbst-)*Überwachung* begriffslogisch weitgehend gegenstandslos. Dies gilt sowohl aus theoretischen Gründen der Interessenkollision, die sich aus der Identität von Führungs- und Überwachungsinstitution ergibt, als auch aus praktischen Gründen beschränkter Perzeptibilität, die das Resultat der Personalunion von Führenden und Überwachenden ist (kognitive Dissonanz). Das Vereinigungsmodell verzichtet also im Großen und Ganzen gerade auf die juristisch präferierte Dimension der Überwachung und kompensiert dies vor allem durch eine erhöhte Intensität der prozeßbegleitenden Überwachung. Für die an Erkenntnissen der *betriebswirtschaftlichen Theorie* orientierte organisatorische Gestaltung der Führungsspitze scheint darum das *Vereinigungsmodell den Vorzug vor dem Trennungsmodell* zu verdienen.

Nun bedeutete es aber eine unzulässige Vereinfachung, nicht zu sehen, daß Interessenkollisionen und kognitive Dissonanz auch auf die solcherart intensivierte Überwachungsfunktion durchschlagen können. In der Realität ist darum das hier zunächst vorgestellte Grundmodell des monistischen Systems praktisch nicht anzutreffen. Vielmehr bemüht man sich häufig durch eine *horizontale oder vertikale interne Zweiteilung der Führungs-/Überwachungsinstitution* eine gewisse Unabhängigkeit der Überwachung zu erzielen ohne gleichzeitig die Vorteile des einstufigen Modells preiszugeben. Man kann diesen Vorgang auch als je nach faktischer Ausgestaltung mehr oder weniger rudimentäre Ressortierung sehen. Eine horizontale Zweiteilung zeigt z.B. das amerikanische Board-System, wenn es zwischen inside und outside Direktoren unterscheidet und den Insidern primär die Geschäftsführungs- und den Outsidern primär die Überwachungsaufgaben zuordnet. Abb. B 5 veranschaulicht ein derart horizontal arbeitsteiliges Vereinigungsmodell.

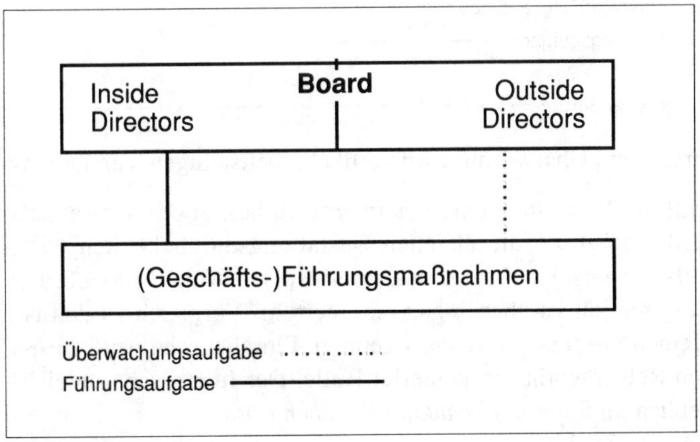

Abb. B 5: Führung und Überwachung im horizontal arbeitsteiligen Vereinigungsmodell

Mit dieser horizontalen Zweiteilung in Insider und Outsider wird auch das Problem der Vertretung externer Interessen berührt. Da im Regelfall die outside Direktoren im wesentlichen über den Einfluß des Managements kooptiert werden, wird das amerikanische Board-System grundsätzlich vom Prinzip des *Interessenmonismus* getragen. In diesem Sinne strebt das amerikanische System eine *reduktionistische Lösung* an, in der die einzelnen Direktoren in sich selbst den Ausgleich zwischen Unternehmungsinteressen und externen Interessen vornehmen müssen. Die Frage der *pluralistischen* Vertretung gesellschaftlicher Interessen wurde in den Vereinigten Staaten vor allem zu Beginn der 70er Jahre heftig diskutiert und hat in der Zwischenzeit, wie später noch zu zeigen ist, gewisse, aber dennoch geringe Erfolge gehabt.

Ein im Gegensatz zum amerikanischen Board vertikal arbeitsteiliges Vereinigungsmodell ermöglicht das schweizerische Aktienrecht, in dem der Verwaltungsrat fakultativ seine Führungsaufgabe auf einen oder mehrere seiner Angehörigen (Delegierte/r) übertragen kann (vgl. Abb. B 6).

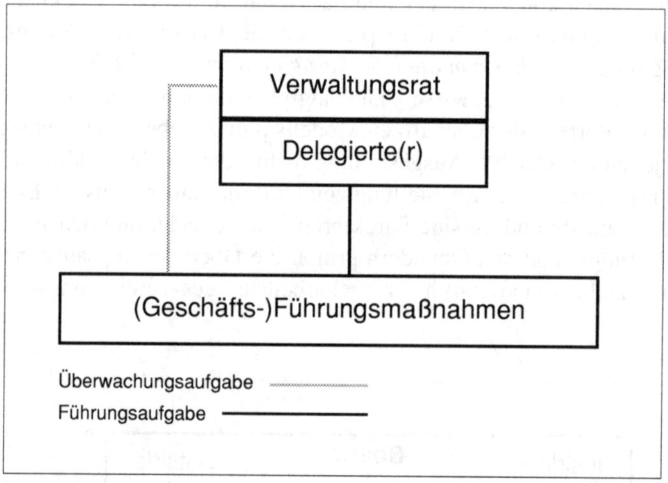

Abb. B 6: Führung und Überwachung im vertikal arbeitsteiligen Vereinigungsmodell

Im Hinblick auf die Vertretung externer Interessen besitzt das schweizerische Verwaltungsratsmodell theoretisch die gleichen Gestaltungsmöglichkeiten wie das deutsche Vorstands-/Aufsichtsratsmodell oder das amerikanische Board-Modell. Die schweizerische Verfassungsrealität ist allerdings von einem im Vergleich zu den beiden anderen Modellen extremen *Interessenmonismus* geprägt. Pluralistische Ansätze spielen auch bei den derzeitigen Reformvorhaben keinerlei Rolle. Der Interessenausgleich erfolgt demnach ausschließlich im Sinne der *reduktionistischen Lösung*.

Diese letzte Variante unterscheidet sich vom Trennungsmodell genau genommen bereits nur noch durch die gleichzeitige Zugehörigkeit des/der Delegierten zum Verwaltungsrat

(*Multisystempositionierung*). Nur diese verhindert den Ausbau einer ähnlich schlüssigen institutionellen Überwachung wie im deutschen Vorstands-/Aufsichtsratssystem. Doch erlaubt das schweizerische Aktienrecht eine Übertragung von Führungsaufgaben auch auf Direktoren, die dem Verwaltungsrat nicht angehören. Damit ist die Grenze zum Trennungsmodell faktisch überschritten. Das schweizerische Aktienrecht nimmt somit eine *Mittelstellung mit real erheblicher Bandbreite* ein: Es erlaubt Ausgestaltungen der Führungsspitze vom reinen Vereinigungs- bis hin zum Trennungsmodell. In der Praxis ist allerdings nicht zu übersehen, daß das Vereinigungsmodell in dieser Form vor allem in kleinen Unternehmungen und Familiengesellschaften zur Anwendung kommt, die in der Bundesrepublik Deutschland typischerweise in der Form der GmbH organisiert sind, während in ihrer wirtschaftlichen Funktion den deutschen vergleichbare schweizerische Aktiengesellschaften eine starke Hinwendung zum Trennungsmodell erkennen lassen.

C. Spitzenverfassung im doppelstufigen Vorstands-/Aufsichtsratsmodell deutscher Aktiengesellschaften

I. Entwicklung der Spitzenverfassung deutscher Aktiengesellschaften

1. Die historische Entwicklung der Spitzenverfassung vor 1900

Die Entwicklung der Spitzenverfassung deutscher Aktiengesellschaften vollzog sich allmählich in mehreren Etappen in ständiger Anpassung an die jeweiligen politischen und wirtschaftlichen Verhältnisse.

Diese Etappen lassen sich anhand der in der Vergangenheit erlassenen *Gesetze* und anderen *Rechtsnormen* sinnvoll rekonstruieren. In diesem Zusammenhang ist insbesondere auf die Arbeiten von Reuschenbach (vgl. dies., Geschichte), Vogel (vgl. dies., Aktienrecht und Aktienwirklichkeit) und Balzer (vgl. dies., Krisenmanagement, 108-137) zu verweisen.

Staatliche Einzelerlasse als Grundlage der Handelskompagnien

Als der eigentliche Anfang der wirtschaftsgeschichtlichen Entwicklung der modernen Aktiengesellschaft wird allgemein die mit Beginn des Kolonialzeitalters erfolgte Gründung der *niederländisch-ostindischen Kompagnie* im Jahre 1602 und der ihr nachfolgenden Handelskompagnien in Holland, England, Frankreich, Dänemark, Schweden und Portugal zur Erschliessung des Überseehandels angesehen (vgl. Balzer, Krisenmanagement, 109). Diese Gesellschaften wurden durch *Einzelfallgesetz* (*Oktroi*) gegründet. Die Leitung der Gesellschaften lag in Händen der Gesellschafter mit den größten Kapitalanteilen. Diese Haupteigner wählten ein Direktorium aus ihrer Mitte und nahmen als Gesamtorgan sowohl Führungs- als auch Überwachungsfunktionen wahr. Der Schwerpunkt der Überwachungstätigkeit lag damals allerdings überwiegend beim Staat, der sich weitgehende Aufsichts-, Eingriffs- und Mitspracherechte vorbehielt.

Das Preussische Gesetz über die Aktiengesellschaften von 1843

Ein entscheidender Anstoß für die Verbreitung der Aktiengesellschaft war die im 18. Jahrhundert mit der Erfindung der Dampfmaschine und des mechanischen Webstuhls beginnende Industrialisierung. Die Aktiengesellschaft, die sich bis dahin vornehmlich auf Schiffahrtsunternehmungen, Banken und Versicherungen beschränkt hatte, eroberte sich nun auch andere Wirtschaftsbereiche und wurde sehr bald für kapitalintensive Unternehmungen zu einer bedeutenden Gesellschaftsform.

Die erste generelle Regelung des deutschen Aktienrechts findet sich im *Preussischen Gesetz über die Aktiengesellschaften von 1843*. Dieses Gesetz hatte einen stark dispositiven Charakter: Genauere Vorschriften zur inneren Organisation der Aktiengesellschaft (AG) fehlten. Geschäftsführung und Vertretung richteten sich nach den Gesellschaftssatzungen, die regelmäßig einen Verwaltungsrat zum obersten Leitungsorgan bestimmten. Aus seiner Mitte wählte der Verwaltungsrat dann geschäftsführende Direktoren (vgl. Reuschenbach in: Henzler, Führungsmodell, 15).

Das Allgemeine Deutsche Handelsgesetzbuch (ADHGB) von 1861

Das Aufsichts- und Überwachungsrecht des Staates wurde mit der Verabschiedung des ADHGB weitgehend beseitigt. Mit diesem Gesetz wurde eine Reihe von zwingenden Vorschriften für die innere Organisation der Aktiengesellschaft vorgegeben. Es ist historisch gesehen der Anfangspunkt für die heute noch gesetzlich vorgeschriebene Organisation der Aktiengesellschaft. Die *Generalversammlung* wurde mit Mindestbefugnissen ausgestattet, z.B. Bilanzprüfung und Gewinnverteilung (§ 244), Abänderung der Satzung (§§ 214, 215). Jede Aktiengesellschaft mußte außerdem einen Vorstand haben, dem die Führung der Geschäfte der Gesellschaft oblag. Außerdem wurde die fakultative Bestellung eines Aufsichtsrats vorgesehen (vgl. Balzer, Krisenmanagement, 118). Die Regelung der Zuständigkeiten der einzelnen Organe blieb jedoch fast ganz dem Gesellschaftsvertrag überlassen, und die Funktion des Aufsichtsrates, der als eigenständiges Überwachungsorgan die Geschäftsführung der Aktiengesellschaft in „allen Zweigen der Verwaltung" zu „überwachen" hatte, war nicht nur durch zu geringe Befugnisse, sondern auch durch seine fakultative Bestellung geschwächt. Die in diesem Zusammenhang einzige zwingende Gesetzesregelung bestand darin, daß nur noch der Vorstand und nicht mehr der bislang häufig eingesetzte Verwaltungsrat – eine Art Ausschuß der Generalversammlung, der auch Geschäftsführungsbefugnisse wahrnahm – oder der Aufsichtsrat alleiniges Vertretungsorgan der Gesellschaft war, dessen Vertretungsmacht nach außen nicht beschränkt werden konnte (vgl. Vogel, Aktienrecht und Aktienwirklichkeit, 20 f.).

Die aktienrechtliche Regelung der §§ 231 ff. ADHGB zeichnete sich durch die besonders hervor gehobene Stellung der *Generalversammlung* aus. Eine zwingende Kompetenzregelung bestand nicht. Vielmehr konnte die Generalversammlung *alle Kompetenzen* an sich ziehen. Insbesondere konnte sie einem Vorstand auch in allen Fragen Weisungen erteilen bzw. sich ein Zustimmungsrecht beim Abschluß von Geschäften vorbehalten. Ebenso konnte satzungsgemäß dem Aufsichtsrat statt einer Überwachungs- auch eine

Leitungsfunktion oder doch mindestens die Bestimmung der Richtlinien der Geschäftspolitik, an die der Vorstand dann gebunden war, eingeräumt werden. Ein Eingriff in die Geschäftsführung war der Generalversammlung daneben jederzeit möglich (vgl. Meyer-Landrut, Großkommentar Aktiengesetz, Vorb. zu § 76).

Das revidierte ADHGB von 1870

Die endgültige Aufgabe der staatlichen Aufsichtsfunktion erfolgte im revidierten ADHGB von 1870 durch die Aufhebung der staatlichen Konzessionspflicht für Aktiengesellschaften. Da nun die Staatsaufsicht entfiel, mußte nach einem Ersatz gesucht werden, den der Staat im Aufsichtsrat fand, der nunmehr für alle Aktiengesellschaften als Überwachungsorgan *obligatorisch* eingeführt wurde.

Der Aufsichtsrat werde – so nahm der Gesetzgeber an – die Interessen der am Leben einer Aktiengesellschaft beteiligten Kreise ausreichend schützen. *Personelle Verflechtungen* zwischen dem Aufsichtsrat und dem Vorstand waren allerdings möglich, und die Praxis machte davon auch in erheblichem Umfang Gebrauch. Zwar erhielt der Vorstand im *Außenverhältnis* alleinige Vertretungsbefugnis, im *Innenverhältnis* hatte der Aufsichtsrat jedoch ein unbegrenztes Weisungsrecht gegenüber dem Gesamtvorstand beziehungsweise einzelnen Mitgliedern des Vorstands (vgl. Reuschenbach zitiert in: Henzler, Führungsmodell, 16).

Man kann durchaus die Behauptung ableiten, daß mit dieser Novelle ein Wechselspiel zwischen beobachteter Praxis des Aktienwesens, Reformbestrebungen und Reform der inneren Verfassung der Aktiengesellschaft beginnt, das sich – unter jeweils unterschiedlichen Vorzeichen – bis zur aktuellen Diskussion über ein neues allgemeines Unternehmungsrecht fortgesetzt hat. So zeigte sich, daß der Aufsichtsrat während der Zeit des sogenannten „*Gründungsfiebers*" in den Jahren nach 1870 seiner neuen Überwachungsfunktion nicht immer gewachsen war, und sich unsolide Gesellschaftsgründungen und in ihrer Folge spektakuläre Zusammenbrüche nicht verhindern ließen (vgl. Vogel, Aktienrecht und Aktienwirklichkeit, 21; Passow, Aktiengesellschaft, 440 ff.). Allein in den Jahren 1870 bis 1873 wurden 857 neue Aktiengesellschaften gegründet, von denen bis zum Jahre 1874 bereits jede fünfte liquidiert beziehungsweise bankrott war (vgl. Reuschenbach zitiert in: Henzler, Führungsmodell, 16).

Die Aktiennovelle von 1884

Angesichts dieser Ereignisse sah sich der Gesetzgeber mit der *Aktiennovelle von 1884* zu einer pointierten *Funktionsabgrenzung der Organe der Aktiengesellschaft* veranlaßt. Neben einer Verschärfung der Gründungsmodalitäten stärkte die Aktiennovelle insbesondere die Stellung der Generalversammlung, indem ihr das alleinige Recht zur Statutenänderung, zur Erhöhung des Grundkapitals, zur Genehmigung der Bilanz und zur Wahl der Aufsichtsrats-Mitglieder übertragen wurde.

„In der Meinung, die Generalversammlung werde auftretenden Mißständen in der Geschäftsführung am entschiedensten entgegentreten...", wurde damit „...die Generalversammlung – mindestens theoretisch- zum höchsten Organ der Aktiengesellschaft, denn sie traf die genannten Grundsatzentscheidungen, konnte darüber hinaus den anderen Organen Weisungen erteilen und schließlich unmittelbar in die Geschäftsführung eingreifen“ (Vogel, Aktienrecht und Aktienwirklichkeit, 21 f.).

Weiterhin wurde die *persönliche Verflechtung* zwischen Aufsichtsrat und Vorstand beseitigt, um eine strengere Trennung zwischen Führungs- und Überwachungsorgan zu realisieren. Während der Vorstand die alleinige Vertretungsbefugnis im Außenverhältnis hatte, blieb das Weisungsrecht des Aufsichtsrats gegenüber dem Vorstand im Innenverhältnis bestehen. Zwar lag nach dem Gesetz der Schwerpunkt der Aufsichtsrats-Tätigkeit in der Prüfung, Überwachung und Kontrolle der Geschäfte, die Praxis betonte jedoch noch sehr stark die *verwaltenden, beratenden und geschäftsführenden Befugnisse* des Aufsichtsrats im Innenverhältnis.

2. Die Entwicklung der Spitzenverfassung im 20. Jahrhundert

Das Aktiengesetz von 1937

Konkreter Anlaß für eine Neufassung des Aktienrechts war der Zusammenbruch einiger renommierter Aktiengesellschaften in den 20er und 30er Jahren (u.a. der Frankfurter Allgemeinen Versicherungsgesellschaft, der Schultheiß-Brauerei und der Norddeutschen Wollkämmerei), verursacht durch risikoreiche Vorstandsgeschäfte, die zu Verlusten geführt hatten und durch Bilanzfälschungen verschleiert worden waren. 1920 gab es noch 5.600, 1922 schon 9.500, 1923 bereits 16.300, 1924 dann 17.000 Gesellschaften, 1927 ging die Zahl wieder auf 12.000 und 1932 auf 9.600 zurück (vgl. Schmalz, Verfassung, 81). Die daraus folgende lebhafte Diskussion über die *Überwachung der Geschäftsführung* konzentrierte sich auf die *Institution des Aufsichtsrats*. Dabei gingen extreme Ansichten so weit, seine „Abschaffung“ und die Wiedereinführung der staatlichen Aufsicht zu fordern. Die Mehrzahl der Reformvorschläge zielte jedoch im Kern darauf ab, eine Verbesserung der Überwachungstätigkeit sowie eine stärkere Trennung der Funktionen von Aufsichtsrat und Vorstand herbeizuführen.

Mit dem *Aktiengesetz von 1937* wurden diese *Reformvorschläge realisiert:* Der Vorstand hatte die Gesellschaft unter eigener Verantwortung zu leiten, der Aufsichtsrat primär die Geschäftsführung zu überwachen. Die Trennung von Geschäftsführung und Überwachung wurde durch den Abbau der Weisungsrechte des Aufsichtsrats – auch im Innenverhältnis – mit Ausnahme der zustimmungspflichtigen Geschäfte konsequent vollzogen. Obwohl bereits damalige Untersuchungen der Praxis gezeigt hatten, daß sich der Aufsichtsrat in der Ausübung seiner Überwachungsfunktionen recht selten bewährt hatte, hingegen recht häufig in seinen Beratungs- und Mitverwaltungsfunktionen, ignorierte der Gesetzgeber diese Erfahrungen und konzentrierte die Gesetzesnorm nunmehr auf die Überwachungsfunktionen des Aufsichtsrats. Ziel der fundamentalen Verschiebung der

Kompetenzregelungen zugunsten der zwingenden Festsetzung des *Vorstands als Führungsorgan* im AktG von 1937 war, die wechselnden Mehrheiten unterworfene Generalversammlung angesichts der Bedeutung der großen als Aktiengesellschaften betriebenen Unternehmungen zu „entmachten" (vgl. Baumbach-Hueck, Aktiengesetz, Übersicht vor § 76 Rdnr. 4). Stattdessen sollte der davon *unabhängige Vorstand durch sachkundige Personen die Geschicke der Aktiengesellschaft* bestimmen. Die Hauptversammlung konnte danach nicht mehr in die Geschäftsführung eingreifen, der Vorstand wurde nur vom *Aufsichtsrat* bestellt. Der Hauptversammlung blieb die Aufgabe, über den verfassungs- und kapitalmäßigen Aufbau zu entscheiden. Demgegenüber wurde der Aufsichtsrat in erster Linie zum *Überwachungsorgan* gegenüber dem Vorstand. Weisungen an den Vorstand blieben zwar ausgeschlossen, aber mittelbar konnte er über Absetzung und Berufung des Vorstandes auf die Geschäftsführung Einfluß nehmen. Seinerseits war auch der Aufsichtsrat von einer Bestellung bzw. Abberufung durch die Hauptversammlung abhängig (vgl. Meyer-Landrut, Großkommentar Aktiengesetz, Vorb. zu § 76).

Das Aktiengesetz von 1965

Gegenstand und Zielsetzung der Aktienrechtsreform von 1965 waren nicht wie bei anderen vorausgegangenen Reformen die Beseitigung von Mißständen, sondern vielmehr eine Anpassung des Aktienrechts an wirtschafts- und gesellschaftspolitische Veränderungen. Die Änderungen erstreckten sich in erster Linie auf die Stellung der Aktionäre, insbesondere der Minderheitsaktionäre, auf die Vorschriften der Rechenschaftslegung für die Verwaltung sowie auf eine Kodifizierung des Rechts der Unternehmungsverbindungen (Konzernrecht) (vgl. Balzer, Krisenmanagement, 131). Eine grundlegende organisatorische Neuerung des Aktiengesetzes von 1965 bezieht sich auf die *Ablösung des „Führerprinzips"* im Vorstand durch das *Kollegialprinzip*. Die Befugnisse des Aufsichtsrats änderten sich beim neuen Aktiengesetz nicht. Er sollte primär die Geschäftsführung des Vorstandes überwachen. Darüber hinaus hatte er jedoch – abgesehen von Einzelaufgaben – den Vorstand zu bestellen und abzuberufen und verfügte ferner über umfassende Informations- und Überwachungsrechte. Das Aktiengesetz versagte ihm allerdings ausdrücklich, Maßnahmen der Geschäftsführung zu treffen oder dem Vorstand Weisungen zu erteilen. Gleichwohl war der Aufsichtsrat insoweit gegenüber dem Vorstand ein *zweites Willensbildungszentrum*, als er – neben der Hauptversammlung als oberstem Organ der Aktiengesellschaft und Beschlußgremium der Aktionäre – einen Kreis von Geschäften bestimmen konnte, zu denen der Vorstand seine Zustimmung einzuholen hatte. Der Vorstand selbst hingegen leitete nach der Vorgabe des Gesetzes die Gesellschaft eigenverantwortlich. Ihm oblag Geschäftsführung und Vertretung der Gesellschaft (vgl. Vogel, Aktienrecht und Aktienwirklichkeit, 34 f.).

Gerade hinsichtlich des Weisungsrechts des Aufsichtsrats gegenüber dem Vorstand hatte es sich allerdings gezeigt, daß Recht und Wirklichkeit auseinanderfielen. Tatsächlich waren solche Weisungen an der Tagesordnung. *Reformvorschläge* beschäftigten sich daher auch primär mit einer Umstrukturierung dieser beiden sog. Verwaltungsorgane (vgl. Mertens, Kölner Kommentar zum Aktiengesetz, Bd. 1, §§ 76-94, 3. Lief. 1970, Vorb. zu

§ 76 Rdnr. 3), etwa im Sinne des im angelsächsischen Rechtskreis praktizierten Board-Systems (vgl. Stammberger, Zur Großen Aktienrechtsreform, 21). Beide Verwaltungsorgane sollten danach zu einem zusammengefaßt und der Hauptversammlung gegenübergestellt werden. Mangels eines Überwachungsorgans wurde diese Konstruktion in das Aktiengesetz von 1965 nicht übernommen. Gekennzeichnet war diese Reform des Aktienrechts insbesondere durch eine gewiße Schwächung der Stellung des Vorstandes zugunsten von Aufsichtsrat und Hauptversammlung durch eine erweiterte Berichterstattungspflicht des Vorstandes (vgl. § 90 AktG) und verstärkte Möglichkeiten des Widerrufs der Bestellung eines Vorstandsmitglieds durch die Hauptversammlung (vgl. § 84 III AktG).

Die Mitbestimmungsgesetzgebung

Nicht in das Aktiengesetz aufgenommen wurden bisher die aktienrechtlichen Vorschriften der Mitbestimmungsgesetze über die Beteiligung der Arbeitnehmer im Aufsichtsrat und Vorstand. Im einzelnen handelt es sich dabei um das Montan-Mitbestimmungsgesetz von 1951, das Betriebsverfassungsgesetz von 1952 (zuletzt geändert 1972) und das Mitbestimmungsgesetz von 1976. Ob und nach welchem Gesetz Mitbestimmung stattfindet, richtet sich nach einer Kombination von Rechtsform, Anzahl der beschäftigten Arbeitnehmer sowie Gegenstand und Zweck der Unternehmung (Vgl. hierzu insbesondere Chmielewicz et al., Mitbestimmung, 105-145).

Auf der *Aufsichtsratsebene* werden nach dem Montan-Mitbestimmungsgesetz in Kapitalgesellschaften des Montanbereiches mit mehr als 1'000 Beschäftigten die Hälfte der Aufsichtsratsmitglieder von der Arbeitnehmerseite, die andere Hälfte von der Kapitalgeberseite (Hauptversammlung) besetzt. Zusätzlich wählen die Anteilseigner- und die Arbeitnehmerbank gemeinsam ein neutrales Aufsichtsratsmitglied (§§ 4, 8 Montan-Mitbestimmungsgesetz).

Bei Aktiengesellschaften, Kommanditgesellschaften auf Aktien und Gesellschaften mit beschränkter Haftung mit mehr als 500 und weniger als 2'000 Beschäftigten wird ein Drittel der Aufsichtsratssitze durch Arbeitnehmervertreter besetzt (§§ 76, 77 Betriebsverfassungsgesetz von 1952 i.V.m. § 129 Betriebsverfassungsgesetz von 1972).

In Kapitalgesellschaften mit mehr als 2'000 Mitarbeitern stehen im Aufsichtsrat je zur Hälfte die Sitze den Arbeitnehmervertretern und den Anteilseignervertretern zu (§ 7 Mitbestimmungsgesetz von 1976).

Auf der *Vorstandsebene* bezieht sich die Mitbestimmung auf die Bestellung eines *Arbeitsdirektors* als gleichberechtigtes Mitglied des Vorstands nach dem Montan-Mitbestimmungsgesetz und dem Mitbestimmungsgesetz. Der Unterschied zwischen beiden Regelungen besteht darin, daß nach dem Montan-Mitbestimmungsgesetz der Arbeitsdirektor nicht gegen die Mehrheit der Arbeitnehmervertreter im Aufsichtsrat bestellt oder abberufen werden kann. Eine solche Einschränkung ist im Mitbestimmungsgesetz nicht enthalten.

Dieser geschichtliche Rückblick sollte gewissermaßen schlaglichtartig einen Überblick über die Entwicklung und rechtliche Ausgestaltung der inneren Organisation der deutschen Aktiengesellschaft unter Verzicht auf die Darstellung von Einzelheiten geben. Festzuhalten bleibt in diesem Zusammenhang, daß der Grundgedanke einer konsequenten Trennung von Geschäftsführung und Überwachung für das dualistische deutsche System, das im Englischen deshalb auch als *„Two-Tier"-System* bezeichnet wird, charakteristisch bleibt.

3. Das Recht der Aktiengesellschaft – Spiegelbild der Staatsorganisation?

Es wird vielfach die Auffassung vertreten, im Aufbau der Aktiengesellschaft spiegele sich die jeweilige Staatsorganisation (Nachweise bei Wiethölter, Interessen, 77). Diese sei bis zum Ende des 18. Jahrhunderts überwiegend absolutistisch geprägt gewesen. Liberale und demokratische Vorstellungen hätten von England und Frankreich her nicht nur zu einem Vordringen veränderter Staatsideen, sondern schließlich auch zu einer nach dem Mehrheitsprinzip strukturierten Aktiengesellschaft geführt. Die *Haupt- bzw. Generalversammlung* der Aktiengesellschaft sei damit zum *„Parlament"*, zum *„Souverän"* der Aktiengesellschaft geworden. Diese Ausrichtung habe die Aktiengesellschaft auch in ihrer gesetzlichen Fixierung im ADHGB gehabt. Die übermächtige Stellung der Generalversammlung sei teils unter praktischen Gesichtspunkten, teils aber auch unter dem Einfluß der nationalsozialistischen Staatsauffassungen im Aktiengesetz von 1937 beseitigt worden, und dem Vorstand sei – dem „Führerprinzip" entsprechend – die Geschäftsleitung übertragen worden, welche sich einer Einflußnahme durch andere Organe weitgehend entzogen habe (vgl. Baumbach-Hueck, Aktiengesetz, Übersicht vor § 76 Rdnr. 4).

Diese gesetzlich zwingende Stellung wurde auch nach dem Ende des Nationalsozialismus nicht angetastet, da man darin kein spezifisch nationalsozialistisches Gedankengut zu entdecken glaubte (vgl. Meyer-Landrut, Großkommentar Aktiengesetz, § 76, Anm. 2). Vielmehr sollten praktische Erwägungen diese Konstruktion plausibel erscheinen lassen (vgl. Jagenburg, Aktienrecht, 156f.). Unter dem Aspekt der Parallelität von staatlicher und aktienrechtlicher Organisationsstruktur müßte man heute von einer demokratisch geprägten Organisation der Aktiengesellschaft ausgehen können (vgl. Schmidt, Großkommentar Aktiengesetz (2), § 1, Anm. 8b). In der 3. Auflage des Kommentars zum Aktiengesetz dagegen bezeichnet Schmidt die Aktiengesellschaft als lediglich nach „rechtsstaatlichen Grundsätzen organisierte Körperschaft" (vgl. Schmidt, Großkommentar Aktiengesetz (3), § 1, Anm. 34). Diese Ansicht hat jedoch nicht viel Zustimmung gefunden (Aufführung entsprechender Stellungnahmen bei Wiethölter, Interessen, 78, Fußn. 4). Die Zweifelhaftigkeit derartiger Übertragungen zeigt sich insbesondere auch bei dem den demokratischen Staat prägenden Gewaltenteilungsprinzip.

Die Unternehmung ist kein Staat im kleinen

Die skizzierte *Entwicklung der Spitzenverfassung* in der Bundesrepublik Deutschland ist geprägt durch das Bestreben nach annähernder *Gleichgewichtigkeit* (vgl. Hueck, Gesellschaftsrecht, § 23 I) des Verhältnisses der Organe zueinander. Daß diese Ausbalancierung als Ausprägung des demokratischen *Gewaltenteilungsprinzips* zu verstehen sei, wird von Wiethölter bestritten (vgl. Wiethölter, Interessen, 101 ff). Eine Behandlung dieses für die Erklärung des dualistischen Modells prinzipiellen Gesichtspunktes findet in der Literatur kaum statt (vgl. Wiethölter, Interessen, 100). Es sind im wesentlichen zwei Argumente herauszulesen, die *widerlegen*, daß der Aufbau der Aktiengesellschaft ein Spiegelbild der Staatsorganisation darstellt:

(1) Die Organisationsstruktur der Aktiengesellschaft ließ sich schon früher nicht mit dem staatlichen Gewaltenteilungsprinzip gleichsetzen. Exekutive und Legislative waren z.B. im 19. Jahrhundert Organe, von denen jedes besonderen gesellschaftlichen Kräften (erstere dem Monarchen, letztere den Ständen bzw. dem Bürgertum) zugeordnet sein sollte. Demgegenüber waren die verschiedenen Organe der Aktiengesellschaft *einheitlich* auf die Gruppe der Aktionäre bezogen.

(2) Heute sind die staatlichen Organe einheitlich auf das Volk bezogen. Gleichwohl dürfte sich auch heute eine Parallelisierung von staatlicher Gewaltenteilung und Struktur der Aktiengesellschaft verbieten (vgl. Wiethölter, Interessen, 103). Eine der staatlichen *Judikative* vergleichbare Gewalt gibt es in der Aktiengesellschaft *nicht.* Der Aufsichtsrat unterscheidet sich in der Abhängigkeit seiner Mitglieder und in seinen Kompetenzen wesentlich von einem Rechtsprechungsorgan. Darüber hinaus ist selbst die Gleichsetzung von Legislative und Hauptversammlung problematisch, wie die verbreitete, wenngleich nicht einhellige Ablehnung des parlamentarischen Charakters selbst von Gemeindevertretungen und die damit verbundene Verneinung einer Gewaltenteilung in der Gemeinde (trotz Existenz von Gemeindevertretung und Gemeindevorstand) zeigt.

Die *Übertragung staatlicher Organisationsgrundsätze auf erwerbswirtschaftliche Unternehmungen* wird daher zu Recht *abgelehnt:* Die Unternehmung ist kein „...Staat im kleinen, der Vorstand keine Staatsregierung, die Hauptversammlung kein Parlament..." (Fischer, Rechtsschein und Wirklichkeit im Aktienrecht, 85 f.).

II. Die Überwachung deutscher Aktiengesellschaften durch den Aufsichtsrat

1. Aufgaben des Aufsichtsrats – Gesetzlicher Auftrag und faktische Stellung

Der Aufsichtsrat hat gemäß § 111 AktG; die Geschäftsführung des Vorstands zu überwachen und verfügt über Informations- und Überwachungsrechte, sowie über Kompetenzen für bestimmte grundlegende Geschäfte. Er ist somit ursprünglich grundsätzlich als *reines Überwachungsorgan* gedacht, das an der Geschäftsführung nicht teilhat.

Nur in Ausnahmefällen (z.B. § 33 AktG Gründungsprüfung) wirkt der Aufsichtsrat bei der *Geschäftsführung* im weitesten Sinne mit, sowie bei den Geschäften, für die durch die Satzung der Aktiengesellschaft oder durch den Aufsichtsrat bestimmt wurde, daß der Vorstand die Zustimmung des Aufsichtsrates einzuholen hat. Wird diese Zustimmung versagt, muß der Vorstand von dem Geschäft absehen, andere Vorschläge machen oder die nicht genehmigte Maßnahme seiner Geschäftsführung der Hauptversammlung zur endgültigen Entscheidung vorlegen. Weiterhin obliegt dem Aufsichtsrat die Bestellung und Abberufung des Vorstandes. Ferner bedürfen alle jene Entscheidungen der Zustimmung des Aufsichtsrates, die die Zustimmung der Hauptversammlung erfordern (z.B. Kapitalerhöhungen, Umwandlungen) sowie auch alle sonstigen wesentlichen Entscheidungen über Größen- und Strukturveränderungen der Unternehmung, sofern dies die Satzung vorschreibt, z.B. über grundlegende Organisationsänderungen, Stillegungen oder die Erteilung von Vertretungsbefugnissen.

Wirksame Überwachung kann den Aufsichtsrat in eine Beratungsrolle hineinziehen

Im Vergleich zu der dem Aufsichtsrat ursprünglich primär zugewiesenen Aufgabe einer Überwachung der Geschäftsführung läßt sich ein möglicher Funktionswandel des Aufsichtsrats postulieren. In Zeiten zunehmender Komplexität und Dynamik muß sich der Aufsichtsrat – um seiner Überwachungsfunktion gegenüber dem Vorstand gerecht werden zu können – intensiver mit der unternehmungspolitischen Konzeption des Vorstands auseinandersetzen. Damit verdrängt die Diskussion über aktuelle und künftige Probleme im Zusammenhang mit der Unternehmungsentwicklung die vergangenheitsorientierte Überwachung. Kontrollen treten in den Vordergrund der Aufsichtsratsarbeit, die sich stärker auf Unterstellungen und Annahmen der Unternehmungsplanung und die Konsistenz ihrer Aussagen richten als auf vergangenheitsbezogene Handlungen und Entwicklungen. Statt des bisherigen sukzessiven Einschaltens des Aufsichtsrats in Entscheidungs- und Realisationsprozesse wird er zunehmend simultan in die Planung wesentlicher unternehmungspolitischer Aktivitäten involviert. Obwohl als Überwachungsorgan geschaffen, dürfte sich der Aufsichtsrat damit faktisch zu einer Art *Beratungsorgan*, das die strategische Planung der *Geschäftsführung* kritisch spiegelt, entwickeln. Die Forderung von Steinmann nach einer „ex ante“- statt einer „ex post“-Überwachung durch den Aufsichtsrat bedeutet letztlich, daß eine Unternehmungsplanung ohne Zustimmung des Aufsichtsrates nicht zu realisieren ist (vgl. Steinmann, Grossunternehmen, 244-253). Durch Beratung und selektive Zustimmung zu Plänen des Vorstandes erhält die Überwachung des Unternehmungsgeschehens durch den Aufsichtsrat eine neue Qualität, die tendenziell zu einer Verwischung der bislang klar getrennten Funktionen der Geschäftsführung (Vorstand) und Überwachung (Aufsichtsrat) führen dürfte (vgl. Gutenberg, Funktionswandel, 1 ff.).

Eine Beratungsrolle des Aufsichtsrats verwischt die Grenzen von Überwachung und Geschäftsführung

An einer derartigen Ausweitung der dem Aufsichtsrat ursprünglich zugedachten Überwachungsfunktion muß naturgemäß Kritik geübt werden. Im Hinblick auf die Funktionstrennung stellt zum Beispiel Fischer heraus, daß damit die vom Gesetz für den organisatorischen Aufbau der Aktiengesellschaft vorgesehene Gewaltenteilung verwischt werde und die dem Aufsichtsrat zugedachte *Überwachungsfunktion* gegenüber dem Vorstand zur Farce werde (vgl. Fischer, Rechtsschein). Die Fähigkeit des Aufsichtsrats, seine Überwachungsfunktion gegenüber dem Vorstand wirksam wahrzunehmen, wurde auch prinzipiell von anderen Autoren in Zweifel gezogen. So wies beispielsweise Gutenberg darauf hin, daß der Aufsichtsrat mit der Überwachung der Geschäftsführung moderner Großbetriebe vielfach überfordert sei (vgl. Gutenberg, Funktionswandel). Mertens und Mestmäcker behaupten, daß der Aufsichtsrat strukturell ungeeignet sei, die ihm zugewiesenen Aufgaben zu erfüllen. Diese grundsätzliche Kritik an der Fähigkeit des Aufsichtsrates, seiner Überwachungsfunktion gerecht zu werden, verstärkt sich in schwierigen wirtschaftlichen Zeiten, wenn zugestanden werden muß, daß viele Unternehmungen unter den sehenden Augen des Aufsichtsrats in schwere Krisen oder gar in den Untergang gelaufen sind. Die Forderung nach einer stärker beratenden Rolle des Aufsichtsrats, die sich mit einer ex ante-Überwachung unabdingbar verbindet, wirft die grundsätzliche Frage nach der Geeignetheit der deutschen Aufsichtsrats-Struktur und der Qualifikation der Träger ihrer Aufgaben für die nachhaltige Bewältigung einer derartigen Aufgabenerweiterung auf.

Argumente dieser Art beruhen auf Annahmen über die personelle Zusammensetzung von Aufsichtsräten und die Qualität und Intensität ihrer Arbeit, wie sie sich in der Wirtschaftspraxis der Aktiengesellschaften in der Bundesrepublik Deutschland entwickelt haben. Sie verlieren jedoch an Gewicht, wenn diese Annahmen modifiziert oder durch andere Regelungen und praktische Gestaltungen variiert werden. Daß derzeit die als möglich geschilderten Entwicklungen noch nicht eingetreten sind, belegt die von Bleicher/Paul durchgeführte schriftliche Befragung, in der 83 % der befragten Vorstände den Aufsichtsrat nach wie vor als wichtiges, beziehungsweise sehr wichtiges Organ bezeichnen (vgl. Bleicher/Paul, Verfassungen, 78).

1.1 Die Überwachungsaufgabe des Aufsichtsrats

Die Überwachungsaufgabe des Aufsichtsrats bezieht sich auf die personale, sachliche und formale Überwachung der Unternehmung.

1.1.1 Die personale Dimension der Überwachungsaufgabe

Die Personalentscheidung über den Vorstand genießt im Funktionsspektrum des Aufsichtsrats höchste Priorität

Aus der *personalen* Komponente entspringt die Personalhoheit des Spitzenorgans in zweierlei Weise: einerseits nimmt mit der Delegation von Aufgaben – und hier steht die Delegation der Aufgaben der Führung im Mittelpunkt – die Personalentscheidung über die Delegationsempfänger an Bedeutung zu (vgl. Bleicher, Aufsichtsrat, 17). Dort wo die Überwachung aufgrund mangelnder Kenntnis des Überwachungsobjekts immer weniger greift, muß diese zunehmend an Personen statt an Inhalten und Formalien festgemacht werden. Das Vertrauen in die Kompetenz einzelner Persönlichkeiten substituiert gleichsam die abnehmende Überwachungskompetenz der Überwachenden. Damit wandelt sich die *Überwachungsaufgabe* in eine *Entscheidungsaufgabe über Personen.*

Durch die Entscheidung über Personen, von denen angenommen werden kann, daß ihre fachliche und führungsmäßige Kompetenz und ihre persönliche Integrität Vertrauen für die Bewältigung des Gestaltungsobjektes „Unternehmung" rechtfertigen, das ihnen Autonomie gewährt, wird der Überwachungsauftrag umgesetzt und eine sekundäre Überwachungsfunktion über eben diese Personen konstituiert. Hinzu tritt auch Qualitatives im sachlichen Sinne: Personen verkörpern Einstellungen zur Unternehmung und zur Aufgabe, sowohl zu ihrer gesellschaftlichen Rolle, zur Ethik des Handelns, der Chancen- und Risikoorientierung, zu Programmen (wie der Diversifizierung und Internationalisierung) und sie bringen Neigungen und Erfahrungen in ihre Positionen ein, die von einer Technik-, Markt- oder Finanzorientierung getragen sein können. Mit der Personalentscheidung wird somit zugleich ein hochkomplexes Bündel von qualitativen Einflüssen auf die Unternehmungspolitik präferiert und ausgewählt, das durch Folgemaßnahmen im Aufsichtsrat – es sei denn durch weitere Personalentscheidungen – nur marginal korrigierbar ist.

„Der Schlüssel für die Ausrichtung der Unternehmenspolitik durch die Geschäftsführung auf vom Aufsichtsorgan akzeptierte strategische Ziele liegt in der Berufung der Geschäftsführer. Diese benötigen das volle Vertrauen des Aufsichtsorgans" (Thomée, Boardsystem, 190).

Die personale Komponente zeigt andererseits Auswirkungen nicht nur auf die Mitglieder des Geschäftsführungsorgans. Die Komplementarität von Erfahrungen beider Seiten mag hier genauso wesentlich sein wie die Integrations- und Kooperationsfähigkeit einzelner Persönlichkeiten. Beide Aspekte der personalen Überwachung verlangen qualitative Beurteilungen, die nur teilweise objektivierbar sind. Unsicherheiten, die dabei erkennbar werden, sollten durch die personale Überwachung („Performance Appraisal") mit zusätzlichen Elementen einer wenig praktizierten „Attitude Appraisal" abgebaut werden.

1.1.2 Die sachliche Dimension der Überwachungsaufgabe

1.1.2.1 Zustimmungsbedürftige Geschäfte

Die *sachliche* Komponente der Überwachungsfunktion erfolgt bislang fast ausschließlich durch die kritische Beobachtung der Ergebnisentwicklung ex post. Steinmann/Gerum fordern zu Recht eine Verlagerung auf die *exante Komponente einer präsituativen Überwachung* (vgl. Steinmann/Gerum, Reform). Dem prospektiven Charakter einer solchen Überwachung entsprechend unterscheidet Theisen aus entscheidungstheoretischer Sicht drei „aufsichtspflichtige" Elemente: Neben den geplanten Aktionen sind dies die berücksichtigten Umweltzustände und die (subjektiven) Eintrittswahrscheinlichkeiten (vgl. Theisen, Überwachung, 344). Die Schwierigkeit der Entwicklung adäquater Maßstäbe als Voraussetzung der nachfolgenden Prüfung ist die besondere Problematik der Überwachung prospektiver Aktivitäten der Unternehmungsführung.

Der Katalog zustimmungsbedürftiger Geschäfte steht im Mittelpunkt der sachlichen Dimension der Überwachung

Der Katalog *zustimmungsbedürftiger Geschäfte*, der sich in den Satzungen vieler Unternehmungen findet, macht präsituative Überwachungstätigkeiten zumeist an einzelnen Geschäften von besonderer Bedeutung fest. In diesem Zusammenhang ist auf § 111 Abs. IV AktG zu verweisen, der das Zusammenwirken und die Machtverteilung zwischen Vorstand und Aufsichtsrat regelt. Ausgehend von der Pflicht des Aufsichtsrats, die Geschäftsführung zu überwachen, eröffnet § 111 Abs. IV Satz 2 AktG die Möglichkeit, bestimmte Arten von Maßnahmen der Geschäftsführung des Vorstandes von der Zustimmung des Aufsichtsrates abhängig zu machen. Art, Inhalt und Umfang zustimmungsbedürftiger Geschäfte, Maßnahmen oder Entscheidungen sind im deutschen im Gegensatz zum österreichischen Aktienrecht und der 5. EG-Richtlinie nicht ausformuliert. Seitens des Gesetzgebers liegen keine Kriterien vor, nach denen diese Geschäfte bestimmt werden können.

Ein Vorschlag zur gesetzlichen Regelung zustimmungsbedürftiger Geschäfte wurde von der *Unternehmensrechtskommission* gemacht, wonach neben den *Grundsätzen der Geschäftspolitik* weitere wichtige *Maßnahmen der Strategie und Entwicklung der Unternehmung* zählen sollten (vgl. Bundesministerium der Justiz, Bericht, Abs. 323). Hierbei handelt es sich allerdings lediglich um Ergebnisse einer Diskussion, so daß die Ausgestaltung zustimmungsbedürftiger Geschäfte weiterhin von der Unternehmung selbst vorgenommen werden kann.

Hinsichtlich der Art der zustimmungsbedürftigen Geschäfte hat Girgensohn festgestellt, daß der Aufsichtsrat vor allem bei „... traditionsgebundenen, kontrollierten Geschäften ... (mitwirkt; Anm. d. Verf.), während der Aufsichtsrat bei Gestaltungsaufgaben kaum beteiligt wird ..." (Girgensohn, Mitwirkung, 339).

Zustimmungsbedürftige Geschäfte umfassen im Regelfall fünf Bereiche:

1. Investitionen (wobei mit zunehmender Größe der Gesellschaft sich auch die betragsmäßige Grenze zustimmungsbedürftiger Investitionen zu erhöhen scheint)
2. Grundstücke
3. Beteiligungen, Zweigniederlassungen
4. Aufnahme von (Groß-)Krediten und
5. Erteilung und Entziehung von Prokura und Generalvollmacht.

Beispielhaft wird im folgenden ein Katalog zustimmungsbedürftiger Geschäfte einer Aktiengesellschaft dargestellt:

1. Erteilung von Prokuren und die Bestellung von Generalbevollmächtigten,
2. Erwerb von Grundeigentum und Rechten von Grundstücken, sowie von Verfügungen über derartige Rechte, sofern der Wert 2 % des Grundkapitals überschreitet,
3. Ausführung von Neubauten, Umbauten, Anschaffung von Maschinen und Einrichtungsgegenständen im Wert von mehr als 2 % des Grundkapitals,
4. Abschluß von Verträgen, die der Gesellschaft Verpflichtungen von mehr als 5 Jahren auferlegen,
5. Aufnahme von Anleihen, Ausgabe von Schuldverschreibungen, Aufnahme und Gewährung langfristiger Kredite von mehr als 2 % des Grundkapitals,
6. Errichtung und Aufhebung von Zweigniederlassungen,
7. Erwerb und Veräußerung von Beteiligungen, wenn der Wert 1 % des Grundkapitals überschreitet.

Die Veränderung des Katalogs zustimmungsbedürftiger Geschäfte als Ausdruck der Machtverschiebung zwischen Aufsichtsrat und Vorstand

Die Festlegung eines Kataloges zustimmungsbedürftiger Geschäfte kann sowohl durch die Satzung als auch durch den Aufsichtsrat erfolgen. Eine besondere *mitbestimmungsrechtliche Brisanz* der Regelung zustimmungsbedürftiger Geschäfte liegt darin, daß die Arbeitnehmervertreter im Aufsichtsrat bestrebt sein werden, die Überwachungsrechte des Aufsichtsrats zu Mitspracherechten auszubauen, möglichst viele Massnahmen der Geschäftsführung dem Zustimmungsvorbehalt des Aufsichtsrates zu unterwerfen, um auf diesem Weg ihren Einfluß auf den Vorstand zu verstärken.

Die *Anteilseigner* könnten dagegen versucht sein, den Katalog zustimmungsbedürftiger Geschäfte qua Satzung möglichst klein und abschliessend festzulegen, oder den Vorstand bei seinen Maßnahmen der Geschäftsführung, soweit die Zustimmungsbedürftigkeit wie z.B. nach den §§ 59 Abs. III, 88, 89, 114, 115 AktG nicht ausdrücklich gesetzlich geregelt ist, gänzlich von Zustimmungsvorbehalten freizustellen. Was letzteres betrifft, so ist von Gewerkschaftsseite zum Teil unter Berufung auf eigene rechtstatsächliche Untersuchungen bereits der Vorwurf des „Mißbrauchs der Satzungsautonomie" erhoben und von einer „Unternehmertaktik und Strategie zur Entmachtung des Aufsichtsrats" gesprochen worden (vgl. Vetter, Beiträge, 62 f.).

1.1.2.2 Zustimmung zur Unternehmungsplanung

Bei der Untersuchung der Funktion des Aufsichtsrats in bezug auf die Behandlung der Unternehmungsplanung stehen zwei Aspekte im Vordergrund: (1) Gehört die Planung zu den Tätigkeiten des Vorstands, die der Aufsichtsrat zu überwachen hat? (2) Ist diese Planung insgesamt oder teilweise einem Zustimmungsvorbehalt des Aufsichtsrates unterworfen? Mit diesen Fragen hat sich insbesondere Semler ausführlich auseinandergesetzt (vgl. Semler, Unternehmensplanung).

Einbindung des Aufsichtsrats in die Unternehmungsplanung?

Die Mitwirkung des Aufsichtsrats an der Unternehmungsplanung läßt sich zum einen in allgemeiner Form aus § 111 Abs. 1 AktG ableiten, der besagt, daß der Aufsichtsrat die Geschäftsführung zu überwachen hat, ohne dies näher zu spezifizieren. Eine detailliertere Aussage liefert § 90 Abs. 1 Nr. 1 AktG, der vorschreibt, daß der Vorstand dem Aufsichtsrat über die beabsichtigte Geschäftspolitik und andere grundsätzliche Fragen der künftigen Geschäftsführung zu berichten hat. Aus dieser Vorschrift läßt sich ableiten, daß der Vorstand Vorstellungen über die zukünftige Unternehmungspolitik entwickeln muß; denn nur dann kann er darüber berichten. Der Streit, ob der Aufsichtsrat zur Überwachung der Planung berechtigt ist, beruht nach Auffassung von Semler zumeist auf den *unterschiedlichen Vorstellungen über das, was Planung bedeutet* (vgl. Semler, Unternehmensplanung, 17). Nach seiner Ansicht geht es dabei weniger um das Zahlenwerk als vielmehr um die *beabsichtigte Geschäftspolitik*, die im Hinblick auf die genannten Paragraphen des Aktiengesetzes einer Überwachung durch den Aufsichtsrat unterliegt. Diese Auffassung wird auch den weiteren Ausführungen zugrunde gelegt.

In diesem Zusammenhang ist die Frage nach dem *Umfang der Offenlegung* der Planungsvorlagen von Bedeutung. Brinkmann-Herz weist darauf hin, daß die Vorstände in der Regel eine deutliche Zurückhaltung bei der Weiterleitung jener differenzierten und aussagefähigeren Datenaufstellungen – insbesondere Investitions- und Finanzierungspläne – üben, die für die innerbetriebliche Planung und Überwachung notwendig sind (vgl. Brinkmann-Herz, Entscheidungsprozesse, 72 ff.).

Diese Aussage zeichnet ein eher negatives Bild der Zusammenarbeit zwischen Aufsichtsrat und Vorstand, das allerdings nicht typisch zu sein scheint, wie empirische Studien beweisen (z.B. Bleicher/Paul, Verfassungen, 35 ff.). Dementsprechend legt die ganz überwiegende Mehrheit der Vorstände die strategische Planung dem Aufsichtsrat vor. Der Umfang dieser Offenlegung variiert jedoch gemäß den Befürchtungen, eigene Handlungsspielräume damit vorab einzuschränken.

Gesamthafte Zustimmung zur Unternehmungsplanung oder Zustimmungen zu zentralen Einzelpunkten der Strategie?

Nach § 111 Abs. 4 Satz 1 AktG kann die Vornahme bestimmter Geschäfte von der Zustimmung des Aufsichtsrats abhängig gemacht werden. Es ist daher zu prüfen, ob die *Planung insgesamt* oder *einzelne Aspekte* einem solchen *Zustimmungsvorbehalt* unterworfen werden können. Eine generelle Zustimmung zur Unternehmungsplanung ersetzt die Einzelzustimmung zu spezifischen Geschäften. Beides zugleich erscheint wenig sinnvoll.

Semler prüft verschiedene Argumente, die für bzw. gegen einen Zustimmungsvorbehalt des Aufsichtsrats zur Gesamtplanung sprechen und kommt dabei zu dem Ergebnis, daß die Unternehmungsplanung durchaus der Zustimmung des Aufsichtsrats unterworfen werden kann (vgl. Semler, Unternehmensplanung, 20 ff.). Aus betriebswirtschaftlicher Sicht ist insbesondere ein Aspekt von Interesse, der gegen einen solchen Zustimmungsvorbehalt sprechen könnte: Darf die Planung eventuell deshalb keinem Zustimmungsvorbehalt unterliegen, weil sie einen so wesentlichen Teil des unternehmerischen Geschehens ausmacht, daß durch einen Zustimmungsvorbehalt die *eigenverantwortliche Führung* der Gesellschaft durch den Vorstand nicht mehr gewährleistet wäre?

Semler kommt hier zu dem Schluß, daß die Unternehmungsplanung nur eine von vier originären Führungsfunktionen darstellt und deshalb dem Vorstand noch ein weites Feld offenbleibt, in dem er ohne Einwirken des Aufsichtsrats tätig werden kann, allerdings innerhalb eines festgelegten Rahmens (vgl. Semler, Unternehmensplanung, 21).

Ein Gesichtspunkt, der allerdings offen bleibt, bezieht sich auf die Frage, wie *detailliert* der Vorstand dem Aufsichtsrat die Unternehmungsplanung vorlegt. Das eigenverantwortliche Handeln des Vorstands wird offensichtlich dann nur wenig beeinflußt, wenn die Unternehmungsplanung sich lediglich auf die grundsätzlichen Strategien bezieht. Mit zunehmendem Detaillierungsgrad kann die Handlungsfähigkeit des Vorstands jedoch erheblich eingeschränkt werden.

„Personen verkörpern Programme“

Die Zustimmung des Aufsichtsrats zur Unternehmungsplanung insgesamt ist noch unter einem weiteren Blickwinkel zu sehen. Die wohl wichtigste, gesetzlich ausdrücklich geregelte, strategische Aufgabe des Aufsichtsrats bezieht sich auf die *Auswahl, Bestellung und Abberufung der obersten Führungskräfte* der Aktiengesellschaft, also den Vorstandsmitgliedern nach § 84 AktG (vgl. hierzu Hahn, Strategische Planung und Mitbestimmung, 67). Mit dieser Personalhoheit wird automatisch auch eine Zustimmung zur grundsätzlichen Vorgehensweise des Vorstands nach dem Motto „Personen verkörpern Programme“ gegeben. Dies wird besonders deutlich, wenn Vorstand und Aufsichtsrat nicht zu einer Übereinstimmung über Grundsatzfragen der langfristigen Unternehmungsplanung kommen, eine Situation, die dann eintritt, wenn der Aufsichtsrat der Auffassung ist, daß die vom Vorstand verfolgte Planung keinen oder einen hinter den Möglichkeiten zurückbleibenden Erfolg verspricht.

Die Festlegung der langfristigen Unternehmungsplanung ist Teil der unternehmerischen Freiheit des Vorstandes

Der Auffassung, in diesem Fall könne der Aufsichtsrat gemäß § 84 Abs. 3 S. 1 AktG von seinem *Widerrufsrecht* Gebrauch machen und den Vorstand aus „wichtigem Grund" abberufen, kann nicht gefolgt werden. Das Gesetz, das in § 111 Abs. 1 ausdrücklich die „Überwachung" der Geschäftsführung durch den Aufsichtsrat vorsieht, schließt damit nach herrschender Meinung eine permanente Prüfung sämtlicher Geschäftsführungsakte aus, da diese – von ihrer faktischen Durchführbarkeit abgesehen – der notwendigen unternehmerischen Freiheit des Vorstands abträglich wäre (vgl. Henn, Aktienrecht, 195). Auch will das Gesetz verhüten, daß der Vorstand aus Angst vor einem Widerruf in eine extreme Abhängigkeit zum Aufsichtsrat gerät, in der er seiner Verantwortlichkeit als Vorstand nicht gerecht zu werden vermag (vgl. Baumbach-Hueck, Aktiengesetz, § 84 RN 14).

Zwar ist die langfristige Unternehmungsplanung von besonderer Tragweite, insofern kein beliebiger Akt der Geschäftsführung, doch knüpft das Aktienrecht die unternehmungsinterne ultima ratio des Widerrufs an *besondere Qualifikationsmerkmale*, die als zwingendes Recht nicht zur Disposition der Parteien stehen. Als wichtige Gründe werden beispielhaft grobe Pflichtverletzung (nicht Pflichtverletzung schlechthin), Unfähigkeit zur ordnungsmässigen(!) Geschäftsführung und Vertrauensentzug durch die Hauptversammlung genannt, § 84 Abs. 2 1. Halbsatz. Andere wichtige Gründe müssen von ähnlich schwerwiegender Bedeutung sein. Dazu gehört in Ausnahmefällen auch das Fehlen notwendiger Kenntnisse (Qualifikationen) auf seiten eines Vorstandsmitglieds (vgl. Baumbach-Hueck, Aktiengesetz, § 84 Rdn. 14). Der bloße Streit über Grundsatzfragen der langfristigen Unternehmungsentwicklung, sofern er seine Ursachen nicht in einem der genannten oder diesen vergleichbaren schwerwiegenden Grund hat, erlaubt also den Widerruf der Vorstandsbestellung durch den Aufsichtsrat regelmäßig nicht. Denkbar bleibt allenfalls die Möglichkeit des Vertrauensentzugs durch die Hauptversammlung, die ihre berechtigten Interessen nicht gewahrt sieht (Verweigerung der Entlastung). Diesem spektakulären Fall wird die Praxis, wenn immer möglich, durch die einvernehmliche Aufhebung des Dienstvertrags zuvorkommen.

Bisher wurde lediglich untersucht, ob und mit welcher Berechtigung die Unternehmungsplanung insgesamt einer Zustimmung durch den Aufsichtsrat unterliegt. Unstrittig ist, daß *Einzelaspekte der Unternehmungsplanung der Zustimmung durch den Aufsichtsrat* unterworfen sind. Hier ist auf die Diskussion der zustimmungsbedürftigen Geschäfte zu verweisen.

In der Regel bedürfen aufgrund der Satzung oder entsprechender Aufsichtsrats-Beschlüsse *strategische Programmplanungen* sowie *Investitions-* und *Desinvestitionsplanungen* – insbesondere in Verbindung mit Änderungen der Standortstruktur – der Zustimmung des Aufsichtsrats. Dies gilt in der Regel auch für alle *größeren Finanzierungsvorhaben*, *Organisationsänderungen* sowie *Änderungen der Rechtsform* oder der *Rechtsstruktur*. Vielfach bedürfen alle strategischen Entscheidungen, die der Zustimmung der

Hauptversammlung gleichfalls bedürfen, auch der Zustimmung des Aufsichtsrats, der diese zumeist vorab in Aufsichtsrats-Sitzungen mit dem Vorstand diskutiert. Hierzu gehören auch Beratungen und Zustimmungen des Aufsichtsrats zu *Verschmelzungen, Vermögensübertragungen* und *Umwandlungen* (gem. §§ 339-393 AktG) sowie zu Unternehmungsverträgen (*Beherrschungsverträgen, Gewinnabführungsverträgen* etc. gem. §§ 291-299 AktG).

1.1.2.3 Zustimmung zur Bilanzpolitik

Ein vom Aktiengesetz als wesentlich hervorgehobener Tätigkeitsbereich von Vorstand und Aufsichtsrat liegt in der *Aufstellung und Prüfung von Jahresabschluß und Gewinnverwendungsvorschlag*. Nach § 148 AktG hat der Vorstand innerhalb von drei Monaten nach Ende des Geschäftsjahres den Jahresabschluß (Bilanz sowie Gewinn- und Verlustrechnung) sowie den Geschäftsbericht aufzustellen und den Abschlußprüfern vorzulegen. Zusammen mit dem Abschlußprüfbericht sind diese Unterlagen nach § 170 AktG dem Aufsichtsrat vorzulegen, der der Hauptversammlung über das Ergebnis seiner Prüfung schriftlich Bericht zu erstatten hat; § 171 Abs. 2 AktG.

Die Prüfung des Jahresabschlusses ist eine Ordnungsmässigkeitsprüfung

Die Prüfung des Jahresabschlusses durch den Aufsichtsrat ist in den zentralen Punkten *eine Ordnungsmässigkeits- und keine Zweckmässigkeitsprüfung* (vgl. Clausen in Köln-Komm 171 RNn. 4 ff.). Der Aufsichtsrat hat Jahresabschluß und Geschäftsbericht darauf zu prüfen, ob sie Gesetz und Satzung entsprechen. Zwar kann der Aufsichtsrat im Rahmen seiner allgemeinen Überwachungsaufgabe auch bei der Prüfung des Jahresabschlusses Bedenken gegen die Geschäftsführung erheben. Derartige Bedenken sind jedoch kein Grund, den Abschluß nicht zu billigen (vgl. Kropff in Gessler/Hefermehl et al. § 171 RN 18). Lediglich die nach den Umständen erforderlichen Maßnahmen sind zu treffen, etwa eine Aufforderung an den Vorstand, für Abhilfe zu sorgen. Die Aufnahme derartiger Bedenken in den Prüfungsbericht steht im Ermessen des Aufsichtsrats (vgl. ebenda; RN 34).

Die Feststellung des Jahresabschlusses kann auf unterschiedliche Weise erfolgen. § 172 AktG besagt: „Billigt der Aufsichtsrat den Jahresabschluß, so ist dieser festgestellt..." Vorstand und Aufsichtsrat können allerdings auch im voraus gemeinsam beschliessen, „...die Feststellung des Jahresabschlusses der Hauptversammlung zu überlassen" (§ 172 AktG).

Der Entscheidungsspielraum bei der Aufstellung bzw. Feststellung des Jahresabschlusses durch Vorstand und Aufsichtsrat wird durch gesetzliche Regelungen eingeschränkt (z.B. die Vorschriften über die Gewinnverwendung in § 174 AktG). Dennoch sind die gesetzlichen Bilanzierungsvorschriften Mindestregelungen, die den beiden Organen einen beträchtlichen *Ermessensspielraum bei bilanzpolitischen Maßnahmen* lassen, so z.B. in gewissem Rahmen bei der konkreten Festsetzung von Abschreibungssätzen und -methoden oder bei der Anwendung von Bewertungsgrundsätzen.

Vorstand und Aufsichtsrat wirken bei der Feststellung des Jahresabschlusses zusammen

Hinter den gesetzlichen Bestimmungen zur Feststellung des Jahresabschlusses kann sich ein unterschiedlich intensives Zusammenwirken zwischen Vorstand und Aufsichtsrat verbergen. Es ist zum einen zu fragen, ob in der Praxis Vorstand und Aufsichtsrat überhaupt ihr Feststellungsrecht des Jahresabschlusses wahrnehmen oder es der Hauptversammlung überlassen. Zum anderen stellt sich die in diesem Rahmen noch wesentlichere Frage, ob der Vorstand sich bereits im *Vorstadium* der Aufstellung von Jahresabschluß und Gewinnverwendungsvorschlag in *informellen Absprachen* an seinen Aufsichtsrat wendet, und diese beiden Organe sodann gemeinsam bilanzpolitische und somit wichtige unternehmenspolitische Akzente setzen. Vogel stellte in seiner empirischen Untersuchung, die lediglich Aktiengesellschaften mit einer Größenordnung von 200 bis 2.000 Arbeitnehmern umfaßt, als Ergebnis fest, daß nur 14 % aller Vorstände und Aufsichtsräte im voraus der Hauptversammlung die Feststellung des Jahresabschlusses und somit auch den damit formal verbundenen – oben beschriebenen – Ermessensspielraum überlassen haben; der Regelfall (86 %) ist die gemeinsam von Vorstand und Aufsichtsrat vorgenommene Feststellung des Jahresabschlusses (vgl. Vogel, Aktienrecht und Aktienwirklichkeit, 204 f.). Dieses Ergebnis dürfte für größere Aktiengesellschaften eher noch eindeutiger ausfallen.

In bezug auf die zweite gestellte Frage ermittelt Vogel, daß „...die Weichenstellung für Jahresabschluß und Gewinnverwendungsvorschlag gemeinsam durch Vorstand und Aufsichtsrat bereits in frühem Stadium, sozusagen noch ‚in statu nascendi' des Jahresabschlusses erfolgt“ (Vogel, Aktienrecht und Aktienwirklichkeit, 206). Für die Aktiengesellschaften der oben genannten Größenordnung kommt Vogel dabei zu dem Ergebnis, daß in vier von fünf Unternehmungen der Vorstand vor Aufstellung des Jahresabschlusses diesen mit Teilen des Aufsichtsrates abspricht (Vgl. Vogel, Aktienrecht und Aktienwirklichkeit, 206). Die Verfasser kommen in ihrer Studie zu dem Ergebnis, daß bei der Hälfte der untersuchten Unternehmungen der Aufsichtsrat an bilanzpolitischen Entscheidungen beteiligt ist (vgl. Bleicher/ Paul, Verfassungen, 103). Diese (genau genommen) 48 % beziehen sich im Gegensatz zur Untersuchung von Vogel auf die Mitwirkung des *gesamten* Aufsichtsrats an der Bilanzpolitik. Bei den Vorgesprächen zwischen Vorstand und Aufsichtsrat ist im Regelfall nur ein Teil des Aufsichtsrats beteiligt; so kommt Vogel zu dem Ergebnis, daß überwiegend nur der Aufsichtsratsvorsitzende oder das Aufsichtsrats-Präsidium beteiligt ist (Vgl. Vogel, Aktienrecht und Aktienwirklichkeit, 206). Dennoch erleichtert gerade dieses frühe Zusammenwirken die gemeinsame Feststellung des Jahresabschlusses erheblich. Die vorbereitenden Gespräche finden im übrigen laut Vogels Untersuchung unabhängig davon statt, ob der Jahresabschluß auch tatsächlich später von Vorstand und Aufsichtsrat gemeinsam festgestellt wird. Auch bei einer Feststellung durch die Hauptversammlung findet eine informelle Absprache zwischen Vorstand und Aufsichtsrat statt; demnach ist auch hier ein Einfluß des Aufsichtsrates auf bilanzpolitische Entscheidungen festzustellen.

1.1.3 Die formale Dimension der Überwachungsaufgabe

Sollen Grundsätze ordnungsmäßiger Überwachung formal die Aufsichtsrats-Arbeit stützen?

Schließlich bleibt das *formale* Element der Überwachungsaufgabe. Dort, wo eine sachliche Überwachung versagen muß, ist zu prüfen, ob die Ordnungsmäßigkeit des Handelns der Geschäftsführung und des eigenen Organs dem legal vorgeschriebenen Rahmen entspricht.

Erich Potthoffs Bemühungen, für die personale, sachliche und formale Überwachungsaufgabe *Grundsätze einer ordnungsgemäßen Überwachung* zu formulieren, um der Überwachungsaufgabe in der Verfassungswirklichkeit deutscher Aktiengesellschaften praktikable Struktur zu verleihen, deuten auf die Lücken in der deutschen Aktienwirklichkeit mit Nachdruck hin (vgl. Potthoff, Ordnungsmäßigkeit der Geschäftsführung, auch Prüfung).

Aufgrund der Vielfalt der Überwachungsaufgaben und der Zusammensetzung der Aufsichtsräte sollte nach Ansicht von Potthoff damit als erstes eine einheitliche Interpretation der gesetzlichen Bestimmungen formuliert werden. Im einzelnen könnten hiernach geregelt und mit Leitsätzen versehen werden: Fragen der Sachkunde und *notwendigen Mühewaltung*, der *Unabhängigkeit* und *Unbefangenheit*, der *Verschwiegenheit* und der *Arbeitsweise*. Sie müssten vom Zweck der Aufsichts-Tätigkeit abgeleitet werden. Dabei wären zu berücksichtigen: Rechtssprechung, praktische Regelungen, wie die Hinweise der Bundesregierung für die Verwaltung von Bundesbeteiligungen, einschlägiges Schrifttum der Gewerkschaften, Stellungnahmen von Verbänden und Kammern, nicht zuletzt die Erkenntnisse der Wissenschaften. Insgesamt sollten die Grundsätze nicht nur für die Tätigkeit des Aufsichtsrats gelten, sondern auch für seine institutionelle Ordnung (vgl. Potthoff, Überwachungstätigkeit, 262).

Die Formulierung von Grundsätzen ordnungsmäßiger Überwachung ist derzeit noch weitgehend offen

Neben diesen grundsätzlichen Überlegungen zur Organisation und Ordnungsmäßigkeit der Führungstätigkeit beleuchtet Potthoff in seinen Vorschlägen zu einer Prüfung der Ordnungsmäßigkeit insbesondere das Instrumentarium der Führung. Hierbei liegt das Hauptgewicht seiner Ausführungen auf der *Forderung nach einer vollständigen und logischen Unternehmungsplanung*, die sich als Ergebnis der Teilplanungen auf den Gebieten des Rechnungs- und Finanzwesens sowie daran anknüpfende Wirtschaftlichkeitsberechnungen herauskristallisiert (vgl. Potthoff, Ordnungsmäßigkeit der Geschäftsführung, 71 ff.). Die Aussagekraft eines solchen Instrument-Systems zielt sowohl ab auf die ex ante Handhabung durch den Vorstand als auch auf eine ex post Überwachung durch das Überwachungsorgan. In der Nutzung des Instrumentariums von beiden Seiten kann gewährleistet werden, daß gleiche Tatbestände auch einer gleichen Behandlung und Einschätzung unterliegen. Eine der Voraussetzungen für eine effiziente Anwendung muß die Organisation der Führungsorgane darstellen: Besetzung, Aufgaben, Kompetenz und Verantwortung von Vorständen und Aufsichtsräten, die exakte Regelung der Stellvertretung und die Anbindung unterstützender Organe, wie Stabsstellen, Ausschüsse und Kommissionen bedürfen einer eindeutigen rechtlichen Regelung. Unter diesem Gesichtspunkt einer für alle Unternehmungen verbindlichen, rechtlich fundierten organisatorischen Ausdifferenzierung vermag eine intern wie extern induzierte betriebswirtschaftliche Überwachung die vorhandene Lücke der reinen Überwachungsfunktion des Aufsichtrates zu schliessen (vgl. Potthoff, Ordnungsmäßigkeit der Geschäftsführung, 29 ff.).

Bezüglich einer Ordnungsmäßigkeit der Führungstätigkeit bemerkt Potthoff, daß dem Führungsorgan zwar *größtmöglicher Freiraum* gewährt werden muß (Tagesgeschäfte), die Tätigkeit generell aber in Einklang zu bringen ist mit gesetzlichen Vorschriften, der Satzung, dem Gesellschaftsvertrag, den Beschlüssen von Eigentümern und des Aufsichtsrats sowie der Geschäftsordnung (vgl. Potthoff, Ordnungsmäßigkeit der Geschäftsführung, 155 ff., ders., Prüfung, 2185 ff.).

In der Praxis gibt es zu den Überlegungen, Grundsätze ordnungsgemäßer Überwachung des Aufsichtsrats zu formulieren, *konträre Meinungen* (breiten Raum nimmt die Entwicklung von „Grundsätzen ordnungsmäßiger Überwachung" z. B. bei Theisen, Überwachung, insbes. 205 ff. und 275 ff. ein). In Anlehnung an die internationale Prüfungspraxis finden auch bei uns standardisierte Fragenkataloge zur Prüfung der Ordnungsmäßigkeit der Führung zunächst bei den größeren Prüfungsgesellschaften mehr und mehr Eingang. Unter der Voraussetzung permanenter Aktualisierung sichern sie zumindest die Einheitlichkeit der Vorgehensweise (vgl. Potthoff, Prüfung, 2187). Möglicherweise ist hier der Grundstein für eine langfristig pragmatische Entwicklung von Ordnungsmäßigkeitsgrundsätzen gelegt.

1.2. Die Erfüllung der Überwachungsaufgaben in Normal- und Krisensituationen

In der öffentlichen Diskussion wird gelegentlich die Meinung vertreten, daß der Aufsichtsrat – unabhängig von der Lage der Unternehmung – nichts anderes zu tun habe, als alle fünf Jahre Vorstands-Mitglieder zu bestellen (§ 84 AktG), in regelmässigen Abständen Berichte des Vorstands entgegenzunehmen (§ 90 AktG), sich zwei- bis viermal im Jahr zu Sitzungen zu treffen (§§ 171, 172 AktG) und einmal im Jahr an der Hauptversammlung teilzunehmen (§ 118 Abs. 2 AktG).

In der Praxis wird insbesondere in Krisensituationen erfreulicherweise anders verfahren. Die Befähigung der Vorstands-Mitglieder zur Bewältigung der Krise wird überprüft, Sonderberichte und Konzepte zur Krisenbekämpfung werden angefordert und mit dem Vorstand erörtert, die Zahl der Sitzungen des Plenums und der Ausschüsse wird vergrössert, der Jahresabschluß noch sorgfältiger als sonst geprüft.

Das Aktiengesetz selbst macht deutlich, daß von einer *differenzierten Überwachungsintensität* auszugehen ist. Das Gesetz gibt dem Aufsichtsrat in unterschiedlicher Form Mittel an die Hand, um seinen Informationsstand zu vergrößern und verstärkt Einfluß zu nehmen. Mit diesem Instrumentarium kann der Aufsichtsrat seine Tätigkeit mit gestaffelter Intensität ausüben. Er kann dem Vorstand einen sehr weiten Freiraum belassen, er kann seinen Handlungsspielraum aber auch einengen.

Bei normaler Geschäftsentwickung übt der Aufsichtsrat begleitende Überwachungsfunktionen aus

Bei normalem Verlauf der Geschäftsentwicklung und zufriedenstellender Lage der Unternehmung darf der Aufsichtsrat bei seiner Überwachung einen erfolgreich und pflichtbewußt arbeitenden Vorstand nicht durch Überbetonung seiner eigenen Sorgfaltspflicht an der eigenverantwortlichen Führung der Geschäfte hindern. Die Aufgabe des Aufsichtsrats besteht im wesentlichen in einer allgemeinen Überwachung der vom Vorstand zu erfüllenden Führungsfunktionen. Bei dieser Lage der Unternehmung hat der Aufsichtsrat eine *begleitende Überwachung* auszuüben. Dabei darf die Bedeutung der *„Selbstüberwachung im Vorstand"* nicht unterschätzt werden. Die Institution Aufsichtsrat leistet Wesentliches schon dadurch, daß der Vorstand durch seine Berichterstattungspflicht und durch die notwendige Vorbereitung auf Sitzungen des Aufsichtsrats gehalten ist, sich selbst über das unternehmerische Geschehen Rechenschaft zu geben. In die Führung darf sie dagegen kraft Gesetzes nicht unmittelbar eingreifen; die unternehmerische Verantwortung obliegt insoweit dem Vorstand (§ 76 I AktG).

In der Krise wird aus der „begleitenden" eine „führende" Überwachung

Wenn die Unternehmung in eine Krise gerät oder zu geraten droht, muß der Aufsichtsrat alle ihm zur Verfügung stehende Rechte ausschöpfen, soweit dies erforderlich ist, um Schaden von der Unternehmung abzuwenden. Aus der unterstützenden Tätigkeit des Aufsichtsrats wird dann eine *„führende Überwachung"*.

Aber auch in einer solchen Situation wird der Aufsichtsrat nicht zum Führungsorgan. Seine führende Rolle besteht in der Aufgabe, vor allem anderen für einen zur Lösung der Krisensituation geeigneten Vorstand zu sorgen und die Grundlagen für eine effiziente Vorstands-Arbeit herzustellen (vgl. hierzu auch Potthoff, Ordnungsmäßigkeit der Geschäftsführung). Das Ziel besteht darin, den Vorstand so rasch wie möglich wieder so zu stärken, daß der Aufsichtsrat zur unterstützenden oder begleitenden Aufsicht zurückfinden kann. Solange dies nicht geschehen ist, liegt die vorrangige Handlungspflicht beim Aufsichtsrat. Aufgrund der ihm zugeordneten Personalhoheit ist nur er in der Lage, die notwendigen Maßnahmen zu ergreifen. Insoweit trägt der Aufsichtsrat temporär die oberste Verantwortung in der Unternehmung.

Entscheidende Bedeutung für die Bewältigung einer Unternehmungskrise fällt dem Aufsichtsrats-Vorsitzenden zu

Ein Gremium in Aufsichtsrats-Stärke ist selbst bei einer Besetzung mit nur 12 Personen schwerfällig und zu eigener intensiver Arbeit nur bedingt fähig. Deswegen hat es sich mehr und mehr durchgesetzt, daß wesentliche Überwachungsaufgaben in *Ausschüssen* des Aufsichtsrats und vorbereitend vor allem durch den *Vorsitzenden* des Aufsichtsrats wahrgenommen werden.

Der Aufsichtsrats-Vorsitzende bereitet die Aufsichtsrats-Sitzungen vor. Er stellt mit dem Vorstand die Tagesordnung auf und überlegt dabei sorgfältig, was dem Gesamt-Aufsichtsrat im einzelnen zu berichten ist. Er hat mit dem Vorstand zu entscheiden, welche Unterlagen dem Aufsichtsrat vorgelegt werden sollen und über welche Vorgänge speziell informiert werden muß (vgl. auch Bleicher, Aufsichtsrat, 54 f.).

Problemadäquate Informationen sind eine zentrale Voraussetzung zur Krisenbewältigung

Der Aufsichtsrats-Vorsitzende muß dafür sorgen, daß immer dann, wenn dies erforderlich erscheint, *Auskunftspersonen* aus der Unternehmung in den Aufsichtsrats-Sitzungen zur Verfügung stehen oder *fremde Sachverständige* hinzugezogen werden. Dies wird beispielsweise zweckmäßig sein, wenn es um die Feststellung des Jahresabschlusses geht. Gerade in Zeiten schwieriger Ertragslage wird sich die Hinzuziehung des Abschlussprüfers zur *Bilanzfeststellung* (§ 171 Abs. 1 Satz 2 AktG) empfehlen, weil der Aufsichtsrat die Sicherheit haben muß, daß er über alle bestehenden Risiken voll orientiert ist.

Eine straffe Leitung der Aufsichtsrats-Sitzungen ist nur möglich, wenn der Vorsitzende die Vorgänge, über die verhandelt werden soll, genau kennt. Er muß darauf achten, daß die Sachdarstellungen erschöpfend sind und daß der Aufsichtsrat in die Lage versetzt wird, Entscheidungen, die der Vorstand getroffen hat oder treffen will, nachzuvollziehen. Hierzu bedarf es eines ständigen laufenden Kontakts zwischen dem Aufsichtsrats-Vorsitzenden und dem Vorstand. Die im Gesetz vorgesehene besondere Pflicht zur Berichterstattung aus wichtigem Anlaß garantiert nicht, daß der Vorsitzende des Aufsichtsrats so informiert wird, daß er seiner Sorgfaltspflicht wirklich nachkommen kann.

Die Folgerung, daß erhöhte Gefahr erhöhte Wachsamkeit fordert, kann – allgemein genommen – in der praktischen Überwachung nicht viel weiterhelfen. Es bleibt die Frage, was konkret zu tun ist, um dieser Sorgfaltspflicht zu genügen.

Das Führungssystem ist ein wichtiger Ansatzpunkt zur Krisenbewältigung

Vergleicht man Unternehmungen, die in wirtschaftliche Schwierigkeiten geraten sind, mit Unternehmungen, die sich positiv entwickeln, dann wird im allgemeinen augenfällig, daß erhebliche Unterschiede in den Führungssystemen bestehen. Dies gilt nicht allein für die Geschäftsleitungsebene, sondern für alle Führungsebenen der Unternehmung. Ist eine Unternehmung in eine Krisensituation geraten, so hat der Aufsichtsrat zu allererst und vor allem zu prüfen und zu entscheiden, *ob der Vorstand seiner Führungsaufgabe gewachsen ist.* Ist dies nicht der Fall, so hat der Aufsichtsrat von seiner Personalkompetenz Gebrauch zu machen und die Effizienz des Vorstands zu stärken. Dies kann durch Änderung der Geschäftsordnung oder der Geschäftsverteilung, durch Bestellung eines weiteren Vorstands-Mitglieds oder in Ausnahmefällen auch durch Abberufung von Vorstands-Mitgliedern geschehen.

Anforderungen an die Aufsichtsrats-Mitglieder einer krisenbehafteten Unternehmung

Eine wirksame Unternehmungsüberwachung durch den Aufsichtsrat setzt *kompetente Aufsichtsrats-Mitglieder* voraus. Die Hauptversammlung muß vom Aufsichtsrat Wahlvorschläge erhalten (§ 124 Abs. 3 AktG). Im Regelfall folgt sie diesen Vorschlägen. Die Aktionäre können davon ausgehen, daß der Aufsichtsrat bei der Auswahl der vorgeschlagenen Personen mit der notwendigen Sorgfalt vorgegangen ist und daß die Wahl der vorgeschlagenen Persönlichkeiten die notwendige Überwachung sicherstellt. Oft wird übersehen, daß auch für dieses Vorschlagsverfahren die Sorgfaltspflichten des Aktiengesetzes gelten. Eigenschaften von und Anforderungen an Aufsichtsrats-Mitglieder(n) aus Sicht der Betroffenen wurden im übrigen auch von Bleicher untersucht (vgl., Aufsichtsrat, 30 ff.). Erfahrungen in der Unternehmungsführung sowie Persönlichkeit und Führungsstärke der Kandidaten rangieren hier ganz vorn.

Für die Wahl der Arbeitnehmervertreter zum Aufsichtsrat sehen das Mitbestimmungsgesetz und das Betriebsverfassungsgesetz Wahlvorschläge vor (§§ 15, 16 MitbestG, § 76 BetrVG 1952); sie beschränken sich auf das formale Verfahren und begründen keine Verantwortung der vorschlagenden Personen für Qualifikation und Eignung der vorgeschlagenen Kandidaten.

Bei seinen Vorschlägen muß der Aufsichtsrat drei Aspekte beachten:

- Jedes der vorgeschlagenen Aufsichtsrats-Mitglieder muß persönlich die fachliche Mindestqualifikation haben, die das Amt eines Aufsichtsrats-Mitgliedes erfordert; es muß das notwendige Wissen, die erforderlichen Fähigkeiten besitzen und über unternehmerische Erfahrungen verfügen.
- Die Aufsichtsratsmitglieder müssen insgesamt fachlich ausreichend kompetent sein, um die entscheidenden Fragen der Unternehmungsentwicklung gerade dieser Unternehmung zu erkennen, zu prüfen und zu beurteilen, notfalls unter Hinzuziehung von Sachverständigen (vgl. Semler, Aufsichtsrat, 141 ff.).

Unter den vorgeschlagenen Personen muß sich eine Persönlichkeit befinden, die geeignet ist, den Vorsitz im Aufsichtsrat zu übernehmen.

1.3 Aufgabenspiegel des Aufsichtsrats im Wandel

Der gesellschaftliche, ökonomische und technologische Wandel macht vor den Toren von Unternehmungen nicht halt, er muß im Gegenteil durch die Führungsspitze als Herausforderung begriffen werden. Für den Aufsichtsrat verändert sich unter dem Druck eintretender Veränderungen das Objekt seiner Tätigkeit und die Art der Aufgabenerfüllung. In der empirischen Untersuchung von Bleicher werden 19 typische Aufgabenbereiche des Aufsichtsrats im Hinblick auf ihre derzeitige Bedeutung für die Aufsichtsrats-Tätigkeit untersucht (vgl. Bleicher, Aufsichtsrat, 13 ff.). Über die dabei ermittelten Ergebnisse wird im folgenden in Kurzform berichtet.

Im gegenwärtigen Aufgabenspiegel messen die Aufsichtsräte der Personalhoheit die höchste Bedeutung zu

Im empirisch ermittelten Ergebnis rangiert die Aufgabe *„Bestellung des Vorstands"* an erster Stelle, konsequenterweise gefolgt von *„Abberufung des Vorstandes"*, sowie *„Zustimmung zu Investitionen"*, *„Überwindung von wirtschaftlichen Krisensituationen"* und *„Zustimmung zum Jahresbudget"*. Schließlich plaziert sich auch die *„Kontrolle der langfristigen Unternehmungsplanung/-strategie bezüglich der Finanzen"* noch im oberen Aufgabendrittel der Bedeutungsrangfolge. Es schliessen sich an das „Überwinden von personellen Krisensituationen", die eigene „Mitarbeit in Aufsichtsrats-Ausschüssen" (immerhin gibt mehr als ein Drittel der Befragten an, derartigen Ausschüssen erst gar nicht anzugehören), die „Kontrolle der Einhaltung des Budgets und der Investitionsobjekte". Mit signifikant geringerer Bedeutung werden die kurz-, lang- und mittelfristige „Nachfolgeplanung für den Vorstand", sowie die „Kontrolle der langfristigen Unternehmungsplanung/-strategie bezüglich der Produkte" und die „Beratung des Vorstands bei aktuellen Geschäftsentscheidungen außerhalb der offiziellen Sitzungen" benannt. Als weniger wichtig gelten schließlich „Impulse bezüglich neuer Geschäfte/Produkte/Märkte", die „Überprüfung der rechtlichen Konstruktion der Unternehmung", die „Überprüfung der Management-Entwicklung (-Planung) bezüglich der 2. und 3. Führungsebene" und die „Überprüfung der Management-Entwicklung bezüglich der Führungsnachwuchsplanung". Ganz am Ende rangiert das „Herstellen von Geschäftskontakten" (vgl. Bleicher, Aufsichtsrat, 13 ff.).

Für die *Arbeitnehmer im Aufsichtsrat* ist vor allem die kurzfristige Nachfolgeplanung für den Vorstand, die Überprüfung der Management-Entwicklung (-planung) bezüglich der 2. und 3. Führungsebene sowie bezüglich der Führungsnachwuchs-Planung und das Überwinden von personellen Krisensituationen von verstärkter Bedeutung.

Aufsichtsrats-Mitglieder, die sich über die Geschäfte einer Unternehmung ausreichend informiert fühlen, um Entscheidungen mittragen zu können, halten die genannten Aufgaben durchweg für wichtiger als ihre weniger gut informierten Kollegen. Die größte Abweichung erscheint bei der „Zustimmung zum Jahresbudget", relativ dicht gefolgt von der „Kontrolle der langfristigen Unternehmungsplanung/-strategie bezüglich der Finanzen". Offenbar bedarf es gerade im Finanzbereich bereits spezifischer Kenntnisse, um dessen grundsätzliche Bedeutung zu erkennen; denn der (subjektive) Grad der Informiertheit ist nicht zuletzt auch von der Vorbildung der Befragten abhängig (vgl. Bleicher, Aufsichtsrat, 15).

Eine (dem Material der Studie entnommene) rangmässige Auflistung der gegenwärtigen Aufsichtsrats-Tätigkeiten ergibt zusammenfassend das in Abb. C 1 wiedergegebene Bild.

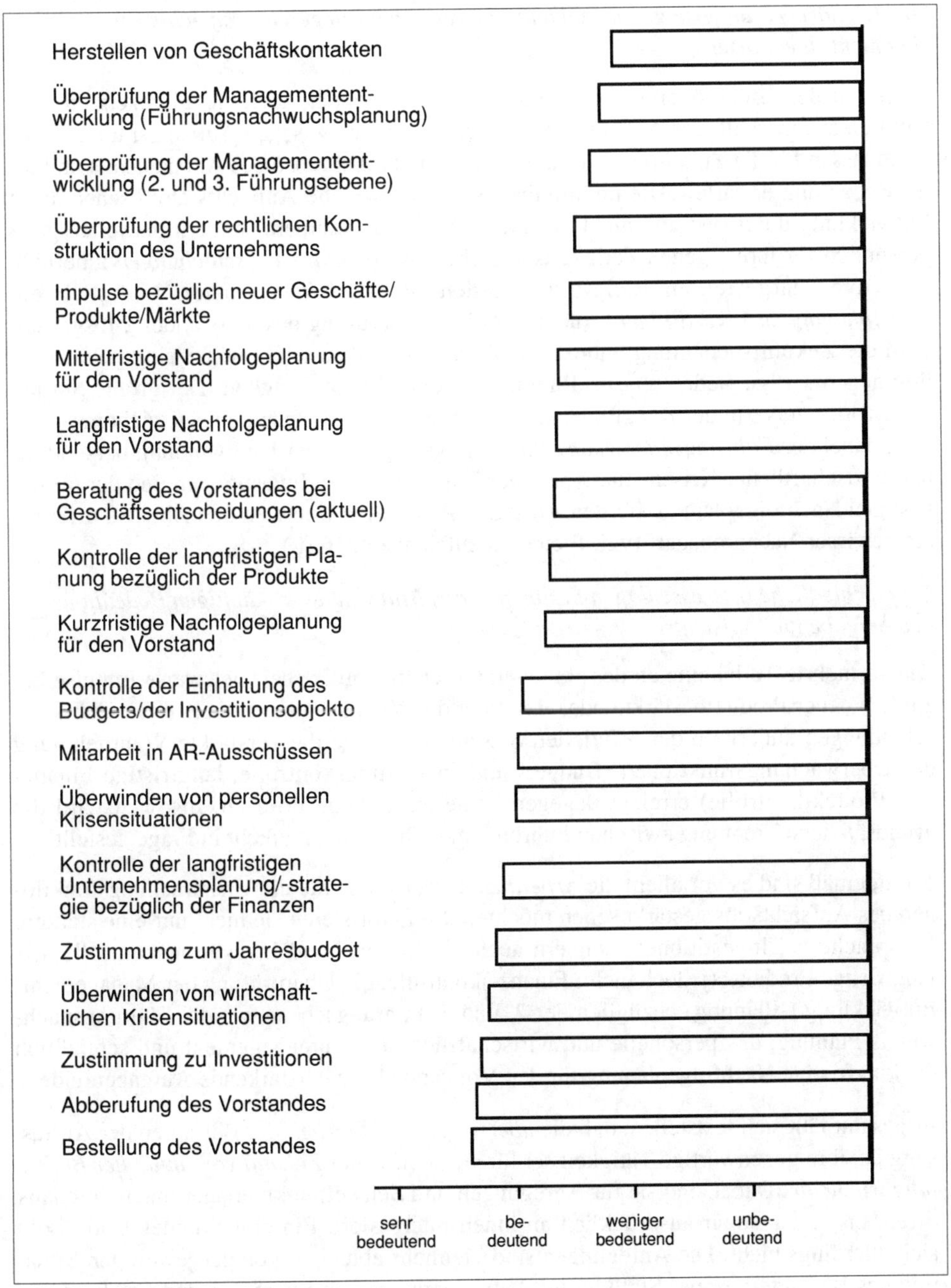

Abb. C 1: Bedeutung verschiedener Aufgaben des Aufsichtsrats (Bleicher, Aufsichtsrat, 17)

Spektakuläre Veränderungen im zukünftigen Aufgabenspiegel des Aufsichtsrats sind nicht zu erwarten

Nicht nur der rasche ökonomische und technische Wandel, auch die aufgezeigten Problemfelder innerhalb der Aufsichtsrats-Tätigkeit, sowie zwischen Aufsichtsrat und Vorstand lassen für die Zukunft ein gewandeltes Bild der Aufgaben des Aufsichtsrats und ihrer Bedeutung erwarten. Die unmittelbar Betroffenen – die Aufsichtsräte – sehen diese Entwicklung durchaus; und nicht nur im allgemeinen Rahmen, sondern bisweilen ganz persönlich für ihre eigenen Tätigkeitsbereiche. *Spektakuläre Verschiebungen* innerhalb der zuvor dargestellten Rangfolge werden indes *nicht erwartet*. Lediglich die *„Zustimmung zu Investitionen"* rückt vor die „Abberufung des Vorstandes". Insgesamt wird die Zukunftsbedeutung nahezu sämtlicher Aufgaben leicht höher eingeschätzt als ihre gegenwärtige Bedeutung im Rahmen der derzeitigen Tätigkeit. Der größte Sprung nach vorn – nicht in der Rangfolge, sondern in der Soll/Ist-Bedeutungsgewichtung – gelingt dabei der *Führungsnachwuchs-Planung*, gefolgt von der Überwindung personeller und wirtschaftlicher Krisensituationen, der Zustimmung zu Investitionen und der mittelfristigen Nachfolgeplanung für den Vorstand. Auf diesen Gebieten herrscht also offenbar ein gewisser Nachholbedarf (vgl. Bleicher, Aufsichtsrat, 16 ff.).

Unterschiedliche Interessenlagen bestimmen das Bild von der zukünftigen Bedeutung der Aufgaben im Aufsichtsrat

Die vermehrte Teilnahme an der aktuellen Geschäftspolitik (beispielsweise Impulse bezüglich neuer Produkte/Märkte oder Beratung des Vorstands bei aktuellen Geschäftsentscheidungen außerhalb der offiziellen Sitzungen), sowie die verstärkte Wahrnehmung der Überwachungsfunktionen (Budget- und Investitionskontrolle, langfristige Finanz- und Produktkontrolle) erreicht dagegen keine zusätzliche Priorität. Insoweit wird die grundsätzliche Trennung zwischen Führung und Überwachung nicht in Frage gestellt.

Naturgemäß sind es vor allem die *Arbeitnehmervertreter*, die die Überwachungsfunktionen des Aufsichtsrats gestärkt sehen möchten. So favorisieren sie nicht nur eine stärkere Mitsprache bei Investitionen, sondern auch die Budget- und Investitionskontrolle, die langfristige Produkt- (jedoch nicht: Finanz-)kontrolle, die Überprüfung der Management-Entwicklung (-Planung) bezüglich der 2. und 3. Führungsebene wie der Führungsnachwuchs-Planung, das personelle und wirtschaftliche Krisenmanagement und schließlich die kurzfristige Nachfolgeplanung für den Vorstand als zu verstärkende Aufgabenfelder.

Insgesamt läßt sich feststellen, daß die *überwiegende Mehrheit* der Befragten der Auffassung ist, ihre gegenwärtige Tätigkeit sei für sie auch in der *Zukunft von ähnlicher Bedeutung wie heute*. Dabei sind sie für Anregungen und Schwerpunktverlagerungen durchaus offen, bisweilen sogar ausdrücklich an ihnen interessiert. Ein einheitliches Bild ergibt sich allerdings nicht. Die Anregungen sind vielmehr abhängig von der jeweiligen Situation des Befragten, seiner Stellung im Aufsichtsrat, seinen Interessen und Erfahrungen. Sie spiegeln in ihrer Pluralität ansatzweise die Vielgestaltigkeit der Zusammensetzung des Aufsichtsrats wider.

2. Verfahren und Strukturen der Aufsichtsrats-Arbeit

2.1 Verfahren der Aufsichtsrats-Arbeit

2.1.1 Frequenz und Dauer von Aufsichtsrats-Sitzungen

Der Gesetzgeber hat formale Bestimmungen über die Verpflichtung zur Einberufung der Aufsichtsratssitzungen erlassen, um eine wirksame Überwachungstätigkeit des Aufsichtsrats zu unterstützen. So verlangt § 110 Abs. 3 AktG zwingend die Einberufung mindestens einer ordentlichen Aufsichtsrats-Sitzung im halbjährlichen Abstand; sie sollte jedoch möglichst *vierteljährlich* stattfinden.

Vierteljährliche Aufsichtsrats-Sitzungen finden nicht immer statt

Empirische Studien aus jüngerer Zeit (vgl. insbesondere Bleicher, Aufsichtsrat, 41 ff.) belegen, daß praktisch jeder zweite Aufsichtsrat den gesetzlich empfohlenen Quartalsabstand für seine Sitzungsfrequenz befolgt. Ein weiteres Viertel kommt zu drei jährlichen Sitzungen zusammen, während sich ein Zehntel mit dem gesetzlichen Minimum von zwei jährlichen Sitzungen begnügt. Jeder sechste Aufsichtsrat übertrifft die Sollvorschrift und wird zu fünf und mehr jährlichen Sitzungen einberufen.

Im Vergleich zu der ein Jahrzehnt früher entstandenen Studie von Vogel kommt darin eine *deutliche Tendenz* zur *Erhöhung der Sitzungsfrequenz* zum Ausdruck (vgl. Vogel, Aktienrecht und Aktienwirklichkeit, 147). Damals begnügte sich noch ein volles Viertel der Aufsichtsräte mit dem vom Gesetzgeber geforderten Mindestmaß von Sitzungen im Halbjahresabstand. Auch die übrigen Werte haben sich inzwischen nach oben verschoben (vgl. Bleicher, Aufsichtsrat, 41 ff.). Immer mehr Aufsichtsräte halten immer mehr jährliche Sitzungen ab. In der vergangenen Dekade hat die Anzahl der jährlichen Sitzungen, gesamthaft betrachtet, um mehr als zehn Prozent zugenommen. Mit einem Abflachen dieser Bewegung ist allerdings zu rechnen, da die Mitglieder des Aufsichtsrats als unmittelbar Betroffene derzeit nur noch eine marginale Zunahme der Sitzungsfrequenz um weitere 3 Prozent wünschen.

Die mittlere Dauer einer einzelnen Sitzung im Aufsichtsrat beträgt derzeit ziemlich genau 3 3/4 Stunden. Sie liegt damit deutlich über der in den diversen Aufsichtsrats-Ausschüssen (ca. 2-3 Stunden). Ein Aufsichtsrats-Mitglied wendet gegenwärtig im Durchschnitt jährlich etwas über 14 Stunden für die Teilnahme an Sitzungen des Aufsichtsrats auf (vgl. Bleicher, Aufsichtsrat, 48).

Außerordentliche Aufsichtsrats-Sitzungen werden eher selten einberufen

Nach § 110 Abs. 1 AktG steht es nicht nur jedem Vorstand, sondern auch jedem Aufsichtsrats-Mitglied frei, unter Angabe von Gründen besonderer Wichtigkeit unverzüglich eine *außerordentliche Aufsichtsrats-Sitzung* einberufen zu lassen. Diese muß innerhalb von zwei Wochen nach ihrer Einberufung stattfinden. Vogel kommt zu dem Ergebnis, daß immerhin bei 14% aller untersuchten Gesellschaften bereits mindestens einmal eine Einberufung einer außerordentlichen Aufsichtsrats-Sitzung durch ein Aufsichtsrats-Mitglied verlangt wurde – eine Zahl, die nach Vogels Meinung die Normierung des *Minderheitsrechts* im Aktienrecht rechtfertigt (vgl. Vogel, Aktienrecht und Aktienwirklichkeit, 147).

Entspricht der Aufsichtsrats-Vorsitzende dem Verlangen eines Aufsichtsrats-Mitgliedes auf Einberufung einer außerordentlichen Aufsichtsrats-Sitzung nicht, so können der Vorstand oder zwei Aufsichtsrats-Mitglieder selbst den Aufsichtsrat einberufen. Vogels Untersuchung ergab allerdings, daß von dieser Möglichkeit in der Praxis kaum Gebrauch gemacht wird. Dieses Ergebnis wird darüber hinaus nicht nur durch die Tatsache unterstützt, daß außerordentliche Aufsichtsrats-Sitzungen ohnehin nicht häufig sind, sondern auch durch die Erwägung, daß ein Aufsichtsrats-Vorsitzender einen plausibel begründeten Antrag auf Einberufung einer Sitzung nicht ablehnen kann.

2.1.2 Anforderungen an die Mitglieder des Aufsichtsrats

In der Praxis bestehen relativ klare Vorstellungen bezüglich der Anforderungen an jedes einzelne Aufsichtsrats-Mitglied. An oberster Stelle steht *Erfahrung in der Unternehmungsführung*. Aber auch Persönlichkeit/Führungsstärke, branchen- und unternehmungsspezifische Kenntnisse sind gefragt. Schließlich wird die persönliche Stellung in Wirtschaft, Gesellschaft und Politik gelegentlich für wichtig gehalten. Diesem letzten Punkt stehen allerdings gerade jüngere Aufsichtsrats-Mitglieder (die nicht selten Arbeitnehmerinteressen vertreten) zunehmend kritisch gegenüber. Empirische Untersuchungen zeigen, daß sich hier eine kognitive Dissonanz zumindest nicht ausschliessen läßt (vgl. Bleicher, Aufsichtsrat, 30 ff.).

Derartige Erhebungen können zur praxeologischen Grundlage von Anforderungsprofilen werden, die allein a priori einen rationalen Maßstab für die Qualifikation eines potentiellen Überwachungsträgers ermöglichen:

„Ohne Anforderungsprofil kann aber über die adäquate Qualifikation eines Stelleninhabers höchstens spekuliert, nicht aber rational entschieden werden; damit aber bleiben Bestellungsakte in der Praxis ebenso wie grundlegende theoretische Ausführungen insoweit willkürlich, als Haftungsnormen, deren Sanktionspotential allein auf einer „ordnungsmäßigen" Erfüllung des gesetzlichen Überwachungsauftrages gründet – soweit die „Ordnung" nicht näher konkretisiert werden kann – nur akklamatorischen Charakter besitzen" (Theisen, Überwachung, 237).

Die zivilrechtliche Haftung der Aufsichtsrats-Mitglieder für die Verletzung (der erforderlichen Sorgfalt in Erfüllung) ihrer Pflichten bleibt insoweit inhaltlich weitgehend gegenstandslos (so auch Theisen, Überwachung, 236). Nicht zuletzt aus diesem Grund mag die Bedeutung der einschlägigen gesetzlichen Haftungsvorschriften in Theorie und Praxis nach wie vor äußerst gering sein. Verbindliche Anforderungen an Aufsichtsrats-

Mitglieder und materiell konkretisierbare Haftungsnormen sind insoweit lediglich zwei Seiten derselben Medaille.

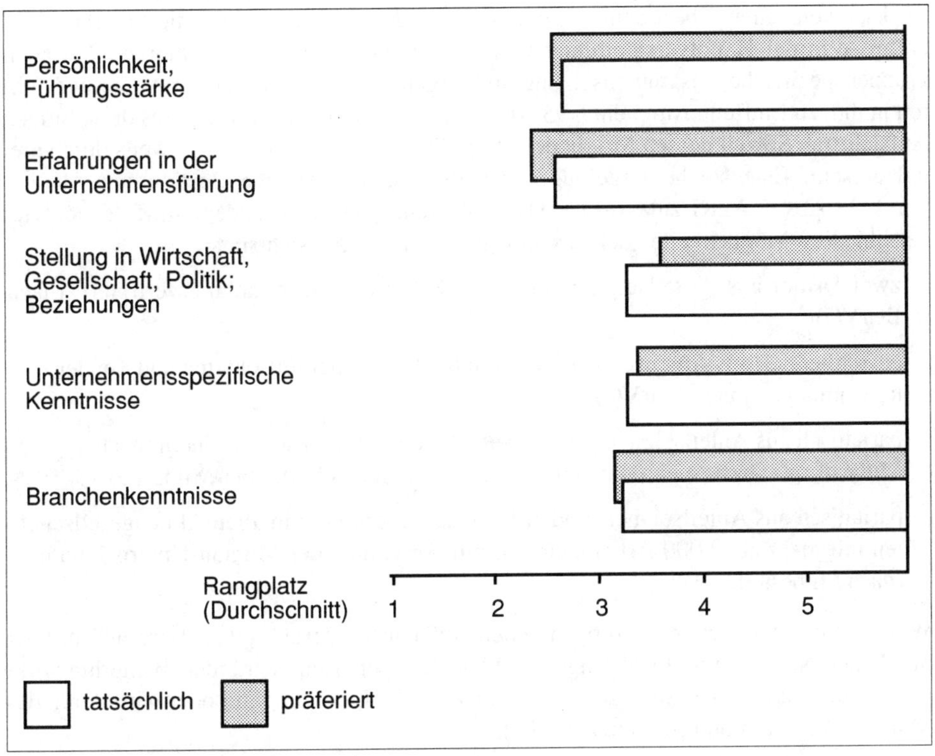

Abb. C 2: Anforderungen an und Eigenschaften der Aufsichtsrats-Mitglieder (Bleicher, Aufsichtsrat, 31)

2.2. Strukturen im Aufsichtsrat

2.2.1 Größe des Aufsichtsrats

Die Bandbreite der Aufsichtsratsgröße ist im Rahmen des gesetzlich Zulässigen erheblich. In der Aufsichtsrats-Studie der Verfasser stabilisiert sich die Mitgliederzahl des kleinsten Gremiums, dem die dort Befragten angehören, relativ rasch um 7 herum, während sich die des größten kontinuierlich auf ungefähr 18 erhöht. Doch auch Aufsichtsräte mit 20 und mehr Mitgliedern sind keine Seltenheit (vgl. Bleicher, Aufsichtsrat, 22 f.). Die statistische Durchschnittsgröße eines Aufsichtsrats beträgt gegenwärtig zwischen 11 und 16 Personen.

2.2.2 Zusammensetzung des Aufsichtsrats

Die Zusammensetzung des Aufsichtsrats wirkt sich in hohem Maße auf Umfang und Wirksamkeit seiner Überwachungsfunktion aus. Gesetz, Satzung und die Mehrheitsverhältnisse in der Hauptversammlung wirken kumulativ auf die quantitative, aber auch gruppenspezifische Zusammensetzung und Organisation des Aufsichtsrats ein und führen in ihm zu Einflußpositionen. § 95 Abs. 1 AktG fordert einen mindestens dreiköpfigen Aufsichtsrat. Soweit dessen Mitgliederzahl größer sein soll, muß diese jeweils durch drei teilbar sein. Eine solche Regelung durch die Satzung ist eine Bestimmung, die i.S. von § 23 Abs. 5 AktG zulässig ist. Diese Vorschrift verweist zudem auf folgende vier verschiedene Möglichkeiten der Zusammensetzung des Aufsichtsrats:

- zwei Drittel aus Anteilseigner- und ein Drittel aus Arbeitnehmervertretern (nach BetrVG)
- ausschließlich aus Anteilseignervertretern bei Familiengesellschaften und Tendenzunternehmungen (nach BetrVG)
- paritätisch aus Anteilseigner- und Arbeitnehmervertretern so wie einem (nach MitbestErgG) bzw. mehreren weiteren Mitgliedern (nach Montan-MitbestG)
- paritätisch aus Anteilseigner- und Arbeitnehmervertretern in allen Aktiengesellschaften mit mehr als 2.000 Arbeitnehmern mit Ausnahme der Montan-Unternehmungen (nach MitbestG).

Werden Vertreter sonstiger Gruppen in den Aufsichtsrat berufen, dann wird dies mit der möglichen Nutzung von Erfahrungen und Fachkompetenzen begründet. Weiterhin wirkt oftmals der Einfluß der Anteilseigner auf eine solche Besetzung hin oder wird durch das Montan-Mitbestimmungsgesetz gefordert.

Die personelle Verflechtung zwischen Aufsichtsräten ist erheblich

In einer umfangreichen Datenanalyse stellt Schiffels fest:

„...daß 1961 in der Bundesrepublik Deutschland zwei Drittel (66%) aller Aktiengesellschaften aus 15 Wirtschaftszweigen des verarbeitenden Gewerbes untereinander über den Aufsichtsrat in Beziehung standen, ohne daß gleichzeitig eine Kapitalverflechtung bestand. Bis 1975 ging dieser Anteil bis auf 56,9% zurück, was als Hinweis darauf gewertet werden kann, daß die Aufsichtsratsverflechtung an Bedeutung abnimmt..." (Schiffels, Aufsichtsrat, 70).

Im Vergleich zur *kapitalmässigen Verflechtung* ist festzustellen, daß ihr Anteil *geringer* ist als die *personelle Verflechtung*. Weiterhin ist festzustellen, daß die personelle Verflechtung in der Regel branchenübergreifend ist, während die kapitalmässige Verflechtung tendenziell auf Unternehmungen des gleichen Wirtschaftszweiges abstellt (vgl. Schiffels, Aufsichtsrat, 58 ff.).

Dehnt man die Untersuchung der personellen Verflechtung auf das gesamte verarbeitende Gewerbe aus, zeigt sich ein relativer Rückgang der Verflechtung, der auch innerhalb des eigenen Wirtschaftszweiges deutlich wird (vgl. Schiffels, Aufsichtsrat, 87).

Die Mandatskumulation von Aufsichtsrats-Mitgliedern ist rückläufig

Während Schiffels in seine Arbeit eine relativ große Anzahl von Aktiengesellschaften einbezieht, beschränken sich Albach/Kless auf die 75 umsatzstärksten Unternehmungen der Bonner Stichprobe mit den Bezugsjahren 1978 und 1964 (vgl. Albach/Kless, Verflechtungen 959). Ihre Untersuchung ergab, daß die nach § 100 II AktG festgelegte Beschränkung auf zehn Aufsichtsrats-Mandate je Person bei den untersuchten Gesellschaften in keinem der beiden Jahre erreicht oder gar übertroffen wurde. Dagegen wurde festgestellt, daß die Zahl der Mandatsträger von 1964 bis 1968 anstieg, während die Zahl der durchschnittlich je Person gehaltenen Aufsichtsrats-Mandate leicht zurückging. Allgemein konnte also eine *Konzentrationsabnahme* bezogen auf die *Aufsichtsrats-Mandate je Person* festgestellt werden (vgl. Albach/Kless, Verflechtungen, 960 ff.). Diese Abnahme ist jedoch möglicherweise (auch) auf die steigende Zahl von Arbeitnehmervertretern im Aufsichtsrat zurückzuführen, die häufig nur ein Mandat ausüben. 1985/86 lag die durchschnittliche Zahl der Aufsichtsratsmandate je Mandatar (einschl. Arbeitnehmervertreter) bei 2,85 (vgl. Bleicher, Aufsichtsrat, 32).

Weiterhin belegen Albach/Kless die bracheninterne Verflechtung mit unter 20% (vgl. Albach/Kless, Verflechtungen, 969), wobei die Mandatspolitik zu den umsatzstärksten Unternehmungen tendiert.

„Dies gilt vor allem für die Personen mit vielen Mandaten. Durch den übergreifenden wirtschaftlichen Einfluß dieser Unternehmen haben diese Mandate meist auch hohe Informationswerte für die Personen und für die sie entsendenden Unternehmen“ (Albach/Kless, Verflechtungen, 973).

Die Vergleichbarkeit der dargelegten Untersuchungsergebnisse ist zwar problematisch, deutet aber dennoch an, daß von einer relativ hohen personellen Verflechtung der Unternehmungen über den Aufsichtsrat ausgegangen werden kann.

Bankenvertreter übernehmen in deutschen Aufsichtsräten wichtige Funktionen

Die *Bankenvertreter* nehmen als eine der externen Gruppen eine relativ bedeutende Position ein: 8% der Anteilseigner und 48,5% der sonstigen unternehmungsrelevanten Gruppen werden von Bankenvertretern gestellt, die in einem Drittel aller untersuchten Gesellschaften vertreten sind. Für größere Unternehmungen belegt die Untersuchung von Schiffels für das Jahr 1974 bei 495 Aktiengesellschaften eine Verflechtung von 57,6%, wobei sich diese auf 15 Kernbranchen bezieht (vgl. Schiffels, Aufsichtsrat, 92).

Aufgrund unterschiedlicher Stichproben und Bezugsjahre ist ein Vergleich nicht oder zumindest nur bedingt möglich. Die Untersuchungen lassen sich aber zu der Tendenzaussage verdichten, daß Bankenvertreter in hohem Maß in Aufsichtsräten vertreten sind. In kleineren Aktiengesellschaften ist dabei der Anteil geringer als in größeren Unternehmungen.

Im Sachverstand der Bankenvertreter ist ein wesentliches Element der Berufung in den Aufsichtsrat zu sehen (vgl. Pleister, Probleme, 241). Die Berücksichtigung und Nutzung des Sachverstands zeigt sich auch in der Übernahme der Position von *Aufsichtsrats-*

Vorsitzenden und *stellvertretenden Vorsitzenden* durch die Bankenvertreter. Die Monopolkommission belegt 302 Vorsitze und 297 Stellvertreter im Aufsichtsrat, die von Bankenvertretern ausgeübt werden (vgl. Monopolkommission, Wettbewerb, 268). Weiterhin kann die Bedeutung der Banken in Krisenzeiten von Wichtigkeit sein, da es der Bank möglich ist, „...jederzeit Einblick in die Finanzlage und Überblick über das Risiko der Kreditgewährung zu erhalten..." (vgl. Langner, Rechtsposition, 69). Den Banken werden vornehmlich in ihrer Eigenschaft als Hausbank und damit als Fremdkapitalgeber der Gesellschaft Aufsichtsrats-Mandate angetragen oder von diesen als Kreditgeber gar beansprucht (vgl. Vogel, Aktienrecht und Aktienwirklichkeit, 126). Auch in der Untersuchung der Verfasser kommt den Bankenvertretern eine entscheidende Rolle zu (vgl. Bleicher, Aufsichtsrat, 37 ff.).

Kunden und Lieferanten und andere Geschäftsinteressenten sind eher selten im Aufsichtsrat vertreten

Für Kunden- und Lieferantenvertreter in den Aufsichtsräten ergab die Studie von Vogel nur einen geringen Anteil: „Nur 1% aller Mandate auf Anteilseignerseite vergaben die Gesellschaften an einen ihrer Großkunden oder Großlieferanten bzw. deren Repräsentanten" (vgl. Vogel, Aktienrecht und Aktienwirklichkeit, 127). Das bedeutet, daß in nicht mehr als 4% der untersuchten Aktiengesellschaften mindestens ein Vertreter dieser Gruppe anzutreffen ist.

Langner ermittelte, daß jeder elfte der Anteilseigner den Geschäftsfreunden zuzurechnen sei (vgl. Langner, Rechtsposition, 68). Weitere Vertreter aus dem Ziel- und Aufgabensegment der Unternehmung können unter dem Begriff der „Experten" subsumiert werden (vgl. z.B. Langner, Rechtsposition, 71; Vogel, Aktienrecht und Aktienwirklichkeit, 128). In der Studie von Vogel werden 5% aller Vertreter der Anteilseigner dieser Gruppe, zu der Rechtsanwälte, Wirtschaftsprüfer, Steuerberater und Wissenschaftler zählen, zugerechnet. Sie machen ein Drittel aller externen Aufsichtsratsvertreter aus und sind in einem Fünftel aller untersuchten Aktiengesellschaften vertreten (vgl. Vogel, Aktienrecht und Aktienwirklichkeit, 128).

„Sonstige" Vertreter im Aufsichtsrat sind ehemalige Vorstands-Mitglieder und Experten

Daneben üben ehemalige Vorstands-Mitglieder 2% aller Anteilseignermandate aus. Sie sind in 12% aller Gesellschaften vertreten (vgl. Vogel, Aktienrecht und Aktienwirklichkeit, 128). Langner rechnet 15% der Anteilseignervertreter diesen Experten zu, die in 70% der untersuchten Unternehmungen vertreten sind (vgl. Langner, Rechtsposition, 71).

Vogel hat weiterhin einen gleich hohen Anteil aller Anteilseignermandate als

> „...Repräsentanten der öffentlichen Hand in Gesellschaften (festgestellt – Anm. d. Verf.), die keine gemischtwirtschaftlichen Unternehmungen sind..." (Vogel, Aktienrecht und Aktienwirklichkeit, 129)

festgestellt. Zu weiteren 8% erhielt er keine genauen Angaben oder es war nicht möglich, sie in die beschriebenen Personengruppen einzureihen.

Die Bedeutung einzelner Personengruppen im Aufsichtsrat entspricht nicht notwendigerweise ihrer zahlenmäßigen Repräsentation

Die zahlenmäßige Verteilung der Mandate auf die Vertreter der verschiedenen Personengruppen entspricht nicht notwendigerweise ihrer tatsächlichen Bedeutung, so wie sie von den betroffenen Angehörigen von Aufsichtsräten eingeschätzt wird. Für die Tätigkeit des Aufsichtsrats gelten unter ihnen im allgemeinen *Aktionäre, Arbeitnehmervertreter und Führungskräfte* der Wirtschaft als *„sehr wichtig"* und *„wichtig"*. Dahinter folgen mit einigem Abstand die Bankenvertreter und hinter diesen eine zweite Dreiergruppe aus Wissenschaftlern, Geschäftspartnern und ehemaligen Vorstandsmitgliedern der Unternehmung. Am Ende der Skala rangieren *Politiker*, deren Fähigkeit zu einer fachlich qualifizierten Aufsichtsrats-Mitarbeit häufig in Frage gestellt wird (Ergebnisse aus Bleicher, Aufsichtsrat, 37 ff.). Alle anderen im vorhergehenden Abschnitt genannten (und nicht genannten) Interessenvertreter im Aufsichtsrat finden kaum Widerhall hinsichtlich ihrer Bedeutung für die Funktionsfähigkeit des Aufsichtsrats. Dazu gehören bemerkenswerterweise auch die Gewerkschaftsvertreter, die nicht einmal unter den Arbeitnehmern im Aufsichtsrat unumstritten sind. Nur drei Prozent der letzteren halten sie für sehr wichtig; dagegen wird die Tendenz, durch unternehmungsfremde Gewerkschaftsvertreter gewerkschaftliche Machtpolitik in den Aufsichtsrat und damit die Unternehmung hineinzutragen, allgemein abgelehnt. Die Sensibilität für die Unterscheidung zwischen unternehmungsindividueller und wirtschaftskollektiver Vertretung von Arbeitnehmerinteressen ist in dem angesprochenen Bereich besonders hoch. Jedoch besteht trotz gelegentlicher Wertungsdifferenzen in der Praxis eine relativ hohe Übereinstimmung, welche Personengruppen dem Aufsichtsrat bei der Erfüllung seiner Aufgaben hilfreich sind.

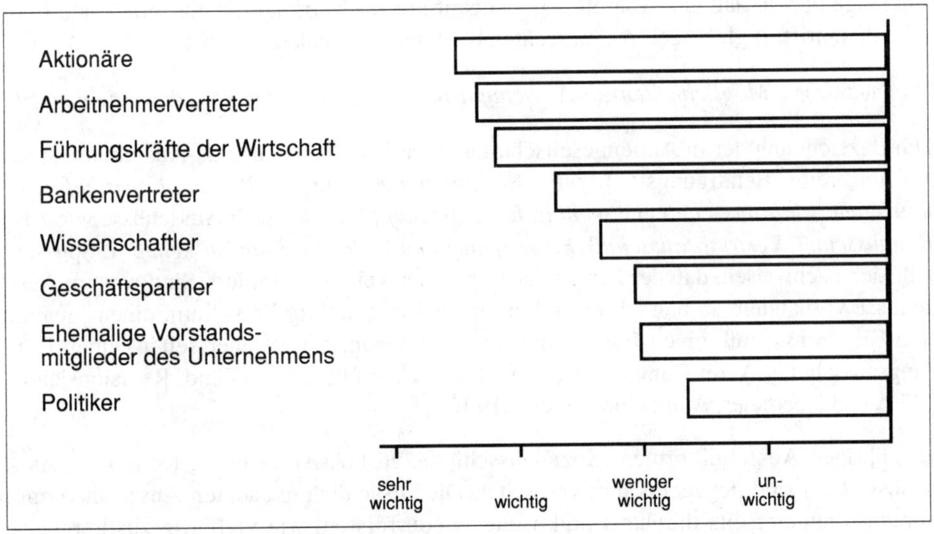

Abb. C 3: Bedeutung der acht wichtigsten Personengruppen im Aufsichtsrat (Bleicher, Aufsichtsrat, 38)

2.2.3 Ausschüsse/Präsidien im Aufsichtsrat

Der Aufsichtsrat kann aus seiner Mitte einen oder mehrere Ausschüsse bestellen und Aufgaben zur Vorbereitung seiner Verhandlungen und Beschlüsse sowie die Überwachung der Ausführung seiner Beschlüsse übertragen (§ 107 Abs. 3 AktG). Neben diesen Tätigkeiten dürfen einem Ausschuß – allerdings in gesetzlich eng begrenztem Rahmen – *Entscheidungskompetenzen* zugewiesen werden, für die ansonsten der gesamte Aufsichtsrat zuständig ist, d.h. in diesem Fall faßt ein Ausschuß an Stelle des gesamten Aufsichtsrats bestimmte Beschlüsse (vgl. Vogel, Aktienrecht und Aktienwirklichkeit, 185). Entscheidende Ausschüsse kommen insbesondere in Frage für den Abschluß und die Änderung der Anstellungsverträge für die Vorstands-Mitglieder sowie für die Zustimmung zu Geschäften des Vorstands, die die Satzung oder der Aufsichtsrat selbst nach § 111 Abs. 4 Satz 2 AktG dem Aufsichtsrat vorbehalten haben (vgl. Kallmeyer, Mitbestimmungsgesetz, 4; zu Art und Arbeitsweise von Aufsichtsrats-Ausschüssen vgl. auch Bleicher, Aufsichtsrat, 41 ff.).

Ausschüsse mit Entscheidungskompetenz können den Aufsichtsrat als Überwachungsorgan entwerten

Die Arbeit in Ausschüssen kann zu einer gewissen „*Informationsexklusivität*" der Ausschußmitglieder gegenüber den übrigen Angehörigen des Aufsichtsrats führen. Dabei kann sich eine „*Denaturierung*" des Aufsichtsrats abzeichnen, die darin besteht, daß den Ausschüssen entweder ein Übermaß an Entscheidungskompetenzen eingeräumt wird oder Ausschüsse in einem sehr großen Umfang Entscheidungsvorlagen für den Aufsichtsrat ausarbeiten, die dort keiner besonderen Aussprache mehr bedürfen. Dies kann zur Folge haben, daß der gesamte Aufsichtsrat nur noch formal die abschließende Entscheidung trifft (vgl. Vogel, Aktienrecht und Aktienwirklichkeit, 185 f.).

Die vielfältigen Möglichkeiten zur Ausschußarbeit im Aufsichtsrat werden wenig genutzt

Die Bezeichnung der in Aktiengesellschaften gebildeten Aufsichtsrats-Ausschüsse spiegelt ihr breites Betätigungsfeld wider. So gibt es nicht nur den *Personalausschuß, Finanz- und Bilanzausschuß* und *technischen Ausschuß*, sondern auch Ausschüsse wie z.B. *Bauausschuß, Vertriebsausschuß, Einkaufsausschuß oder Prüfungsausschuß*. Empirisch läßt sich nachweisen, daß der Personalausschuß bei weitem dominiert. Sind weitere Ausschüsse vorhanden, so handelt es sich in erster Linie um ein Präsidium, einen Finanz- und Bilanzausschuß, einen Investitionsausschuß sowie, bereits eher selten, einen Prüfungsausschuß („Audit Committee"; zum „Audit Committee" vgl. Zünd, Revisionslehre, 711 f. und Goerdeler, Audit Committee, 219 ff.).

Die übrigen Ausschußformen (Sozialausschüsse, ad hoc-Ausschüsse, technische Ausschüsse etc.) sind dagegen kaum verbreitet. Die tatsächlich existenten Ausschüsse entsprechen andererseits durchaus praktischen Bedürfnissen, wie vielfältig zustimmende Äußerungen sämtlicher Aufsichtsrats-Mitglieder (nicht nur der Ausschuß-Mitglieder selbst) belegen (vgl. Bleicher, Aufsichtsrat, 41 ff.).

Die Besetzung von Ausschüssen im Aufsichtsrat ist vom Gesetzgeber weitgehend offengelassen worden

Weder im Aktiengesetz noch im Mitbestimmungsgesetz von 1976 sind Regelungen enthalten, wie Aufsichtrats-Ausschüsse in den von diesen Gesetzen erfaßten Gesellschaften zu besetzen sind, mit Ausnahme des § 27 Abs. 3 MitbestG, nach dem ein paritätisch zu besetzender Ausschuß vorgeschrieben ist, der bei Vorstands-Bestellungen Vermittleraufgaben wahrnehmen soll. Im übrigen findet sich lediglich in § 107 Abs. 3 AktG die Regelung, daß der Aufsichtsrat aus seiner Mitte Ausschüsse bestellen kann, über deren Zusammensetzung er grundsätzlich selbst zu entscheiden hat. Dieses Recht des Aufsichtsrats kann auch nicht durch die Satzung eingeschränkt werden. Auf die Fragen, ob Ausschüsse auch ohne Beteiligung von Mitgliedern der Arbeitnehmer gebildet werden können, ob alle Ausschüsse paritätisch besetzt werden müssen oder vielleicht sogar die verschiedenen Arbeitnehmer(vertreter)gruppen (Arbeiter, Angestellte, leitende Angestellte, Gewerkschaftler) einen Anspruch auf eine verhältnismäßige Vertretung in den Ausschüssen haben, gibt das Gesetz keine Antworten (vgl. auch Lehmann, Aufsichtsratsausschüsse, 14).

Die richtige Zusammensetzung von Aufsichtsrats-Ausschüssen kann für die erfolgreiche Arbeit des Aufsichtsrats wichtig sein. Die Frage der Ausschußbesetzung darf jedoch nicht überbewertet werden. Wenn der Vorsitzende des Aufsichtsrats nichts anderes bestimmt, kann jedes Aufsichtsrats-Mitglied, auch wenn es dem Ausschuß nicht angehört, an den Sitzungen teilnehmen oder sich die Ausschußprotokolle geben lassen und sich auf diese Weise über die Arbeit informieren. Der gesamte Aufsichtsrat bleibt für die Tätig keit des Ausschusses mitverantwortlich und hat das Recht, Ausschüsse jederzeit aufzulösen, umzubesetzen oder einzelne Aufgaben an sich zu ziehen. *Ausschüsse dienen der Arbeitsteilung, sie sind kein Instrument der Machtverschiebung* (vgl. Lehmann, Aufsichtsratsausschüsse, 19).

Die Präsenz der Arbeitnehmervertreter in Aufsichtsrats-Ausschüssen und -Präsidien ist im Zeitablauf beträchtlich angestiegen. Während in der Untersuchung von Blume und seinen Mitarbeitern im Jahre 1962 kein Arbeitnehmer in einem Aufsichtsrats-Präsidium festgestellt werden konnte (vgl. Blume/Kuhlmeyer/Riemann/Rump, Normen), ergab die Untersuchung der Mitbestimmungskommission im Jahre 1969 einen 15%igen Anteil (vgl. Mitbestimmungskommission, Mitbestimmung). Witte stellte 1976 sogar einen 32%igen Anteil fest (vgl. Witte, Mitbestimmung). Weiterhin ergab sich, daß nur „in 35% ... der Unternehmungen mit Aufsichtsratsausschüssen keine Arbeitnehmermitgliedschaft..." besteht (Welchowski, Unternehmensverfassung, 154).

Wenn man bedenkt, daß seit dem Mitbestimmungsgesetz von 1976 die paritätische Besetzung des Aufsichtsrats für Aktiengesellschaften mit mehr als 2.000 Arbeitnehmern gilt und sich somit der gesetzliche Anteil der Arbeitnehmervertreter im Aufsichtsrat für diese Unternehmungen von 1/3 auf 1/2 vergrößert hat, so ist davon auszugehen, daß sich seitdem auch die Präsenz der Arbeitnehmervertreter in den Aufsichtsrats-Gremien (Ausschüsse, Präsidien) weiter erhöht hat (vgl. u.a. Albach/Kless, Verflechtungen).

Das Aufsichtsrats-Präsidium ist wichtiges Bindeglied zwischen Vorstand und Aufsichtsrat

Das *Aufsichtsrats-Präsidium* besteht i.d.R. aus dem Aufsichtsrats-Vorsitzenden, seinem Stellvertreter und mindestens einem weiteren Aufsichtrats-Mitglied. Es ist Bindeglied zwischen Vorstand und Aufsichtsrat wie zwischen den einzelnen Aufsichtsrats-Mitgliedern. Das Präsidium ist zumeist mit der Regelung von Organisationsfragen betraut, bereitet die Aufsichtsrats-Sitzungen vor und hält in der Zeit zwischen den Sitzungen die Verbindung zum Vorstand aufrecht; ihm können ferner auch Aufgaben eines Aufsichtsrats-Ausschusses übertragen werden (vgl. Vogel, Aktienrecht und Aktienwirklichkeit, 145).

Die Zuordnung von Sachaufgaben an ein Präsidium ist in der Praxis unterschiedlich. Vielfach ist hier die Behandlung von Finanzierungsmaßnahmen, Investitionen oder der Erwerb von Beteiligungen angesiedelt. Diese Aufgaben werden aber auch Ausschüssen übertragen, die sich aus anderen Aufsichtsrats-Mitgliedern zusammensetzen. Wesentlich erscheint die Möglichkeit, mit diesem Gremium in Eilfällen schnell eine eingehende Sachdiskussion führen zu können (vgl. Schaub, Organisation, 301).

Bezogen auf die Studien von Tegtmeier (vgl. Tegtmeier, Wechselwirkungen) aus dem Jahre 1969 und Witte (vgl. Witte, Mitbestimmung) aus dem Jahre 1976 stellt Welchowski fest, daß die Existenz von Ausschüssen des Aufsichtsrates in diesem Zeitraum von 26% auf 58% zugenommen hat (vgl. Welchowski, Unternehmensverfassung). Eine ähnliche Entwicklung erkennt Welchowski (vgl. Welchowski, Unternehmensverfassung) im Hinblick auf die Existenz von Aufsichtrats-Präsidien unter Bezugnahme auf Studien der Mitbestimmungskommission (vgl. Mitbestimmungskommission, Mitbestimmung) 1969 und von Witte (vgl. Witte, Mitbestimmung) 1976: Während 1969 nur 46% der damals untersuchten Aktiengesellschaften über ein Aufsichtsrats-Präsidium verfügten, besaßen 1976 bereits 66% der untersuchten Aktiengesellschaften ein Aufsichtsrats-Präsidium.

III. Die Aufgabe der Interessenvertretung des Aufsichtsrats

Der deutsche Aufsichtsrat wurde durch die Mitbestimmung zu einem Forum der Interessenvertretung

Mit der Einführung der Mitbestimmung und der daraus resultierenden Repräsentation der Arbeitnehmer im Aufsichtsrat wurde der Aufsichtsrat zu einem *Organ der Kooperation* zwischen Unternehmungsleitung und unternehmungsinternen und -externen Arbeitnehmervertretern (vgl. Thomée, Boardsystem, 188). Damit erhält dieses Organ eine weitere Dimension als Teil eines umfassenden Gestaltungsprozesses: Die Vertretung spezifischer Interessen. Der Aufsichtsrat wird zu einem Forum für den Interessenausgleich unterschiedlicher „*Stakeholders*“, wobei traditionell die bipolaren Interessen von Kapital und Arbeit im Vordergrund stehen.

1. Formen der Interessenvertretung

Die Differenzierung zwischen verschiedenen Formen der Interessenvertretung/-abhängigkeit (vgl. Kapitel B) ist im deutschen Sprachraum im Gegensatz zum angloamerikanischen noch relativ wenig verbreitet. Die entsprechenden Varianten des bundesdeutschen Modells sind vor allem für die spätere Gegenüberstellung mit dem Board-Modell von Interesse.

1.1 Dualistische Verpflichtung gegenüber Kapitalgebern und Arbeitnehmern

Interessen von „Kapital“ und Arbeit“ stehen im Mittelpunkt

Die Wahrnehmung externer Interessen durch die Aufsichtsrats-Mitglieder im Aufsichtsrat kann auf verschiedene Weise erfolgen:

Vertritt jedes einzelne Mitglied speziell die Interessen der ihn entsendenden Gruppe (Kapitalgeber, Arbeitnehmer etc.), wird der Aufsichtsrat zu einer bereits in der Zusammensetzung seiner Angehörigen *interessenpluralistischen Institution*. Er wird dadurch – zumindest ansatzweise – modellhaftes Abbild der an der Unternehmung „Interessierten“. Jedes Aufsichtsrats-Mitglied wird primär als Vertreter ganz spezifischer externer Interessen begriffen. Das Gesamtinteresse der Unternehmung leitet sich aus der Zusammenführung der unterschiedlichen Vorstellungen der einzelnen Interessenvertreter ab.

Auf der anderen Seite kann die Interessenvertretung – wie bereits gezeigt wurde – derart erfolgen, daß jedes einzelne Mitglied die Abwägung der unterschiedlichen Interessen vorab für sich selbst vollzieht und das Ergebnis dieser Abwägung in die Entscheidungsfindung des Spitzenorgans einbringt. Ein Mitglied des Spitzenorgans ist dann nicht länger unmittelbarer Vertreter der entsendenden Organisation/Interessengruppe, sondern Repräsentant sämtlicher relevanten Interessen als Ergebnis eines individuellen Prozesses der Güterabwägung. Dieser Ansatz wurde als „reduktionistische“ Variante der Interessenvertretung gekennzeichnet.

Das *deutsche Modell* ist nicht erst seit der Diskussion um die Mitbestimmung geprägt von der elementaren volkswirtschaftlichen Analyse der antagonistischen Faktoren „Arbeit“ und „Kapital“. Der Einsatz eines professionalisierten Managements, das sich vor allem als „Katalysator“ optimaler Ressourcenallokation versteht, die juristisch einseitige Abhängigkeit des Vorstands vom Aufsichtsrat und nicht zuletzt die steigende politische Gewichtung des Faktors Arbeit führten schließlich in der Mitbestimmungsgesetzgebung zu der heute üblichen Form der institutionalistischen Vertretung von dualistischen Interessen in der bundesdeutschen Spitzenverfassung.

„Outsider“ in deutschen Aufsichtsräten sollen in erster Linie das Unternehmungsinteresse wahren

Die überwiegende Mehrheit der Aufsichtsrats-Mitglieder (zumindest im mitbestimmten Aufsichtsrat) ist eindeutig einer der beiden Seiten zuordenbar. Die Vertretung von anderen Interessen als denen von „Arbeit“ und Kapital“ tritt demgegenüber deutlich in den Hintergrund – obwohl aus betriebswirtschaftlicher Sicht die Unternehmung in eine weit vielfältigere gesellschaftspolitische Interessenlandschaft eingebunden ist (was allmählich über den Umweg der steigenden ökologischen Sensibilität in das allgemeine Bewußtsein zu dringen scheint).

Soweit neben Anteilseignern und Arbeitnehmern bzw. deren Repräsentanten noch weitere Personen im Aufsichtsrat vertreten sind, unterliegen diese nach der Rechtsauffassung „... der Treuepflicht gegenüber der Gesellschaft, haben also in erster Linie das Unternehmensinteresse zu wahren“ (Vogel, Aktienrecht und Aktienwirklichkeit, 125, ähnlich auch Langner, Rechtsposition, 68). Ihre Berufung in den Aufsichtsrat erfolgt in der Regel nicht, um Eigenkapitalinteressen zu vertreten, sondern aufgrund ihres Fachwissens, ihrer Persönlichkeit oder ähnlichem. Mögliche Widersprüche zwischen dem abstrakten „Unternehmensinteresse“ und den konkreten „stakeholder“-Interessen von Gruppenvertretern bleiben dabei offen.

Vogel hat in seiner Erhebung über deutsche Aktiengesellschaften, die zwischen 200 und 2.000 Beschäftigte aufweisen, festgestellt, daß ca. zwei Drittel der befragten Unternehmungen außenstehende Personen in den Aufsichtsrat berufen; das sind 17% aller Anteilseignermandate (vgl. Vogel, Aktienrecht und Aktienwirklichkeit, 122ff.).

1.2 Institutionalistische Lösung des Interessenausgleichs

Die institutionalistische Lösung der Interessenvertretung ist dem dualistischen Modell der Spitzenverfassung in hohem Maß inhärent (die Dualität von Vorstand und Aufsichtsrat ist bereits eine solche Lösung für die Bereiche des internen Ressourceneinsatzes und ihrer extern-orientierten Überwachung durch die jeweils Betroffenen). Die gesetzliche Verankerung der *Mitbestimmung* hat mit ihrer alles überragenden Bedeutung unter pragmatischen Gesichtspunkten die institutionalistische Variante für das bundesdeutsche Modell darüber hinaus auf Dauer fest geschrieben. Die Institutionalisierung gilt dabei nur für die Kapitalgeber- und Arbeitnehmervertreter, nicht für andere Interessen.

Die Mitbestimmung ist Ausdruck des institutionalistischen Interessenausgleichs

Durch die Regelung der Zusammensetzung des Aufsichtsrats (§ 96 AktG) sind Anteilseigner und Arbeitnehmer im Aufsichtsrat vertreten. Wichtige rechtliche Grundlagen der Mitbestimmung bilden das Betriebsverfassungsgesetz von 1952/1972, das Montan-Mitbestimmungsgesetz von 1951 (Ergänzung 1956) und das Mitbestimmungsgesetz von 1976, deren Inhalte hier als bekannt vorausgesetzt werden (ein Überblick über die verschiedenen Mitbestimmungsmodelle mit weiteren Literaturangaben ist enthalten in Chmielewicz/Grossmann/Inhoffen/Lutter, Mitbestimmung).

Damit wird die Teilnahme der Arbeitnehmervertreter an den Aufgaben des Aufsichtsrats rechtlich abgesichert und institutionalisiert (vgl. Steinmann, Mitbestimmung, 2681). Die Mitbestimmung gewährt sowohl den Anteilseignern als auch den Arbeitnehmern im Rahmen der bereits beschriebenen Aufsichtsrats-Aufgaben Einfluß auf die Unternehmung über eine argumentative Kommunikation oder über Abstimmungsverfahren (vgl. Dlugos, Mitbestimmung, 1351).

Die Berücksichtigung von Arbeitnehmeraspekten schlägt sich in der Bundesrepublik Deutschland im Begriff der Mitbestimmung nieder. Sie hat durch eine Reihe rechtlicher Regelungen zu einem System geführt, in dem die Interessenvertretung der in der Unternehmung Beschäftigten neben die Interessen der Eigentümer der Unternehmung gestellt wird (vgl. zu grundlegenden Fragestellungen, die insbesondere im juristischen Bereich behandelt werden z.B. Knaup, Mitbestimmung; Vetter, Beiträge zur inneren Ordnung; Hueck, Probleme; Vogt, Sozialverband).

Der Begriff der Mitbestimmung ist zwar immer noch vielfältig (vgl. z.B. Dreyer, Entwicklung, 152; Seiwert, Mitbestimmung, 351 ff.; Seiwert, Zielsystem; Dlugos, Mitbestimmung; Steinmann, Mitbestimmung; Theisen, Aspekte,) kann aber mittlerweile in der Tendenz als

„... die institutionelle Teilnahme der Arbeitnehmer oder ihrer Vertreter an der Gestaltung und inhaltlichen Festlegung des Willensbildungs- und Entscheidungsprozesses im Unternehmen..." (Mitbestimmungskommission, Mitbestimmung, 8)

verstanden werden. In einer Befragung aus dem Jahr 1960 stellte Dahrendorf fest,

„... daß Mitbestimmung ... nicht als Begriff festliegt. Die Befragten sahen vielmehr ein Wort mit sinnfälliger, aber allgemeiner Bedeutung – und zwar einer Bedeutung, die durch ein Gesetz möglicherweise überhaupt nicht einlösbar ist..." (Dahrendorf, Mitbestimmungsproblem, 29).

Die Vertretung der Arbeitnehmer im Aufsichtsrat ist unterschiedlich geregelt

Die Beteiligung der Arbeitnehmer am Aufsichtsrat ist in den Mitbestimmungsgesetzen – wenn auch unterschiedlich geregelt – vorgesehen. Während das *Montan-MitbestG* die

Vertreter der Arbeitnehmer nach einem festen Schlüssel verteilt und von einer Parität unter Hinzufügung eines neutralen Mannes ausgeht, sichert das BetrVG 1952 den in Unternehmungen mit mindestens 500 Arbeitnehmern beschäftigten Arbeitern und Angestellten ein Drittel der Sitze im Aufsichtsrat. Nach dem Mitbestimmungsgesetz von 1976 hat in Unternehmungen mit mehr als 2.000 Beschäftigten ein paritätisch besetzter Aufsichtsrat zu bestehen, d.h. die Aufsichtsräte der Aktiengesellschaften, die unter diese Bestimmung fallen, sind je zur Hälfte mit Arbeitnehmern bzw. deren Vertretern und mit Eigentümern (Anteilseignern) bzw. deren Vertretern zu besetzen. Dabei ist von Interesse, inwieweit unternehmungsinterne oder -externe Arbeitnehmer(vertreter) im Aufsichtsrat vertreten sind.

In einer Untersuchung, in der die empirischen Studien von Otto Blume u.a. aus dem Jahr 1962 (vgl. Blume/Kuhlmeyer/Riemann/Rump, Normen) , der Mitbestimmungskommission aus dem Jahr 1969 (vgl. Mitbestimmungskommission, Mitbestimmung) und von Witte aus dem Jahr 1976 (vgl. Witte, Mitbestimmung) verglichen werden, hat Welchowski festgestellt, daß der Anteil unternehmungsexterner Arbeitnehmervertreter im Aufsichtsrat in diesen 14 Jahren *kontinuierlich zugenommen* hat: Während 1962 der Anteil der unternehmungsexternen Arbeitnehmervertreter nur bei 3% lag, stieg er über 13% im Jahre 1969 auf 25% im Jahre 1976 (vgl. Welchowski, Unternehmungsverfassung, 14 ff.).

Die Berücksichtigung Externer – insbesondere Gewerkschaftsvertreter – ist auch im § 7, Abs. 2 MitbestG rechtlich legitimiert. Hier heißt es:

„Unter den Aufsichtsratsmitgliedern müssen sich befinden:

1. in einem Aufsichtsrat, dem sechs Aufsichtsratsmitglieder der Arbeitnehmer angehören, vier Arbeitnehmer des Unternehmens und zwei Vertreter der Gewerkschaften;
2. in einem Aufsichtsrat, dem acht Aufsichtsratsmitglieder der Arbeitnehmer angehören, sechs Arbeitnehmer des Unternehmens und zwei Vertreter von Gewerkschaften;
3. in einem Aufsichtsrat, dem zehn Aufsichtsratsmitglieder der Arbeitnehmer angehören, sieben Arbeitnehmer des Unternehmens und drei Vertreter von Gewerkschaften.“

Damit „... ist für das Gewerkschaftspotential eine erhebliche Ausweitung festzustellen. Am Beispiel der Gewerkschaftsvertreter im Aufsichtsrat könnte darüber hinaus belegt werden, daß die Gesetzgebung teilweise der Eigendynamik einer Entwicklung folgt ... (Welchowski, Unternehmungsverfassung, 148).

Dazu läßt sich bei den von Gewerkschaftsvorständen gehaltenen Mandaten deutlich eine branchengebundene Politik erkennen (Vgl. Albach/Kless, Verflechtung, 969).

Arbeitnehmervertreter im Aufsichtsrat sind häufig Betriebsratsangehörige

Sowohl von Blume (vgl. Blume/Kuhlmeyer/Riemann/Rump, Normen, 196) als auch von Witte (vgl. Witte, Mitbestimmung, 16) wird festgestellt, daß die *unternehmungsinternen Arbeitnehmervertreter im Aufsichtsrat* sehr häufig gleichzeitig *Mitglieder des Betriebsrats* sind. Der Anteil derjenigen Arbeitnehmervertreter, die nicht gleichzeitig Mitglieder des Betriebsrats sind, belief sich im Jahre 1969 auf 1% und im Jahre 1976 auf 9% (Vgl. Welchowski, Unternehmensverfassung, 151). Aus der Studie von Girgensohn geht hervor, daß

„... vor allem eine Mitwirkung des Aufsichtsrates bei traditionsgebundenen, kontrollorientierten Geschäften (erfolgt – Anm. d. Verf.), während der Aufsichtsrat bei Gestaltungsaufgaben kaum beteiligt wird..." (Girgensohn, Mitwirkung, 337).

Bei Geschäften mit vorwiegend rechtlichen Implikationen, Geschäften bezüglich Sach- und Finanzanlagen ist die Beteiligung des Aufsichtsrates gering (vgl. Girgensohn, Mitwirkung, 338). Da jedoch die Arbeitnehmer vor allem an Personal- und Sozialfragen orientiert sind und ihnen zudem die Qualifikation zu anderen Themenkreisen häufig abgesprochen wird (vgl. Brinkmann-Herz, Entscheidungsprozesse, 112), scheint die Beteiligung der Arbeitnehmervertreter an Entscheidungen des Aufsichtsrats allgemein gering zu sein. Der unzureichenden Qualifikation hält Hamel die im Durchschnitt *lange Zugehörigkeitsdauer der Arbeitnehmervertreter im Aufsichtrats* entgegen. In seiner Studie, die sich auf die interne Kontrolle am Beispiel des Jahresabschlusses beschränkt,

„... befanden sich mehr als die Hälfte aller befragten Arbeitnehmer-Vertreter bereits länger als 4 Jahre im Aufsichtsrat, 4,3% sogar schon 20 Jahre oder länger. Nur 5,5% der Arbeitnehmer-Vertreter wiesen als 'Neulinge' noch keine Erfahrungen mit der Jahresabschlußkontrolle auf" (Hamel, Kontrolle, 558).

Arbeitnehmervertreter sind überdurchschnittlich lange in Organen der Mitbestimmung tätig

Witte kommt 1976 zu ähnlichen Ergebnissen. Nur ein verschwindend geringer Teil der Arbeitnehmer-Vertreter war weniger als 5 Jahre in Organen der Mitbestimmung tätig. Drei Viertel der Arbeitnehmer sind hingegen für 10 bis 19 Jahre in solche Organe eingebunden (vgl. Witte, Mitbestimmung, 20). Da außerdem vier Fünftel aller Arbeitnehmer-Vertreter den Jahresabschluß und drei Fünftel den Prüfungsbericht diskutieren, folgert Hamel: „Es besteht aufgrund dieses Ergebnisses kaum Veranlassung, ein hinreichendes Sachverständnis der Arbeitnehmer-Vertreter generell anzuzweifeln" (Hamel, Kontrolle, 558). Darüber hinaus ist zu beachten, daß die externen Gewerkschaftsvertreter ihre Erfahrungen mit in die Diskussion einbringen, zumal die Vertreter der Arbeitnehmer eine langjährige Zugehörigkeit zum Aufsichtsrat aufweisen und vorwiegend als Gruppe im Aufsichtsrat auftreten (vgl. Brinkmann-Herz, Entscheidungsprozesse, 136 ff.). Andererseits sind die vertraulich zu behandelnden Sachverhalte im Aufsichtsrat zu berücksichtigen, wobei den Vertretern der Arbeitnehmer aufgrund ihrer Doppelfunktion Aufsichtsrat bzw. Betriebsrat oder Wirtschaftsausschuß ein Informationsfluß aus dem Aufsichtsrat heraus unterstellt wird. Zu berücksichtigen ist hierbei auch die Mitgliedschaft in der Gewerkschaft. Daß umgekehrt unternehmungsexterne Gewerkschaftsvertreter gewerkschaftliche Machtpolitik in die Unternehmung hineintragen, wird auch von Vertretern der Arbeitnehmer grundsätzlich abgelehnt (vgl. Bleicher, Aufsichtsrat, 37 ff.).

Witte ermittelte, daß im Durchschnitt gut 70% der gewerblichen Arbeitnehmer und knapp 50% der Angestellten (63,3% aller Beschäftigten) gewerkschaftlich organisiert sind (vgl. Witte, Mitbestimmung, 23). Die Problematik der Verschwiegenheit stellt sich aber auch für andere Aufsichtsrats-Mitglieder, insbesondere für Vertreter von Konkurrenzunternehmungen oder Banken. Der Einfluß der Arbeitnehmer auf Entscheidungen des Aufsichtsrats wird in der Witte-Untersuchung auf einer siebenskaligen Reihe (von 1, geringster Einfluß bis 7, höchster Einfluß) im Jahre 1976 mit 2,8 und im Jahre 1981 mit 3,4 wiedergegeben (vgl. Witte, Einfluß, 429). Dabei wird der Einfluß der Arbeitnehmer aus der Sicht der Gewerkschaft (3,0 im Jahre 1976 und 3,4 im Jahre 1981) höher beurteilt als vom Vorstand (2,0 im Jahre 1976 und 2,6 im Jahre 1981) (vgl. im einzelnen Witte, Einfluß, 416 ff.).

Der Einfluß der Arbeitnehmer auf Entscheidungen des Aufsichtsrats ist nach Witte allerdings geringer als der der Anteilseigner, für die sich auf der siebenskaligen Reihe ein Wert von 4,5 im Jahre 1976 und 4,8 im Jahre 1981 ergibt.

Die Korrelation der Einflüsse zeigt Verschiebungen, bei denen

„...nicht davon ausgegangen werden kann, daß der Einfluß der einen Seite ausschließlich zu Lasten anderer Bestandteile des Einfluß-Systems geht. Eine Minuskorrelation von -0,32 (-0,39) zwischen dem Einfluß der Anteilseigner und dem Einfluß der Arbeitnehmer bedeutet, daß in Unternehmungen mit starkem Einfluß der Anteilseigner (z.B. Familiengesellschaften) die Arbeitnehmer über einen relativ geringen Einfluß verfügen" (Witte, Einfluß, 433).

2. Die „Politisierung" des Aufsichtsrats

Führt der institutionalisierte Interessenausgleich zu einer Selbstkastration des Aufsichtsrats?

Aus der Qualität des Einflusses des Interessendualismus ergeben sich kritische Fragen zur Leistungsfähigkeit des Aufsichtsrats, die von seiner notwendigen Politisierung im Verfolgen partikularer Interessen bis hin zu seiner Selbstkastration reichen, die dann eintritt, wenn mehr und mehr wesentliche Dinge an Aufsichtsräten vorbeilaufen, weil diese sich im politischen Interessenabgleich selbst denaturieren, während „das Leben" als Ausdruck von Handlungsnotwendigkeiten der Geschäftsführung weitergehen muß.

Ob eine derartige Entwicklung tatsächlich eintreten wird, hängt entscheidend vom Machtgleichgewicht der beiden Spitzenorgane Vorstand und Aufsichtsrat ab. Eine Denaturierung des Aufsichtsrats unterstellt implizit eine *Machtverschiebung zugunsten des Vorstands* als Träger professioneller Erfahrung und weitreichender Kenntnis inner- und überbetrieblicher Zusammenhänge. Eine gegenteilige Unterstellung wird dann deutlich, wenn vor der Gefahr zunehmend opportunistisch agierender Vorstände gewarnt wird, die durch Wohlverhalten gegenüber beiden „Bänken" im Aufsichtsrat ihre Wiederwahl sichern wollen. Ein derartiges Verhalten muß nicht nur zu „faulen" Kompromissen führen, sondern kann in der langfristigen Wirkung risikovermeidenden Handelns den Untergang einer Unternehmung bewirken.

IV. Die Führung deutscher Aktiengesellschaften durch den Vorstand

1. Aufgaben des Vorstandes – Gesetzlicher Auftrag und faktische Stellung

Der Vorstand hat gemäß § 76 Abs. 1 AktG „... unter eigener Verantwortung die Gesellschaft zu leiten." Damit ist dem Vorstand zwingend die ausschließliche Zuständigkeit für die Führung der Gesellschaft übertragen. Seine Aufgaben können grundsätzlich auch qua Satzung nicht von anderen ausgeübt werden. Allerdings kann mit der Befugnis zur Geschäftsführung durch Satzungen, Aufsichtsrat, Hauptversammlung oder eine Geschäftsordnung des Vorstands selbst die Verpflichtung für entweder den gesamten Vorstand oder einzelne Vorstands-Mitglieder verbunden sein, zu bestimmten Geschäften die Zustimmung des Aufsichtsrats einzuholen. Dagegen kann dieser dem Vorstand nicht allgemein vorschreiben, seine Weisungen zu befolgen (vgl. Godin/Wilhelmi, Aktiengesetz).

Neben der Führungsaufgabe obliegt dem Vorstand gemäß § 78 I AktG die alleinige Vertretung der Gesellschaft nach außen. Die *Vertretungsbefugnis* kann gemäß § 78 III, IV AktG vom Vorstand unter bestimmten Voraussetzungen delegiert werden; bezüglich des Vorstandes ist sie jedoch nicht beschränkbar (vgl. Godin/Wilhelmi, Aktiengesetz). Nach dem Aktiengesetz ist der Vorstand *alleiniges Geschäftsführungs- und Vertretungsorgan* der Unternehmung. Für die hoch-komplexe, arbeitsteilig organisierte, moderne Unternehmung mit ihrer zwingend notwendigen Delegation von Entscheidungen von der Unternehmungsspitze an nachgelagerte Instanzen können die gesetzlichen Vorschriften nur als Rahmenbedingungen aufgefaßt werden. In deren Grenzen besteht für die einzelne Gesellschaft ein *Handlungsspielraum* hinsichtlich der Festlegung der Funktionen und Aufgaben des Vorstands im einzelnen (vgl. Trenkle, Vorstandsentscheidung, 16).

1.1 Die personale Dimension

1.1.1 Der Vorstands-Vorsitzende/-Sprecher

Sofern der Vorstand aus mehreren Personen besteht, kann der Aufsichtsrat nach § 84 Abs. II AktG einen Vorsitzenden oder Sprecher des Vorstands bestellen, dem allerdings keine gesetzlich geregelten besonderen Befugnisse zustehen (vgl. Vogel, Aktienrecht und Aktienwirklichkeit, 99). Die Funktion des Vorstands-Vorsitzenden ist im AktG lediglich durch eine Negativaussage beschrieben. Nach § 77 Abs. 1 AktG ist ausdrücklich festgelegt, daß ein Alleinentscheidungsrecht des Vorstands-Vorsitzenden ebenso wie eine Entscheidung durch einige Mitglieder bei Meinungsverschiedenheiten gegen die Mehrheit des Vorstands unzulässig ist (vgl. Trenkle, Vorstandsentscheidung, 89).

Der Unterschied zwischen einem Sprecher und einem Vorsitzenden des Vorstands markiert einen leichten Status- und Einflußunterschied

Auffällig ist die unterschiedliche Gewichtung der Aufgaben von Vorstands-Vorsitzenden und Vorstands-Sprechern. Das Schwergewicht der Aufgaben des Vorstands-Vorsitzenden bezieht sich auf die *Vorbereitung und Abstimmung ressortübergreifender strategischer Maßnahmen.* Es folgt die *gegenseitige Information der Vorstandsmitglieder*, dann die *Wahrnehmung von Gemeinschaftsaufgaben* (wie Tätigkeiten in bzw. Kontakte zu Verbänden, Regierung und Behörden usw.). Die Kommunikation mit dem Aufsichtsrat liegt an 4. Stelle. Im einzelnen ergibt sich folgende Aufteilung der Funktionen (Abb. C 4):

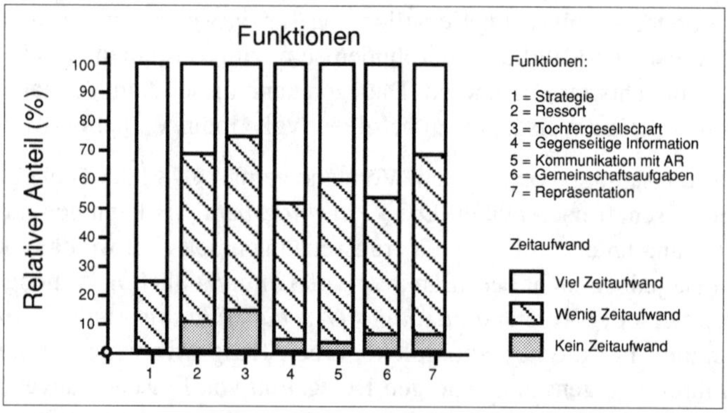

Abb. C 4: Funktionen des Vorstandsvorsitzenden (Bleicher/Paul, Verfassungen, 172)

Für die Vorstands-Sprecher ergeben sich als Aufgaben mit der höchsten Zeitbeanspruchung die Leitung, Beratung und Betreuung der Ressorts, die Vorbereitung und Abstimmung ressortübergreifender strategischer Maßnahmen sowie die Leitung, Beratung und Betreuung der Tochtergesellschaften (Abb. C 5).

Eine eindeutige Abgrenzung der Funktionen des Vorstands-Vorsitzenden und des Vorstands-Sprechers ist nicht möglich, weil der Sprecher u.U. die gleichen Aufgaben wahrnehmen muß wie der Vorsitzende. In diesem Sinne argumentiert auch Vogel:

„In erster Linie wird er (der Vorstandssprecher, Anm. d. Verf.) die Gesellschaft zu repräsentieren und ihre Geschäftspolitik zu vertreten haben, unter Umständen überträgt man ihm ebenso wie dem Vorstandsvorsitzenden die Einberufung von Vorstandssitzungen und deren Leitung“ (Vogel, Aktienrecht und Aktienwirklichkeit, 100).

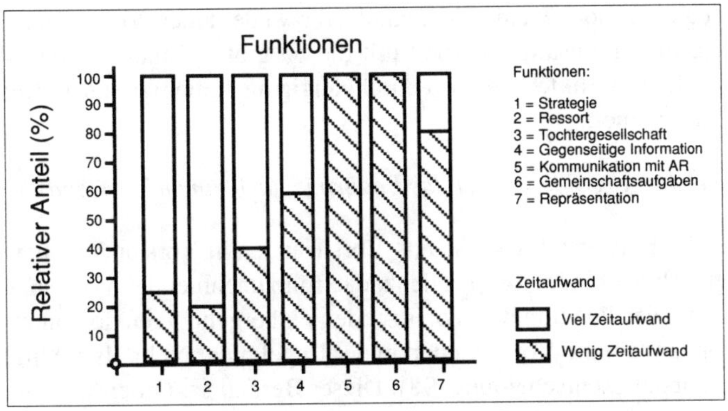

Abb. C 5: Funktionen des Vorstandssprechers (Bleicher/Paul, Verfassungen, 173)

Die Rolle des Vorsitzenden kann durch die Geschäftsordnung begründet sein

Die Stellung des Vorstands-Vorsitzenden kann durch die nach § 77 Abs. 2 AktG gegebenenfalls auch vom Aufsichtsrat erlassene Geschäftsordnung des Vorstands festgelegt werden. Zu den sich daraus ergebenden *Aufgaben des Vorstands-Vorsitzenden* zählen in der Regel hauptsächlich

- die Vorbereitung und Leitung der Vorstandssitzungen und/oder
- die Koordination mehrerer Vorstandsressorts – wobei hier dem Vorstandsvorsitzenden ein Widerspruchsrecht gegen eine von einem Ressortleiter geplante Geschäftsführungsmaßnahme eingeräumt werden kann – und schließlich
- die Repräsentation der Gesellschaft gegenüber der Öffentlichkeit bei besonderen Angelegenheiten (vgl. Vogel, Aktienrecht und Aktienwirklichkeit, 99).

Die Tatsache, daß in einem mehrköpfigen Vorstand Entscheidungen von mehreren Personen zu treffen sind, bedingt, daß organisatorische Maßnahmen getroffen werden müssen, um das Zusammenwirken dieser Personen zu regeln. Daraus leitet sich die Vermutung ab, daß größere Entscheidungsgruppen einen höheren Organisationsgrad erfordern und aufweisen als kleinere Gruppen, um zu effizienten Ergebnissen zu kommen. Die regelbaren Tatbestände sowie das Konfliktpotential sind folglich in einem großen Vorstand erheblich umfangreicher als in einem kleinen. Die Schaffung einer Führungsposition in Form eines Vorsitzenden oder Sprechers des Vorstands bietet sich in diesem Fall als Vereinfachungsmechanismus für die komplexer gewordene informale Gruppenstruktur an. Mit zunehmender Größe des Vorstands geht eine steigende Differenzierung der Aufgaben einher. Dies wiederum zieht stärkere Überwachungs- und Koordinationserfordernisse nach sich (vgl. Blau/Schoenherr, The Structure of Organizations, 313), die zum einen in dem Bedürfnis nach einem Vorstands-Vorsitzenden und zum anderen in der Bildung von Ausschüssen ihren Ausdruck finden.

Es existieren heute nur noch wenige Vorstände, die weder einen Vorsitzenden noch einen Sprecher haben. In der Zusammenarbeit mit diesen gibt es innerhalb des Vorstands so gut wie keine Rollenkonflikte. Sie wird durchgängig als kollegial, nur in wenigen Fällen als direktorial bezeichnet.

Mit der Unternehmungsgröße wächst das Bedürfnis nach einem Vorstands-Vorsitzenden

Betrachtet man die Existenz des Vorstands-Vorsitzenden in Vorständen unterschiedlicher Größe, so zeigt sich die eindeutige Tendenz, daß mit zunehmender Vorstands-Größe eine häufigere Existenz der Position des Vorsitzenden einhergeht. Trenkle kommt zu dem Ergebnis, daß Vorstände ohne Vorsitzenden in der Regel nicht mehr als 5 Mitglieder haben (vgl. Trenkle, Vorstandsentscheidung, 98). Dieser Befund sagt allerdings nichts über die Wirkungsrichtung aus, so daß offen bleibt, ob sich ein starker Vorsitzender tendenziell einen größeren Vorstand schafft, oder ob ein größerer Vorstand einen starken Vorsitzenden erfordert.

Cummings/Huber/Arendt fanden in einer Untersuchung, deren Ergebnisse im Jahre 1974 veröffentlicht wurden, heraus, daß größere Gruppen (mit 7 bis 12 Mitgliedern) dann effektiver funktionieren, wenn sie einen Gruppenführer besitzen, vor allem, wenn dieser von den Gruppenmitgliedern akzeptiert wird (vgl. Cummings/Huber/Arendt, Effects of Size, 473). Verglichen mit diesem Ergebnis zeigt sich, daß die Vorstände deutscher Großunternehmungen tendenziell in Richtung auf eine hohe Effizienz organisiert sind. Große Vorstände ohne Vorsitzenden beziehen ihre Effizienz aus anderen Quellen – oder bieten sich für einen „direktorialeren" Führungsstil an.

Bass/Norton ermittelten bereits im Jahre 1951, daß Gruppen von 4–6 Mitgliedern am günstigsten waren, um eine effektive Führung herauszubilden (vgl. Bass/Norton, Group Size, 400). In diesem Zusammenhang ist interessant, daß die durchschnittliche Vorstandsgröße der 69 Unternehmungen mit einem Vorstandsvorsitzenden in Trenkles Untersuchung 5,4 beträgt und somit erstaunlich nahe an dem in der Literatur gefundenen Wert angesiedelt ist (vgl. auch die Optimalzahl von 5 Gruppenmitgliedern bei Salter, Contrasting Correlates of Group Size, 132 ff.).

1.1.2 „Engerer" und „weiterer" Vorstand

Bei komplexen Verhältnissen, die einen besonders großen Vorstand zu ihrer Bewältigung hervorgebracht haben, wird in einigen Fällen der Unternehmungspraxis neben der Möglichkeit, einen Vorsitzenden oder Sprecher des Vorstands zu bestellen, eine weitere Möglichkeit entwickelt, um ein derartiges Gremium arbeitsfähig zu halten: Seine Aufspaltung in einen *engeren* und einen *weiteren* Vorstand mit *unterschiedlicher Sitzungsfrequenz*. Dem engeren Vorstand werden dabei im Rahmen der Führungsbefugnis nach innen erweiterte Rechte gegenüber den übrigen Vorstands-Mitgliedern eingeräumt. Ungeachtet der praktischen Ausgestaltung ergibt sich hinsichtlich der Geschäftsführungs- und Vertretungsfunktion kraft Gesetzes an sich kein Unterschied zwischen den Mitgliedern des engeren und des erweiterten Vorstands (vgl. Trenkle, Vorstandsentscheidung, 91), obwohl in der Praxis der erweiterte Vorstand eher wie ein weiterer Aufsichtsrat arbeitet, der als „Resonanzboden“ für die geschäftspolitischen Konzeptionen und Maßnahmen des engeren Vorstandes dient.

Trenkle stellt fest, daß Vorstände, in denen ein engerer Vorstand existiert, entweder 3 oder mehr als 6 Mitglieder haben (vgl. Trenkle, Vorstandsentscheidung, 100). In größeren Vorständen kann es demnach angebracht sein, durch die Schaffung eines engeren Vorstands eine Kernmannschaft im Vorstand zu bilden, um damit die Schwerfälligkeit eines großen Führungsgremiums zu verhindern. Der Grund für die Bildung eines engeren Vorstandes innerhalb eines nur dreiköpfigen Vorstandes könnte darin liegen, daß sich zwei Vertraute der Anteilseigner gegenüber dem dritten Vorstands-Mitglied absondern wollen.

Im Rückblick wird deutlich, daß eine positive Korrelation zwischen der Existenz der Position des Vorstands-Vorsitzenden/-Sprechers, eines engeren Vorstands sowie tendenziell auch der Vorstandsgrößen besteht. Dennoch bleibt festzuhalten, daß eine derartige Untergliederung in engeren und weiteren Vorstand ziemlich selten (empirisch nur in acht von hundert Aktiengesellschaften) anzutreffen ist (vgl. Bleicher/Paul, Verfassungen, 182 ff.).

1.2 Die sachliche Dimension

Es gibt delegierbare und nicht-delegierbare Aufgaben des Vorstandes

In der Literatur gibt es zahlreiche Vorschläge, die jene Aufgaben aufzählen und analysieren, die dem Vorstand als Führungsorgan zugewiesen sind. Generell kann zwischen *nicht delegierbaren Aufgaben* und *potentiell delegierbaren Aufgaben*, also letztlich freiwillig übernommenen Tätigkeiten, unterschieden werden (vgl. Trenkle, Vorstandsentscheidung, 20). Gutenberg hält diejenigen Aufgaben für nicht delegierbar, „... die für den Bestand und die Zukunft des Unternehmens von unmittelbarer Bedeutung sind und die nur aus dem Ganzen des Unternehmens heraus getroffen werden können“ (Gutenberg, Unternehmensführung, 61). Dazu zählen nach seiner Ansicht:

1. Festlegung der Unternehmungspolitik auf weite Sicht,
2. Koordinierung der großen betrieblichen Teilbereiche,
3. Beseitigung von Störungen im laufenden Betriebsprozeß,
4. geschäftliche Maßnahmen von außergewöhnlicher betrieblicher Bedeutsamkeit,
5. Besetzung der Führungsstellen in der Unternehmung.

Aufbauend auf dieser Liste definiert der Arbeitskreis Dr. Krähe folgende Führungsaufgaben:

1. Bestimmung der Geschäftspolitik,
2. Planungsentscheidungen im Rahmen der Geschäftspolitik,
3. Entscheidungen über Fragen der Organisation,
4. Koordination,
5. Entscheidungen bei einzelnen Maßnahmen von außergewöhnlicher Bedeutung,
6. Kontrolle,
7. Besetzung der obersten Leitungsinstanzen,
8. Vertretung und Repräsentation,
9. Information (vgl. Arbeitskreis Dr. Krähe, Organisation der Geschäftsführung, 15 ff.).

Die dargestellten Aufgaben der Führungsspitze (Vorstand) folgen im wesentlichen der Grundannahme, daß es deren Hauptaufgabe sei, die interne Effizienz der Unternehmung zu gewährleisten und dazu Rahmenrichtlinien zu erlassen (vgl. Trenkle, Vorstandsentscheidung). Die Aufgabe, *Beziehungen zur Unternehmungsumwelt* zu unterhalten und zu gestalten, findet dagegen kaum Erwähnung. Auf diesen Aspekt wird insbesondere in der US-amerikanischen Literatur großer Wert gelegt. Zur Erfüllung dieser Aufgaben werden gezielt *unternehmungsexterne Personen* als Mitglieder in die Unternehmungsspitze (Board of Directors) berufen, die vier Funktionen wahrnehmen sollen (vgl. Trenkle, Vorstandsentscheidung, 25; vgl. auch Aldrich, Organizations, 296 f.):

1. Erlangung finanzieller, juristischer oder anderer strategischer Informationen und Erfahrungen für eine Unternehmung;
2. Hilfe bei der Suche nach Kapital oder anderen Ressourcen;
3. Vergrößerung der politischen Macht einer Unternehmung;
4. Stärkung der Macht externer Organisationen.

Bei der Diskussion dieser externen Funktionen ist zu beachten, daß die Organisation der Unternehmungsspitze in Form des Board of Directors nur partiell mit der Funktion des Vorstands zu vergleichen ist (vgl. Wiethölter, Interessen, 184 ff.). Die Wahrnehmung der externen Aufgaben wird im dualistischen System der Unternehmungsverfassung teilweise vom Vorstand und vom Aufsichtsrat vorgenommen. Im Hinblick auf die Zusammensetzung des Aufsichtsrats könnte man hier die These wagen, daß im Gegensatz zum monistischen Board-System in der Bundesrepublik das Potential des Aufsichtsrats als Gremium zur Integration externer Umweltsegmente nur begrenzt genutzt wird.

Satzungen, Geschäftsordnungen und Geschäftsverteilungspläne sind weit verbreitet

Der Aufgaben- und Handlungsbereich des Vorstands wird zum größten Teil schriftlich in Satzungen, Geschäftsordnungen und Geschäftsverteilungsplänen festgelegt.

1.2.1 Ressortierung im Vorstand

Soweit eine Ressortierung vorgenommen wird, erfolgt diese in der überwiegenden Mehrzahl aller deutschen Aktiengesellschaften *eindimensional* nach *Funktionen*. Einige Vorstände weisen eine matrix- und noch weniger eine tensorhafte Struktur auf. Zweidimensional strukturierte Vorstände verwenden als Gliederungskriterien Funktionen und Objekte, aber auch Gliederungen nach Regionen und Objekten, sowie nach Funktionen und Regionen sind gebräuchlich (vgl. Bleicher/Paul, Verfassungen, 157 ff.).

Mehrdimensionale Vorstands-Gliederungen sind im Vordringen

Bei Aktiengesellschaften, die dem Verrichtungsprinzip der Zuständigkeit für bestimmte Funktionen folgen – wie Forschung, Beschaffung, Produktion, Absatz und Verwaltung in unterschiedlichster Kombination – scheint sich eine zunehmende Modifikation abzuzeichnen. Die vermehrte Erweiterung der Produktprogramme und die internationale Expansion haben insbesondere größere Aktiengesellschaften veranlaßt, auch im Vorstand Zuständigkeiten für Objekt- und Regionalbereiche zu institutionalisieren, ohne damit die aktienrechtliche Gesamtverantwortung des Vorstandes für die Führung einer Unternehmung aufzuheben.

Damit entstehen *mehrdimensionale Vorstandsstrukturen* – entweder zweidimensional in Form einer Matrix- oder dreidimensional in Form einer Tensororganisation. In beiden Fällen kann die Mehrdimensionalität dadurch hergestellt werden, daß für jedes Ressort unterschiedlicher Dimensionen ein Vorstandsmitglied zuständig ist, oder aber durch die Übertragung von Zuständigkeiten aus mehreren Dimensionen jeweils an ein Vorstandsmitglied (beispielsweise die Übernahme der Führung für eine Funktion, wie Absatz, neben einem Geschäftsbereich, wie Konsumartikel, und einer Region, wie Nordamerika, zugleich).

Erweist sich die Gesamtverantwortung des Vorstandes bei der in Deutschland üblichen Ressortierung als Fiktion?

Als der Gesetzgeber die dualistische Führungsspitze für die deutsche Aktiengesellschaft schuf, ging er sicherlich vom Prinzip der Einheit der Willensbildung in der Führung des Vorstandes bei weit geringerer Komplexität der Bewältigung der Führungsaufgaben aus als dies heute selbst in mittleren Unternehmungen zuweilen der Fall ist. In Ablösung vom Führerprinzip der dreißiger Jahre glaubte man der schnell wachsenden Komplexität und der sich rasch steigernden Dynamik gesellschaftlicher und wirtschaftlicher Verhältnisse durch das Prinzip der Multipersonalität im Vorstand entsprechen zu können. Organisationen verarbeiten jedoch eine wachsende Komplexität und Dynamik regelmäßig durch Herunterbrechen auf ein durch Menschen perzeptibles und verarbeitbares Maß über Arbeitsteilung und Spezialisierung.

Dies gilt auch für einen multipersonalen Vorstand, der eine Lösung seiner Probleme in der Ressortierung findet. Damit gewinnt der *Führungsspezialist* – der erfolgreiche Einkaufs- oder Verkaufsmanager, der begabte Entwicklungschef -, oder weniger speziell der Leiter einer Sparte oder Region eine besondere Stellung im Kollegium. Er sieht sich in der Beurteilung der Argumente seiner Vorstands-Kollegen nicht selten – obwohl er durch seine jahrelange intensive Praxis mehr vom Geschäft versteht – vor eine gleiche Situation gestellt wie ein externes Aufsichtsrats-Mitglied: Er kann lediglich aus seiner Sicht Prämissen in Frage stellen, die Plausibilität der Argumentation seiner Kollegen prüfen und muß sich schließlich im Vertrauen auf deren fachliche Kompetenz ihrer Argumentation beugen. Eine derartige Praxis stellt aber grundsätzlich das Spiegelbild zur Einheit der Willensbildung im Vorstand, nämlich die gemeinsame Verantwortung in Frage: Wird nicht letztlich bei gravierenden negativen Umständen die *Verantwortlichkeit* doch wieder bei der „zuständigen" Einzelperson festgemacht? – Fragen, die sich im Rahmen kollegialer Spitzenführung nicht vermeiden lassen.

1.2.2 Anbindung der nächsten Führungsebene

Die verteilungsmäßige Verknüpfung des Spitzenorgans „Vorstand" mit den nachgeordneten organisatorischen Einheiten zeigt eine Reihe von Gestaltungstypen, die für deutsche Aktiengesellschaften typisch sind. Vier Verkoppelungsformen von Spitzenorgan und nachgeordneter Führungsebene lassen sich unterscheiden.

1. Das *Spitzenorgan löst sich völlig von der nachgeordneten Abteilungsgliederung,* es tritt ihr gegenüber *gesamthaft ohne Ressortierung* auf (*Ressortloses Spitzenorgan*) (vgl. Abb. C 6).

2. Das Spitzenorgan ist von der nachgeordneten Führungsebene gelöst, seine Ressortierung führt aber dazu, daß einzelne Mitglieder des Spitzenorgans bei einem einheitlichen Auftreten der Willensbildung nach unten als spezialisierte Ansprechpartner für die nachgeordneten Organisationseinheiten fungieren (*Ansprechpartnerprinzip;* vgl. Abb. C 7).

Dieser Fall stellt keine besonderen Verteilungsbeziehungen heraus, sondern wird zur *Erleichterung der Arbeitsbeziehungen* zwischen den beiden Führungsebenen in der Organisationspraxis verwendet.

Eine weitere Modifikation eines ressortierten Spitzenorgans mit Direktverkehr zur nächsten Ebene ergibt sich im Hinblick auf die Integration der nachgeordneten ressortspezifischen Einheiten:

- *Reines „Doppeldeckerprinzip"*: Zur Abhebung der geschäftspolitischen Verantwortung von der Führung des operationellen Geschäftes weist das Spitzenorgan in einzel-

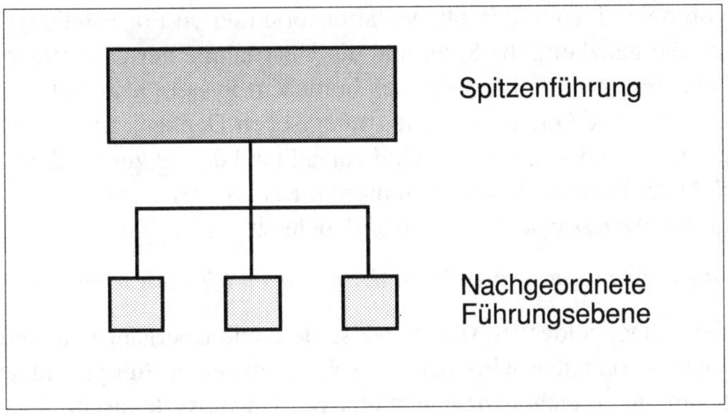

Abb. C 6: Ressortloses Spitzenorgan

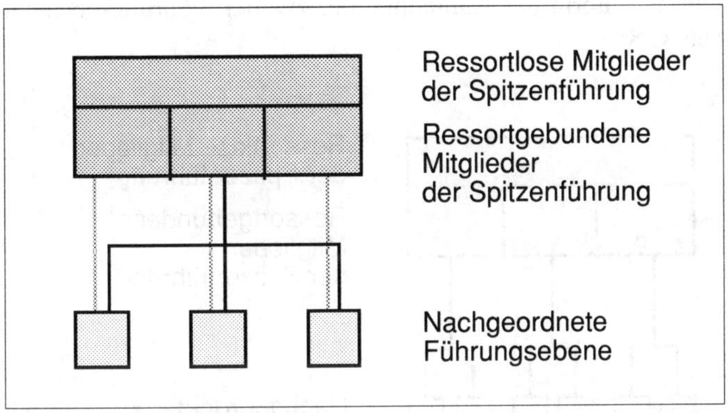

Abb. C 7: Ansprechpartner-Prinzip

nen Ressorts eine mit der nachgeordneten Abteilungsgliederung formal deckungsgleiche Aufgabenverteilung aus. Z.B. steht einem Ressort „Landwirtschaftliche Erzeugnisse" auf der nächsten Führungsebene ein Spartenleiter für dasselbe Aufgabengebiet zur Verfügung; einem Ressort „Vertrieb" steht auf der nächsten Ebene ein Vertriebsdirektor gegenüber.

- *Modifiziertes „Doppeldeckerprinzip"*: Das Spitzenorgan bündelt in einem Ressort mehrere unterstellte Abteilungen. Zum Beispiel „unterstehen" dem Ressort „Landwirtschaftliche Erzeugnisse„ die Spartenleiter „Düngemittel" und „Pflanzenschutz" oder dem Ressort „Vertrieb" die Spartenleiter „Marketing" und „Verkauf".

Der Vorteil des *„Doppeldeckerprinzips"* besteht darin, daß sich der Vorstand in diesem System stärker auf unternehmungspolitische und strategische Fragen konzentrieren kann, indem er sich von operativen und implementationsorientierten Fragestellungen entlastet. Damit wird auch die ganzheitliche Sicht und die Übernahme der Gesamtverantwortung im Vorstand erleichtert. Nachteilig wirkt sich in diesem System jedoch die damit häufig einhergehende, wachsende Operationsferne strategischen Denkens aus, die insbesondere dann erkennbar wird, wenn sich der Vorstand zunehmend darauf zurückzieht, die Grundsätze der Politik bestimmen zu wollen. Um diesem Risiko vorzubeugen, wird in der Praxis eher das *„modifizierte Doppeldeckerprinzip"* benutzt.

3. *Das Spitzenorgan ist organisatorisch mit der nächsten Führungsebene verzahnt.*

   Das modifizierte „Doppeldeckerprinzip" weist gleitende Übergänge zu dieser Struktur auf, da dort bereits erkennbar wird, daß die Spitzen einzelner Subsystemhierarchien in das Spitzenorgan hineinreichen; denn erst hier werden subsystemische Aspekte in sich harmonisierbar. Kennzeichnend für diese Gestaltungsform wird nunmehr die direkte Unterstellung einzelner Abteilungsleiter nicht unter das Gesamtspitzenorgan, sondern unter einzelne Mitglieder dieses Organs. Bei diesem Prinzip handelt es sich um die in der Praxis häufigste Form der Anbindung der zweiten Führungsebene an den Vorstand (vgl. Abb. C 8).

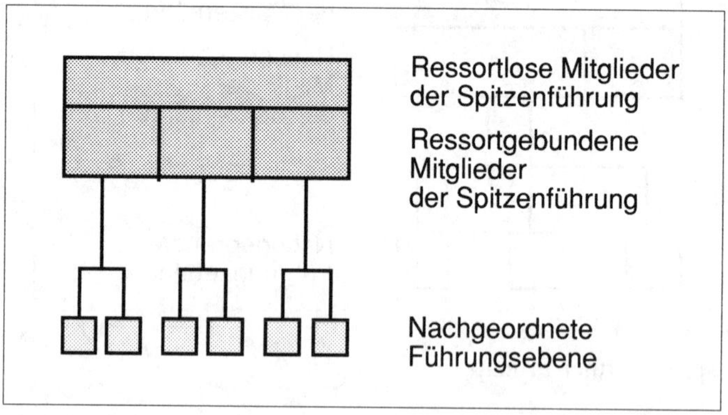

Abb. C 8: Organisatorische Verknüpfung von Spitzenorgan und nachgeordneter Führungsebene

Hier ist der Vorstand gezwungen, eine auch aus dem Operativen heraus erwachsende Integration und Koordination der nachfolgenden Ebene zu vollziehen. Ein derartiger „geschäftsnäherer" Vorstand, steht jedoch stärker in der Gefahr, sich aus der Gesamtverantwortung des Vorstandes zu lösen, weil eine intensivere Auseinandersetzung mit den Fragen seines Ressorts auch über detailliertere Konfliktlösungen die Wahrscheinlichkeit erhöht, daß er sich mehr mit den Interessen seines Ressorts als mit den Gesamtinteressen der Unternehmung identifiziert. Hinzu kommt für die nächste Ebene, daß beim modifizierten „Doppeldeckerprinzip" die Tendenz einer Einengung der Autonomie der nächsten Führungsebene mit der Gefahr einer Beeinträchtigung der Motivation ihrer Vertreter besteht.

Zunehmend wird für diese Organisationsform das Argument der *individuellen Verantwortungszumessung,* die hier erleichtert ist, vorgebracht. Es überrascht nicht, daß dies vor allem von Vorstands-Vorsitzenden vorgebracht wird, die sich eine besondere Position innerhalb des Vorstandes – in Richtung auf das amerikanische CEO-Prinzip – erarbeitet haben. In einer derartigen Konstellation und unter Beachtung der Tatsache, daß sich Unterstellung und Verkehr bei organisierter Verzahnung des Spitzenorgans mit der nachgelagerten Führungsebene direkt ressortgebunden abwickeln, ist nochmals die Frage aufzuwerfen, inwieweit hier die Gesamtverantwortung des Spitzenorgans zu einer Fiktion wird. Weiter ist im Hinblick auf das Postulat der Ganzheitlichkeit der Unternehmungsführung die kritische Frage zu stellen, ob die Tendenz zur Durchsetzung von Ressortegoismen zu Lasten einer Gesamtschau der Unternehmungspolitik im Spitzenorgan geht. Diese Form bietet aber auch die prinzipielle Möglichkeit einer Verletzung des *Kongruenzpostulates* von Aufgabe, Kompetenz und Verantwortung: Aufgaben und Kompetenzen werden ressortspezifisch geregelt, während die aktienrechtliche Verantwortung ressortübergreifend verbleibt.

4. *Das Spitzenorgan ist über Personen mit der nächsten Ebene verzahnt*.

Die Mitglieder des Spitzenorgans fungieren als „integrative links" *zugleich* als Abteilungsleiter der nächsten Ebene, und gewinnen durch ein System der Personalunion eine Multisystemposition. Dieses System läßt sich immer auch als personelle Verzahnung interpretieren. Hier stellt sich die Frage, inwieweit sich die Übernahme einer ressortspezifischen Führungsverantwortung *und* einer ressortübergreifenden Vorstands-Verantwortung (*„Zwei-Hüte-Prinzip"*) miteinander vereinbaren und im Konfliktfall auseinanderdividieren lassen. Diese Regelungsvariante einer personellen Verzahnung von Vorstand und nachgelagerter Führungsebene ist jedoch in der Praxis relativ selten.

Kann sich der Vorstand vom operativen Geschäft auf strategische Fragen zurückziehen?

Die Frage, inwieweit sich ein Vorstand im Delegationsverhältnis zur nächsten Führungsebene auf allgemeine unternehmungspolitische Grundsatzfragen und strategische Überlegungen zurückziehen kann, ist nicht nur eine Frage der Unternehmungsgröße und der gewählten Organisationsform, sondern vor allem auch eine Frage der Einstellung zur eigenen Führungsaufgabe, die letztlich weitgehend durch die spezifische Unternehmungskultur geprägt ist. Es ergeben sich hier insbesondere bei größeren Unternehmungen, die eine größere Spannweite an Wahlmöglichkeiten besitzen, erhebliche, teils völlig konträre Einstellungen, die zwischen einem direkten Eingreifen eines „Hands-on Managements" in das operative Tagesgeschäft und einem Zurückziehen des Vorstands auf unternehmungspolitische Grundsatzfragen liegen. Einstellungen hierzu variieren nicht nur von Unternehmung zu Unternehmung, sondern auch von Ressort zu Ressort, wobei weder branchen- noch ressorttypische Präferenzen erkennbar sind.

In Unternehmungen, die trotz zunehmender Größe und Heterogenität der Produkte nur in gewissen Grenzen von einer verrichtungsorientierten funktionalen zu einer Objektorganisation übergehen können, besteht die Gefahr, daß zu viele Probleme auf den Vorstand im operativen Tagesgeschäft zulaufen. Dieser sog. *„Kamineffekt" der funktionalen Organisation* (vgl. Bleicher, Entwicklungstendenzen, 87) ist auf die mangelnde ganzheitliche unternehmerische Sicht zurückzuführen, die sich durch die Koppelung von organisatorischem Differenzierungsmuster und professioneller Spezialisierung der Führungskräfte ergibt. Der Delegationsgrad gegenüber der nächsten Ebene bleibt dabei weitgehend von situativen Einflüssen abhängig. Zudem kann vermutet werden, daß bei Vorliegen einer Verrichtungsorganisation die Neigung des Vorstands, in Krisensituationen in operative Fragen einzugreifen, höher als bei einer Spartenorganisation einzustufen ist.

2. Verfahren und Strukturen der Vorstands-Arbeit

2.1 Verfahren im Vorstand

2.1.1 Frequenz und Dauer der Vorstands-Sitzungen

Im Vergleich zur Vorstands-Größe, die in relativ vielen Studien untersucht wird, ist die Anzahl und Dauer von Vorstands-Sitzungen erheblich seltener empirisch erfaßt worden. Trenkle ermittelte eine *erhebliche Streuung bei der Zahl Vorstands-Sitzungen je Jahr*, die von dem Extremfall monatlicher Sitzungen bis zu täglichen Zusammenkünften reicht (vgl. Trenkle, Vorstandsentscheidung, 103). Das am häufigsten vorgefundene Sitzungsintervall beträgt bei ihm eine Woche.

Häufigkeit und Dauer der Vorstandssitzungen wurden auch in der Studie der Verfasser ermittelt (vgl. Bleicher/Paul, Verfassungen, 185 ff.). Dabei interessierten lediglich Sitzungen des Gesamtvorstands einschließlich stellvertretender Vorstands-Mitglieder. Die Fragen bezogen sich nicht auf informelle Beratungen, Telefonate oder Vorkonferenzen, sondern ausschließlich auf formell angesetzte oder zumindest diesen gleichrangige Sitzungen. Die Befragung ergab, daß sich die Hälfte der Vorstände 1 bis 2 mal monatlich trifft. Der Anteil der wöchentlichen Sitzungen mit Routinecharakter liegt nur wenig darunter. Als Schwerpunkt der Dauer von Vorstands-Sitzungen wurden ca. 4-5 Stunden je Sitzung ermittelt. Je häufiger Sitzungen stattfinden, desto kürzer ist im allgemeinen die durchschnittliche Sitzungsdauer je Sitzung. Über die Routinesitzungen hinaus gibt es in der Regel Sondersitzungen, in denen spezifische Problemstellungen diskutiert werden.

2.1.2 Vorlagen an den Vorstand und Abstimmungsmodalitäten

Hinsichtlich der Arbeitsweise des Vorstands haben sich bestimmte Tendenzen herausgebildet (vgl. Bleicher/Paul, Verfassung, 191 ff.):

(1) Vorstands-Sitzungen werden vom Vorsitzenden des Vorstands einberufen. Auf Verlangen eines Vorstands-Mitglieds ist der Vorsitzende des Vorstands zur Einberufung einer Vorstands-Sitzung verpflichtet.

(2) Der Vorsitzende des Vorstands leitet die Vorstands-Sitzungen. In Fragen von grundsätzlicher Bedeutung und von besonderer Tragweite soll auch die Auffassung abwesender Vorstands-Mitglieder schriftlich oder fernmündlich eingeholt werden.

Hinsichtlich der Beschlußfassung gelangt man zu folgendem Ergebnis (vgl. Bleicher/Paul, Verfassung, 191 ff.):

(1) Der Vorstand trifft seine Entscheidungen nach vorheriger gemeinsamer Aussprache. Er kann seine Entscheidungen auch im Umlaufweg treffen, wenn kein Vorstands-Mitglied widerspricht.

(2) Beschlüsse des Vorstands werden mit Stimmenmehrheit gefaßt. Bei Stimmengleichheit gibt die Stimme des Vorsitzenden den Ausschlag.

(3) Die Art der Abstimmung bestimmt der Sitzungsleiter.

(4) Die Beschlüsse des Vorstands sind in eine Niederschrift aufzunehmen, die von den Sitzungsteilnehmern unterzeichnet und allen Mitgliedern des Vorstands zugeleitet wird.

Vorlagen an den Vorstand folgen kaum einheitlichen Kriterien

Vorlagen an den Vorstand werden überwiegend nicht nach einheitlichen Kriterien, sondern spezifisch in bezug auf den jeweiligen Problemtatbestand behandelt. In vielen Unternehmungen werden Vorlagen grundsätzlich von einem Vorstands-Mitglied vorbereitet und vorgelegt. Ausschüsse, Stäbe und nachgelagerte Ebenen sind nur in Ausnahmefällen berechtigt, eine Vorlage an den Vorstand zu erarbeiten und vorzulegen.

In den meisten Fällen übernimmt ein Vorstands-Mitglied die Vorlage für Vorstands-Entscheidungen, wobei sein eigener Mitarbeiterstab, mit dem er ständig eng zusammenarbeitet, die Problemkreise bearbeitet und ihm die Vorlage zur Entscheidung vorbereitet. Ausschüsse übernehmen nur relativ selten diese Aufgabe; häufiger ist es ein Stab und noch häufiger die nachgelagerte Ebene, die Vorstands-Vorlagen erarbeitet.

Betrachtet man die Vorstands-Vorlagen im Hinblick auf *typische Entscheidungstatbestände*, so zeigen sich in der Tendenz folgende Ergebnisse (vgl. Bleicher/Paul, Verfassung, 192 f.):

- Die *nachgelagerte Ebene* bereitet nur untergeordnete – ihren Aufgabenbereich betreffende – Entscheidungen vor.
- Der Stab analysiert komplexe Tatbestände.
- Ein *Ausschuß* bereitet ebenfalls komplexe Tatbestände vor, die eine unternehmerische Gesamtsicht erfordern.

– Ein *Vorstands-Mitglied* bereitet zustimmungspflichtige Geschäfte, wesentliche Tatbestände und durch die Geschäftsordnung vorstandsbedürftige Geschäfte vor.

Konsens durch Einstimmigkeit wird in Vorstands-Sitzungen angestrebt

Trenkle kommt zu dem Ergebnis, daß in zwei Drittel der Vorstände grundsätzlich, bei fast allen übrigen häufig einstimmige Beschlüsse gefaßt werden (vgl. Trenkle, Vorstandsentscheidungen, 107). Nur ein einziges Vorstands-Mitglied gab an, daß in seiner Unternehmung Vorstands-Beschlüsse nur gelegentlich einstimmig erfolgen, daß also häufig ein Dissens im Vorstand unaufgelöst bleibt. Diese Befunde zeigen, daß innerhalb der Vorstände ein Trend besteht, nach innen und außen hin *Einigkeit* zu demonstrieren, um damit den Vorstands-Entscheidungen ein stärkeres Gewicht beizulegen. Die Tatsache, daß bei Trenkle die Antwort „Vorstandsbeschlüsse werden nie einstimmig abgestimmt" überhaupt nicht vorkommt, bedeutet, daß in den untersuchten Vorständen grundsätzlich eine Tendenz zum *Konsens bzw. Kompromiß* vorhanden ist. Noch deutlicher kommt dieses Ergebnis in der Studie von Bleicher/Paul zum Ausdruck. Hier erklären fast drei Viertel der Befragten, daß Entscheidungen immer einstimmig gefällt werden (vgl. Bleicher/Paul, Verfassungen, 194 f.).

Ganz allgemein entsteht der Eindruck, daß bei allen kritischen Fragen, die die Zukunftsgestaltung und -sicherung der Unternehmung betreffen, ein intensives Bemühen einsetzt, zu Beschlüssen zu gelangen, die von allen Vorstands-Mitgliedern getragen werden. Einstimmigkeit wird insbesondere bei strategischen Fragen (z.B. Investitionen) zu erreichen gesucht. Allgemeine Fragen der Unternehmungspolitik und langfristige Entscheidungen werden vom gesamten Vorstand getragen. Damit wird die Tendenz gestützt, wesentliche Entscheidungen zur Unternehmungsentwicklung mit Einstimmigkeit zu verabschieden. Dann jedoch, wenn es um weniger bedeutsame Fragen abgrenzbaren Zuschnitts geht, wird aus Zeitgründen doch einmal die „Axt" einer Abstimmung „geschwungen", um den eingeleiteten Diskurs nicht ins Unendliche fortführen zu müssen. Mehr untergeordnete Fragen (z.B. Presseverlautbarungen), aber auch Fragen aus bestimmten Bereichen (Organisation) tendieren zu mehrstimmigen Lösungen.

Formale Abstimmungsmodalitäten sind zumeist als „Sicherheitsnetz" für Konfliktlösungen vorhanden, falls der Konsensmechanismus versagen sollte. Derartige Modalitäten sind vor allem in der Zweitstimme des Vorstands-Vorsitzenden und der Ressortkollegialität, die dem jeweils zuständigen Ressortvertreter in praxi die entscheidende Stimme zukommen läßt, zu sehen. Der angestrebte und häufig auch erzielte Konsens macht die Aktivierung derartiger Modalitäten allerdings nur vereinzelt notwendig.

Das Kollegialprinzip als typische Arbeitsform des Vorstands

Die Regelung des bundesdeutschen Aktiengesetzes sieht eine kollegiale Führungs-Spitze vor, d.h. daß sämtliche Vorstands-Mitglieder nur gemeinschaftlich zur Geschäftsführung befugt sind (Vgl. § 77 I S. 1 AktG). Alle Vorstands-Mitglieder müssen also den einzelnen Führungsmaßnahmen zustimmen, jedes einzelne kann den Anordnungen eines anderen widersprechen und sie wieder aufheben; bei Meinungsverschiedenheiten ist daher immer, wenn es zur Beschlußfassung des Gesamtvorstands kommt, Einstimmigkeit herzustellen (vgl. Godin/Wilhelmi, Aktiengesetz, § 77 Anm. 2). Allerdings können Satzung oder Geschäftsordnung des Vorstands davon Abweichendes bestimmen (§ 77 I S. 2 AktG). Da grundsätzlich nicht ein oder mehrere Vorstands-Mitglieder bei Meinungsverschiedenheiten im Vorstand gegen die Mehrheit der Mitglieder entscheiden dürfen (§ 77 I S. 2 AktG), kann festgelegt werden, daß für die Beschlußfassung im Vorstand die Mehrheit der Stimmen seiner Mitglieder ausreichend ist. Voraussetzung für die Beschlußfassung wird somit eine Abstimmung, weshalb diese Form der kollegialen Führung auch als *Abstimmungskollegialität* bezeichnet wird (vgl. Arbeitskreis Dr. Krähe, Organisation der Geschäftsführung, 62).

Deutsche Vorstände haben sich an das Kollegialprinzip gewöhnt

Im Vergleich zum Direktorialprinzip besitzt das Kollegialprinzip größere Möglichkeiten zur *Selbstkontrolle*. Entscheidungen können in stärkerem Maße arbeitsteilig bewältigt werden. Die Spezialisierung einzelner Vorstands-Mitglieder kann dazu führen, daß eine größere Informationsmenge in die Beschlußfassung einbezogen wird. Darüber hinaus wird gelegentlich behauptet, daß Entscheidungen von Pluralinstanzen Individualentscheidungen qualitativ überlegen seien (vgl. hierzu die Diskussion bei Deppe, Willensbildung, 11).

Nachteilig kann sich dagegen auswirken, daß die Entscheidungsfindung verzögert und es schwieriger wird, die Verantwortlichkeit für die einzelnen Entscheidungen innerhalb des Vorstands zu identifizieren (vgl. Stratoudakis, Organisation der Unternehmensführung, 99). Wenn den Vorstands-Mitgliedern neben ihrer Vorstands-Funktion noch die Leitung einzelner Ressorts übertragen wird, besteht die Gefahr, daß Rivalitäten der Ressorts und deren Leiter im Rahmen des Vorstands ausgetragen werden und damit die eigentliche Aufgabe des Vorstands, seine Entscheidungen am Wohl der Gesamtunternehmung auszurichten, überlagern.

2.2 Strukturen im Vorstand

2.2.1 Größe des Vorstandes

Fast alle Aktiengesellschaften verfügen über einen mindestens zweiköpfigen Vorstand. Die durchschnittliche Größe liegt bei *fünf Mitgliedern*, weist jedoch eine erhebliche Streuung auf. Die durchschnittliche Größe des Vorstands hat in den letzten Jahren eine geringe Zunahme erfahren. Die meisten Vorstände haben ihre Personalzahl nicht verändert; demgegenüber hat sich zu fast gleichen Anteilen die Größe reduziert oder erhöht (vgl. Bleicher/Paul, Verfassung, 163 ff.).

Die Reduzierung der Größe von Vorständen scheint sich durchzusetzen

Einer *Reduzierung* der Anzahl der Vorstands-Mitglieder liegt in der Regel eine Neuordnung dieses Gremiums zugrunde. Sie wird häufig durch das Ausscheiden eines Vorstands-Mitglieds ausgelöst, dessen Ressort nicht wiederbesetzt wird. Daneben treten Reduzierungen über Rationalisierungsmaßnahmen durch Delegation auf die nachgelagerte Ebene. Eine *Zunahme* der Vorstands-Größe wird häufig mit einer Expansion (Internationalisierung, Diversifikation, Umsatzsteigerung) der Aktiengesellschaft begründet. Unternehmungsübernahmen und Fusionen sind ein weiterer wesentlicher Anlaß für eine Erweiterung des Vorstands. Auch hat die Mitbestimmung (Arbeitsdirektor) tendenziell zu einer Erweiterung des Vorstands geführt.

Selbst große, hoch-komplexe Unternehmungen streben heute eine Größenreduzierung ihres Vorstands an, um den gewachsenen Anforderungen an eine schlagkräftige Führung, die nicht von Ressortinteressen geprägt ist, besser entsprechen zu können. Die Zahl der größeren Unternehmungen, die den Übergang zum Holding-Konzept prüfen, das auf jeder Stufe zu einer Verdichtung der Führungsgruppe führen kann, scheint zugenommen zu haben.

2.2.2 Zusammensetzung des Vorstandes

Poensgen hat in einer Untersuchung, mit Daten aus den Jahren 1961 bis 1975, dargestellt, wie bei Vorstands-Mitgliedern von Aktiengesellschaften des verarbeitenden Gewerbes Berufungsalter, Fachrichtung und Ausbildungsstand miteinander verknüpft sind, und wie diese ihrerseits von der Größe der Unternehmung, der Industriezugehörigkeit und anderen situativen Faktoren abhängen (vgl. Poensgen, Der Weg in den Vorstand). Die Untersuchungsbasis bestand aus sämtlichen Aktiengesellschaften in 15 von 31 Wirtschaftszweigen des verarbeitenden Gewerbes. Weiterhin bezog sich diese Untersuchung auf die Größe der Vorstände, die Fluktuation im Vorstand und ihre Ursachen sowie die Amtszeiten der Vorstands-Mitglieder (vgl. Poensgen, Fluktuation).

Mit 46 Jahren ist man vorstandsreif

Bezüglich des *Berufungsalters* von Vorstands-Mitgliedern konnte im Betrachtungszeitraum von 1961-1975 festgestellt werden, daß eine Erstberufung im Durchschnitt mit 46 Jahren erfolgt. Unter Berücksichtigung der notwendigen Erfahrung, die der zu Berufende mitbringen muß, wie beispielsweise

- unternehmungsspezifische Kenntnisse (Personen, Leitungsstruktur, Arbeitsabläufe, strategisches Verhalten usw.),
- Wissen über die Handlungsspielräume von Unternehmungen,
- Identifikation mit der Unternehmung und Umsetzung von Unternehmungszielen

wurden in der Poensgen-Untersuchung verschiedene situative Einflußfaktoren auf die Unternehmung einbezogen.

Dabei zeigte sich, daß mit der *Größe* der Unternehmung auch das Berufungsalter deutlich ansteigt. Einflüsse des jeweiligen *Wirtschaftszweigs* kamen z. B. darin zum Vorschein, daß in jungen oder forschungs- und entwicklungsintensiven Industrien das Management im Durchschnitt jünger ist. Die *Eigentumsverhältnisse* der untersuchten Unternehmungen wirkten sich auf die Berufung eines Vorstands-Mitglieds insofern aus, als man tendenziell von einer frühzeitigeren Entscheidung zur Berufung in eigentümerkontrollierten Unternehmungen sprechen kann.

Akademiker haben sich in den Vorständen durchgesetzt

Das *Ausbildungsniveau* der Vorstands-Mitglieder korreliert neben der Größe einer Unternehmung mit der technischen Dynamik (Wissenschaftsbasiertheit). Dabei beträgt der Akademikeranteil im Vorstand durchschnittlich 50%, stellenweise bis zu 80%. Promovierte haben eine siebenmal höhere Chance als nichtpromovierte Akademiker, in den Vorstand berufen zu werden.

Bei den Zahlen der Vorstands-Mitglieder in einzelnen *Fachrichtungen* ergibt sich, daß im Vorstand zumindest ein betriebs- bzw. volkswirtschaftlich ausgebildetes Mitglied zu finden ist, eine Zahl, die mit zunehmender Unternehmungsgröße ansteigt. Eine ähnliche Tendenz zeigt sich im Hinblick auf juristisch vorgebildete Vorstands-Mitglieder. Ingenieure sind in der Regel stärker repräsentiert.

Beobachtungen im Zeitablauf haben deutlich gemacht, daß der Anteil der Juristen, Wirtschaftswissenschaftler und Techniker relativ konstant bleibt. Einschränkend ist zu vermerken, daß die Relationen gelegentlich starken branchenspezifischen Schwankungen unterworfen sind.

„Einmal Vorstand – immer Vorstand" gehört der Vergangenheit an

Poensgens Untersuchung zu den Teilaspekten 'Alter' und 'Amtszeit' der Vorstands-Mitglieder legt die Vermutung nahe,

„... daß die Verschärfung des Wettbewerbsklimas zunächst dazu führte, daß Vorstandsmitglieder, die man früher bis 65 Jahre amtieren ließ, jetzt früher pensioniert werden, wo dies geboten schien. Dies wird angezeigt durch den Anstieg der mit 55 bis 64 Jahren Ausscheidenden in den Jahren bis 1968. In den Jahren 1970 und folgende wurde das Wort 'einmal Vorstand – immer Vorstand' außer Kraft gesetzt – die Verträge auch offensichtlich nicht pensionsreifer Vorstandsmitglieder wurden nicht verlängert. Und/oder der Wechsel nahm zu..." (Poensgen, Fluktuation, 179 f.).

Das Durchschnittsalter amtierender Vorstände wird von Poensgen mit 53,5 Jahren angegeben. Er weist weiter darauf hin, daß bei steigender Unternehmungsgröße seltener Vorstände bis jenseits des 65. Lebensjahres amtieren und sie andererseits auch seltener vor dem 55. Lebensjahr ausscheiden.

Nur der Vorstands-Vorsitzende hat eine Chance in den Aufsichtsrat überzuwechseln

Im weiteren *Karriereverlauf* ausgeschiedener Vorstands-Mitglieder wird deutlich, daß nur wenige der einfachen Vorstands-Mitglieder einen Sitz im Aufsichtsrat ihrer früheren

Unternehmung erhalten. Ehemalige Vorstands-Vorsitzende hingegen sind an der Sitzvergabe im Aufsichtsrat ihrer früheren Unternehmung beteiligt, wobei bei kleinen Unternehmungen die Quote sinkt und in großen Unternehmungen ansteigt.

2.2.3 Ausschüsse des Vorstandes

Nur eine Minderheit von Vorständen ist ausschußfreudig, die Mehrheit besitzt keinerlei Vorstandsausschüsse. Werden jedoch Ausschüsse gebildet, schwankt ihre Zahl normalerweise zwischen zwei und vier; sie kann in Extremfällen allerdings sogar zehn erreichen. Die Ausgliederung von Vorstandsausschüssen ist nur bei großen Vorständen üblich. In den Ausschuß werden dann typischerweise auch Angehörige von Zentralabteilungen und Stäben einbezogen. Vorstandsausschüsse sind aufbauorganisatorisch vorwiegend an den Gesamtvorstand und nicht an einzelne Vorstandsmitglieder angebunden. Ausschüsse des Vorstands können insbesondere bei größeren Unternehmungen durch ihre vorbereitenden Arbeiten Vorstandssitzungen selbst wesentlich zeiteffizienter gestalten helfen. Sie tagen im Schnitt monatlich bis vierteljährlich. Folgende Arten von Vorstandsausschüssen finden sich am häufigsten (vgl. Bleicher/Paul, Verfassung, 202 ff.):

Ausschuß für

- Allgemeine Information und Koordination
- Strategische Aufgaben
- Planung, Steuerung, Kontrolle
- Investitionen
- Forschung und Entwicklung/Technik
- Produktion.

V. Die Integration von Aufsichtsrat und Vorstand

Die durch *Verteilungsbeziehungen* getrennten Aktivitäten von Aufsichtsrat und Vorstand müssen durch die Gestaltung von *Arbeitsbeziehungen* zwischen beiden Organen zusammengefügt werden, da das deutsche System gegenüber dem amerikanischen und schweizerischen Modell keine direkte personelle Verbindung (Chairman/CEO als Board-Mitglied, Delegierter des Verwaltungsrats) zwischen beiden Organen hergestellt hat. Die

Zusammenarbeit von Vorstand und Aufsichtsrat zeichnet sich im nachfolgend dargestellten Beispiel eines Ausschnitts aus einer Geschäftsordnung ab:

„§ 7 Teilnahme des Vorstands

(1) An den Sitzungen des Aufsichtsrats nehmen die Mitglieder des Vorstands teil, wenn und soweit der Vorsitzende des Aufsichtsrats im Einzelfall keine abweichende Anordnung trifft. An den Sitzungen des gemäß § 5 dieser Geschäftsordnung gebildeten Ausschusses nimmt stets lediglich der Vorsitzende des Vorstandes oder sein von ihm benannter Vertreter teil.

(2) Der Vorstand hat den Aufsichtsrat – in der Regel durch den Vorstandsvorsitzenden – gewissenhaft zu unterrichten."

1. Arbeitsbeziehungen zwischen Aufsichtsrat und Vorstand

Die *Verknüpfung der Arbeitsbeziehungen von Spitzenorganen* bei einem Trennungsmodell – also die Zusammenarbeit zwischen *Aufsichtsrat und Vorstand* im Rahmen der aktienrechtlichen Regelung – erfolgt durch spezifische Zusammenarbeitsformen.

Der Aufsichtsrat tritt dem Vorstand gesamthaft gegenüber

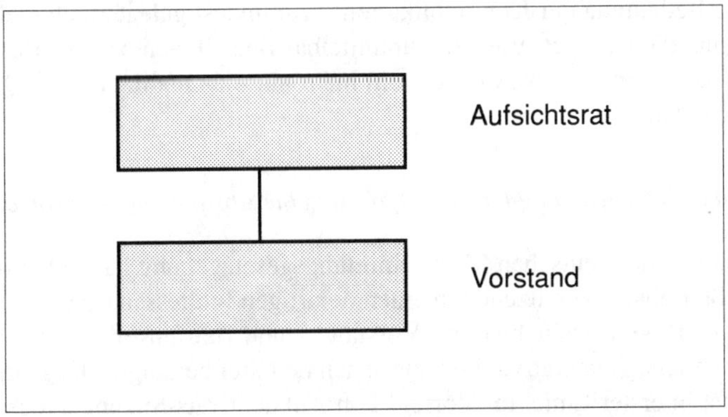

Abb. C 9: Gesamthafte Beziehung von Aufsichtsrat und Vorstand

Die offiziellen Kontakte zwischen Vorstand und Aufsichtsrat sind im Aktiengesetz unscharf geregelt. Ein gesetzliches Teilnahmerecht des Vorstands an den Sitzungen des Aufsichtsrats gibt es nicht. § 109 Abs. 1 AktG erlaubt aber dem Aufsichtsrats-Vorsitzenden, die Vorstands-Mitglieder auch ohne besonderen Anlaß an der Sitzung teilnehmen zu lassen. Im übrigen müssen die Vorstandsmitglieder ihrer gesetzlichen Pflicht zur Unterrichtung des Aufsichtsrats entsprechen (§ 90 AktG). Die Geschäftsordnung des Aufsichtsrats oder die Satzung können detailliertere Regelungen zum Teilnahmerecht des Vorstands an Aufsichtsrats-Sitzungen enthalten. Dabei ist es allerdings unzulässig festzulegen, daß die Vorstands-Mitglieder an allen Sitzungen teilnehmen müssen, ohne daß eine Ausschlußmöglichkeit seitens des Aufsichtsrats besteht, weil dann dessen Überwachungsauftrag der Geschäftsführung gegenüber unterlaufen würde (vgl. hierzu Mertens, Kölner Kommentar zum Aktiengesetz, § 109 Anm. 10).

Vogel kommt zu dem Resultat, daß in der überwiegenden Zahl der von ihm befragten Aktiengesellschaften die Satzung keinerlei Regelungen zur Teilnahme des Vorstands an den Aufsichtsrats-Sitzungen enthält (vgl. Vogel, Aktienrecht und Aktienwirklichkeit, 244). Solche Regelungen könnten jedoch in der Geschäftsordnung des Aufsichtsrats enthalten sein, die er nicht untersucht. Soweit die Satzungen das Teilnahmerecht regeln, sieht die Hälfte der Satzungen vor, daß der gesamte Aufsichtsrat und nicht etwa nur der Vorsitzende über die Teilnahme des Vorstands oder einzelner seiner Mitglieder an den Aufsichtsrats-Sitzungen bestimmt (vgl. Vogel, Aktienrecht und Aktienwirklichkeit, 245).

Kontakte zwischen dem gesamten Aufsichtsrat und dem gesamten Vorstand sind außerhalb der Aufsichtrats-Sitzungen eher selten

Die Tatsache, daß die *Kontaktfrequenz spürbar nachläßt*, sobald es sich auf beiden Seiten nicht um die jeweiligen Vorsitzenden handelt, sondern auf wenigstens einer Seite andere Vorstands- oder Aufsichtsrats-Mitglieder stehen, weist in die gleiche Richtung. Zugleich legt sie den Schluß nahe, daß hier hierarchische Aspekte eine wesentliche Rolle spielen und die Bedeutung der Kommunikation – zumindest gelegentlich – eher im Formalen als im Inhaltlichen liegt. Viele der unmittelbar Betroffenen befürworten denn auch eine engere Zusammenarbeit, womit sie wohl mehr auf die Qualität als die Quantität der Kooperation abzielen.

Bei jeder zweiten Unternehmung hat sich informal eine Abstimmungs-„Troika" gebildet

Die Besonderheiten der deutschen Mitbestimmungsgesetzgebung haben häufig dazu geführt, daß der Betriebsratsvorsitzende in einen derartigen Interessenausgleich einbezogen wird: Die *„Troika"* von Aufsichtsrats-, Vorstands- und Betriebsratsvorsitzenden bildet dann eine wesentliche „integrative link" zwischen den drei beteiligten Organen. Aufgabe dieser Troika ist in erster Linie, im Vorfeld von Aufsichtsrats-Sitzungen das Feld abzuklären, dies insbesondere bei konfliktträchtigen Angelegenheiten (vgl. Bleicher/Paul, Verfassungen, 223 ff.).

Eine solche Troika ist in etwas mehr als der Hälfte der Unternehmungen vorhanden. Die Häufigkeit der Sitzungen weist allerdings eine sehr hohe Streubreite auf. Branchen- und unternehmungsspezifische Einflüsse, vor allem in Branchen, die sich in schwierigen wirtschaftlichen Verhältnissen befinden, spielen dabei eine wichtige Rolle. Kurzarbeit, Personalabbau und Werksstillegungen sind insbesondere bei Großunternehmungen leichter durchzusetzen, wenn eine Vorabstimmung zwischen Aufsichtsrats-, Vorstands- und Betriebsrats-Vorsitzenden stattfindet. Hat sich eine solche Zusammenarbeit bewährt, ist es durchaus denkbar, daß die Troika auch zur Lösung routinemäßiger Probleme vorgeschaltet wird. Besteht keine „Troika“ im beschriebenen Sinne, so finden sich in der Regel zumindest „Ersatzlösungen“ informeller Kommunikation zwischen einzelnen Vorstands- und Aufsichtsrats-Mitgliedern, wobei festzustellen ist, daß bei nichtmitbestimmten Unternehmungen neben dem Vorstands-Vorsitzenden und dem Aufsichtsrats-Vorsitzenden häufig der stellvertretende Aufsichtsrats-Vorsitzende bzw. Mitglieder des Aufsichtsrats-Präsidiums daran beteiligt sind.

Der Aufsichtsrat tritt dem Vorstand aufgaben- und interessenspezifisch gegenüber

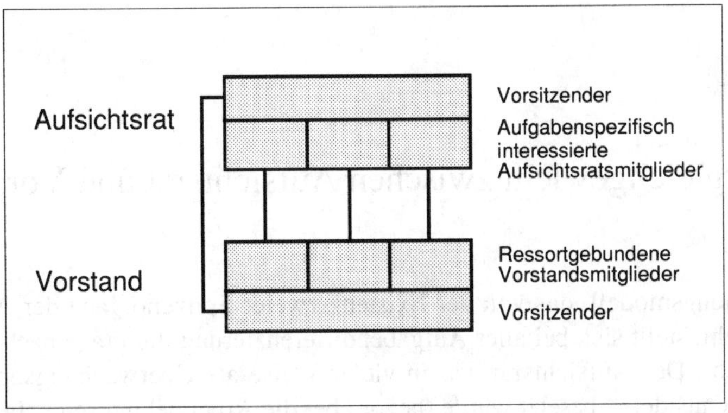

Abb. C 10: Aufgabenspezifische Beziehung von Aufsichtsrat und Vorstand

Eine Spezialisierung von Aufsichtsratsmitgliedern macht Direktkontakte zwischen einzelnen Aufsichtsrats- und Vorstands-Mitgliedern wahrscheinlich

Eine deutliche *aufgabenspezifische Ausdifferenzierung der Interessen von Aufsichtsrats-Mitgliedern* ist bislang kaum diskutiert worden. Eine interessante Fragestellung ergibt sich im Hinblick darauf, ob sich derartige Tendenzen unter den Aspekten

- einer zunehmenden Komplexität der Aufsichtsratsarbeit sowie
- spezifischer Interessendifferenzierung von Anteilseigner- und Arbeitnehmervertretungen in deutschen Aufsichtsräten anbahnen.

Warum sollte sich die Komplexitätsbewältigung und Spezialisierung im Kollegialorgan Aufsichtsrat prinzipiell auch anders vollziehen als im Kollegialorgan Vorstand? Die empirische Erhebung der Verfasser führt immerhin zu dem überraschenden Ergebnis, daß offizielle, aufgabenspezifische Beziehungen zwischen einzelnen Vorstands- und Aufsichtsrats-Mitgliedern in 42% aller Unternehmungen existieren, wobei die Häufigkeit der Kontakte in diesen Fällen sehr groß ist (vgl. Bleicher/Paul, Verfassungen, 220 ff.). In 70% dieser Unternehmungen finden die Zusammenkünfte im 14tägigen Rhythmus statt; nur selten in einem Zeitraum von mehr als einem Vierteljahr.

Sollte darin ein Trend erkennbar sein, dann allerdings steht die deutsche Spitzenverfassung vor einer gravierenden Veränderung. Sie ist nicht nur darin zu sehen, daß die bislang eher vereinzelt feststellbaren Direktbeziehungen einzelner Mitglieder beider Organe schließlich dazu führen, daß die gesetzlich getrennt vorgegebene Aufgabenerfüllung verwischt wird, sondern auch die politische Dimension des Interessenausgleichs der „Stakeholder" durch direkte Abstimmungen in den Vorstand hineingetragen wird. Der vielfach bereits als mögliche Tendenz beklagten Opportunität des Verhaltens und Handelns von Vorstands-Mitgliedern gegenüber einzelnen Aufsichtsratsmitgliedern würden weitere Türen geöffnet.

2. Machtgleichgewicht zwischen Aufsichtsrat und Vorstand

Beim Trennungsmodell, das von der Existenz zweier Spitzenorgane der Aktiengesellschaft ausgeht, stellt sich bei aller Aufgabendifferenzierung die Frage nach dem Machtgleichgewicht. Der Aufsichtsrat war in vieler Weise als Überwachungsorgan, das zunächst mit „Outsidern" besetzt wurde (bevor über die Arbeitnehmerseite „Insider" hinzukamen) gegenüber dem professionellen Vorstand, der über intime Kenntnisse der Unternehmung und des Geschäfts verfügt, konzipiert. Die Frage stellt sich, ob der Kontext einer zunehmenden Komplexität und Dynamik, Situatives – durch Häufung kritischer Situationen – und Institutionelles – wie die Einführung der Mitbestimmung – die Machtverhältnisse zwischen beiden Organen verändert haben.

Das Bewußtsein für ein Machtgleichgewicht zwischen Vorstand und Aufsichtsrat ist derzeit noch wenig geschärft. Die Macht des Aufsichtsrats wird – wenn überhaupt – an der Qualität (Persönlichkeit) seiner einzelnen Mitglieder gemessen. Diese scheint zu steigen; Machtverschiebungen zugunsten des Vorstands werden dagegen kaum konstatiert.

„Checks and Balances" in der bundesdeutschen Spitzenverfassung?

Eng verbunden mit einer Kritik an der Ausübung der Überwachungsfunktion durch den Aufsichtsrat ist eine Betrachtung der faktischen Stellung des *Vorstands*. Bezweifelt man die Funktionsfähigkeit des Aufsichtsrats als Überwachungsorgan, so wird man ebenfalls die damit im Zusammenhang stehende *Machtfülle* des Vorstands zu kritisieren haben. So finden sich denn auch zuweilen unter Bezeichnungen wie *„Regime der Manager"* u.ä. Ansatzpunkte zu einer solchen Kritik. Dieser Kritik liegt die Vorstellung zugrunde, daß die Manager bei Vorliegen bestimmter Eigentumsverhältnisse die volle Macht ausüben können. Nach Wiethölter wächst die Macht des Vorstands dabei proportional zur Aktienstreuung (vgl. Wiethölter, Interessen). Dem ist allerdings entgegenzuhalten, daß mit der erwähnten Zustimmungspflicht des Aufsichtsrats zu bestimmten grundlegenden Entscheidungen die vermutete Machtfülle des Vorstands erheblich begrenzt werden kann, nicht zuletzt auch durch die Kompetenz des Aufsichtsrats in personellen Fragen (vgl. Thomée, Boardsystem, 188 f.).

Die im Aktiengesetz grundsätzlich angelegte Kollegialität beider Spitzenorgane scheint unter den Vorstandsmitgliedern eine leichte Modifikation zu erfahren. Die Rolle des Sprechers oder Vorsitzenden erfährt nach subjektiver Beobachtung zunehmend eine Profilierung. Der Vorstandsvorsitzende wird für Aufsichtsräte zum gesuchten Kontakt- und Gesprächspartner, was ihn deutlicher aus dem Kreis seiner Vorstandskollegen heraushebt.

Das Verhältnis von Aufsichtsrat und Vorstand, das der Gesetzgeber in seinem Verfassungsanspruch im Sinn gehabt haben mag, läßt sich vielleicht mit der Gegenmacht-Position des englischen Ausdrucks von erstrebten *„Checks and Balances“* am besten umschreiben. Kann das auf die Personalhoheit und die Aufsichtsfunktion reduzierte Spitzenorgan in der Verfassungswirklichkeit diesem Anspruch gerecht werden? Der weitaus überwiegende Teil der Betroffenen bejaht deutlich die Einwirkungsmöglichkeit des Aufsichtsrats auf den Vorstand. Der Wunsch nach einer weiter verbesserten Zusammenarbeit ist jedoch ebenso deutlich: Weniger das Formale des Einwirkens als vielmehr der Einfluß auf die Mitgestaltung der Inhalte mag sich dahinter verbergen. Es wäre ja auch verwunderlich, wenn der allseits beobachtbare Trend zur Partizipation ausgerechnet vor den Türen des Aufsichtsrats Halt gemacht hätte. Inhaltliche Partizipation bedeutet jedoch im Rahmen der gesetzlichen Möglichkeiten, den Weg zu beschreiten von der Aufsicht über eine ex post-Überwachung zu einer auch in Zeiten des Wandels theoretisch zu fordernden ex ante-Mitwirkung. Sie erfordert einen Dialog über Planungsprämissen, das Anspruchsniveau der Führung und mögliche alternative strategische Kurse in die Zukunft, statt einer Diskussion, die sich an formell fixierten Einzelpunkten zustimmungsbedürftiger Geschäfte orientiert. Die Erfahrung von Externen, die sich in der Unternehmungsführung anderer Organisationen gebildet und bewährt hat, mit der Branchen- und Unternehmungskenntnis der Insider in einen fruchtbaren Dialog zu bringen, scheint eine noch unerledigte Gestaltungsaufgabe der Spitzenverfassung zu sein (vgl. Bleicher, Aufsichtsrat, 65 f.).

3. Sanktionspotentiale und Machteinschränkungen des Aufsichtsrats gegenüber dem Vorstand

Vorstand und Aufsichtsrat stehen zueinander in einem mehr oder weniger ausgeprägten Abhängigkeitsverhältnis. Das ist materiell auf die Normen zurückzuführen, die zum ersten der Gesetzgeber und zum zweiten im Rahmen der Satzungsfreiheit Satzungen und

Geschäftsordnungen zur Gestaltung der inneren Verfassung der Aktiengesellschaft für Vorstände und Aufsichtsräte vorsehen. Das Aktienrecht kennt *Sanktionsmittel* des Aufsichtsrats zur Durchsetzung dieser Normen. Der Aufsichtsrat selbst unterliegt aber auch *Machteinschränkungen.*

Aus dem Kreis der Sanktionsmittel sticht die Personalhoheit des Aufsichtsrats heraus

Das Aktienrecht gibt dem Aufsichtsrat Sanktionsmittel gegenüber dem Vorstand in die Hand, deren Ausübung oder bereits deren drohende Ausübung den Vorstand zur pflichtgemäßen Geschäftsführung anhalten und dem Aufsichtsrat die Erfüllung seiner Aufgaben erleichtern soll („Sanktionspotentiale").

Der Kreis der Sanktionsmittel reicht vom – mildesten – Recht des Aufsichtsrats, gegenüber dem Vorstand jederzeit nicht-öffentliche Kritik äußern zu können, bis zur schärfsten Sanktion der Abberufung des Vorstandes aus wichtigem Grund (§ 84 Abs. 3 Satz 1 AktG) (vgl. Vogel, Aktienrecht und Aktienwirklichkeit, 264).

Das Aktiengesetz stellt dem Aufsichtsrat folgenden Katalog von Sanktionsmöglichkeiten gegenüber dem Vorstand zur Verfügung:

- Nicht-förmliche Kritik an Maßnahmen des Vorstands
- Verweigerung der Billigung des Jahresabschlusses
- förmliche Beanstandung der Geschäftsführung des Vorstandes im Bericht des Aufsichtsrats an die Hauptversammlung
- Veranlassung einer Sonderprüfung – Einberufung einer außerordentlichen Hauptversammlung zum „Wohle der Gesellschaft"
- Anrufung der Hauptversammlung im Zusammenhang mit einem konkreten Vorhaben (zustimmungspflichtiges Geschäft)
- Abberufung des Vorstands aus wichtigem Grund
- Geltendmachung von Schadensersatzansprüchen der Gesellschaft gegen den Vorstand
- Strafantrag wegen Verletzung der Geheimhaltungspflicht.

In der Praxis sind Beanstandungen der Vorstandstätigkeit durch den Aufsichtsrat relativ selten. Insbesondere *förmliche Beanstandungen* und vergleichbare Maßnahmen stellen *extreme Ausnahmefälle* dar. Nicht-formelle Kritik ist dagegen bereits häufiger anzutreffen (in ca. einem Viertel aller Fälle). In diesem Bereich nicht-formeller Kritik ist auch der Schwerpunkt der Beanstandungen hinsichtlich der Zweckmäßigkeit der Geschäftsführung angesiedelt. Denn die Mehrzahl der formellen Maßnahmen (insbesondere: Veranlassung einer Sonderprüfung, Abberufung des Vorstands aus wichtigem Grund, Geltendmachung von Schadensersatzansprüchen) ist nach ganz herrschender Meinung an eine derart schwerwiegende Verfehlung gebunden, daß als solche praktisch nur ein Mangel in der Ordnungsmäßigkeit der Geschäftsführung in Frage kommt.

Den Sanktionspotentialen des Aktiengesetzes gleichsam vorgelagert (zeitlich wie intensitätsmäßig) sind jene Maßnahmen, die aus der allgemeinen Handlungsautonomie des Aufsichtsrats resultieren:

- immaterielle und materielle Belohnungen und Bestrafungen
- Ankündigung von Stimmenthaltungen, Gegenstimmen u. ä.
- Einflußnahme auf die Gestaltung von Anstellungsverträgen, Geschäftsordnung, Geschäftsverteilungsplan etc. (vgl. Theisen, Überwachung, 376).

Beide Bereiche zusammen erweisen sich als notwendige Elemente eines effizienten Überwachungsprozesses, in dem die Wirkung bereits durch den potentiellen Charakter der Sanktionskompetenz insgesamt eintreten kann.

Einschränkungen der Macht des Aufsichtsrats liegen in seiner primären Funktion als Überwachungsorgan

Die Möglichkeiten des Einsatzes der erwähnten Sanktionsmittel des Aufsichtsrats gegenüber dem Vorstand sind nicht ohne Grenzen. Ganz entscheidend wird das Tätigkeitsfeld des Aufsichtsrats durch die Umschreibung seiner Aufgabe als *Überwachungsorgan* (§ 111 Abs. 1 AktG) vorgezeichnet, wichtig ist aber auch, daß er bei der Wahrnehmung seiner Aufgaben zusätzlichen gesetzlichen oder innerbetrieblichen Einschränkungen unterliegt.

Hierzu zählen die gesetzlichen und innergesellschaftlichen Regelungen der *zustimmungspflichtigen Geschäfte*, die bereits näher beschrieben wurden. Weitere Einschränkungen ergeben sich beispielsweise dann, wenn die Gestaltung der Geschäftsordnung des Vorstands ganz dem Vorstand überlassen wird oder der Jahresabschluß allein durch die Hauptversammlung festgestellt wird. Weiterhin ist die Tatsache zu erwähnen, daß nur in ungefähr jeder fünften Unternehmung die Protokolle der Vorstands-Sitzungen dem Aufsichtsrat vorgelegt werden. Schließlich unterliegt das einzelne Aufsichtsrats-Mitglied einer Pflicht zur Verschwiegenheit über vertrauliche Angelegenheiten der Gesellschaft, die ihm bei Ausübung seines Amtes bekannt wurden.

4. Typologie des dualistischen Modells der Spitzenverfassung

Nachdem in den vorangegangenen Abschnitten die Frage der Integration von Vorstand und Aufsichtsrat über Arbeitsbeziehungen untersucht wurde, soll nun abschließend der Versuch unternommen werden, eine Typologie des dualistischen Modells zu entwickeln. Im Mittelpunkt steht dabei die Intensität der Wahrnehmung der dem Vorstand und Aufsichtsrat zugeordneten Aufgaben.

Idealtypisch sieht der Gesetzgeber den Aufsichtsrat als Überwachungorgan; der Vorstand ist das eigenverantwortliche Leitungsorgan der Aktiengesellschaft. Abweichend von den Vorstellungen des Gesetzgebers ist denkbar, daß der Aufsichtsrat sein Entscheidungsfeld erheblich ausnützt, die Initiative ergreift und davon ausgeht, daß seine Empfehlungen vom Vorstand ausgeführt werden, da sie faktisch als Weisungen aufgefaßt werden. In diesem Fall bildet der Aufsichtsrat die eigentliche Führungsinstanz der Aktiengesellschaft; einem auf diese Weise „agierenden" Aufsichtsrat steht ein „reagierender" Vorstand gegenüber. Als Extrem ist ebenso vorstellbar, daß der Aufsichtsrat entsprechend den Mindestanforderungen des Aktienrechts gebildet wird und von jeglicher Mitgestaltung der Unternehmungspolitik absieht. Hier stellt der Vorstand das eigentliche Führungsorgan dar; der Aufsichtsrat fungiert lediglich als Repräsentationsorgan.

Situative Faktoren, Eigentumsverhältnisse und persönlichkeitsbezogene Faktoren bestimmen die Intensität der Aufgabenwahrnehmung

Situative Faktoren ergeben sich insbesondere aus dem jeweiligen Entwicklungsstadium der Unternehmung. In einer Unternehmungskrise ist die Intensität der Wahrnehmung der Aufgaben des Aufsichtsrats höher als in Zeiten der Normalentwicklung, wenn die gesetzten Planziele weitgehend erreicht werden. In diesem Zusammenhang argumentiert Semler wie folgt:

„Der Aufsichtsrat ist rechtlich zu erhöhter Sorgfalt, zu verstärkter Wachsamkeit gefordert, und weil das so ist, muß er auch unternehmerisch verstärkt agieren... Aus der unterstützenden Tätigkeit des Aufsichtsrats wird die führende Überwachung" (Semler, Aktienrechtlicher Aufsichtsrat in der Unternehmenskrise = 141 f.).

Sitzungsfrequenz und -dauer des Aufsichtsrats werden während der Krise ansteigen. Um sich ein vollständiges Bild von der Sachlage machen zu können, muß der Aufsichtsrat über einen problemadäquaten Informationsstand verfügen. Seine führende Rolle besteht darin, die Grundlagen für eine effiziente Vorstandsarbeit im Rahmen der Krisenbewältigung zu schaffen. Dies kann u.U. auch bedeuten, daß der Aufsichtsrat von seiner Personalkompetenz Gebrauch macht und einzelne Vorstandsmitglieder bzw. den Vorstands-Vorsitzenden durch andere Führungskräfte ersetzt.

Ein weiterer Einflußfaktor auf die Intensität der Aufgabenerfüllung dürfte sich aus den *Eigentumsverhältnissen* ergeben. Wenn man zwischen Aktiengesellschaften mit breit gestreutem Aktienbesitz und *Familien-Aktiengesellschaften* unterscheidet, läßt sich die Hypothese aufstellen, daß der Aufsichtsrat einer *Familien-Aktiengesellschaft* seine Aufgaben mit einer höheren Intensität wahrnimmt als der Aufsichtsrat einer *Publikums-Aktiengesellschaft*. In diesem Sinn belegt eine empirische Studie von Witte, daß ein deutlicher Zusammenhang zwischen der Streuung des Aktienkapitals und der Aktionärsmacht besteht, wobei gilt, daß die Aktionäre umso weniger Einfluß haben, je breiter das Grundkapital gestreut ist (vgl. Witte, Anteilseigner). In Familiengesellschaften und Unternehmungen mit wenigen Großaktionären hingegen kann das Eigentümerverhältnis über den Aufsichtsrat artikuliert und durchgesetzt werden.

Das gleiche Ergebnis kann auch aus der Untersuchung von Schreyögg/Steinmann abgeleitet werden (vgl. Schreyögg/Steinmann, Trennung, 535). Sie unterscheiden zwischen *eigentümerkontrollierten* und *nicht eigentümerkontrollierten Unternehmungen*. Die zuletzt genannte Kategorie wird in der Regel als Managerkontrolle gedeutet, und zwar mit dem Argument, daß die Topmanager in das von Aktionären hinterlassene Machtvakuum einrücken. Der Begriff Kontrolle wird dabei als Möglichkeit verstanden, die Grundzüge der Unternehmungspolitik zu bestimmen. Abschließend gilt demnach, daß in den eigentümerkontrollierten Unternehmungen die Aufsichtsräte ihre Aufgaben intensiver wahrnehmen als die Aufsichtsräte in Publikums-Aktiengesellschaften.

Der dritte Einflussfaktor ergibt sich aus der *Persönlichkeitsstruktur* der Mandatsinhaber in Vorstand und Aufsichtsrat. Die Intensität der Aufgabenerfüllung der beiden Gremien hängt dabei offensichtlich von den verschiedenen Persönlichkeitsprofilen ab. Hier wird nur der Fall des charismatischen Unternehmungsführers herausgegriffen, der nach dem Aufbau bzw. der Expansion der Unternehmung aus dem Vorstands-Vorsitz in den Aufsichtsrat wechselt. In dieser Situation wird er als *„graue Eminenz"* weiterhin über die volle Ausschöpfung seiner Kompetenzen als Aufsichtsrats-Vorsitzender hinaus erheblichen Einfluß auf die Gestaltung der Unternehmungspolitik geltend machen.

Auf dieser Grundlage ist es möglich, eine Typologie für das deutsche Modell der Unternehmungsverfassung zu entwickeln. Dabei wird die Intensität der Wahrnehmung der Aufgaben mit den Ausprägungen „schwach" und „stark" als Skala benutzt. Dementsprechend werden vier Typen unterschieden, die im Hinblick auf ihre Konsequenzen für die Unternehmungsentwicklung beurteilt werden können (vgl. Abb. C11).

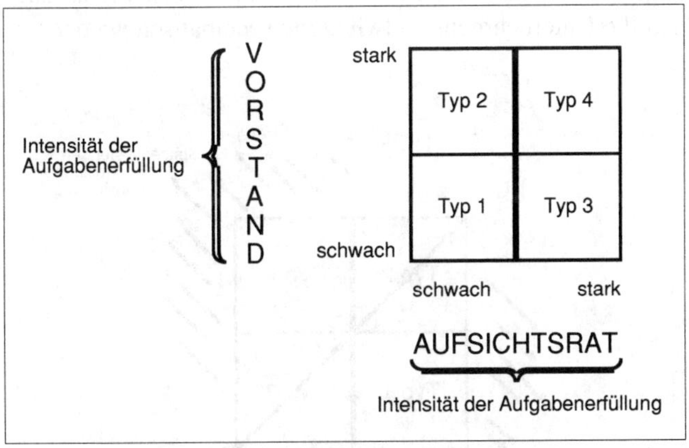

Abb. C 11: Typologie des deutschen Verfassungsmodells

Typ 1 stellt eine Situation dar, in der ein schwacher Aufsichtsrat einem schwachen Vorstand gegenübersteht. Das Aktiengesetz hat hier lediglich eine Alibifunktion. Friktionen zwischen beiden Organen treten nicht auf.

Typ 2 beschreibt eine Unternehmung mit einem starken Vorstand und einem schwachen Aufsichtsrat. Wie bereits problematisiert, könnte aufgrund der Einführung des Mitbestimmungsgesetzes von 1976 eine gewisse Machtverschiebung zugunsten des Vorstands stattgefunden haben. Es ist weiterhin denkbar, daß in bestimmten Industriezweigen die steigende Umweltkomplexität und -dynamik neue Anforderungen an die Aufsichtsrats-Arbeit stellt, denen ein traditioneller Aufsichtsrat nur beschränkt nachkommen kann. In diesem Fall wird der Vorstand zur zentralen Führungsinstanz.

Typ 3 bezieht sich auf einen starken Aufsichtsrat und einen schwachen Vorstand. So ist denkbar, daß der bzw. die Gründer/Eigentümer sich aus der unmittelbaren Geschäftsleitung zurückgezogen haben und nun ihren Einfluß auf die Unternehmungspolitik über den Aufsichtsrat ausüben. Dann kann die Rolle des Führungsorgans durchaus dem Aufsichtsrat zufallen.

Typ 4 schließlich beschreibt eine Situation, in der Aufsichtsrat und Vorstand über Machtpositionen verfügen, die in etwa gleichgewichtig sind. Hier besteht ein Spannungsfeld zwischen beiden Gremien, in denen es zu Friktionen und Konflikten etwa in bezug auf die Definition der zustimmungsbedürftigen Geschäfte kommen kann. Fluktuationen innerhalb der Führungsspitze sind in dieser Konstellation nichts Ungewöhnliches.

Die Einordnung von Aufsichtsräten und Vorständen in dieses Raster kann nicht in jedem Fall eindeutig vorgenommen werden; die Übergänge zwischen den einzelnen Typen sind vielmehr fließend.

Jeder Typ hat Konsequenzen für die zukünftige Unternehmungsentwicklung

Abbildung C 12 gibt diesen gedanklichen Zusammenhang von Verfassungstyp und denkbarem Einfluß auf die Unternehmungsentwicklung schematisch wieder.

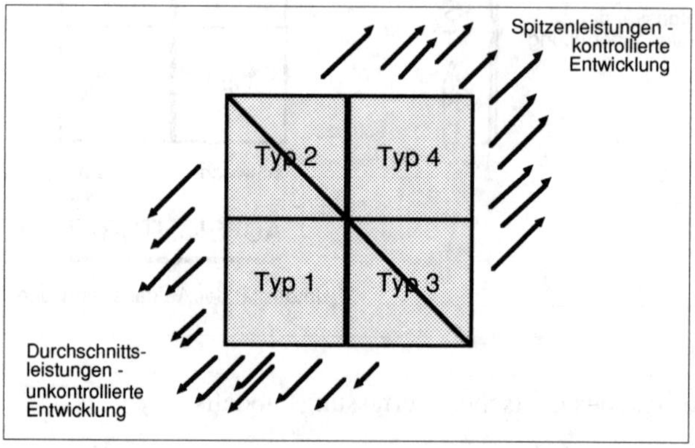

Abb. C 12: Zusammenhang zwischen Verfassungstyp und Unternehmungsentwicklung

Typ 1 wird sich *umsystemkonvergent (branchenneutral)* entwickeln. Spitzenleistungen sind nicht zu erwarten. *Typ 4* hingegen kann mit hoher Wahrscheinlichkeit *Spitzenleistungen* erreichen. In dem Spannungsfeld zwischen Vorstand und Aufsichtsrat werden dynamische Kräfte freigesetzt, die den Entwicklungsprozeß vorantreiben. Konstruktive Kritik durch den Aufsichtsrat verbessert die Pläne des Vorstands. In diesem Sinn wird von einer *kontrollierten Entwicklung* gesprochen, da sich zwei in etwa gleichgewichtige Gremien gegenüberstehen, die für die zukünftige Entwicklung wichtige Vorhaben beraten und letztendlich einen tragfähigen Kompromiß finden müssen. Die *Typen 2 und 3* sind in bezug auf die zukünftige Unternehmungsentwicklung mehrdeutig. In Abhängigkeit von der Stärke der Machtposition des Vorstands bzw. Aufsichtsrats wird das jeweils dominierende Organ den zukünftigen Entwicklungsverlauf autonom bestimmen. Eine Überprüfung oder Beratung findet nicht statt oder beschränkt sich auf Formalien. Deshalb kann man hier von einer *risikobehafteten unkontrollierten Entwicklung* sprechen.

D. Spitzenverfassung im einstufigen Board-Modell amerikanischer Aktiengesellschaften

I. Entwicklung der Spitzenverfassung amerikanischer Aktiengesellschaften

Während die rechtlichen Normen, die faktische Ausgestaltung und die Entwicklungstendenzen der Spitzenverfassung der Aktiengesellschaften in der Bundesrepublik Deutschland einen gewissen Bekanntheitsgrad für die betriebswirtschaftliche Diskussion aufweisen, sind die spitzenverfassungsmäßigen Anforderungen und Gegebenheiten in einem anderen Land – selbst von derart weltwirtschaftlicher Prägekraft wie in den Vereinigten Staaten – nur äußerst bedingt bekannt. Diese Schrift nimmt sich aus diesem Grund der *Andersartigkeit* des *Verfassungsanspruchs* und der *Verfassungswirklichkeit* der Spitzenverfassung von *US-amerikanischen Unternehmungen* an. Aus dem Vergleich mit dieser Andersartigkeit lassen sich am deutlichsten die Gegebenheiten und Entwicklungstendenzen im eigenen Umfeld vergleichend erkennen und beurteilen. Wenn es auch – bei der Unterschiedlichkeit nationaler Kontexte – schwierig ist, Divergenzen und Konvergenzen der weiteren Entwicklung abzuleiten, so bleibt dennoch ein Feld wesentlicher Anregungen für die Verbesserung des eigenen Systems.

1. Die Entstehung rechtlicher Regelungen der Spitzenverfassung in den USA

Die heutige Form amerikanischer Boards geht auf fünf Jahrhunderte geschichtlicher Entwicklung zurück, in der sich vielfältige Ausprägungen ihrer Arbeitsweise entwickelt haben. Die *unterschiedliche Gesetzgebung* in den *50 einzelnen amerikanischen Bundesstaaten* hat dabei generell der Ausgestaltung von Boards einen breiten Spielraum gelassen.

„Legislation has imposed few limitations on who may serve as director. The regulations usually require only that there be directors (usually a minimum of three), that they be citizen residents of the nation or the state (or both), that they own shares in the corporation, and that they be elected by the shareholders of the corporation concerned.

The law has not been very explicit in describing what boards must do nor in restricting who may be a board member. In this permissive environment, the composition and structure of a board have evolved primarily according to the perceived needs of its organization, as defined by the chief executive officer" (Buchan, Advisors, 31 f.).

In ähnlicher Form beanstandet Heller die Weite der rechtlichen Definition:

„The legal definition fails to recognize the important role that the management of a company must play in today's complex and dynamic business environment. Legally, the board has considerable latitude to delegate decision-making authority to management, but the actual extent of delegation varies significantly from one company to another. Total reliance on the legal definition forces each board to establish its own role for better or worse. The results frequently are confusion, conflict, wasted time, and lost opportunities" (Heller, Vital Force, 24 f.).

Die rechtlichen Rahmenbedingungen für die Gestaltung der Spitzenverfassung sind in den USA im Gegensatz zum deutschen Aktienrecht nicht in einem umfassenden Gesetz enthalten, sondern in erster Linie in den *Inkorporationsgesetzen* der einzelnen *Bundesstaaten.* Als Beispiel sei hier die relativ weitschweifige Klausel aus dem Delaware Corporation Law genannt:

„The business and affairs of every corporation ... shall be managed by or under the direction of a board of directors ..." (Knepper, Liability, 713).

Neben den Inkorporationsgesetzen der einzelnen Staaten enthalten einige bundesweite Gesetze wie z.B. der Clayton Act (1914) oder der Securities Act (1933) und der Securities Exchange Act (1934) Regelungen, die auch die Board-Verfassung betreffen. Hinzu tritt der Einfluß anderer „Regulating Agencies" und Vorschriften, die etwa über die Börsenzulassung der New York Stock Exchange der Spitzenverfassung von Corporations ihr außenbestimmtes Gepräge verleihen.

1.1 Wandel der gesetzlichen Inkorporationsvorschriften

Einzelstaatliches Inkorporationsrecht als tragende Säule

Die erste Corporation auf amerikanischem Boden, die „Philadelphia Contributionship for Insured Houses from Loss by Fire", wurde 1752 gegründet. Historiker schätzen, daß zur Zeit der Verabschiedung der Verfassung (1787) zwischen 5 bis 20 Corporations existierten. Bereits in den Diskussionen über die Verfassung der neugegründeten Vereinigten Staaten von Amerika schlug James Madison, der 1809 zum Präsidenten gewählt wurde, vor, die Inkorporation in der Verfassung allgemein verbindlich zu regeln. Dieser Vorschlag wurde allerdings abgelehnt. Damit fällt das *Inkorporationsrecht* als Teil des Privatrechts *nicht in die Zuständigkeit des Bundes* (wie z.B. in der Bundesrepublik Deutschland) sondern in die der *Bundesstaaten.* Dies führte zu einer Vielzahl unterschiedlicher Regelungen (vgl. Herkenrath, Leitungsorgane, 31; Schmalz, Verfassung, 24). Unterstützt wurden die einzelstaatlichen Gesetze durch das Ziel der Bundesstaaten, einen Anreiz für die *Ansiedlung möglichst vieler Unternehmungen* zu bieten (vgl. Herkenrath, Leitungsorgane, 31). Herkenrath spricht vom „Wetteifern" der Staaten, um Unternehmungen durch steuerliche Vorteile und Gestaltungsfreiheiten in bezug auf die interne Struktur der Corporation zu einer Gründung in ihrem Staatsgebiet zu veranlassen.

Voraussetzung für die Gründung einer Corporation wird die Gewährung der *Charter* als staatliche *Genehmigungsurkunde* für die „Incorporation". Die Charter, deren Einreichung und Genehmigung eine notwendige Voraussetzung für die Gründung ist, enthält Name, Art, Gegenstand, Zweck und Dauer der Corporation sowie Höhe und Einteilung des Grundkapitals, Name der Gründer etc. (vgl. Herkenrath, Leitungsorgane, 33). Eine Änderung ist nur durch staatliche Mitwirkung möglich (vgl. Wiethölter, Interessen, 186). Die Charter, auch „Articles of Incorporation" (Association, Agreement, Organization), „Certificate of Incorporation", „Agreement of Association Incorporation" oder „Declaration of Incorporation" genannt, steckt somit die Aufgabe und Struktur der Corporation im weiten Rahmen ab (vgl. Wiethölter, Interessen, 186).

Die *By-Laws* hingegen regeln allgemein die *inneren Korporationsverhältnisse in Ergänzung der Charter* (vgl. Herkenrath, Leitungsorgane, 33; Wiethölter, Interessen, 186; Mestmäcker, Verwaltung, 43). Sie konkretisieren i.d.R. die allgemein gehaltene und an Grundlagen orientierte Charter. Ein Beispiel aus der gegenwärtigen Situation mag dies illustrieren:

„Das Gesetz sieht etwa mindestens drei Board-Mitglieder zwingend vor, die Charter dann 5-9 und die By-Laws schließlich 6" (Wiethölter, Interessen, 196).

By-Laws regeln beispielsweise auch Versammlungszeit und -ort von Board-Sitzungen. Für die Erstellung und Änderung der By-Laws ist die *Shareholders' Assembly* (Hauptversammlung) zuständig. Sie kann diese Aufgabe an den Board of Directors delegieren und bei Bedarf wieder an sich ziehen (vgl. Mestmäcker, Verwaltung, 43).

In der Folgezeit wuchs die Zahl der neugegründeten Corporations derart stark an – 1830 gab es in den Neuengland-Staaten etwa 1'900 Business Corporations –, daß die Einzelstaaten von der bisherigen Praxis der Gewährung einer Corporate Charter durch einen einseitigen hoheitlichen Akt des Landesparlamentes abgingen und besondere Gesetze für die Gründung von Corporations erließen. North Carolina verabschiedete 1795 als erster Staat ein solches Statut. Nach Erfüllung der gesetzlich vorgeschriebenen Auflagen wurde den Gründern durch eine staatliche Stelle die Charter gewährt. Die Abänderung einer einmal gewährten Charter erwies sich als äußerst schwierig (vgl. Herkenrath ‚Leitungsorgane' 33).

Abkehr vom „Ultra Vires"-Konzept und der „Apparent Authority"

Der nächste Schritt in der Entwicklung der Spitzenverfassung war die Vereinfachung der bisherigen einzelstaatlichen Statuten, die zahlreiche Detailregelungen enthielten. New Jersey erließ 1875 das erste *„moderne Statut"*, das den Gründern der Corporation großen Freiraum in der Führung gab und die Position der Direktoren und Officers wesentlich stärkte. Von besonderer Bedeutung war dabei die Abkehr vom *„Ultra Vires"-Prinzip*, das auf der sog. *Fiktionstheorie* fußt. Dieses aus der Rechtsprechung entwickelte Prinzip erlaubte dem Management nur im Rahmen des in der Charter exakt definierten Unternehmungszwecks tätig zu werden und grenzte damit die Handlungsmöglichkeiten des Managements unverhältnismäßig stark ein. Nach der Rechtsauffassung der Fiktionstheorie werden juristische Personen als Fiktion betrachtet: Die Corporation gewinnt mit ihrer Gründung nicht die gesamten rechtlichen Befugnisse einer natürlichen Person, sondern nur diejenigen Rechte, die in der Charter definiert sind (vgl. Herkenrath, Leitungsorgane, 50). Um gutgläubige Dritte zu schützen, die nicht unbedingt diese in der jeweiligen Charter definierten Rechte kennen müssen, wurden die Ultra-Vires-Regeln abgeschwächt. Das juristische Konstrukt der *„Apparent Authority"* von Vertretern der Corporation geht von der Annahme aus, daß ein Rechtsschein über die Vertretungsberechtigung des Handelnden gegeben sein muß (vgl. Allen, Management, 260).

Inkorporation im Staate Delaware wird beliebt

1899 verabschiedete der Staat *Delaware* ebenfalls ein neues Unternehmungsrecht, das *weitgehende Freiheiten* hinsichtlich der Board-Struktur und eine besonders *zügige Abwicklung* des *Inkorporationsverfahrens* enthielt. So kann beispielsweise in Delaware der Board of Directors aus nur einem oder mehreren Mitgliedern bestehen (vgl. Vance, Corporate Leadership, 139). Drei Gründe waren es damals vor allem, die Delaware zum beliebtesten Staat für die Gründung einer Corporation machten:

(1) Delaware gewährte eine *Charter ohne zeitliches Limit*, während in vielen anderen Staaten die Charter nach Ablauf einer bestimmten Zeitperiode auf Antrag erneuert werden mußte.

(2) Viele Staaten räumten den Aktionären ein *Vorrecht bei der Ausgabe neuer Aktien und Anleihen* ein: Eine derartige Regelung wurde vielfach als hinderlich bei der Emission von Wertpapieren angesehen und ist im Unternehmungsrecht des Staates Delaware nicht enthalten.

(3) Die Definition des *Unternehmungszwecks* konnte nach dem Inkorporationsrecht des Staates Delaware im Vergleich zu anderen Staaten *relativ weit gefaßt* werden. Diese Regelung erwies sich als besonders bedeutsam im Hinblick auf die späteren Diversifikationsbestrebungen vieler amerikanischer Unternehmungen (vgl. Groening, Corporate Manager, 111).

Wettbewerbsregeln des „Sherman Antitrust Acts" und des „Clayton Act" wirken sich auf die „Interlocking Directorates" aus

Die Jahrhundertwende sah den Aufstieg vieler Industriegiganten wie beispielsweise der US Steel Corporation und der Ford Motor Company. Die wachsende Macht einer kleinen Zahl von Corporations und die Möglichkeit des Mißbrauchs dieser Macht gaben zunächst Anlaß zur Schaffung gesetzlicher Regelungen hinsichtlich des Wettbewerbsverhaltens (*„Sherman Antitrust Trust Act"*, 1890 und *„Clayton Act"*, 1914). Sektion 8 und 10 des *Clayton Acts* sind dabei für die weitere Entwicklung der Board-Verfassung in den Vereinigten Staaten von besonderer Bedeutung gewesen. Diese Sektionen regeln die sog. *„Interlocking Directorates"* d.h. sie verbieten einer Person die Mitgliedschaft im Board of Directors in zwei oder mehr Corporations, die im gleichen Geschäftszweig tätig sind:

„Section 8 prohibits a person from simultaneously serving as a director of any two or more corporations having capital and surplus of more than $ 1 million, where such corporations are competitors, so that elimination of competition by agreement between them would constitute a violation... of the antitrust laws" (Groening, Corporate Manager, 77).

Die Überwachung dieses Gesetzes obliegt der *„Federal Trade Commission" (FTC).* Eine Untersuchung des Kongreß-Abgeordneten Celler in den 60er Jahren zeigte, daß Ford, Chrysler, General Motors, AT&T, B.F. Goodrich und Phelps Dodge über knapp 400 direkte „Interlocking Directorates" miteinander verbunden waren. Daraus zog Celler den folgenden Schluß:

„Perhaps the most significant aspect of the common (interlocking) director problem is the concern that, by means of this device, inordinate control over the major part of USA commerce would be concentrated in the hands of so few individuals that the normal social and political forces relied upon to maintain a free economy would be ineffective to correct abuses. Ingrown relations, closely knit corporate identities, and the ability to wield economic power on a wide front were feared because they carry the seeds of a 'business aristocracy' that would not be compatible with basic tenets of the political and economic democracy embodied in the antitrust laws" (zitiert in: U.S. House of Representatives. Committee on the Judiciary, Interlocks, 5).

Im Verlauf der letzten beiden Jahrzehnte wurden zwar mehrereVersuche unternommen, verschärfte Vorschriften gegen eine ausufernde persönliche Verflechtung zwischen Unternehmungen zu erreichen. Letztlich war ihnen jedoch *kein Erfolg* beschieden (vgl. Vance, Corporate Leadership, 101, 123).

Bestechungsskandale führen zum „Foreign Corrupt Practices Act"

Das große öffentliche Interesse an Bestechungsskandalen im Gefolge der *„Lockheed"-Affäre* und der *„Watergate"-Krise* in den Vereinigten Staaten gipfelte 1977 in der Verabschiedung des *„Foreign Corrupt Practices Acts"*. Mit diesem Gesetz sollte ein Offenlegen von Schmier- und Bestechungsgeldern durch die Corporations erreicht werden. Der Foreign Corrupt Practices Act verbietet es weiter, ausländische Regierungen oder Regierungsstellen im Sinne von „... obtaining or retaining business for or with, or directing business to, any person ..." zu beeinflussen (Greanias/Windsor, Foreign Corrupt Practices, 13). Für das Management bedeutete dieses Gesetz die Notwendigkeit, entsprechende interne *Kontrollsysteme im Rechnungswesen* einführen zu müssen. Für die Einhaltung der gesetzlich vorgeschriebenen Standards sind in erster Linie der Board und das Management zuständig und verantwortlich. Damit verbindet sich eine erhöhte Sorgfaltspflicht für die Direktoren hinsichtlich der Prüfung der vorgelegten finanziellen Daten. Verstöße gegen den Foreign Corrupt Practices Act können mit Geld- und Gefängnisstrafen geahndet werden (vgl. Groening, Corporate Manager, 196).

Definition der Pflichten von Direktoren im Vorschlag des „Model Business Corporation Acts": „Duty of Care" and „Duty of Loyalty"

Von bundesweiter Bedeutung ist der *„Model Business Corporation Act"*, der vom „Committee on Corporate Law" der „American Bar Association" als Vorschlag entwikkelt wurde und als Modell für die einzelstaatlichen Inkorporationsgesetze dienen soll. Trotz seines Modellcharakters hat der Model Business Corporation Act eine gewisse Bedeutung erlangt, weil eine Reihe von Bundesstaaten die Bestimmungen dieses Acts vollständig oder in abgeänderter Form in ihre Inkorporationsgesetze übernommen haben. Dieses Modellgesetz enthält bestimmte Mindestanforderungen bezüglich der Haftung der Direktoren, der Aufgaben des Boards, der Abstimmungsverfahren, der Vermeidung von Interessenkonflikten und der Board-Ausschüsse. Dabei werden die Pflichten eines Direktors unter zwei Blickwinkeln behandelt: Der „Duty of Care" und der „Duty of Loyalty". Die *Duty of Care* oder *Sorgfaltspflicht* verlangt von einem Direktor eine Überprüfung der Vorlagen des Managements dann, wenn dazu eine berechtigte Notwendigkeit besteht. Die *Duty of Loyalty* bezieht sich im wesentlichen darauf, daß „... a director declares his allegiance to a corporate enterprise and acknowledges that the best of the corporation and its shareholders must prevail over individual interests" (Vance, Corporate Leadership, 141).

Vorschlag eines „Corporate Democracy Acts" zur Stärkung der Überwachung durch die Aktionäre

Ein weiterer Versuch zur gesetzlichen Regelung der Board-Verfassung war der *„Corporate Democracy Act"* von 1980, der allerdings zwischen den parlamentarischen Hürden steckenblieb. Dieser Act, der von *Senator Howard Metzenbaum* unterstützt wurde, strebte eine Stärkung der Stellung der *Aktionäre als Überwachungsorgan* an. Um dies zu erreichen, sollten die *Informationspflichten* der Corporation wesentlich erweitert werden (vgl. vor allem Keim/Baysinger/Meiners, Corporate Democracy Act, 30-35).

Von besonderer Bedeutung für die Board-Verfassung amerikanischer Unternehmungen sind dabei die Sektionen 101-104 im ersten Teil dieses Acts. Die *Mehrheit der Direktoren* des Boards sollte von *„outside" Direktoren* gebildet werden. Mit diesem oder dem Begriff „Non-Employee Directors" werden zunächst – vereinfachend – solche Board-Mitglieder erfaßt, die nicht in einem Beschäftigungsverhältnis zur Corporation stehen, im Gegensatz zu den „inside" Direktoren ("Employee Directors"), die von der Corporation angestellt sind. Auf die mit dieser Abgrenzung verbundenen Probleme wird in einem späteren Kapitel eingegangen (vgl. Kapitel D. V. 2.2). Wenigstens neun Board-Mitglieder sollten dabei jeweils spezielle Bereiche überwachen. Im Board sollten weiter unabhängige Audit und Compensation Committees geschaffen werden. Die Zahl der Board-Mandate, die ein Direktor als Person übernehmen darf, werden in diesem Vorschlag auf zwei Board-Sitze beschränkt, um einer Mandatskumulation entgegenzuwirken (vgl. Vance, Corporate Leadership, 143). Die individuelle Haftung von Direktoren für Verstöße gegen die Duty of Care wird ausgedehnt und der Schutz, den die Direktoren durch die sog. *„Business Judgment Rule"* genießen, eingeschränkt. Der Vorschlag sieht vor, daß Direktoren im nachhinein für Entscheidungen *haftbar* gemacht werden können, die ohne *„ausreichende Untersuchung"* oder *ohne „rationale Basis"* getroffen wurden. Direktoren haften in diesem Sinne auch für Verstöße gegen gesetzliche Vorschriften, von denen sie keine Kenntnis hatten.

1.2 Die „Principles of Corporate Governance and Structure" des American Law Institutes (ALI)

Die Vorschläge des American Law Institutes enthalten sehr umfassende, detaillierte Vorschriften für die Board-Verfassung

Ein Versuch zur Regelung der Board-Verfassung auf bundesweiter Ebene, der eine erregte öffentliche Diskussion unter den Betroffenen auslöste, wurde 1982 vom *American Law Institute* (ALI) mit den *„Principles of Corporate Governance and Structure: Restatement and Recommendations"* unternommen (vgl. ALI, Principles).

1.2.1 Die Modellstruktur der ALI-Vorschläge

Für die folgende Darstellung ist aus dem ALI-Modell insbesondere Teil 3, Kapitel 1 bis 3 von Interesse. Um den besonderen Bedürfnissen von Aktionären und Unternehmungen Rechnung zu tragen, werden alle Corporations in *drei Größenklassen* eingeteilt. Die erste Gruppe umfaßt Gesellschaften mit mindestens 2'000 Stammaktionären und $ 100 Mio. Bilanzsumme. In die zweite Gruppe fallen alle Corporations mit mindestens 500 Aktionären und einer Bilanzsumme von mehr als 100 Mio. Die verbleibenden Unternehmungen werden in eine dritte Gruppe eingeordnet. Die Vorschläge des ALI's gelten ausdrücklich für die erste Gruppe; die meisten, jedoch nicht alle, sollen auch für die zweite Gruppe Anwendung finden, während keine der vorgesehenen Regelungen ausschließlich die dritte Gruppe betrifft. Die folgenden Ausführungen geben die wichtigsten Reformvorschläge des American Law Institutes wieder (vgl. ALI, Principles, 45-115).

Kapitel 3.01 Unternehmungsleitung: Rechte und Funktionen der Senior Executives

Die Corporation soll gemäß ALI-Vorschlag nicht mehr durch den Board insgesamt, sondern durch die von ihm gewählten *„Senior Executives"* (inside Direktoren) geführt werden. Diese Aufgabenteilung entspricht der ganz überwiegenden Unternehmungspraxis; die Verantwortung des Boards ist heute bereits auf die Überwachung der entsprechenden Managementfunktionen beschränkt. Bei der Ausführung ihrer Managementfunktionen sind die Senior Executives und deren Beauftragte verpflichtet, ihre Aufgaben unter Berücksichtigung der Grundsätze der Unternehmungsführung, der Unternehmungsplanung und der Unternehmungspolitik, wie sie durch den Board festgesetzt werden, sowie seiner Einzelanweisungen zu erfüllen. Soweit keine Einschränkungen im Einzelfall vorliegen, hat der als Führungsspitze herausgestellte *„Chief Executive Officer"* die Kompetenz für das Tagesgeschäft gegenüber Dritten, nicht jedoch für außergewöhnliche Maßnahmen. Die hier vorgetragene Regelung verstärkt die beobachtbare Tendenz, daß den Senior Executives eine weitgehende Kompetenz gegenüber Dritten zugesprochen wird, wobei eine Präzisierung der Abgrenzung nicht gegeben wird. Zweifellos ist jedoch der Board unverändert für die Festsetzung der Dividenden sowie die Auswahl, Wahl, Wiederwahl und Ersetzung der Senior Executives zuständig; ebenso ist die Unternehmungsplanung und Unternehmungspolitik, die Festsetzung der Grundsätze der Unternehmungsführung sowie die Überwachungsaufgabe unverändert Bestandteil der Kompetenz des Boards. Die Genehmigung der wichtigsten Unternehmungspläne und Unternehmungsstrategien und die Grundsätze der Bilanzierung bleiben ebenfalls im Zuständigkeitsbereich des Boards.

Kapitel 3.02: Aufgaben und Rechte des Boards

Mit einem *detaillierten Katalog* soll gesetzlich vorgegeben werden, welche Mindestaufgaben der Board einer Publikumsgesellschaft wahrzunehmen hat, und welche Rechte und Pflichten darüber hinaus einem Board übertragen werden können. Die vorgeschlagene Regelung stellt zusammen mit Kapitel 3.01 sicher, daß die *Führungs- von der Überwachungsaufgabe* getrennt ist. Die Unternehmungsführung wird durch die Senior Executives, die Überwachungsaufgabe durch den Board vollzogen. Der Schwerpunkt des Boards liegt damit auf der Überwachungsfunktion. Er hat die Führung im Interesse der Kapitaleigner in loyaler, aber unabhängiger Weise zu überwachen.

Anders als in der amerikanischen Rechtsprechung erfolgt hier eine dem *deutschen Aktienrecht entsprechende Aufgabenverteilung,* da in der amerikanischen Unternehmungspraxis in zunehmendem Maße deutlich geworden ist, daß zumindest in den großen Publikumsgesellschaften der Board nicht mehr die Unternehmung führt. Diese Aufgabe haben vielmehr die Senior Executives übernommen. Die denkbare Alternative, die Überwachungsfunktion der Hauptversammlung zu übertragen, wird wegen der unzureichenden Eignung dieser Institution und ihrer Schwerfälligkeit abgelehnt. So erscheint dem Institut der Board in hohem Maße geeignet, diese Funktion zu übernehmen, zumal er eine überschaubare und geschlossene Einheit darstellt, dem Unternehmungsinteresse (*„Interests of the Enterprise"*) verpflichtet ist und insgesamt hinreichende Kenntnisse in der Unternehmungsführung besitzt, um eine unabhängige Überwachung vorzunehmen.

Das hier als Überwachungsmodell (*„Monitoring Model"*) bezeichnete Alternativmodell bevorzugt damit einen Board, der das Management einsetzt, überwacht und die wichtigsten Unternehmungspläne und Richtlinien genehmigt, darüber hinaus die Unternehmungsentwicklung beobachtet und vom Management eine entsprechende Leistung erwartet. Auch wenn eine Mitwirkung am Tagesgeschäft nicht vorgesehen ist, hat der Board nicht nur zu prüfen und zu genehmigen, sondern kann darüber hinaus unverändert wichtige Änderungen in der Unternehmungspolitik und -strategie anregen. Seine Mitwirkung an einzelnen Entscheidungen des Managements bleibt unverändert möglich. Ein Vergleich zur Entwicklung des Schweizer Verwaltungsrats-Modells in größeren Unternehmungen drängt sich dem Beobachter auf.

Kapitel 3.03: Zusammensetzung des Boards

Der Vorschlag des ALI's zur Zusammensetzung des Boards weicht vom gegenwärtigen amerikanischen Recht ab, das keinerlei einschlägige Vorschriften kennt. In Anlehnung an die Entwicklung in der Unternehmungspraxis wird für die großen Publikumsgesellschaften zwingend eine *Mehrheit der outside Direktoren* verlangt. Diese Zusammensetzung ist ebenfalls in Verbindung mit der dominanten Überwachungsaufgabe des Boards neuerer Prägung zu sehen. Zwei Überlegungen spielen bei dem entsprechenden Vorschlag eine Rolle: Zum einen ist der Board der großen Publikumsgesellschaften mehrheitlich mit Personen zu besetzen, die nicht Senior Executives sind, zum anderen werden die Senior Executives nicht grundsätzlich von der Mitgliedschaft im Board ausgeschlossen.

Kapitel 3.04: Rechte und Aufgaben der outside Direktoren im Board

Den outside Direktoren wird das Recht zugestanden, mit ihrer Stimmenmehrheit interne oder externe Berater anzurufen, weitere unterstützende Maßnahmen in Auftrag zu geben, sowie Bücher und Aufzeichnungen der Gesellschaft jederzeit selbst oder durch Dritte einzusehen und zu analysieren. Die hier aufgeführten Rechte stehen nach derzeitigem Recht dem gesamten Board zu, allerdings hat keine Untergruppe als Ganzes die oben angeführten Rechte.

Die Kapitel 5 bis 8 des 3. Teils enthalten detaillierte Vorschläge zum *Audit, Nominating* und *Compensation Committee*, die sich insbesondere mit den Rechten und Pflichten dieser Committees auseinandersetzen. Dabei wird für alle Corporations zwingend ein *Audit Committee* vorgeschrieben, das ausschließlich mit Outsidern zu besetzen ist. Die Einrichtung von Compensation und Nominating Committees, deren Mitglieder mehrheitlich Outsider sein sollen, hat hingegen nur Empfehlungscharakter.

1.2.2 Kritik am ALI-Modell

Das Idealmodell des ALI's wird den Praxiserfordernissen nach Flexibilität nicht gerecht

Die Vorschläge des ALI's sind in der Öffentlichkeit auf heftige Kritik gestoßen. Der *Business Roundtable*, eine Vereinigung hochkarätiger Spitzenführungskräfte, hat die Kritik zu den ALI-Vorschlägen in drei Punkten zusammengefaßt:

(1) Die Vorschläge entsprechen weniger einer Konsolidierung der bestehenden Rechtsentwicklung im Rahmen der bisher geübten *„Restatement"-Praxis*, sondern gehen teilweise weit über die vorhandenen Regelungen hinaus, indem konkrete Vorschläge für eine gesetzliche Weiterentwicklung und Festschreibung des Unternehmungsverfassungsrechts gemacht werden (vgl. Business Roundtable, Statement, 7).

(2) Der Entwurf des ALI's entspricht *nicht* dem traditionellen Prozeß der Rechtsentwicklung. Dieser Kritikpunkt wird wie folgt umschrieben:

> „It is not surprising that the reporters have fixed upon a model of corporate governance whose cornerstone is further regulating and judicial oversight. The reporters are all lawyers, whose experience with governing major commercial and industrial organizations is, perforce, limited" (Business Roundtable, Statement, 4).

Diese Kritik richtet sich in erster Linie auf die Festschreibung eines „idealen" Modells der Board-Verfassung, das insbesondere die *weitgehende Gestaltungsfreiheit*, durch die sich das Board-System in den Vereinigten Staaten bislang auszeichnete, wesentlich *einschränkt*. In diesem Sinne kritisiert auch Andrews die Inflexibilität des vorgeschlagenen Modells (vgl. Andrews, Rigid Rules, 38).

(3) Eine Realisierung des ALI-Vorschlags würde zu folgenden *Nachteilen* für die Unternehmung führen:

- Geringe Flexibilität und Anpassungsfähigkeit, um auf veränderte Markt- und Wettbewerbssituationen reagieren zu können,
- höhere Kosten,
- geringere Produktivität,
- mangelnde Bereitschaft zur Übernahme von Risiken,
- größerer Fokus auf kurzfristigen statt auf langfristigen Ergebnissen und
- mangelnde Bereitschaft qualifizierter Personen Board-Mandate zu übernehmen (vgl. Business Roundtable, Statement, 7).

Eine verstärkte Haftung der Direktoren würde eine Prozeßflut auslösen

Neben Vorschlägen zur Verbesserung von Struktur und Funktionen des Boards enthält das Modell des ALI's detaillierte Regelungen zur *Haftung der Direktoren* (vgl. ALI, Principles, 127-426). In diesem Zusammenhang weist der Business Roundtable kritisch auf die Flut von Prozessen hin, die eine Legalisierung des Modells nach sich ziehen würde. Er kreiiert in diesem Zusammenhang den Begriff des *„Litigating Model of Corporate Governance"*, da in dem ALI-Vorschlag die Haftung der Direktoren erheblich ausgeweitet wird (vgl. Business Roundtable, Statement, 2). Zum einen soll die *„Business Judgment Rule"* nur noch in abgeschwächter Form gelten, zum anderen werden *„Derivative Action Suits"* durch prozessuale Veränderungen des Klageverhaltens für die Aktionäre erleichtert. Unter „Derivative Suits" versteht man die Klage eines Aktionärs im Namen der Corporation gegen das Management der Corporation („actio pro socio").

Bisher konnte das Management bzw. der Board im Falle einer Klage durch die Aktionäre zu seiner Verteidigung die Business Judgment Rule vorbringen. Sie besagt, daß eine Haftung der Direktoren dann nicht eintritt, wenn die Beklagten *„in good faith and with reasonable business purpose"* gehandelt haben (vgl. Aguilar, Doctrine, 2). Die Beweislast liegt dabei auf der Aktionärsseite. Da die Kläger in der Regel nicht in der Lage sind, den Beweis zu erbringen, daß das Management bzw. der Board nicht im Interesse der Gesellschaft, sondern in ihrem eigenen Interesse gehandelt haben, werden zur Zeit viele Prozesse bereits in der Anfangsphase mangels Beweisen abgewiesen (vgl. Cifelli, Rolling Back, 94). Nach den Vorschlägen des ALI's soll dagegen das Gericht das gesamte Verfahren abwickeln und erst zum Schluß entscheiden, ob die Business Judgment Rule zur Anwendung kommt. Das würde nach der Ansicht von Cifelli folgende Konsequenz nach sich ziehen:

„... the change would significantly water down the defense because hearing all the evidence would encourage judges to secondguess the wisdom of decisions, and not just the propriety" (Cifelli, Rolling Back, 94).

Eine Anwendung dieser abgeschwächten Form der Business Judgment Rule würde bedeuten, daß die Direktoren wesentlich mehr Zeit mit der *Sammlung von Informationen* und der *Prüfung* der ihnen vorgelegten *Entscheidungen* verbringen müßten. Daraus würde eine Fokusverschiebung in der Wahrnehmung ihrer Aufgaben hin zu einer stärkeren Überwachung der kurzfristigen Unternehmungsentwicklung folgen:

„The board would become myopic in setting the planning horizon for management policies, and the corporation would become more concerned with short-term rather than long-term profit maximization. Pushing board functions in the direction of increased responsibility for reviewing more information serves only to undermine the ALI Model's efficiency" (MacAvoy et al., ALI Proposals, 22).

Eine Abschwächung der Business Judgment Rule dürfte darüber hinaus eine weitere wichtige unternehmungspolitische Konsequenz nach sich ziehen: Eine verstärkte Haftung und die damit verbundene Erhöhung der Sorgfaltspflicht wird die *Risikofreudigkeit* von Boards erheblich *einschränken.*

Mittlerweise ist die Diskussion der ALI-Vorschläge weitgehend verebbt, eine Möglichkeit der Legalisierung besteht nicht. Das *Scheitern dieser Reformvorschläge* ist insbesondere auf die massive Kritik der Corporations und ihrer Spitzenverbände zurückzuführen. Die negativen Konsequenzen werden nochmals in komprimierter Form in der folgenden Erklärung des „Listed Company Advisory Committee of the New York Stock Exchange" deutlich:

„A mandatory monitoring model, including specified board and committee structure, along with revisions of the business judgement rule and increased corporate and director liability runs the serious risk of being counter-productive. The proposed revisions would inhibit the flexibility needed in different corporate contexts, chill the initiative and risk-taking inherent in business enterprise and make it difficult to recruit directors of the quality and disposition desirable" (Listed Company Advisory, Committee of the New York Stock Exchange zitiert in: Business Roundtable, Statement, 7).

2. Entwicklungstendenzen einstufiger Boards

Nicht nur aufgrund des juristischen Interesses erfolgte eine zunehmende Veränderung der Board-Praxis, sondern auch über das wachsende betriebswirtschaftliche Interesse an Fragen der Spitzenverfassung. Unter dem Eindruck des Fehlverhaltens von Unternehmungen im Bereich internationaler Aktivitäten und der mangelnden Berücksichtigung von öffentlichen Konsumenten- und Mitarbeiterinteressen, der Rolle omnipotenter Unternehmungsführer, denen der Board kaum Paroli bieten konnte, von Unternehmungszusammenbrüchen, die offensichtlich ebenfalls durch den Board nicht rechtzeitig erkannt wurden und bei denen Versuche zur Gegensteuerung nicht deutlich wurden, wurde die betriebswirtschaftliche Theorie und Praxis auf den Plan gerufen, um eine Verbesserung der Situation herbeizuführen.

Wichtige Impulse für die Weiterentwicklung der unternehmungsverfassungsrechtlichen Regelungen in den Vereinigten Staaten kamen vor allen Dingen aus dem Kontext der *„Corporate Accountability"-Diskussion* zu Beginn der 70er Jahre. Dabei sind insbesondere die *Kampagne General Motors* und die Reformvorschläge von *Ralph Nader* und *Christopher Stone* zu nennen, die beide in engem Zusammenhang zueinander zu sehen sind. Als Reaktion auf die teilweise vehement geführte öffentliche Kritik an der Board-Praxis haben auch verschiedene *„Regulating Agencies"* (hier vor allem die Securities and Exchange Commission (SEC) und die New York Stock Exchange (NYSE) Positionen bezogen und eine Reihe von Maßnahmen zur Beseitigung der Mängel in Erwägung gezogen. Die Unternehmungen haben auf diese Kritik durch die Entwicklung von Funktionsbeschreibungen für den Board und die entsprechende Anpassung der Board-Praxis reagiert.

2.1 Kritik an der Board-Praxis

Wesentliche Entwicklungen, die sich über den veränderten Kontext ergeben, in dem amerikanische Unternehmungen heute operieren, lassen sich als Antworten auf die berechtigte Kritik an Struktur und Verhalten von Boards interpretieren. Die *Kritik am amerikanischen Board-System* setzt dabei an verschiedenen Erscheinungen der Verfassungswirklichkeit an.

(1) Omnipotenz von Boards und einzelner ihrer Vertreter

Boards werden bei Unternehmungen, deren Aktienbesitz breit gestreut ist, nur bei geringer persönlicher Präsenz von Aktionären gewählt. Das Wahlverfahren mit *postalisch eingesandten Stimmrechtsvollmachten („Proxies")* öffnet der Manipulation durch amtierende Direktoren ein weites Feld: Diese haben Zugang zu kritischen Informationen, über die sie höchstwahrscheinlich in einer Weise verfügen werden, die ihrer Wiederwahl förderlich ist. Dies gilt insbesondere für die CEO's, die aufgrund ihrer Machtstellung die Zusammensetzung des Boards weitgehend selbst bestimmen. Das o.g. Wahlverfahren

„... has led to a selection process that perpetuates boards comprised of directors who are sympathetic to top management; who, in fact, feel a sense of loyality and obligation that prevents them from viewing management proposals objectively or from opposing management on important issues" (Bacon/Brown, Perspectives and Practices, 14).

Da sich die CEO's faktisch nur einer kollegialen, aber kaum einer Außenkontrolle ausgesetzt sehen, werden sie häufig mit absoluten Monarchen verglichen, die über ein unbeschränktes Mandat verfügen.

(2) Ungleichmäßige Verteilung von Macht, Wissen und Arbeitsbelastung im Board

Inside Direktoren besitzen als Angehörige der Führungsspitze der Unternehmung erhebliche Vorteile im Hinblick auf Macht und Wissen über die internen Zusammenhänge und die Entwicklung der Gesellschaft. Diese sind nicht immer bereit, ihre Macht und ihr Wissen mit den *outside Direktoren* zu teilen. So besteht die generelle Tendenz, daß die outside Direktoren entweder in eine *Statisten-Rolle* gedrängt werden, in der ihnen kaum etwas anderes übrig bleibt, als Maßnahmen des Managements gutzuheißen *(„Rubber Stamp-Boards")*, oder aber sie werden bei ihren Entscheidungen mehr oder weniger von den inside Direktoren *manipuliert*. In *Familien-Gesellschaften* entwickelt sich jedoch nicht selten die *umgekehrte Struktur*: Die outside Direktoren haben alle Macht an sich gezogen, während die Insider auswechselbare Marionetten der Eigentümer und ihrer Vertreter sind. Die Insider verhalten sich diesen gegenüber dann mehr oder weniger opportunistisch. Beide Fälle zeigen die *Labilität der Spitzenstruktur* im Hinblick auf Verschiebungen der Machtverhältnisse in der Unternehmung.

(3) Oberflächlichkeit und Kurzsichtigkeit in der Board-Arbeit

Ein weiterer Kritikpunkt, der von Zeit zu Zeit vorgebracht wird, bezieht sich auf die Arbeitsweise der Boards:

„Most boards do not deal in depth with fundamental matters of long term direction and overall management of the company; many simply provide a superficial review of operating performance and specific management proposals. Very few boards plot the course of the company by setting objectives, evaluating alternative strategies, and establishing specific business policies for the corporation" (Clendenin , Company Presidents, 64).

Insgesamt beklagt auch Eisenberg die Abnahme der Befugnisse von Boards gegenüber dem Management, die zu einer Erosion der Macht von Boards und zu einem Machtzuwachs des professionellen Managements in Unternehmungen mit breit gestreutem Aktienbesitz geführt hat (vgl. Eisenberg, Structure, 139-141). Boards im einstufigen Führungssystem scheinen damit zu einer passiven, konservativen Rolle zu tendieren:

„It is extremely rare to find a board that raises issues or innovates. Corporate boards tend to be highly conservative in their attitudes ... The primary concern of many boards is merely the prevention of financial disaster ... the focus of the boards seems to be on averting or counteracting disaster, rather than initiating or encouraging success. In this sense, many boards restrain management, but very few drive management" (Clendenin, Company Presidents, 64).

(4) Mangelnde Objektivität und Neutralität von Boards

Fragen, die die Mitglieder des Gremiums betreffen, entscheidet der Board selbst (vgl. Jennings, Leadership,). Interessenkollisionen können sich insbesondere dann ergeben, wenn die Vertragsgestaltung der Direktoren mit der Gesellschaft und ihre Vergütung zur Diskussion stehen. Eisenberg konkretisiert diesen Aspekt, indem er feststellt, daß bei Boards generell ein Mangel an Objektivität und Unabhängigkeit festzustellen sei, wenn

Board-Mitglieder durch das Management ausgewählt werden:

„As a result of current practices on selection and tenure, even those directors who are not bound to incumbent management by economic and psychological ties are unlikely to be truly independent" (Eisenberg, Structure, 146).

2.2 Die „Corporate Accountability"-Diskussion

Mit dieser Diskussion, die insbesondere mit den Aktivitäten von *Ralph Nader* verbunden ist, wurde eine stärkere Berücksichtigung gesellschaftlicher Interessen durch die Unternehmungen angestrebt. Greanias/Windsor definieren Corporate Accountability wie folgt:

„Accountability is rooted in the concept that corporations have been granted a franchise or license by society that is in the nature of a privilege. Continuation of that franchise requires an accounting of the corporation's relationship with and contribution to society" (Greanias/Windsor, Foreign Corrupt Practices, 35).

Vor diesem Hintergrund sind die verschiedenen Bestrebungen zur Reform der Board-Praxis zu Beginn der 70er Jahre zu sehen.

General Motors als Zielscheibe von Aktivisten zur Institutionalisierung von öffentlichen Interessen

Zu Beginn des Jahres 1970 erwarb eine kleine Gruppe junger Rechtsanwälte 12 Aktien der General Motors Corporation. Diese Gruppe bildete das *„Project for Corporate Responsibility" (PCR)*. Sie gab öffentlich zu erkennen, daß die unternehmerische Verantwortung des damals größten Automobil-Herstellers der Welt infrage gestellt werden sollte. Man hatte General Motors wegen seiner Größe und seiner Geltung als Zielunternehmen ausgewählt. Die Gruppe wollte General Motors veranlassen, neun Resolutionen, über die die Aktionäre in der Hauptversammlung von 1970 abstimmen sollten, in das Proxy-Statement aufzunehmen (vgl. Vance, Corporate Leadership, 144ff.). Die Resolutionen hatten folgenden Inhalt:

(1) Einen Zusatz zur Charter zu verabschieden, der eine Konsistenz zwischen den Entscheidungen des Managements, der öffentlichen Wohlfahrt und den Gesetzen garantiert.

(2) Die Erweiterung des Board of Directors um drei Mitglieder, deren Aufgabe in der Überwachung des vorgenannten Zusatzes besteht.

(3) Die Schaffung eines Aktionärskommittees für „Corporate Responsibility" sowie die Vorbereitung und Veröffentlichung eines Berichts mit Informationen über die soziale Verantwortlichkeit der General Motors Corporation, die Entwicklung von umweltfreundlichen, sicheren Personenkraftwagen und Fragen der Unternehmungsverfassung.

(4) Die Unterstützung der General Motors Corporation für Massentransportmittel.

(5) Die Erhöhung der Sicherheit von Passagieren in Personenkraftwagen.

(6) Die Einhaltung spezifischer Normen zur Verringerung der Luftverschmutzung.

(7) Eine 5-Jahres- oder 50'000-Meilen-Garantie auf Personenwagen.

(8) Die Überwachung der Werkssicherheit.

(9) Die Zuteilung eines bestimmten Anteils der Führungspositionen und der Händlervertretungen an Minoritäten.

General Motors legte diese Resolution der SEC zur Überprüfung vor, die dann entschied, daß nur die Resolutionen 2 und 3 in das Proxy Statement aufgenommen werden durften. In der Hauptversammlung wurde über diese beiden Resolutionen abgestimmt, wobei die Resolution Nr. 2 2,44% und die Resolution Nr. 3 2,73% des stimmberechtigten Aktienkapitals erhielt. 1971 wurde ein weiterer Versuch unternommen, die folgenden drei Resolutionen in das Proxy Statement aufzunehmen:

1. Vorschläge zur „Shareholder Democracy" (Aktionäre sollen Direktoren direkt nominieren können).

2. Vorschläge zur „Constituent Democracy" (Mitarbeiter, Händler und Abnehmer von Erzeugnissen der General Motors sollen als Gruppe jeweils einen Kandidaten für den Board of Directors nominieren).

3. Informationen im Geschäftsbericht zur Luftverschmutzung, der Sicherheit von Personenkraftwagen und der Beschäftigung von Minoritäten.

In der Hauptversammlung erhielten diese drei Resolutionen wiederum nur zwischen 1,11 und 2,36 % des stimmberechtigten Aktienkapitals.

Trotz Scheitern der Kampagne hinterläßt sie ihre Spuren in faktischen Veränderungen von Boards

Die Bedeutung der Kampagne GM ist letztlich im großen öffentlichen Interesse, das ihr engegengebracht wurde, zu sehen. General Motors reagierte mit folgenden Maßnahmen auf die Vorschläge des PCR's: Drei Monate nach Abschluß der Kampagne GM bildete der Board ein *Public Policy Committee*. Im gleichen Jahr (1971) wurde zum ersten Mal eine *Frau* in den Board gewählt, 1972 kam ein *Farbiger* hinzu. Außerdem wird seit dieser Zeit der *„General Motors Public Interest Report"* veröffentlicht, der ausführliche Informationen über die soziale Verantwortlichkeit des Unternehmens enthält.

Die Kampagne GM hat auch Auswirkungen auf andere Unternehmungen gehabt. Wie in einem späteren Kapitel noch darzustellen ist, hat sich in den 70er Jahren die Board-Zusammensetzung in vielen Corporations merklich verändert. Die Berufung von Frauen und Minoritäten in den Board ist heute nicht mehr ungewöhnlich. Weiterhin ist eine verstärkte Sozial- und Umweltberichterstattung der Unternehmungen zu beobachten, die sicherlich als Reaktion auf die Forderungen der verschiedenen Interessengruppen zurückzuführen ist.

Die Aktivitäten der *„Corporate Activists"* sind seit Beginn der 70er Jahre ständig *angewachsen*. Die Aktivisten, die im Regelfall nur ganz wenige Aktien besitzen, erhalten durch ihren Aktienbesitz Zugang zur Hauptversammlung und dominieren häufig den größten Teil der Sitzungszeit mit Resolutionen, die wenig oder kein Interesse der übrigen Aktionäre finden. So weist die American Society of Corporate Secretaries in einer Studie nach, daß von 630 untersuchten Resolutionen 28% von Aktionären stammten, die weniger als 10 Aktien der betreffenden Unternehmung hielten (vgl. Hudson, SEC Rules, 11). Um den Mißbrauch der Hauptversammlung als Austragungsort sozialer und politischer Konflikte zu verhindern, hat die SEC zum 1. Januar 1984 zwei neue Regelungen erlassen: (1) Ein Aktionär, der der Hauptversammlung eine Resolution vorlegen will, muß wenigstens einen Aktienbesitz im Wert von $ 1.000 oder 1% des Aktienkapitals nachweisen können. (2) Eine Resolution, die bei der Abstimmung weniger als 5% der abgegebenen Stimmen erhält, darf im folgenden Jahr nicht erneut vorgelegt werden (vgl. Hudson, SEC Rules, 11). Mit dieser Regelung werden die Aktivitäten der „Corporate Reformers" zwar eingeschränkt, aber nicht unmöglich gemacht. In der Beurteilung der neuen Regelungen erwartet man, daß die *Hauptversammlungen* sich in Zukunft *stärker* mit *unternehmungsspezifischen Belangen* und *weniger* mit *allgemeinen gesellschaftspolitischen Veränderungen* auseinandersetzen werden.

Ralph Naders Versuch, über das „Federal Chartering" ein einheitliches Inkorporationsrecht zu schaffen

Ein weiterer wesentlicher Impuls für eine Änderung der Unternehmungsverfassung in den Vereinigten Staaten geht auf *Ralph Nader* zurück, dessen Vorschläge zwar heftig diskutiert, aber letztendlich abgelehnt wurden. Seine Aktivitäten beziehen sich auf das sog. *„Federal Chartering"*. Mit diesem Vorschlag, der von Ralph Naders *„Corporate Accountability Research Group"* unterstützt wurde, sollte ein *einheitliches Inkorporationsrecht* geschaffen werden, um zu verhindern, daß einzelne Staaten durch eine besonders freizügige Regelung der Inkorporation zum Nachteil der Aktionäre Anreize für die Gründung neuer Unternehmungen oder die Verlagerung von Firmensitzen schaffen. Nach den Vorschlägen von Ralph Nader sollte das bundeseinheitliche Inkorporationsrecht für alle Corporations Anwendung finden, deren Umsatz $ 250 Mio. oder deren Mitarbeiter die Zahl 10'000 übersteigt. Unter diese Regelung wären die 700 größten US-Unternehmungen gefallen. Der Board, bestehend aus neun *„Constituent Directors"*, sollte vollzeitlich das Management der Unternehmung überwachen. Jedem Direktor wäre ein bestimmter Bereich zugeordnet worden: Personalwesen, Konsumentenschutz, Umweltschutz und Öffentlichkeitsarbeit, Aktionärsinteressen, Einhaltung der gesetzlichen Vorschriften, Finanzwesen, Beschaffung und Marketing, Managementeffizienz, Planung und Forschung. Die Direktoren sollten ausschließlich und direkt durch die Aktionäre nominiert werden. Jeder Direktor sollte nur ein Board-Mandat übernehmen dürfen, um persönliche Verflechtungen auszuschalten. Außerdem sollten die Direktoren keinerlei wirtschaftliche Beziehungen zur Corporation unterhalten. In diesem Sinne hätte sich ein reiner outside Board gebildet (vgl. Groening, Corporate Managers, 237).

Entsendung von staatlich bestellten Direktoren zur Wahrnehmung des öffentlichen Interesses

Ein anderer Vorschlag, der ebenfalls die Überwachungsfunktion des Boards verstärken sollte, kam von *Christopher Stone* (vgl. Stone, Law,). Stone ging von der These aus, daß es gesetzlichen Vorschriften eigen ist, Lücken aufzuweisen. Unternehmungen nutzen diese Lücken zu ihren Gunsten, um sich ihrer sozialen Verantwortung zu entziehen. Aus diesem Grund wäre es notwendig, *10% der Board-Sitze* einer Unternehmung mit *öffentlich bestellten Direktoren* zu besetzen. Sie könnten von einer Regierungsbehörde, z.B. der SEC, ernannt werden und hätten vollzeitlich für die Corporation zu arbeiten. Ihre Hauptaufgabe sollte in der Sicherung der *sozialen Verantwortlichkeit* der Unternehmung liegen. Stone beschränkte seinen Vorschlag auf Corporations, deren Aktienkapital oder Umsatz die Milliardengrenze übersteigt. In bestimmten Fällen, in denen eine Corporation mehrfach gegen gesetzliche Vorschriften verstoßen hat, sollten weitere „Special Public Directors" durch die Regierung ernannt werden. Stone spricht in diesem Fall von der *„Demonstrated Delinquency Situation"* oder einem *„Generic Industry Problem"*. Den zusätzlich zu ernennenden Direktoren würde die Aufgabe zufallen, die spezifischen Probleme, die zu ihrer Ernennung geführt haben, zu beseitigen (vgl. Groening, Corporate Manager, 237). Auch dieser Vorschlag wurde nicht in die Praxis umgesetzt.

2.3 Der Einfluß der „Regulating Agencies" und der New York Stock Exchange

Die SEC als wesentliche Quelle des Anstoßes zur Veränderung der Verfassungswirklichkeit

Eine wesentliche Rolle bei der Veränderung der amerikanischen Board-Praxis haben verschiedene „Regulating Agencies", wie etwa die *Securities and Exchange Commission,* gespielt. Der SEC, die 1934 mit dem *Securities Exchange Act* ins Leben gerufen wurde, kommt in diesem Zusammenhang besondere Bedeutung zu. Der Zweck dieser Behörde besteht im Schutz der Interessen der investierenden Öffentlichkeit bei Wertpapiertransaktionen. Während der letzten Dekade hat die SEC aber zunehmend die Rolle eines Schiedsrichters in umstrittenen Fragen der Board-Verfassung wahrgenommen.

Auflagen zur Verbesserung der Information von Aktionären und Öffentlichkeit

Dabei ging es zunächst um Fragen der *Informationspolitik* gegenüber der Öffentlichkeit. So wurde verlangt, daß die Corporations bestimmte ökonomische und persönliche Beziehungen zwischen dem Board, dem Management und der Corporation offenlegen. Die SEC hat sich weiter im Feld der Corporate Governance dadurch hervorgetan, daß sie mehrfach Vorschläge für eine Reform des Systems in der Öffentlichkeit zur Diskussion stellte. So beabsichtigte sie beispielsweise für alle diejenigen Corporations, die ihrer

Überwachung unterliegen (etwa 1'000), die zwangsweise *Einführung von Audit Committees* per Verordnung (vgl. Vance, Corporate Leadership, 121). Nach der darauf folgenden, teilweise heftig geführten Diskussion verzichtete die SEC schließlich auf eine gesetzliche Initiative, da die Corporations die vorgeschlagene Maßnahme in mehr oder weniger abgeänderter Form freiwillig realisierten. Dieses Ergebnis einer Initiative unterstreicht die *Flexibilität* und *Anpassungsfähigkeit* des amerikanischen Systems der Spitzenverfassung.

Gegen „Crimes in the Suites" wird eingeschritten

In der Welle der „post Watergate"-Kritik von Bestechungsskandalen griff die SEC zunehmend zu einschneidenderen Maßnahmen. Zum ersten Mal wurden Schritte unternommen, um die Boards für sog. *„Crimes in the Suites"* zu bestrafen. In diesem Zusammenhang mußten beispielsweise die *Lockheed Aircraft Corporation* und die *Northrop Corporation*, die beide in Bestechungsskandale verwickelt waren, die Zusammensetzung ihrer Boards ändern. Während der frühere Insider-Board von Northrop in einen Outsider-Board umgewandelt wurde, mußten bei Lockheed, die damals bereits über einen Outsider-Board verfügte, 3 Direktoren ausgewechselt werden. Beide Unternehmen verpflichteten sich, in Zukunft 60% der Board-Positionen mit Outsidern zu besetzen.

Harold Williams als „Maverick" fordert den Outsider-Board

Unter der Führung von *Harold Williams*, dem besonders engagierten früheren Chairman der SEC, wurde die Rolle der SEC als Impulsgeber in kritischen Fragen der Corporate Governance erheblich ausgeweitet. Er forderte, daß der Board grundsätzlich nur mit outside Direktoren besetzt sein sollte, mit Ausnahme des Presidents bzw. CEO's als einzigem inside Direktor. Dies hätte zur Folge gehabt, daß ein *Outsider* den Board als *Chairman* leiten müßte und die Rollen von Chairman und President deutlicher auseinandergefallen wären. Der Board wäre damit in die Nähe des Schweizer Verwaltungsrates gerückt, wobei der President die dortige Rolle des Delegierten eingenommen hätte. Seine Vorschläge stießen in der amerikanischen Wirtschaftspraxis ebenfalls auf erheblichen Widerstand; dennoch übernahmen einige wenige Unternehmungen diese Vorschläge in eigener Verantwortung (z.B. die Versicherungsgesellschaft Connecticut General bis zur Aufgabe ihrer Selbständigkeit) oder näherten sich diesem Modelltyp an.

Weitere Regulating Agencies nehmen Einfluß auf die Board-Verfassung

Als weitere „Regulating Agencies", die in bestimmten Fällen im Bereich der Corporate Governance aktiv werden, sind die *„Environmental Protection Agency"* (EPA) und die *„Federal Deposit Insurance Corporation"* (FDIC) zu nennen. So ist die EPA dazu übergegangen, persönliche Strafauflagen an Direktoren für Verstöße gegen umweltrechtliche Bestimmungen zu verhängen.

Die FDIC hat im Zusammenhang mit der Rettungsaktion der kurz vor dem Zusammenbruch stehenden *Continental Illinois Corporation* und ihrer Tochtergesellschaft, der Continental Illinois National Bank & Trust Company, für beide Unternehmen einen neuen

Chairman und CEO ernannt. Weiterhin durften sich alle diejenigen Direktoren, die vor 1980 im Board vertreten waren, nicht mehr zur Wiederwahl stellen (vgl. o.V., FDIC, 3; o.V., Well-Timed Purge, 65f.). Vorschläge für neue Board-Mitglieder müssen von der FDIC genehmigt werden.

Diesen massiven Eingriff in die Board-Struktur begründet die FDIC damit, daß die betreffenden 10 Direktoren (darunter namhafte Persönlichkeiten wie der Chairman/CEO der Borg-Warner Corporation, der President/CEO der Baxter Travenol Laboratories Inc. und der Chairman/CEO der FMC Corporation) ihren Pflichten im Board nicht nachgekommen sind. Nach Auffassung der FDIC hätte der Board die heraufziehende Krise frühzeitig erkennen und die notwendigen Schritte zu ihrer Bewältigung einleiten müssen. Obwohl eine Reihe von Spitzenführungskräften aus verschiedenen Großunternehmungen im Continental-Board vertreten waren, wird der Bank der Vorwurf gemacht, daß diese lediglich als *„Figureheads"* dienten und zum größten Teil gleichzeitig einem sog. *„Old-Boy Network"*, dem „Chicago Club" angehörten, einer informalen Vereinigung von Führungskräften in Chicago, die sich mehrfach in der Woche zum Mittagessen und zu anderen sozialen Anlässen trifft. Eine größere Diversifikation der Board-Mitglieder im Hinblick auf ihren beruflichen Hintergrund und ihre regionale Herkunft hätte nach Ansicht der FDIC die Qualität des Continental-Boards wesentlich erhöht.

Die New York Stock Exchange setzt Audit Committees als Voraussetzung für die Börsenzulassung durch

Die *New York Stock Exchange* hat durch eine Reihe von Bedingungen für dic Börsenzulassung einen *nachhaltigen Einfluß* auf die amerikanische Board-Praxis ausgeübt. Bereits Ende der 50er Jahre forderte die NYSE als Voraussetzung zur Börsenzulassung die Ernennung von wenigstens zwei outside Direktoren in den Board. Von wesentlich größerer Bedeutung für die Board-Verfassung war die Forderung nach einem *Audit Committee*, das ausschließlich mit Outsidern zu besetzen ist:

„Each domestic company with common stock listed on the Exchange as a condition of listing and continued listing of its securities on the Exchange, shall establish no later than June 30, 1978 and maintain thereafter an Audit Committee comprised solely of directors independent of management and free from any relationship that, in the opinion of its Board of Directors, could interfere with the exercise of independent judgement as a committee member. Directors who are affiliates of the company or officers of the company or its subsidiaries would not be qualified for Audit Committee membership" (Knepper, Liability , 801).

Eine Corporation, deren Aktien an der NYSE gehandelt werden, muß diese Bedingungen als Teil ihres Vertrags mit der NYSE erfüllen. (Für ausländische Unternehmungen gelten Sonderregelungen.)

Zur Zeit werden diese *„Listing Requirements"* von mehreren beratenden Ausschüssen, die aus Spitzenführungskräften der an der NYSE zum Handel zugelassenen Corporations bestehen, auf Verbesserungsmöglichkeiten geprüft. Das grundsätzliche Problem bezieht sich dabei auf die Frage, ob die NYSE als einzige Börse in den USA weitere *schärfere*

Zulassungsbedingungen fordern soll. Hinter dieser Frage steht die Befürchtung, daß die NYSE mit strikteren Zulassungsbedingungen Marktanteile an die beiden anderen Börsen, die American Exchange und die NASDAQ, die über keine besonderen Zulassungsbedingungen hinsichtlich der Board-Verfassung verfügen, verlieren könnte.

Rechtsstreitigkeiten: Ein größeres Haftpflichtrisiko macht Board-Mandate für Outsider zunehmend uninteressant

Die in den USA während der letzten Jahre stark gewachsene Tendenz, über Haftpflichtfragen auch individuelle Board-Mitglieder für ein Fehlverhalten zur Rechenschaft zu ziehen, scheint seit etwa 1985 die Board-Praxis erneut zu verändern. Zwar gibt es bislang nur wenig gerichtlich vollzogene Schadens-Haftpflichtfälle, dennoch hat ihre Androhung zu einem Ansteigen der Vergleichspraxis geführt.

Um dieses Problem bis zu einem gewissen Grad zu entschärfen, erlauben 31 Bundesstaaten den Abschluß entsprechender *Versicherungen* durch die Corporations. Trotz des insgesamt *zunehmenden Haftpflichtrisikos* hat es keine erkennbaren Abwanderungstendenzen qualifizierter Board-Mitglieder gegeben. Allerdings scheint heute dem Haftpflichtrisiko bei der Entscheidung über die Annahme eines Board-Mandats größeres Gewicht beigemessen zu werden als dies früher der Fall war.

Potentielle Übernahmekandidaten haben Schwierigkeiten, Board-Mitglieder zu finden

In einer Zeit, in der Übernahmeversuche an der Tagesordnung sind, wird es für solche Unternehmungen, die von der Financial Community oder von Konkurrenzunternehmungen als wahrscheinliche Übernahmeziele eingestuft werden, zunehmend schwieriger, outside Direktoren zu finden. Dies liegt in erster Linie an dem mit der Übernahme verbundenen bereits erwähnten *erhöhten Haftungsrisiko*. Ein abgelehntes Übernahmeangebot kann – da das gewöhnlich über dem aktuellen Börsenkurs liegende Kaufangebot die Aktionäre einen Schaden beziffern läßt – zu Aktionärsklagen gegenüber den Direktoren führen. Zusätzlich ist der *erhöhte* Zeiteinsatz zu nennen, der während der Abwehr eines Übernahmeversuchs von den Direktoren zu leisten ist.

2.4 Funktionen des Boards

Traditionell werden dem Board zwei Funktionen zugeordnet:

- *„Trustee"*-Funktion: Ein Board hat als Treuhänder der Eigentümer zu fungieren, indem er die Anlage und Entwicklung der Aktiven einer Unternehmung im langfristigen Interesse der Aktionäre überwacht.
- *„Management"*-Funktion: Weiter hat ein Board Ziele für die Unternehmungsentwicklung zu bestimmen, die eine effiziente operative Unternehmungsgestaltung

möglich machen und eine langfristige Stabilität und ein nachhaltiges Wachstum in einer sich verändernden Umwelt sichern sollen (vgl. Koontz, Corporate Board, 76).

Im Hinblick auf die öffentliche Kritik an der Board-Verfassung haben sich in den USA während der letzten 10 bis 15 Jahre beachtliche Wandlungen in der Board-Praxis vollzogen, ohne daß sich dies in einer *wesentlichen Änderung der gesetzlichen Rahmenbedingungen* niedergeschlagen hätte.

Der größere rechtliche Gestaltungsspielraum, den der Gesetzgeber den Aktiengesellschaften in den USA zur Organisation ihrer Führungsspitzen gewährt, macht die Anpassung des Board-Systems an veränderte Umweltbedingungen erklärbar:

„The board of directors, long bastion of the capitalistic system, is proving to be vulnerable, like other institutions, to upheavals in the economic, political and social environments of countries around the world. Developments are occurring that are changing the meaning of what is involved in managing a company. In many instances these developments are altering the relationship between the board and management to a profound degree" (Bacon/Brown, Perspectives and Practices, 3).

Vor diesem Hintergrund sind zu Beginn der 80er Jahre von der Wirtschaft als Reaktion auf das veränderte Umfeld Funktionsbeschreibungen des Boards entwickelt worden.

(1) Der Vorschlag des Business Roundtables

Unter der Leitung der Harvard Business School hat 1981 der Business Roundtable in einem speziellen Statement ("The Role and Composition of the Board of Directors of the Large Publicly Owned Corporation") die Aufgaben des Boards aus heutiger Sicht definiert. Nach Ansicht des Business Roundtables sollte der Board folgende Aufgaben wahrnehmen:

(a) Auswahl und Ernennung des CEO's und der wichtigsten Führungskräfte (Corporate Officers),

(b) Beratung und Zustimmung zu Entscheidungen von großer wirtschaftlicher Tragweite für die Unternehmung,

(c) Berücksichtigung der sozialen Verantwortlichkeit der Unternehmung bei wichtigen Entscheidungen,

(d) Überwachung der Einhaltung von gesetzlichen Vorschriften (vgl. Business Roundtable, Board, 8).

(2) Der Pflichtenkatalog von Vance

Eine relativ umfangreiche Liste der Pflichten des Boards stammt von Vance, der vier Katetorien bildet:

(a) Überwachung und Management:

- Wahl des CEO's
- „Entlastung" des Spitzenmanagements

- Forum für den CEO
- Sicherstellung der Führungskompetenz
- Leistungsbeurteilung der Führungskräfte
- Bestimmung der Gehälter und Sozialleistungen
- Garantie der Integrität des Managements durch eine laufende Überwachung
- Festlegung der langfristigen Unternehmungsstrategie
- Entwicklung und Revision einer vom Management zu implementierenden Unternehmungspolitik

(b) Erfüllung rechtlicher Vorschriften:

- Kenntnis neuer gesetzlicher Vorschriften
- Überwachung der Einhaltung aller relevanten Vorschriften
- Verabschiedung von By-Laws und weitergehenden Regelungen
- Ernennung neuer Direktoren
- Genehmigung des Investitionsbudgets
- Autorisierung von Krediten, Ausgabe neuer Aktien und Anleihen usw.

(c) Vertretung der Stakeholder-Interessen:

- Überwachung der Produktqualität
- Verbesserung der Qualität des Arbeitslebens
- Überprüfung der Personalpolitik
- Verbesserung der Kundenbeziehungen
- Verbesserung der Beziehungen zur lokalen Umwelt
- Einflußnahme zur Verbesserung der Kontakte zu Regierungsstellen, zu Verbänden und Bildungsinstitutionen
- Schaffung eines positiven öffentlichen Images

(d) Vertretung der Aktionärsinteressen:

- Erhaltung des Kapitals der Aktionäre
- Stimulierung der Unternehmungsentwicklung
- Verhinderung der „Equity Dilution" im Hinblick auf den Unternehmungswert
- Schaffung der Möglichkeit zur Artikulation und Präsentation der Aktionärsinteressen
- Information der Aktionäre durch eine regelmäßige Berichterstattung
- Erklärung der Dividende
- Sicherstellung der Überlebensfähigkeit der Unternehmung (vgl. Vance, Corporate Leadership, 15).

Letztlich lassen sich diese Funktionen analog zur bundesdeutschen Aufsichtsrats-/Vorstands-Verfassung auf drei zentrale Problemkreise reduzieren: Überwachungs-, Führungs- und Interessenvertretungsfunktion.

II. Die Überwachungsaufgabe des Boards

1. Die personale Dimension der Überwachung

Analog zum bundesdeutschen Aufsichtsrats-/Vorstandsmodell bezieht sich die personale Komponente der Überwachungsfunktion des Boards zum einen auf die *Bestellung und Entlassung der Spitzenführungskräfte*. Über diese Personalkompetenz kann der Board unmittelbar Einfluß auf das Unternehmungsgeschehen nehmen. Voraussetzung für die Nachfolgeplanung ist ein effizientes System der Leistungsbeurteilung. Zum andern bezieht sich die personale Komponente auf kooptierte und zu kooptierende Mitglieder des Spitzenorgans Board selbst (vgl. Kapitel C., II. 1.2.1).

1.1 Sicherung der Kontinuität durch Nachfolgeplanung für Spitzenführungskräfte

Als Indikator für die Bedeutung der personalen Überwachungsdimension kann die Beschäftigung des Boards mit der Nachfolgeplanung gewertet werden. Die Studie der Verfasser zeigt, daß über die Hälfte aller Unternehmungen der Nachfolgeplanung Priorität einräumt. Gleichzeitig ist ein Ansteigen der Bedeutung der Nachfolgeplanung im Zeitablauf zu erkennen (vgl. Bleicher/Paul, Verfassungen, 315).

Die Ernennung und Entlassung des Chief Executive Officers als zentrales Element der personalen Überwachung

Nach den gesetzlichen Vorschriften ernennt der Board den CEO. In Abhängigkeit von den verschiedenen einzelstaatlichen Regelungen muß der Board noch weitere Officers ernennen. Diese Funktion wird in der Literatur übereinstimmend als eine der primären *Funktionen* des Boards gewertet. Das Guidebook argumentiert folgendermaßen:

"The full board of directors should review and approve selection of the chief executive officer and selections of key officers who may be in the line of succession or who hold significant staff functions, such as the financial officer, the controller and the chief legal officer of the corporation" (Committee on Corporate Law, Guidebook, 28).

Obwohl unter formalrechtlichen Gesichtspunkten die Auswahl und Ernennung des CEO's ausschließlich beim Board liegt, ist der *Einfluß des amtierenden CEO's* auf die Entscheidung des Boards nicht zu unterschätzen.

„Typically a successor will be brought from within the ranks, and in such cases the outgoing chief executive has far better information on candidates than the board. Frequently he will have designated a crown prince, either by title (for example, executive vice president), or otherwise; appointment of anyone else is then rendered difficult by the personal and institutional expectations such a designation creates" (Eisenberg, Structure, 163, ähnlich auch Bacon/Brown, Corporate Directorship Practices III, 24).

Trotz dieser Einschränkung gesteht Eisenberg dem Board eine reale aber doch eingeschränkte Rolle bei der Auswahl des neuen CEO's zu. Dies begründet er zum einen damit, daß die Auswahl des CEO's im Gegensatz zur Bestimmung der Unternehmungspolitik eine *einmalige Entscheidung* ist; zum anderen sind die outside Direktoren im Board, die in der Regel als CEO ihrer eigenen Corporation vorstehen, durchaus in der Lage, eine qualifizierte Beurteilung für potentielle CEO-Kandidaten abzugeben.

Mit dem Recht zur *Ernennung* geht gleichzeitig das Recht der *Entlassung* einher. Eisenberg sieht die Ernennung der Spitzenführungskräfte vor allem unter dem Aspekt der Sicherung der Kontinuität der Unternehmung, während das Recht der Entlassung mehr auf die Überwachung der Leistung der Unternehmungsführung abstellt:

„In terms of ongoing corporate activities taken as a whole, the selection power is probably the more important of the two. In terms of the special role the board can play, however, the removal power is preeminent not because removal is so important in itself, but because it assumes a third, semi-autonomous function: monitoring the results achieved by the chief executive's office to determine whether the incumbent should remain in place" (Eisenberg, Structure, 164 f.).

Die *Leistungsbeurteilung des CEO's* selbst steht offensichtlich in enger Beziehung zu einer Beurteilung des Unternehmungserfolgs für den er letztlich verantwortlich gemacht wird. Soweit eine formale Leistungsbeurteilung des CEO's überhaupt durchgeführt wird, erfolgt diese im Zusammenhang mit der in der Regel jährlich stattfindenden Festsetzung der Vergütung (Gehalt, Bonus, Aktienoptionen etc.). Träger dieser Funktion ist das *Nominating bzw. Compensation Committee*, das entsprechende Empfehlungen an den Board ausspricht. Dieses Committee besteht überwiegend oder ausschließlich aus outside Direktoren (vgl. Kapitel D. II. 1.2 und D. VI. 2).

Es gibt zwei Kategorien von Corporate Officers: Constitutional und Subordinate Officers

Der Begriff *„Officer"* wird in den *By-Laws* spezifiziert und umfaßt in der Regel den folgenden weiteren Personenkreis: Chairman of the Board, President, einen oder mehrere Vice Presidents, Treasurer, Secretary und Controller. Die By-Laws der General Motors Corporation definieren diesen Personenkreis exemplarisch wie folgt:

„The officers of the corporation shall be a chairman of the board of directors, one or more vice chairmen of the board of directors, a president, a treasurer, a secretary and a comptroller" (General Motors Corporation, By-Laws, 13).

Diese Officers werden vom Board entsprechend den By-Laws gewählt. Deshalb spricht man auch von *„Constitutional"* oder *„Charter" Officers*. Die Wahl dieser Officers stellt einen rechtlichen Akt des Boards dar und wird in den „Minutes" (Sitzungsprotokollen) der Board-Sitzungen festgehalten.

Neben den konstitutionellen Officers gibt es eine zweite Kategorie von Officers, die häufig als *„Subordinate Officers"* bezeichnet werden. Während „Charter Officers" für die Ausfüllung des konstitutionellen Rahmens zwingend vorgeschrieben sind, werden „Subordinate Officers" nur in der Rolle des „Agent of the Corporation" tätig. Sie werden vom Board ernannt, soweit der Board diese Funktion nicht delegiert hat. In den By-Laws des gleichen Automobilunternehmens heißt es hierzu:

„The board of directors and, in the fields of their jurisdiction, the finance committee and the executive committee, may from time to time appoint such subordinate officers as they may deem necessary..." (General Motors Corporation, By-Laws, 14).

Die By-Laws definieren also lediglich bestimmte Positionen, die auf jeden Fall mit konstitutionellen Officers besetzt werden müssen. Die Wahl weiterer konstitutioneller Officers sowie die Ernennung von „Subordinate Officers" liegt demnach im *Ermessen des Boards*.

Obwohl die Zahl der Officers von Unternehmung zu Unternehmung stark variieren kann, dürften U.S. Unternehmungen in der Regel zwischen 15 und 20 Officers haben (vgl. Bleicher/Paul, Verfassungen, 319). Eine allgemeingültige Begründung für die unterschiedliche Zahl der Officers in einer Corporation kann nicht gegeben werden. Hier können insbesondere traditionelle Gesichtspunkte eine Rolle spielen. Einen weiteren Einflußfaktor bildet das *Anreizsystem* der Unternehmung und hier der mit dem Titel „Officer" einhergehende *Status*.

Die konstitutionellen Officers sind jährlich neu zu wählen. In der Regel gibt es für die Officers *keine Arbeitsverträge*. Ein Officer kann daher jederzeit vom Board bzw. der ernennenden Stelle wieder aus seinen Pflichten entlassen werden. Der 10-K-Bericht der United Technologies Corporation macht hierzu folgende typische Aussage:

„All officers serve at the pleasure of the Board of Directors of United Technologies Corporation or the subsidiary designated. None of the officers has an employment contract" (United Technologies Corporation, 10-K, 24).

Der Board spielt bei der Nachfolgeplanung für Corporate Officers nur eine beschränkte Rolle

Die Nachfolgeplanung im Hinblick auf die Officers obliegt in erster Linie dem CEO. Bacon/Brown weisen auf folgenden Zusammenhang hin:

„... in terms of management selection, although the board has the authority to elect or appoint officers of the corporation, the choice of management personnel is normally left to the chief executive and is considered one of his major responsibilities (Bacon/Brown, Corporate Directorship Practices III, 26).

Die geringe Involvierung des Boards in die Nachfolgeplanung der Corporate Officers wird mit dem *Informationsunterschied* zwischen Management und Board begründet. Der CEO arbeitet in der Regel mit den potentiellen Führungskräften über einen längeren Zeitraum zusammen und ist daher eher in der Lage, eine Potentialbeurteilung vorzunehmen. Die Informationen für die Nachfolgeplanung werden von ihm bereitgestellt. Damit ist der Board in seiner Entscheidung abhängig von diesen Informationen. Weiterhin ist zu beobachten, daß der CEO im allgemeinen nur solche Kandidaten für die Wahl bzw. Ernennung zum Officer vorschlägt, von denen er annehmen kann, daß der Board sie akzeptiert.

Eng verbunden mit der Nachfolgeplanung ist die *Leistungsbeurteilung der Officers*. Der Board kann hier ebenfalls nur sehr begrenzt Einfluß ausüben. Patton/Baker kommen zu folgendem Schluß:

„Many directors concede that their ability to judge the character and performance of second-echolon executives leaves a lot to be desired" (Patton/Baker, Directors Rock the Boat, 16).

Der Personenkreis, auf den sich die Nachfolgeplanung bzw. Leistungsbeurteilung durch den Board bezieht, ist in den einzelnen Unternehmungen unterschiedlich groß. Es kann davon ausgegangen werden, daß der Board in jedem Fall aktiv bei der Nachfolgeplanung und der Leistungsbeurteilung der sog. *„Senior Management"-Gruppe* tätig wird. Dieser Personenkreis umfaßt etwa 5 bis 10 Spitzenführungskräfte, die als Leiter großer funktionaler Bereiche oder operativer Einheiten dem CEO unmittelbar zugeordnet sind.

Eine zu weite Ausdehnung dieses Personenkreises liegt nicht im Interesse einer effizienten Überwachung. Unter Berücksichtigung der begrenzten Zeit, die dem Board zur Verfügung steht, und der Vielfalt der wahrzunehmenden Aufgaben dürfte der Board wohl kaum in der Lage sein, mehr als *10 bis 15 Führungskräfte* zu beurteilen und für diese Personen eine Nachfolgeplanung aufzustellen. Über diesen Personenkreis hinaus wird die Leistungsbeurteilung und Nachfolgeplanung zwangsläufig weitgehend beim CEO liegen. Hier kann der Board steuernd eingreifen, indem er darauf achtet, daß *formale Systeme* vorhanden sind, die die Leistungsbeurteilung und Nachfolgeplanung der untergeordneten Führungsebenen regeln.

1.2 Institutionalisierung der personalen Dimension der Überwachung im Nominating Committee

Mitglieder und Chairman sind in der Regeln outside Direktoren

Das Nominating Committee hat in der Regel vier Mitglieder (vgl. hierzu die beiden empirischen Untersuchungen von Bacon, Nominating Committee, 28 und SEC, Monitoring Program, 24). Die *Mehrheit der Mitglieder* dieses Committees sind *outside Direktoren.* Eine Untersuchung der American Society of Corporate Secretaries (ASCS) zeigte, daß in 51% der dort erfaßten Nominating Committees keine inside Direktoren vertreten sind; 40% hatten einen Insider, 8% 2 und 1% 3 inside Direktoren (zitiert in Bacon, Nominating Committee, 28). Für die ausschließliche Besetzung des Nominating Committees mit Outsidern spricht die *Unabhängigkeit* des Nominating Committees vom CEO in der Nachfolgeplanung. Auf der anderen Seite ist die Mitarbeit des CEO's unbedingt erforderlich, um das Funktionieren des Committees zu gewährleisten. Aus diesem Grund wird die Anwesenheit bzw. Mitgliedschaft des Chairmans/CEO's im Nominating Committee in der Regel positiv beurteilt. Dazu können die folgenden Gründe angeführt werden:

1. Der CEO muß in jedem Fall in die Nachfolgeplanung eingeschaltet werden; häufig

ist er auch der Initiator bei der Kandidatenauswahl.

2. Der CEO ist häufig ohnehin bei den Sitzungen des Nominating Committee anwesend, ohne aber gleichzeitig Mitglied zu sein.

3. Outside Direktoren haben in der Regel die Mehrheit im Nominating Committee, so daß einem potentiellen Mißbrauch der Mitgliedschaft durch den CEO vorgebeugt wird.

4. Wenn der CEO Mitglied des Nominating Committees ist, wird sichergestellt, daß seine Vorstellungen hinsichtlich der Kandidatenauswahl bereits frühzeitig in den Auswahlprozeß eingebracht werden.

Für den Fall, daß das Nominating Committee nicht ausschließlich mit outside Direktoren besetzt ist, kommt der Frage, ob der Vorsitz von einem inside oder einem outside Direktor wahrgenommen wird, eine besondere Bedeutung zu. Die Untersuchung der American Society of Corporate Secretaries kam hier zu dem Ergebnis, daß in 85% der 320 untersuchten Nominating Committees der Vorsitz von einem outside Direktor wahrgenommen wurde (zitiert in Bacon ,Nominating Committee' 29). In 48 Fällen, in denen ein Insider den Vorsitz innehatte, war dies der CEO bzw. President. Eine derartige Konstellation bedeutet eine wesentliche Verstärkung der Stellung des CEO's. Auf diese Weise hat er einen entscheidenden Einfluß auf die Ernennung der Corporate Officers und auf Vorschlag und Wahl der Direktoren, die letztlich ihn selbst ernennen. Um hier einen Gegenpol zu schaffen, sollte in jedem Fall ein *outside Direktor* die Funktion des *Chairman of the Nominating Committee* übernehmen.

Geringe Sitzungsfrequenz und ad hoc-Sitzungen unterstreichen die beschränkte Mitwirkung des Nominating Committees in der Nachfolgeplanung

Die bereits zitierte ASCS-Untersuchung ergab, daß die Nominating Committees im Durchschnitt etwa zweimal je Jahr tagen (zitiert in Bacon, Nominating Committee, 28). Diese relativ geringe Sitzungsfrequenz wird auch durch eine entsprechende SEC-Studie bestätigt (vgl. SEC, Monitoring Program, 14). Hinzu kommt, daß zwei Drittel der in der ASCS-Studie befragten Nominating Committees angeben, daß die Sitzungen *ad hoc* einberufen werden. Dies unterstreicht nochmals die eher *begrenzte Rolle*, die das Nominating Committee in der Nachfolgeplanung spielt.

2. Die sachliche Dimension der Überwachung

2.1 Formen der Überwachung in zeitlicher Perspektive

Die sachliche Überwachungsfunktion des Boards kann aus zeitlicher Sicht unter den folgenden drei Aspekten analysiert werden: (1) die *ex post*-Überwachung, (2) die *laufende* Überwachung der Führung („*Monitoring*") und (3) die *ex ante*-Überwachung.

2.1.1 Die ex post-Überwachung

Die ex post-Überwachung ist weitgehend auf Finanzdaten ausgerichtet

Die ex post-Überwachungsfunktion des Boards bezieht sich auf die kritische Kenntnisnahme eingetretener Geschäftsentwicklungen, die im Autonomiebereich des Managements durch dessen Führung ausgelöst wurden. Von besonderer Bedeutung ist dabei die ex post-Überwachung der *finanziellen Ergebnisse*. Dies ist insoweit nicht verwunderlich, als die Detailkenntnisse der Board-Mitglieder über die jeweilige Unternehmung bzw. den Industriezweig in der Regel begrenzt sind. Dabei steht die regelmäßige Überwachung der finanziellen Ergebnisse der wichtigsten *Geschäftsbereiche* im Mittelpunkt. Die Bedeutung der Überwachung der finanziellen Ergebnisse zeigt sich auch bei der Unterzeichnung des „10-K-Forms", einem jährlichen Geschäfts- und Finanzbericht für die SEC. Empirische Studien zeigen, daß dieser Bericht in der Hälfte der erfaßten Unternehmungen von allen Direktoren unterzeichnet wird, in der anderen Hälfte nur von der Mehrheit der Direktoren, wie es die SEC verlangt (vgl. Bleicher/Paul, Verfassungen, 327; ähnlich auch Korn/Ferry International, Board, 8).

2.1.2 Die laufende Überwachung

Ein zweiter Schwerpunkt der sachlichen Überwachungsaufgabe bezieht sich auf die laufende Überwachung der Führung. Die Effizienz dieser laufenden Überwachung wird insbesondere durch zwei Faktoren wesentlich beeinflußt:

(1) Aufgrund der *Zusammensetzung des Boards* aus zwei relativ heterogenen Gruppen, nämlich Insidern und Outsidern, könnte nahezu automatisch ein Konfliktpotential entlang dieser Linie entstehen. Ein zweites Konfliktpotential ließe sich aus der Doppelrolle der inside Direktoren im Verhältnis zum Chairman/CEO erkennen, wenn auf die besondere Rolle der Insider abgestellt wird, die sowohl als dem Board angehörende, gleichberechtigte Direktoren als auch als dem Chairman/CEO in der Managementhierarchie untergeordnete Führungskräfte fungieren.

(2) Die Abhängigkeit des Boards von der Informationspolitik des Managements bestimmt ebenfalls die Effizienz der laufenden Überwachung.

Mögliche Unterschiede in der Zeitperspektive von inside und outside Direktoren können Konfliktpotentiale bilden

Wenn Konflikte im Board auftreten, können sie möglicherweise auf eine unterschiedliche *Kurzfrist- bzw. Langfristorientierung* der beiden Gruppierungen zurückzuführen sein. Vier Kombinationen, die in Abb. D 1 dargestellt werden, sind denkbar:

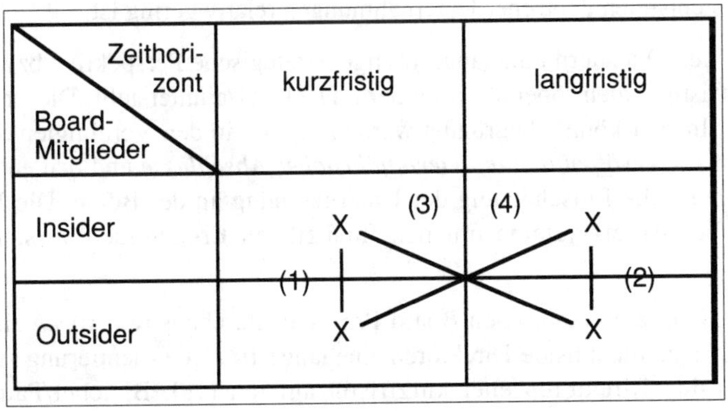

Abb. D 1: Konfliktpotentiale im Board (Bleicher/Paul, Verfassung, 331)

Die Fälle 1 und 2 beziehen sich auf Situationen, in denen sowohl die inside als auch die outside Direktoren einen *gemeinsamen zeitlichen Horizont* (kurz- oder langfristig) besitzen. Der dritte und der vierte Fall beschreiben Situationen, in denen Insider und Outsider über unterschiedliche zeitliche Perspektiven verfügen.

Der *Fall 1* bezieht sich auf eine Situation, in der In- und Outsider eine extrem kurzfristige Strategie verfolgen. Die Konsequenzen einer solchen *„Ausbeute-" Strategie* für die langfristige Unternehmungspolitik dürften offensichtlich sein. Die Unterlassung von Investitionen insbesondere in die Forschung und Entwicklung wird im Zeitablauf zu einer Aushöhlung vorhandener Erfolgspotentiale führen, die die Unternehmung ernsthaft in ihrem Bestand gefährdet.

Im *Fall 2* besitzen beide Gruppen im Board eine langfristige Perspektive. Es wäre bspw. denkbar, daß eine Unternehmung relativ weit vorausschauend in Technologien investiert und Produkte entwickelt, für die der Markt noch nicht reif ist. In diesem Sinne kann die *Vernachlässigung der kurzfristigen Ertragsfähigkeit* zu einer krisenbehafteten Unternehmungsentwicklung führen.

Während der Fall 1 aufgrund des kurzfristig orientierten amerikanischen Wirtschaftssystems häufiger anzutreffen ist, dürfte der zweite Fall wohl eher selten zu finden sein.

Im *Fall 3* wird unterstellt, daß die Insider aufgrund detaillierter Kenntnisse der Zusammenhänge in ihrem Industriezweig ein größeres Interesse an der *langfristigen Viabilität* der Unternehmung haben und daher eher in langfristigen Kategorien denken. Wenn dagegen im Board mehrere Vertreter von Banken bzw. institutionellen Investoren sitzen, wäre die Situation genau umgekehrt: Die Outsider würden eher kurzfristige Ziele verfolgen, während die Insider die langfristige Unternehmungssicherung im Auge behalten (Fall 3). Diese Variante scheint allerdings in der Praxis weniger vorzukommen, weil die Zahl der Bankenvertreter in amerikanischen Boards verglichen mit der Zahl ihrer Kollegen in den Aufsichtsräten deutscher Unternehmungen relativ gering ist.

Im *Fall 4* wird den Outsidern eine längerfristige, strategische Perspektive bzw. den Insidern eine kurzfristige, mehr operativ orientierte Denkweise unterstellt. Dieser kurzfristige Rahmen der Insider könnte begründet werden mit der in den Vereinigten Staaten gegebenen Pflicht zur *Veröffentlichung vierteljährlicher Abschlüsse* und den entsprechenden Wirkungen auf die Einschätzung der Unternehmung an der Börse. Die Verkoppelung kurzfristiger Anreizsysteme mit den finanziellen Ergebnissen verstärkt diesen Druck.

Dieser Fall ist in der amerikanischen Board-Praxis als durchaus *realistisch* einzustufen. Tendenziell scheinen die outside Direktoren eine längerfristige Orientierung zu besitzen, während die inside Direktoren eher kurzfristig agieren (vgl. Bleicher/Paul, Verfassungen, 333).

Kurz- und Langfristorientierung als Konfliktpotential innerhalb der Gruppe der inside Direktoren

Der Interessenausgleich zwischen kurz- und langfristigen Perspektiven stellt sich nicht nur zwischen inside und outside Direktoren, sondern auch innerhalb der Gruppe der inside Direktoren. Dabei scheint in amerikanischen Unternehmungen insbesondere die Funktionsteilung innerhalb der Führungsspitze den Ausgleich des unterschiedlichen Zeitinteresses sicherzustellen. In solchen Fällen zeigt sich, daß die Spitzenpositionen in der Führung von Persönlichkeiten mit einem unterschiedlichen Zeithorizont wahrgenommen werden. So wurde bei Control Data dem früheren Chairman/CEO, William C. Norris, eindeutig die Rolle des langfristigen Vorausdenkers zugeordnet, der sich nahezu ausschließlich mit Problemen befaßt, die erst in 10 bis 20 Jahren relevant werden (vgl. Bleicher, Control Data, 407-420). Kurzfristige, operative Funktionen werden vom President wahrgenommen. In ähnlicher Form erfolgt der Ausgleich unterschiedlicher Zeithorizonte bei der Intel Corporation. Hier übernimmt Gordon C. Moore, der Chairman/CEO, die Funktion des technischen Visionärs, während Andrew S. Grove, der President, sich dem operativen Tagesgeschäft widmet (vgl. Bleicher, Intel, 167-174).

Harmonische Zusammenarbeit von Insidern und Outsidern im Board

Die Beurteilung der Zusammenarbeit von Insidern und Outsidern während der Board-Sitzungen ist durchweg als harmonisch zu bezeichnen (vgl. Bleicher/Paul, Verfassungen, 328). Konflikte innerhalb der Boards, die sich auf fundamentale Frage der Zeitorientierung in Unternehmungspolitik und -strategien beziehen, verlaufen *nicht* entlang der Linie Insider-Outsider. Es sind vielmehr *persönliche Differenzen und Interessen*, die diese Meinungsverschiedenheiten auslösen. Solche Meinungsverschiedenheiten beziehen sich auf wesentliche Fragen der Unternehmungsstrategie, wobei vor allem die *Akquisitionspolitik* ein besonderes Konfliktpotential darzustellen scheint. Normalerweise findet zwischen Insidern und Outsidern eine Vorabstimmung über die Board-Vorlagen vor den Board-Sitzungen statt. Das deutet darauf hin, daß potentielle Konflikte bisweilen ausgetragen werden, bevor sie die Board-Ebene erreichen. Unumstritten ist in diesem Zusammenhang der positive Einfluß, den die outside Direktoren im Prozeß der Entscheidungsfindung auf die Qualität der von den inside Direktoren getroffenen Entscheidungen ausüben (vgl. Bleicher/Paul, Verfassungen, 329).

Soweit die Kurzfrist- bzw. Langfristorientierung der Boards oder einzelner Direktoren ein grundsätzliches Problem darstellt, bietet sich als grundsätzliche Lösung eine entsprechende *Berufungspolitik* an. Durch die Berufung neuer Mitglieder in den Board wird zugleich auch die zeitliche Perspektive des Boards verändert. Für die inside Direktoren und die nachfolgenden Managementebenen bilden Anreizsysteme das zentrale Instrument zur Steuerung der Zeitorientierung (vgl. Bleicher, Ausgestaltung, 21-27). Amerikanische Unternehmungen sind heute häufig bestrebt, die in der Vergangenheit oft beklagte Kurzfristorientierung des Managements durch eine entsprechende Anpassung der Anreizsysteme zu korrigieren.

Die Information des Boards ist Voraussetzung für die Erfüllung der Überwachungsaufgabe

Für die laufende Überwachung der Geschäftstätigkeit stellt die Information des Boards durch das Management einem weiteren wichtigen Einflußfaktor dar.

„Members of the corporate board are the only persons whose interest typically span both the external and the internal perspectives. As trustees for shareholders' interests, directors must work to assure the integrity of externally reported figures. As the highest policy-level group of management, however, directors also have a vital interest in the internal financial and operating information system" (Aram/Cowen, Information, 1).

Die Bedeutung der Informationspolitik für die Direktoren unterstreicht auch der frühere Chairman der SEC, Harold Williams:

„... a board which functions without adequate information assumes an unacceptable and unjustifiable risk of failure. Thus the quality and adequacy of the information available to the board, in usable form, is a threshold issue in assessing whether the board has the ability to responsibly perform the obligations of his office" (zitiert in Aram/Cowen , Information, 3).

Daraus folgt, daß der Board den an ihn gestellten Anforderungen nur gerecht werden kann, wenn er auch über adäquate Informationen verfügt. Hier kann ein grundsätzliches Problem entstehen: Auf der einen Seite ist der Board *verantwortlich* (haftbar) für seine *Entscheidungen*, auf der anderen Seite besitzt er keinen oder nur einen sehr *beschränkten Zugang* zu unternehmungsinternen *Informationen*. Die effektive Erfüllung der Überwachungsaufgabe kann deshalb an der unzureichenden Information der Direktoren scheitern. In diesem Sinne argumentiert auch DeMott:

„... boards of directors appear to have difficulty in obtaining information about their corporations and making meaningful use of it, and are thereby severely restricted in their capacity to monitor management" (DeMott, Corporate Veil, 282).

Die Informationspolitik gegenüber dem Board steht im Spannungsfeld formaler Gestaltung und informaler Offenheit

Grundsätzlich lassen sich zwei Arten der Informationspolitik unterscheiden: Es gibt Corporations, die eine relativ *formale* und eher *restriktive* Informationspolitik gegenüber dem Board verfolgen, und es gibt solche, in denen der Informationsfluß *informal* und *offen* ist. In Unternehmungen, die aber über eine *formale Informationspolitik* verfügen, werden alle Informationen grundsätzlich durch bestimmte Kanäle (Chairman/CEO, Chief Financial Officer oder Corporate Secretary) geschleust. Die Möglichkeit, daß die Outsider direkt mit den Linien-Führungskräften Kontakt aufnehmen, wird von diesen Unternehmungen kritisch beurteilt oder sogar völlig ausgeschlossen. Dies ist aber im Hinblick auf die Überwachungsaufgabe des Boards kritisch zu bewerten. Wenn der Board keinen freien Zugang zu den Informationsflüssen der Unternehmung hat, ist er kaum in der Lage, das Management wirksam zu überwachen.

Auf der anderen Seite stehen die Corporations, die eine vergleichsweise *freie und offene Informationspolitik* verfolgen. Hier sind es oft persönliche Beziehungen zwischen den Linien-Führungskräften und den Board-Mitgliedern, die dazu führen, daß die Direktoren Informationen direkt von der Linie abrufen. Kontakte zwischen outside Direktoren und Führungskräften finden auch auf der Committee-Ebene statt. Beispielsweise besitzt das Audit Committee eine direkte Kommunikationslinie zum Controller und zum Leiter der internen Revisionsabteilung. Ähnliche direkte Kontakte bestehen etwa zwischen dem Compensation Committee und dem Leiter des Personalbereichs.

Grundsätzlich ist eine gewisse Reserviertheit der CEO's gegenüber allzu engen Kontakten der outside Direktoren mit den Führungskräften der Linie zu erkennen (vgl. Bleicher/Paul, Verfassungen, 340). Obwohl in der Regel keinerlei Behinderungen durch den CEO erfolgen, wird es als wünschenswert angesehen, wenn der CEO über diese Kontakte informiert wird. Eine allzu enge Beziehung des Boards zum Management wird abgelehnt, weil man befürchtet, daß die outside Direktoren auf diese Weise einen zu starken Einfluß auf das operative Tagesgeschäft nehmen könnten und damit ihrer Überwachungsfunktion nur noch bedingt gerecht werden.

Ansprechpartner für die Outsider in der Corporation sind in der Regel der *Chairman/CEO*, der *Chief Financial Officer* (CFO) und/oder der *Corporate Secretary*. Letzterem kommt in der Informationspolitik gegenüber dem Board eine zentrale Rolle zu, weil der Chairman/CEO und der CFO aus zeitlichen Gründen häufig nicht in der Lage sind, auf Informationsfragen von outside Direktoren einzugehen. Der Corporate Secretary als direkter Ansprechpartner für die Outsider ist in der Regel auch zuständig für die Vorbereitung der Board-Sitzungen und die Aufbereitung und Versendung von Informationsmaterial an die Direktoren (zur Funktion des Corporate Secretary vgl. Kearny, Corporate Governance Issues, 73 f.).

Selbst wenn man hypothetisch davon ausgeht, daß die outside Direktoren Zugang zu allen Informationen besitzen, bedeutet dies noch nicht, daß diese Informationen auch tatsächlich genutzt werden. Dabei ist insbesondere in den letzten Jahren auf Klagen über einen gewissen *„Information Overload"* des Boards hinzuweisen. Der Grund für diese Entwicklung dürfte darin liegen, daß die verschärfte Haftung der Direktoren das Management veranlaßt, den Board mit Informationsmaterial „zu überfluten". Es wäre hier allerdings zu prüfen, ob dieses quantitative Mehr an Informationen auch zu einer qualitativen Verbesserung der Board Arbeit geführt hat.

Für neue Direktoren werden spezielle Ausbildungsprogramme gefordert

Neu gewählte Direktoren stehen zu Beginn ihrer Amtsdauer vor dem Problem, daß sie – soweit es sich um Outsider handelt – weder mit den Aktivitäten der Unternehmung noch mit der Arbeitsweise des jeweiligen Boards vertraut sind. Deshalb werden entsprechende Informations-/Ausbildungsmaßnahmen gefordert, damit diese Direktoren ihre Aufgaben erfüllen können:

„It might be an indoctrination program to give them important information about the company (its products or services, its plant locations), or it might be a program aimed at the director's job and familiarizing the new director with board procedures, the kinds of matters the board considers, the board decision-making process, and the kind of information that is made available to directors to help them" (Bacon/Brown, Perspectives and Practices, 14).

Abschließend kann festgestellt werden, daß der CEO über das Instrument der Informationspolitik die Funktionsweise des Boards und insbesondere die Fähigkeit des Boards, seinen Überwachungsaufgaben gerecht zu werden, in erheblichem Umfang beeinflussen kann. Die Informationspolitik des Managements gegenüber dem Board wird letztlich geprägt durch den Führungsstil des CEO's und seine Erwartungen im Hinblick auf die Funktionen, die der Board ausüben sollte.

2.1.3 Die ex ante-Überwachung

Ein wesentliches Element der ex ante-Überwachung durch den Board bilden die *zustimmungsbedürftigen Geschäfte*. Darüber hinaus wird in zunehmendem Maße die Funktion des Boards als *Frühwarnsystem* diskutiert.

Die zustimmungsbedürftigen Geschäfte sind sowohl aus juristischer Sicht als auch durch ihre Außergewöhnlichkeit definiert

Die zustimmungsbedürftigen Geschäfte beziehen sich auf die explizite Genehmigung bestimmter Transaktionen durch den Board. Zum einen handelt es sich hier um Transaktionen, die in den *By-Laws* spezifiziert sind. Die By-Laws schreiben in der Regel vor, daß dem Board die folgenden Vorgänge vorgelegt werden müssen: Erklärung der Dividende, Änderung der Corporate Charter, Fusion, Liquidation und der Verkauf von Aktivposten, die von substantieller Bedeutung für den Bestand der Unternehmung sind (vgl. Eisenberg, Structure, 158 und ders., Legal Roles, 60-71). Eisenberg spricht in diesem Zusammenhang von *„fundamental or major corporate actions"* (vgl. Eisenberg, Legal Roles, 68). Zum anderen gibt es über diese Minimalvorschriften hinausgehende zustimmungsbedürftige Vorgänge, die in der Regel durch zwei Faktoren bestimmt werden: (1) Die Tradition der Unternehmung und (2) den CEO, der hier über einen erheblichen Ermessensspielraum verfügt. Dieser Ermessensspielraum wird konkretisiert durch den *außergewöhnlichen Charakter* eines Geschäftsvorgangs, wobei alle außergewöhnlichen Geschäftsvorfälle durch den Board genehmigt werden sollten. Soweit es sich um gewöhnliche Vorgänge handelt, ist die Genehmigung durch den Board häufig an ein Betrags-Limit gebunden. Die Abgrenzung der Kriterien „gewöhnlich" und „außergewöhnlich" richtet sich nach unternehmungsspezifischen Gegebenheiten.

Die Zahl der zustimmungsbedürftigen Vorlagen ist leicht im Steigen begriffen

Dieses Ergebnis aus der Bleicher/Paul-Studie wird in erster Linie auf eine *Ausdehnung des Geschäftsvolumens* und die damit einhergehende *größere Komplexität* der geschäftlichen Entwicklung zurückgeführt. Eine gelegentliche Verringerung der Zahl von Board-Vorlagen wird mit Delegationsmaßnahmen begründet, die darauf abzielen, die Aktivitäten des Boards verstärkt auf die Bestimmung der strategischen Richtung der Corporation zu verlagern. Eine weitere Erhöhung der Zahl zustimmungsbedürftiger Geschäfte ist nach allgemeiner Auffassung für die nächste Zeit nicht (mehr) zu erwarten (vgl. Bleicher/Paul, Verfassung, 346 f.).

Die ex ante-Überwachung wird zu einer Prämissen- und Plausibilitätskontrolle der strategischen Planung

Eine Erweiterung der sachlichen Überwachungsfunktion des Board führt zum Postulat seiner *rechtzeitigen* Einschaltung in einen kontinuierlichen Prozeß der Gestaltung der Unternehmungsentwicklung. Eine Qualifizierung der Überwachungsaufgabe in Richtung auf eine Auseinandersetzung mit den wesentlichen Grundlagen, die die strategische Planung einer Unternehmung bestimmen, wird von betriebswirtschaftlicher Seite zunehmend gefordert. Diese Praxis tritt in den untersuchten amerikanischen Unternehmungen recht deutlich auf, in denen der Board vermehrt zu einem *„Sounding Board"* für die strategischen Überlegungen des Managements geworden ist.

Eine derartige Entwicklung ist allerdings nicht unproblematisch. Denn auf diesem Wege kann sich die gedachte Grenzlinie zwischen den Aufgaben der Überwachung und der Führung zunehmend verwischen. Dieses ist zwar für das dualistische Trennungsmodell deutscher Provenienz bedeutender als für das monistische amerikanische Board- und das Schweizer Verwaltungsrats-Modell, bei denen sich das Spitzenorgan letztlich seiner Geschäftsführungskompetenz nie durch Delegation gänzlich entledigen kann. Dennoch hat sich auch in den Ländern mit monistischer Spitzenverfassung ein deutliches Bewußtsein für die Unmöglichkeit herausgestellt, daß sich ein Organ, das teilweise mit outside Direktoren besetzt ist, kompetent mit einer strategischen Unternehmungsplanung auseinandersetzen kann. Die Einsicht in die mangelnde Kenntnis des Überwachungsobjektes verlagert daher die Überwachungsaufgabe im sachlichen Bereich in eine *Prämissen- und Plausibilitätskontrolle*: Sind die Annahmen, auf denen das Planungswerk beruht, transparent, kohärent und plausibel? Stimmen sie mit den Erfahrungen der Mitglieder des Spitzengremiums überein? Das sind einige wesentliche und grundsätzliche Fragen, die sich Board-Mitglieder in der Beurteilung einer strategischen Planung stellen.

Im Rahmen der ex ante-Überwachung kann der Board zu einem interessanten Frühwarnsystem werden

Durch die Auseinandersetzung mit den Grundannahmen der strategischen Planung wird der Board zum *Frühwarnsystem*, das kritische Entwicklungen in den Umsystemen und auch innerhalb der Unternehmung gezielt und sehr frühzeitig aufdecken soll. Hahn/ Klausmann definieren solche Frühwarnsysteme – oder besser Problementdeckungssysteme – als eine spezielle Art von Informationssystemen, die durch ihren spezifischen Output in Form von sog. Frühwarninformationen mit zeitlichem Vorlauf auf solche Erscheinungen aufmerksam machen, deren Wirkungen mit hoher Wahrscheinlichkeit eintreten und eine Gefährdung für die Unternehmung bedeuten (vgl. Hahn/Klausmann, Frühwarnsysteme, 251). Frühwarnung aus *ganzheitlicher Sicht* muß darüber hinaus immer auch die Dynamik des Unternehmungsgeschehens selbst mit einbeziehen, um eine sinnvolle Auswertung der mit dem strategischen Radar „Frühwarnung" empfangenen schwachen Signale zu ermöglichen (vgl. Gomez, Frühwarnung, 22). Aufgrund des zeitlichen Vorlaufs der Frühwarninformation erhält das Management die Möglichkeit, noch rechtzeitig Maßnahmen zur Gefahrenabwehr oder Gefahrenmilderung einleiten zu können; es kann sich auf den Gefahreneintritt vorbereiten oder ihm auszuweichen versuchen.

Die Funktion des Boards als Frühwarnsystem beschreibt Mueller:

„... the advisory board has no statutory or fiduciary role but offers evaluative advise or active participation as requested. It is primarily a resource committee with a mandate to initiate suggestions, warnings or criticism to improve the effectiveness or potential of the enterprise" (Mueller, Board Score, 130).

Die Notwendigkeit eines Frühwarnsystems wird mit der wachsenden *Umweltdynamik und -komplexität* insbesondere im Hinblick auf die internationale Expansion vieler US-Unternehmungen begründet.

Aus *organisatorischer Sicht* bieten sich für die Einrichtung eines solchen Frühwarnsystems drei Möglichkeiten an:

(1) Der Board fungiert als Frühwarnsystem

(2) Ein Board-Committee übernimmt die Funktion des Frühwarnsystems.

(3) Der Board setzt einen eigenständigen Beirat ein, der auch aus Nicht-Board-Mitgliedern besteht.

Gegen die erste Alternative spricht, daß der Board aufgrund seiner Aufgabenfülle kaum in der Lage sein wird, genügend Zeit mit der Beobachtung und Einschätzung kritischer

Umweltentwicklungen zu verbringen. Die zweite und dritte Lösung scheinen wesentlich besser geeignet, der Frühwarnfunktion gerecht zu werden, wobei sich insbesondere die dritte Möglichkeit durch eine hohe Flexibilität auszeichnen kann.

Beiräte bieten vor allem bei internationalen Unternehmungen, die in vielfältigen Umwelten agieren, eine flexible Lösung

Die Etablierung eines Beirats scheint vor allem bei multinationalen Unternehmungen verbreitet zu sein:

„With the growth in influence and the challenge facing multinational companies in recent years, the utilization of international advisory boards has come into vogue with a welter of U.S. and foreign headquartered firms. A few well-known American firms that have established such boards are General Motors, Westinghouse, IBM, Exxon, Chase Manhattan, R.J. Reynolds Industries, Sperry Rand, Corning Class Works, W.R. Grace, AMF, CPC International and Merck" (Mueller, Board Score, 137).

Die Vorteile eines solchen internationalen Beirats umschreibt Vance folgendermaßen:

„One seeming advantage of advising boards is their minimal legal or statutory entanglement; there are no comparable SEC or FTC harrassments. Since the advisory group is much smaller, it does not need to meet as frequently as the parent board. Meetings are informal, and much of the actual work is accomplished on an individual basis, whenever the advisor happens to be in the vicinity of headquarters. Unless the courts or congress dramatically redefine duties and procedures, advisory board members have little, if any legal liability as compared with statutory board members" (Vance, Corporate Leadership, 214).

Die Etablierung eines internationalen Beirats besitzt einen weiteren Vorteil, da neben kompetenten Board-Mitgliedern auch Experten aus verschiedenen Ländern rekrutiert werden können:

Ein Unternehmen, das einen solchen „International Advisory Council" ins Leben gerufen hatte, ist die United Technologies Corporation (vgl. Bleicher, United Technologies, 284). Als Vorsitzender diese Beirats wurde der ehemalige amerikanische Außenminister Alexander Haig gewählt. Dieser Beirat wurde zunächst für Westeuropa geschaffen; zu einem späteren Zeitpunkt sollten Beiräte für das Pazifische Becken und Lateinamerika folgen. Die Funktion des Beirats beschreibt Harry Gray, der damalige CEO von United Technologies Corporation:

„Ich erwarte, daß die Funktion des Beirats mehr die eines Frühwarnsystems ist und erst in zweiter Linie dazu dient, die Geschäftsaktivitäten in einem bestimmten Gebiet zu fördern. Wir entwickeln ein Konzept und tragen es dem Beirat vor, z.B. ein Joint Venture zur Herstellung von Hubschraubern in Europa. Wir erwarten dann, daß uns der Beirat im Hinblick auf die politische Situation berät und uns deutlich macht, welche Länder an einem solchen Vorhaben partizipieren dürften. Der Vorteil für uns liegt darin, daß der Beirat zu unseren Plänen aus seiner Erfahrung heraus beratend Stellung nimmt" (zitiert in: Bleicher, United Technologies, 284).

Unterschiedliche Typen von Beiräten entwickeln sich auch im nationalen Raum

In Abhängigkeit von dem Fokus des Advisory Boards unterscheidet Mueller drei verschiedene Typen, die in den folgenden Abbildungen dargestellt sind (Abb. D 2.1-2.3).

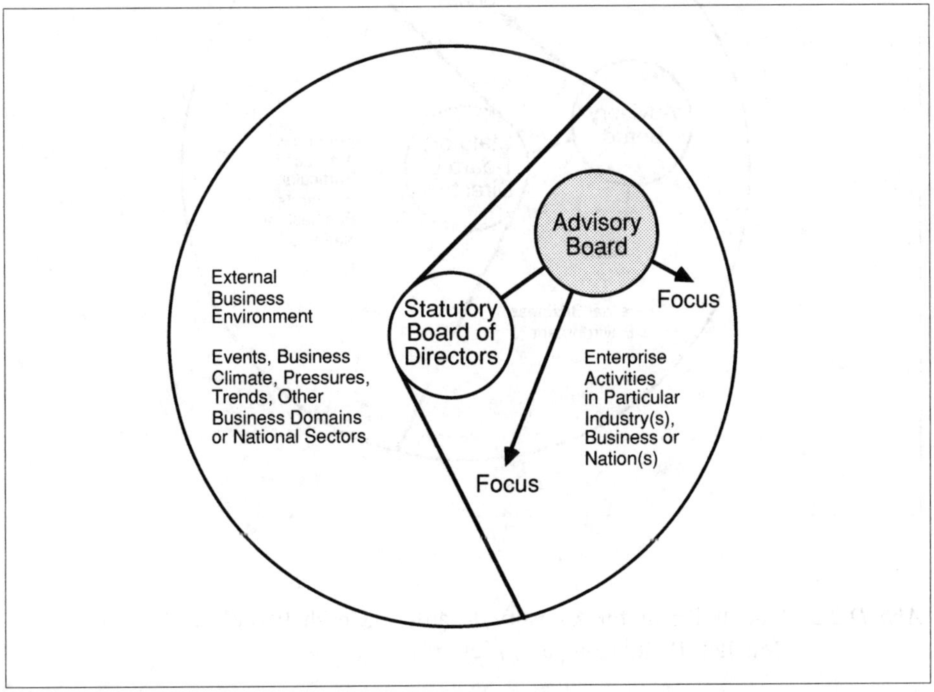

Abb. D 2.1: Modell-Typen für Advisory Boards – „Industrie-Fokus"
(Mueller, Board Compass, 152-154)

Ansatz: Beobachtung von gegenwärtigen Aktivitäten Identifikation von unmittelbar für einen bestimmten Geschäftszweig relevanten Faktoren.

Horizont: Industriespezifische oder nationale Orientierung.

Resultate: Identifikation von kurzfristigen Themen und Trends. Erkennen von direkten Einflüssen auf das Unternehmungsgeschehen. Vorhersage von Quellen und Intensitätsniveaus für kurzfristige Einflüsse.

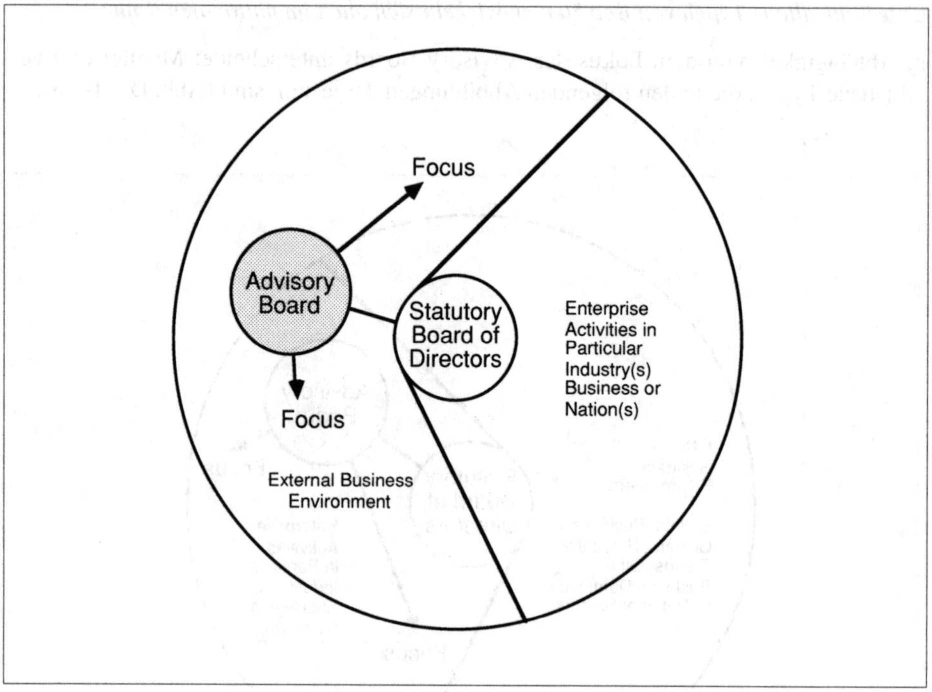

Abb. D 2.2: Modell-Typen für Advisory Boards – „Geschäfts-Fokus" (Mueller, Board Compass, 152-154)

Ansatz: Wie Typ 1 aber Abdeckung aller geschäftlichen Aktivitäten der Unternehmung

Horizont: Orientierung an Geschäftszweigen

Resultate: Wie Typ 1, plus Beziehungen zwischen weltweiten Geschäftszweigen. Identifikation von wesentlichen mittelbaren Einflüssen zwischen Industrien und Geschäftsaktivitäten.

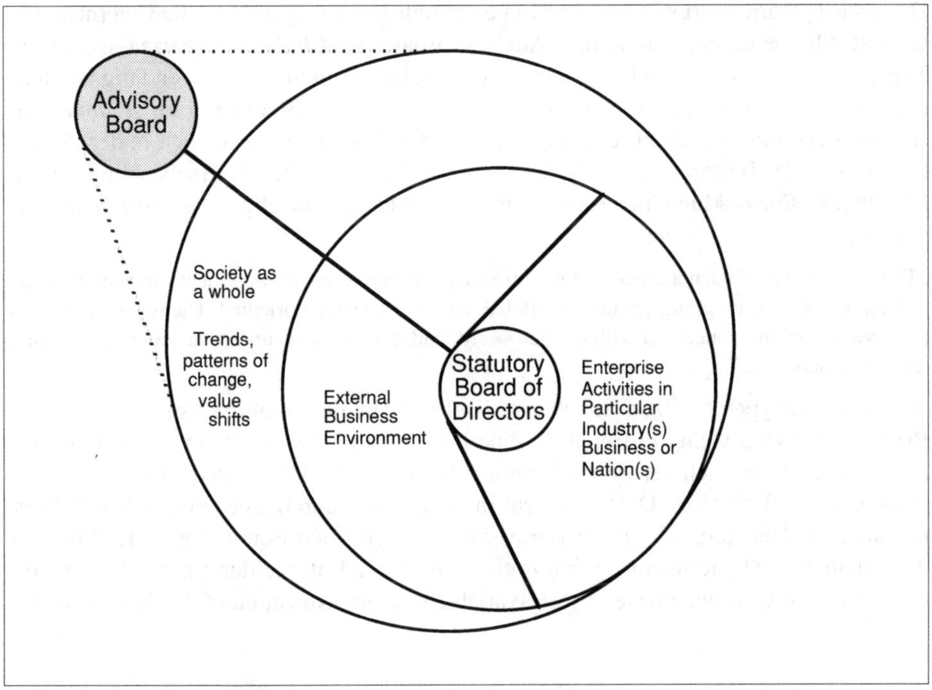

Abb. D 2.3: Modell-Typen für Advisory Boards – „Gesellschafts-Fokus" (Mueller, Board Compass, 152-154)

Ansatz: Identifikation von allgemeinen sozialen Trends, Bewegungen, Themen, Konflikten, Interaktionen, potentiellen Überraschungen, Diskontinuitäten, Kraftfeldern, Veränderungsmustern, Wertverschiebungen, Traditionen, Glauben, Ideologien.

Horizont: Globale und meta-systemische Sicht im Hinblick auf wirtschaftliche, militärische, soziale, kulturelle, politische, ethische, moralische, rechtliche, religiöse, wissenschaftliche, technologische und ökologische Faktoren und Veränderungen. Verständnis der Gesellschaft und des menschlichen Lebens aus ganzheitlicher Perspektive.

Resultate: Vorhersage von alternativen zukünftigen Szenarien und Trends. Projektion von langfristigen Kontinuitäten und Diskontinuitäten. Visualisierung eines „Endzustands" der Wirtschaft in der Zukunft, einschließlich neuer Rollen, Themen, Probleme und Chancen für die Unternehmung.

Der erste Typ orientiert sich in erster Linie am Industriezweig, in dem die Unternehmung tätig ist. Mitglieder eines derartigen Advisory Boards sind *Industrieexperten*. Der zweite Typ geht von einer Unternehmung aus, die in mehreren Industriezweigen tätig ist; dementsprechend richtet sich der Schwerpunkt dieses Advisory Boards auf die *gesamten Geschäftsaktivitäten* der Unternehmung. Dies muß sich offensichtlich auch in der Zusammensetzung des Beirats widerspiegeln. Der dritte Typ geht über die Beobachtung der geschäftlichen Entwicklung hinaus und konzentriert sich auf die allgemeine *soziale* und *gesellschaftliche Entwicklung*.

„The social focus of such a board dictates an entirely different board mix, locale and composition. Its purpose is more longrange, futuristic, global, and social-change oriented. The issues studied are more sweeping and concerned with the purposeful and normative nature of the enterprise" (Mueller, Board Score, 133).

Alle drei Idealtypen besitzen jedoch spezifische Nachteile. So dürfte bspw. ein Advisory Board vom Typ 3 wenig hilfreich für eine Unternehmung sein, die in einem Industriezweig tätig ist, der sich gerade im Umbruch befindet. Deshalb fordert Mueller die *Integration* der drei Ansätze. Dies geschieht in erster Linie durch eine entsprechende *Berufungspolitik*. Die Berufung qualifizierter Mitglieder für den Beirat, die im Hinblick auf die Situation der Unternehmung frühzeitig kompetente Entscheidungshilfen liefern können, wird damit zur wichtigsten Erfolgsvariablen für den Nutzer eines Advisory Boards.

2.2. Institutionalisierung der sachlichen Dimension im Audit Committee

2.2.1 Die Entwicklung des Audit Committees

Ein Audit Committee mit fast ausschließlich outside Direktoren ist heute in nahezu allen amerikanischen Corporations etabliert

Die Forderung nach einem Audit Committee (vgl. auch Zünd, Revisionslehre, 712ff. und Gördeler, Audit Committee, 219ff.) wurde erstmals 1940 von der SEC im Gefolge der Untersuchung des *McKesson-Robbins-Falls* erhoben. In diesem Fall war es dem Management von McKesson-Robbins gelungen, durch gefälschte Jahresabschlüsse, die von einem externen Wirtschaftsprüfer bestätigt wurden, Investoren um größere Geldbeträge zu betrügen (vgl. Bacon, Audit Committee, 6). In den folgenden 30 Jahren blieb es jedoch mehr oder weniger bei dieser Forderung der SEC. In einer Befragung von 420 Chief Executive Officers stellten Mautz/Neumann 1970 fest, daß immer noch weniger als 30% der beteiligten Corporations über ein derartiges Audit Committee verfügten (vgl. Mautz/ Neumann, Corporate Audit Committees, 85).

Erst mit Beginn der 70er Jahre, und hier u.a. auch durch den Zusammenbruch der *Eisenbahn-Gesellschaft Penn Central*, wurde die Forderung nach der Bildung von Audit Committees, die ausschließlich aus outside Direktoren bestehen sollten, erneut erhoben. Das größere öffentliche Interesse an der „Corporate Accountability" (vgl. Kapitel D.I. 2.1) führte dazu, daß die New York Stock Exchange in enger Zusammenarbeit mit der SEC allen an der NYSE notierten US-Gesellschaften vorschrieb, ab 1.7.1978 ein unabhängiges Audit Committee zu errichten. Diese Vorschrift enthält auch detaillierte Angaben über die Voraussetzungen für eine Mitgliedschaft im Audit Committee („Independent Director").

Heute besitzt nahezu jede Corporation in den Vereinigten Staaten ein Audit Committee. Das Audit Committee ist fast ausschließlich mit outside Direktoren besetzt. Es trifft sich in der Regel 3 bis 5 mal je Jahr (vgl. Bleicher/Paul, Verfassungen, 355; ähnlich auch Murk/Giardina, Compensation, 22; Korn/Ferry International, Board, 13).

Die Bestellung und Rotation des Chairmans für das Audit Committee wird unterschiedlich gehandhabt

Dem Chairman des Audit Committees kommt eine besondere Rolle als Vermittler zwischen *Management, interner Revision* und *externer Abschlußprüfung* zu. Seine Ernennung kann auf vier verschiedenen Wegen erfolgen:

- der gesamte Board wählt den Chairman des Audit Committees,
- der Chairman des Boards ernennt den Chairman dieses Committees,
- die Mitglieder des Audit Committees wählen selbst ihren Chairman oder
- das dienstälteste Mitglied des Audit Committees übernimmt die Position des Chairmans.

Nach der Bacon-Studie rotieren 23% aller befragten Corporations die Rolle des Chairmans unter den Mitgliedern. Dabei wird bei der Hälfte dieser Unternehmungen der Chairman des Audit Committee in jährlichem Rhythmus gewechselt (vgl. Bacon, Audit Committee, 55).

Eine Rotation der Mitglieder des Audit Committees ist weniger häufig anzutreffen

Das Rotationsprinzip findet bei den übrigen Mitgliedern des Audit Committees ebenfalls Anwendung, allerdings machen nur 20% der in der Bacon-Studie befragten Unternehmungen von dieser Möglichkeit Gebrauch (vgl. Bacon, Audit Committee, 55). Dabei wird so vorgegangen, daß in jedem Jahr lediglich ein Mitglied ausgewechselt wird. Bacon nennt die folgenden *Vorteile des Rotationsprinzips*:

- Die Rotation ermöglicht eine bessere Verteilung der zeitlichen Belastung unter den Board-Mitgliedern, die gerade beim Audit Committee relativ hoch ist.
- Neue Mitglieder bringen neue Perspektiven in die Arbeit des Audit Committees ein.
- Das Rotationsprinzip fördert die Unabhängigkeit des Audit Committees, da auf diese Weise der Aufbau allzu enger Beziehungen mit dem Management und den Abschlußprüfern vermieden wird. Die Mitarbeit im Audit Committee vermittelt dem Direktor einen tieferen Einblick in das Unternehmungsgeschehen, der sich im Verlaufe der weiteren Board-Arbeit auszahlt (vgl. Bacon, Audit Comittee, 55).

2.2.2 Die Aufgaben des Audit Committees

Für die Erfüllung der Überwachungsfunktion ist die Bestimmung des *Aufgabenbereichs* und der *Kompetenz* des Audit Committees von Bedeutung. In der Bacon-Studie gaben 75% der 393 befragten Unternehmungen an, daß der Board an der Festlegung der Aufgabendefinition für das Audit Committee mitwirkt. Bei 60% der Unternehmungen bestimmt der Board allein den Aufgabenkatalog des Audit Committees (vgl. Bacon, Audit Committee, 40). Diese Zahlen belegen, daß das Audit Committee offensichtlich nicht völlig frei in der Ausgestaltung der Überwachungsaufgabe ist und dem *Management* hier ein nicht unerhebliches *Mitspracherecht* eingeräumt wird.

Verfügt das Audit Committee über ausufernde Kompetenzen?

Obwohl die Notwendigkeit des Audit Committees heute in der amerikanischen Verfassungswirklichkeit unbestritten ist, sind seine Rolle und Funktion *keinesweges eindeutig definiert*. Ohne Zweifel sind die Kompetenzen der Audit Committees im Zeitablauf erheblich gewachsen.

Es ließe sich argumentieren, daß Audit Committees die Unabhängigkeit und Autorität des Managements einschränken. So vertreten beispielsweise einige CEO's die Ansicht, daß sich das Audit Committee im Laufe der Zeit zu einem *„Super Committee"* entwikkelt habe, dessen Macht zu stark geworden sei. Diese Auffassung dürfte allerdings nur eine Minderheitsmeinung darstellen. Bacon kommt zu dem Schluß, daß nur wenige Anzeichen in der Verfassungsrealität für eine solche Auffassung zu finden sind:

„Earlier Conference Board studies as well as this one indicate that both general management and financial management have reasons to agree with the SEC, the NYSE ... that a strong audit committee is desirable" (Bacon , Audit Committee, 9).

Deutlicher erkennbar wird dagegen eine andere Tendenz, die zeigt, daß das Management im Hinblick auf die *verschärfte Haftungsproblematik* selbst an einer *starken Überwachungsfunktion* interessiert ist. Auf diese Weise kann es wirkungsvoll sicherstellen, daß den verschiedenen Vorschriften für das externe Rechnungswesen und die Veröffentlichung der vierteljährlichen und der jährlichen Ergebnisse entsprochen wird.

Ein weiterer Grund für das Interesse des Managements an einem funktionierenden Audit Committee liegt darin, daß das Audit Committee normalerweise weniger an einer Konfrontation mit dem Management interessiert ist, als vielmehr im Sinne einer *überwachenden Tätigkeit das Management unterstützen* will.

„The result of all this is that even an active and highly responsible audit committee will normally choose to work with a spirit of helpfulness and cooperation, and will avoid overruling or undermining or bypassing top management unless it has cause" (Bacon, Audit Committee, 9).

Erweiterung des klassischen Funktionsbereichs der Audit Committees

Das *American Institute of Certified Public Accountants* nennt drei mittlerweile „klassische" Funktionen des Audit Committees:

(1) Mit dem Abschlußprüfer (Outside Auditor) den Umfang seiner Prüfung besprechen;

(2) mit dem Abschlußprüfer den Jahresabschluß und den Bericht erörtern, um festzustellen, ob dem Abschlußprüfer alle Unterlagen zur Verfügung gestellt worden sind und

(3) den Abschlußprüfer aufzufordern, seine Vorschläge für eine Verbesserung der internen Revision abzugeben (zitiert in Gehrmann, Audit Committees, 454).

Dieser Aufgabenkatalog wurde im Zeitablauf wesentlich erweitert. Dabei sind die folgenden drei Funktionen zu den bereits genannten hinzugekommen:

(1) Eine verstärkte Auseinandersetzung mit der internen Revisionsfunktion, wobei das Augenmerk weniger auf der Lösung von operativen Problemen liegt als vielmehr beim *Aufbau problemadäquater Revisionsverfahren und -systeme.*

(2) Die Prüfung *potentieller Interessenkonflikte* sowohl im Hinblick auf die Direktoren des Boards als auch auf die Führungskräfte der Corporation.

(3) In einigen Corporations übernimmt das Audit Committee weiter die Rolle des *„Ethical Conduct Watchdog"*, eine Entwicklung, die durch den Foreign Corrupt Practices Act ausgelöst wurde. Damit greift die Überwachungsfunktion des Audit Committees weit über das ursprüngliche finanzbezogene Tätigkeitsfeld in andere Unternehmungsbereiche hinein (vgl. Bacon, Audit Committee, 3 f.).

2.2.3 Beziehungen zwischen Audit Committee, externer Abschlußprüfung und interner Revision

Die externe Abschlußprüfung muß sichergestellt sein

Der wichtigste Aufgabenbereich des Audit Committees bezieht sich nach Ansicht von Bacon auf die externe Abschlußprüfung:

„The key responsibility of the audit committee today, as it has always been, is to ensure that the company's accounts and financial statements are properly audited by an independent auditing firm" (Bacon, Audit Committee, 14).

In diesem Zusammenhang ergeben sich für das Audit Committee drei spezifische Aufgaben:

(1) Die Auswahl und Ernennung der „Outside Auditors",

(2) die Besprechung des Umfangs und der Art der Abschlußprüfung und

(3) die Besprechung der Ergebnisse der Abschlußprüfung sowie die Reaktion des Managements auf die von dem externen Abschlußprüfer gemachten Veränderungsvorschläge (vgl. Vance, Corporate Leadership, 67; Bacon, Audit Committee, 14 und Gehrmann, Audit Committees, 454).

Gegen die Annahme, daß die *Aktionäre* über die Ernennung des Abschlußprüfers Einfluß auf die Überwachung des Managements nehmen, spricht die Tatsache, daß Abschlußprüfer und Management in der Regel über Jahre hin zusammenarbeiten und ein Wechsel zu einem neuen Abschlußprüfer *relativ selten* stattfindet. Dann allerdings dürfte dem Audit Committee eine wichtige Rolle bei der Auswahl eines neuen Abschlußprüfers zu kommen. Bacon kommt aber zu dem Schluß, daß die Entscheidung über den zu bestellenden Abschlußprüfer immer noch weitgehend vom Management bestimmt wird:

„Even though the authority to approve the selection of the outside auditing firm lies with the board, often with further approval by the shareholders, management usually plays a significant role in the selection process and, in fact, has traditionally been the deciding factor in many companies" (Bacon, Audit Committee, 17).

Audit Comittee, Abschlußprüfer und Management bestimmen die wesentlichen Elemente der Abschlußprüfung

Die zweite wichtige Funktion des Audit Committees im Zusammenhang mit der Abschlußprüfung bezieht sich auf deren Bestimmung nach Art und Umfang. Dies geschieht in der Regel in einer *Konferenz*, an der neben dem *Audit Committee* und den *Abschlußprüfern* Spitzenführungskräfte teilnehmen. Dabei werden in der Regel die folgenden Schwerpunkte definiert:

- „The purpose of the audit plan;
- The procedures or methods to be followed in carrying out the audit;
- Reports to be generated by the audit;
- Proposed staffing of the audit team;
- Locations to be visited for audit;
- Any exclusions from the scope;
- Areas of special concern (to the committee or to the auditors);
- Special or additional audits, if the committee deems them advisable;
- Assurance that audit procedures will be in accordance with generally accepted accounting principles;
- Division of responsibility between outside and internal auditors;
- Budgeted cost of the audit activity" (Bacon, Audit Committee, 19 f.).

Nach der Durchführung der Abschlußprüfung findet in der Regel das sog. *„post audit meeting"* statt, in dem die Ergebnisse der Abschlußprüfung diskutiert werden. Hier geht es vor allem um Fragen der Kooperation zwischen Abschlußprüfer und Management, unterschiedliche Bewertungsprinzipien, Vorschläge des Abschlußprüfers zur Lösung von Bewertungsproblemen und die Reaktion des Managements auf diese Vorschläge.

Von zentraler Bedeutung hinsichtlich der externen Abschlußprüfung ist die *Teilnahme des Managements an den Sitzungen des Audit Committees* mit dem *Abschlußprüfer*. Nur in einer von vier Unternehmungen nehmen der CEO oder der CFO an diesen Sitzungen *nicht* teil. In allen anderen partizipieren die genannten Funktionsträger an den Sitzungen des Audit Committees; allerdings nicht für die gesamte Dauer der Sitzung (vgl. Bleicher/ Paul, Verfassung, 362 f.).

Zwischen Audit Committee und interner Revision besteht ein komplexes Verhältnis

Obwohl das Audit Committee in erster Linie mit der Arbeit des externen Abschlußprüfers beschäftigt ist, zeigt sich in den letzten Jahren eine Tendenz, die vor allem durch den *„Foreign Corrupt Practices Act"* von 1977 verstärkt wurde, das Audit Committee auch in den *internen Revisionsprozeß* einzuschalten. Mautz/Neumann bemerken hierzu:

„One of the surest marks of a maturing (audit, Anm. d. Verf.) committee is increased attention to the internal auditing function" (Mautz/Neumann, Corporate Audit Committees, 90, ähnlich auch Knapp ‚Audit Committee, 578ff. und Berry, Environment, 57ff.).

Die Funktion des Audit Committees hinsichtlich der internen Revision wird in der Regel relativ weit gefaßt. Einen detaillierten Aufgabenkatalog stellt wiederum Bacon auf:

- Überprüfung des internen Revisionssystems und der internen Revisionsverfahren,
- Überwachung der Ergebnisse der internen Revision und
- Beurteilung der Qualifikation des internen Revisionspersonals (vgl. Bacon, Audit Committee, 34).

Ein kritischer Punkt bei der internen Revision ist die *Unabhängigkeit der internen Revisionsfunktion*. In diesem Zusammenhang kann das Audit Committee die Unabhängigkeit der internen Revision gegenüber dem Management *stärken*, indem die Mitglieder der internen Revision einen *direkten Zugang* zum Audit Committee und damit zum Board besitzen. Von Bedeutung ist dabei, ob der CEO oder der CFO an den Sitzungen des Audit Committees mit der internen Revision teilnehmen. Das ist in 75% der von Bleicher/Paul befragten Unternehmungen der Fall (vgl. Bleicher/Paul, Verfassung, 364). Wenn die Notwendigkeit dazu besteht, tritt allerdings das Audit Committee auch ohne das Management mit der internen Revision zusammen.

Bacon erklärt, daß die *interne Revisionsabteilung* in einigen Unternehmungen sowohl an das *Audit Committee* als auch an den CEO bzw. *CFO* berichten (vgl. Bacon, Audit Committee, 36). Dieses *duale Unterstellungsverhältnis* wird so ausgestaltet, daß die interne Revision hinsichtlich der operativen Tagesgeschäfte an den CEO bzw. CFO berichtet und hinsichtlich aller funktionalen Belange an das Audit Committee. Eine solche Praxis bedeutet offensichtlich eine *wesentliche Verstärkung der Unabhängigkeit* der internen Revision. Sie zieht aber auch erhebliche Nachteile nach sich:

- Die Mitglieder des Audit Committees sind in der Regel sehr beschäftigt und treffen sich wie bereits erwähnt nur 3 bis 5 mal jährlich. Man könnte folglich vermuten, daß die notwendige Zeit, die für eine adäquate Überwachung der internen Revision erforderlich ist, auch wenn diese sich nur auf funktionale Belange bezieht, vom Audit Comittee nicht aufgebracht werden kann.
- Die interne Revision ist ein Instrument des Managements. Eine direkte Anbindung an das Audit Committee bedeutet, daß das Management dieses Überwachungs- und Steuerungsinstrument kaum mehr entsprechend seinen spezifischen Zielsetzungen einsetzen kann.

Dementsprechend ist eine *direkte Anbindung* an das Audit Committee im Grunde *nicht notwendig*, solange die interne Revision einen *unbeschränkten Zugang* zum Audit Committee besitzt.

3. Die formale Dimension der Überwachung

Grundsätze ordnungsmäßiger Überwachung wurden von der American Bar Association formuliert

In der Bundesrepublik hat sich Erich Potthoff – wie erwähnt – bemüht, *Grundsätze einer ordnungsmäßigen Überwachung* zu formulieren, um der Überwachungsaufgabe in der Verfassungswirklichkeit (deutscher) Aktiengesellschaften eine praktikable Struktur zu verleihen (vgl. Potthoff ‚Ordnungsmäßigkeit der Geschäftsführung'). Ein ähnlicher Ansatz wurde von der „Section of Corporation, Banking und Business Law" der American Bar Association mit dem *„Corporation Director's Guidebook"* (vgl. Committee on Corporate Law ‚Guidebook') verfolgt, der allerdings über die Potthoffschen Grundsätze hinausgeht (vgl. Kapitel C. II.1.2.3). Mit der Formulierung dieser Grundsätze im Guidebook sollen formale Voraussetzungen geschaffen werden, die die Erfüllung der Überwachungsaufgaben durch den Board erst ermöglichen. Aufgrund der Zuweisung von Aufgaben der Überwachung, Führung und Interessenvertretung an den Board, ist dabei nicht zu vermeiden, daß auch Aussagen zu den beiden zuletzt genannten Funktionen des Boards gemacht werden.

Das Guidebook baut auf dem *„Model Business Corporation Act"* auf und hat ähnlich wie dieses Modell nur *Empfehlungscharakter*. Es besteht aus 6 Teilen, deren Inhalt hier in komprimierter Form wiedergegeben wird:

Teil 1: Individuelle rechtliche Verhaltensstandards für Direktoren

Die rechtlichen Anforderungen an Direktoren beziehen sich zum einen auf ihre Loyalitätspflicht (*„Duty of Loyalty"*) und zum anderen auf ihre Sorgfaltspflicht (*„Duty of Care"*). Die Loyalitätspflicht umfaßt die Forderung nach Fairness gegenüber der Unternehmung, insbesondere bei Interessenkonflikten. Der Direktor soll nicht in seinem eigenen Interesse, sondern ausschließlich im Unternehmungsinteresse handeln. Die Sorgfaltspflicht verlangt von ihm Verantwortungsbewußtsein bei der Erfüllung seiner Aufgaben. Dies bedeutet auch, daß er den zeitlichen Verpflichtungen, die mit einem Board-Mandat verbunden sind, nachkommt.

Teil 2: Orientierung für neue Direktoren

Weiterhin wird gefordert, daß neu ernannte Direktoren ein *Orientierungsprogramm* durchlaufen, das sie mit den Besonderheiten der Unternehmung und der unternehmungsspezifischen Board-Arbeit vertraut macht.

Teil 3: Verantwortlichkeit eines Direktors

Die grundsätzliche Verantwortlichkeit eines Direktors definiert das Corporate Director's Guidebook wie folgt:

„The fundamental responsibility of the individual director is to represent the interests of the shareholders as a group, as the owners of the enterprise, in directing the business and affairs of the corporation within the law" (Committee on Corporate Law, Guidebook , 12).

Daraus wird eine Pflicht zur Führung (*„Duty to Manage"*) und eine Pflicht zum Widerspruch (*„Duty to Object"*) abgeleitet. Die Pflicht zur Führung bezieht sich vor allem auf (1) die Überprüfung und Bestätigung der grundsätzlichen Unternehmungsziele, (2) die Ernennung kompetenter Spitzenführungskräfte und die Überwachung der Personalpolitik und (3) die Leistungsbeurteilung der Führungskräfte und der Unternehmung. Die Pflicht zum Widerspruch gilt für alle Maßnahmen, mit denen der Direktor nicht einverstanden ist. Weiterhin werden bestimmte Bereiche genannt, denen die Direktoren spezielle Aufmerksamkeit schenken sollen, wie z.B. die Informationsbeziehungen zwischen Board und Management oder die Festlegung der Tagesordnung des Boards.

Teil 4: Pflichten unter den „Federal Securities Laws"

In diesem Teil des Guidebooks sind die Pflichten des Boards in bezug auf die Einhaltung des *Securities Act* von 1939, des *Securities Exchange Act* von 1934 und den damit verbundenen Erlassen der SEC erläutert. Im wesentlichen handelt es sich dabei um die Offenlegung von finanziellen Informationen über die Unternehmung.

Teil 5: Haftung und Haftungsentschädigung

Hier werden die Regelungen zur Haftung eines Direktors im Hinblick auf den Verstoß gegen einzelstaatliche und bundeseinheitliche Vorschriften analysiert. Außerdem wird festgelegt, unter welchen Bedingungen eine *Haftungsentschädigung* zu erfolgen hat, wenn ein Direktor aufgrund einer Verletzung seiner Pflichten verklagt wird.

Teil 6: Modell für den Board einer privaten Corporation

Im letzten Teil des Corporate Director's Guidebook wird ein Modell für die Größe, Zusammensetzung und Struktur des Boards entwickelt. Dabei werden zunächst die Begriffe „Management" und „Non-Management" nach der zeitlichen Verpflichtung des Direktoren abgegrenzt (vgl. hierzu die detaillierte Definierung Kapitel D. V.2.2). Sodann werden persönliche Charakteristika für Board-Mitglieder aufgelistet: (1) Problemadäquate intellektuelle Kapazität, (2) Kooperationsbereitschaft, (3) Bewußtsein für die geschäftliche und soziale Umwelt und (4) Integrität und Urteilsvermögen. Weiterhin werden Empfehlungen zur Größe und Zusammensetzung von Boards und zur Committee-Struktur ausgesprochen. Hinsichtlich der Zahl der Board-Mitglieder wird eine Größe gefordert, die die Besetzung von wenigstens drei Committees mit outside Direktoren ermöglicht. Die Mehrheit der Direktoren soll grundsätzlich aus Outsidern bestehen. Der Board sollte mindestens drei Committees (Audit, Compensation und Nominating Committee) einrichten, die ausschließlich mit Outsidern zu besetzen sind, um eine effiziente Überwachung der Führung zu gewährleisten.

III. Die Führungsaufgabe des Boards

Im monistischen Verfassungssystem der amerikanischen Corporations unterliegen die *Führungsaufgaben* von Boards weit *vielfältigeren Ausprägungen* als dies beim dualistischen deutschen System der Fall ist. Dies läßt sich darauf zurückführen, daß sich das Spitzenorgan Board ähnlich wie beim Schweizer Verwaltungsrat nicht restlos der Führungsfunktion durch Delegation entledigen kann, also immer ein häufig nicht deutlich definierbares Residuum von Verantwortlichkeiten zurückbehält, und die Delegation von Führungsaufgaben in außerordentlich unterschiedlicher Abstufung vornehmen kann. Diese kann von einem betont *insider-orientierten Board*, der faktisch die Führung weitgehend unkontrolliert vollzieht, bis zu einem Board reichen, der sich als *outsider-orientiertes Gremium* vor allem als Überwachungsorgan versteht und faktisch in die Nähe eines (nicht-mitbestimmten) deutschen Aufsichtsrats gerät, weil er die Führung weitgehend an Insider delegiert hat. Der erste Fall dürfte sich auf kleinere und mittelgroße Unternehmungen beziehen, in denen der Board zum Führungsorgan wird. Der zweite Fall hingegen ist eher in internationalen Großunternehmungen, die in verschiedenen Geschäftszweigen operieren, zu vermuten. Der Board hat die Führungsaufgaben weitgehend an das Management delegiert und konzentriert sich auf die Überwachung. Insider als Board-Mitglieder tragen dann regelmäßig einen *„doppelten Hut"*: Sie sind einerseits als Spitzen der Führung und daran interessiert, ihre Handlungsautonomie zu bewahren, und sind andererseits Mitglieder des sich als Überwachungsorgan gerierenden Boards, in dem sie sich selbst kritisch in Frage stellen müssten. Die damit angedeutete Interessenkollision kulminiert in der Person des *Chairmans*, der im Regelfall als Insider zugleich *CEO* und damit oberste Führungsspitze der Unternehmung ist; denn er muß zusätzlich zur simultanen Erfüllung von Führungs- und Überwachungsaufgaben die Funktionsfähigkeit des Organs „Board" sicherstellen.

1. Die personale Dimension der Führung

Grundsätzlich lassen sich in einer Corporation drei Spitzenpositionen der Führung unterscheiden: *Chairman, Chief Executive Officer* (CEO) und *President* wie *Chief Operating Officer* (COO). In einigen Unternehmungen tritt die Position des *Vice Chairmans* hinzu. Diese Positionen können in einer *unipolar* strukturierten Führung von einer Person wahrgenommen werden oder in einer *multipolar* strukturierten Führung auf verschiedene Personen aufgeteilt werden. Innerhalb dieser Führungsstrukturen können eher *direktorial* oder *kollegial* geprägte Arbeitsformen bestehen.

1.1 Die Aufgabenverteilung unter den Spitzenführungskräften

Die Delegation von Führungsaufgaben des Boards an den Chairman/CEO und die ihm nachgeordneten Führungskräfte stellt eine Grauzone dar

Der Board kann seinen Auftrag „to manage the business and affairs of a corporation" bei den heute allgemein gegebenen komplexen Verhältnissen nur in begrenztem Umfang nachkommen. Er muß deshalb zwangsläufig einen wesentlichen Teil der Führungsfunktion an den Chairman/CEO und die ihm nachgeordneten Führungskräfte delegieren. Die Delegation der Funktion wird dabei im allgemeinen derart geregelt, daß der Board sich bestimmte Sachverhalte zur Entscheidung vorbehält, die in den *By-Laws* oder einer besonderen *„Board Resolution"* näher spezifiziert werden (vgl. Eisenberg, Structure, 158). Eine schriftlich niedergelegte Abgrenzung zwischen den Zuständigkeiten des Boards und der Zuständigkeit der Spitzenführungskräfte erfolgt lediglich in 27% der von Heidrick & Struggles befragten Unternehmungen (vgl. Heidrick & Struggles, Inc., Changing Board, 8). Alle darüber hinausgehenden Entscheidungsvorgänge fallen in den Zuständigkeitsbereich des Chairmans/ CEO's und der ihm nachgeordneten Führungskräfte. Die Regelung des *Delegationsverhältnisses* stellt in vieler Weise eine *Grauzone* dar, die geprägt wird durch die Unternehmungstradition, den Führungsstil des Chairmans/CEO's, das Interesse des Boards, das wiederum von der Stellung der outside Direktoren beeinflußt wird, und von vielfältigen anderen kontextualen und situativen Bedingungen.

Der relative Zeitaufwand für die Wahrnehmung spezifischer Führungsfunktionen gibt einen Überblick über die Tätigkeitsschwerpunkte der Spitzenführungskräfte. In der Untersuchung der Verfasser wird die Führungsfunktion des Boards bzw. der Spitzenführungskräfte in folgende Komponenten aufgeteilt:

(1) Vorbereitung und Koordination der Unternehmungsstrategie
(2) Unternehmungsfinanzierung und Ressourcenallokation
(3) Diversifikation, Zusammenschluß, Akquisition, Desinvestition
(4) Führung, Beratung und Überwachung der wichtigsten Linien- und Stabsabteilungen
(5) Führung, Beratung und Überwachung der Tochtergesellschaften
(6) Organisation und Koordination der Board-Arbeit
(7) Information der Board-Mitglieder
(8) Kompensation der Spitzenführungskräfte
(9) Beurteilung der Spitzenführungskräfte, Management-Entwicklung und Nachfolgeplanung
(10) Soziale Verantwortlichkeit der Unternehmung, Einhaltung von Gesetzen
(11) Partizipation in Industrieverbänden, Kontakte zu Regierungsstellen
(12) Repräsentation der Unternehmung nach außen (vgl. Bleicher/Paul, Verfassungen, 420).

Der mit der Wahrnehmung dieser Führungsfunktionen verbundene Zeitaufwand ist für den *Board insgesamt* sowie für die einzelnen Spitzenpositionen (*Chairman, CEO, President*) untersucht worden.

Einen Überblick über die Funktionsaufteilung der Führungsspitze geben die folgenden fünf Abbildungen (D 3-7). Auf der vertikalen Achse wird der Zeitaufwand in % für drei Kategorien abgetragen; die Ziffern auf der horizontalen Achse beziehen sich auf die eben genannten Funktionen.

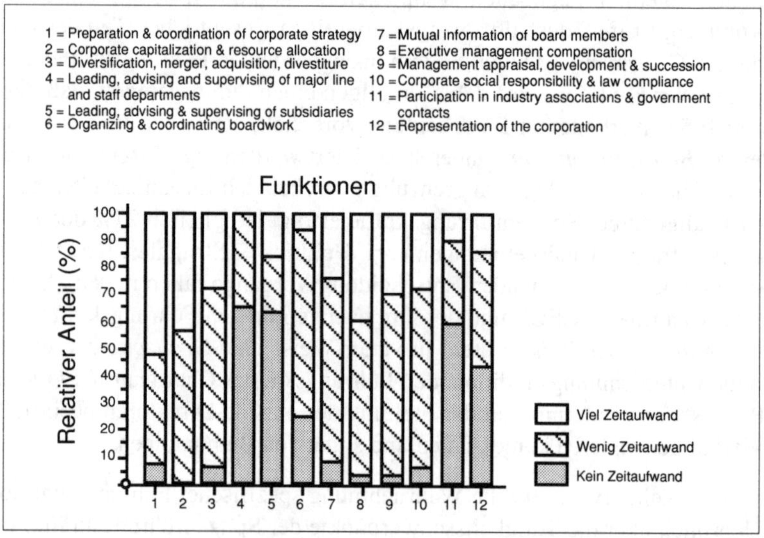

Abb. D 3: Relativer Zeitaufwand des Boards für die Wahrnehmung bestimmter Führungsfunktionen (Bleicher/Paul, Verfassungen, 420)

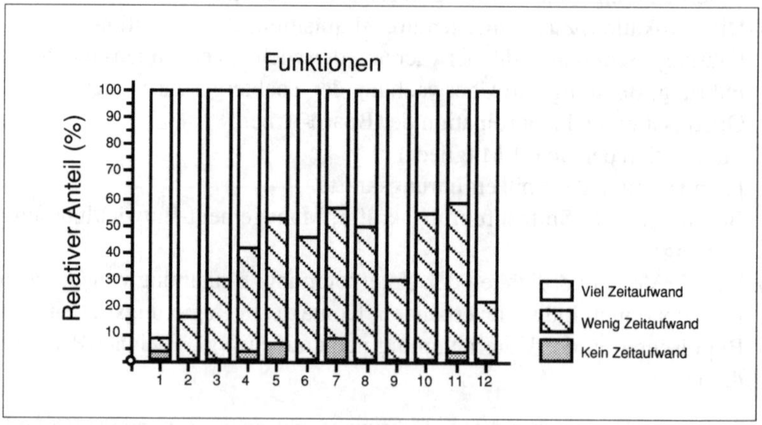

Abb. D 4: Relativer Zeitaufwand des Chairmans für die Wahrnehmung bestimmter Führungsfunktionen (Bleicher/Paul, Verfassungen, 421)

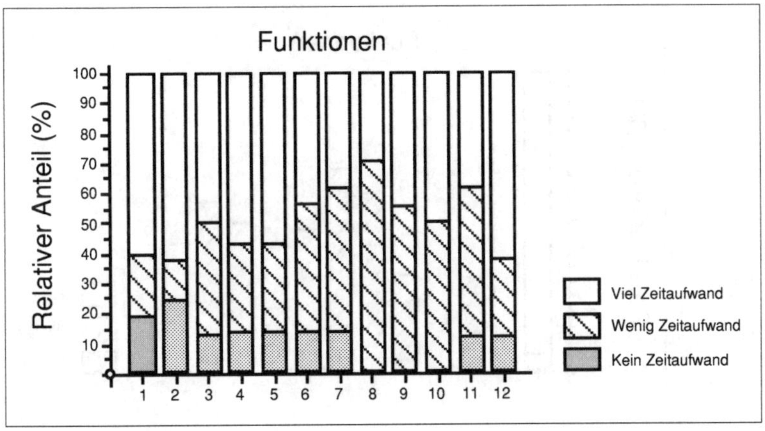

Abb. D 5: Relativer Zeitaufwand des Vice Chairmans für die Wahrnehmung bestimmter Führungsfunktionen (Bleicher/Paul, Verfassungen, 421)

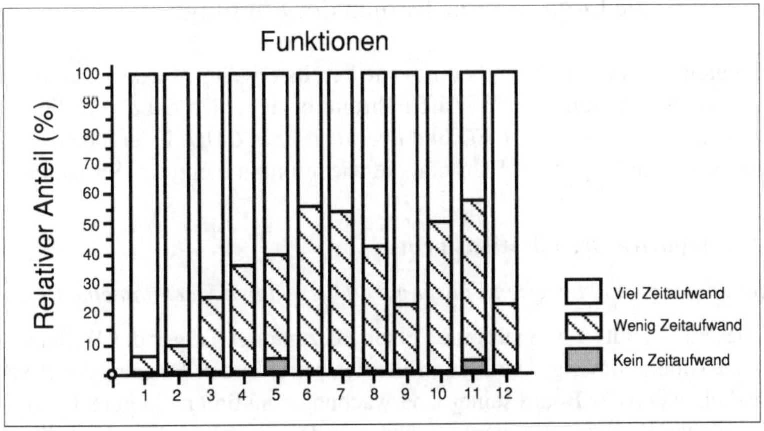

Abb. D 6: Relativer Zeitaufwand des CEO's für die Wahrnehmung bestimmter Führungsfunktionen (Bleicher/Paul, Verfassungen, 421)

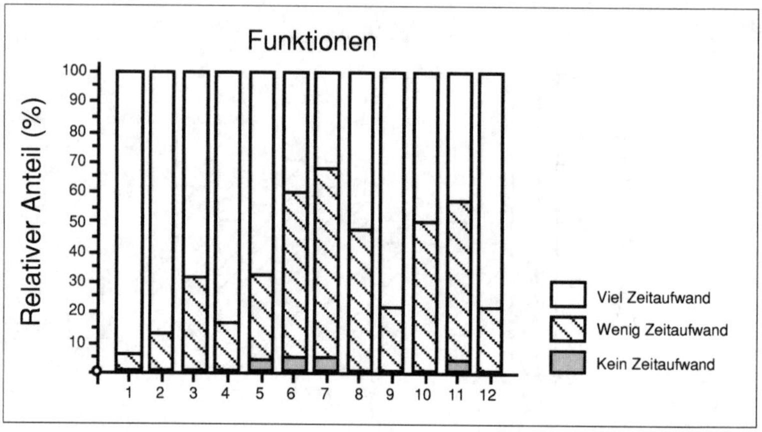

Abb. D 7: Relativer Zeitaufwand des Presidents für die Wahrnehmung bestimmter Führungsfunktionen (Bleicher/Paul, Verfassungen, 421)

1.2. Typische Organisationsformen der Führung

Die Organisation der Führung kann – wie bereits erwähnt wurde – *unipolar* oder *multipolar* ausgestaltet sein. Der Begriff Führung bezieht sich dabei auf die Positionen von *Chairman, Vice Chairman, CEO* und *President* bzw. *COO*. Es ergeben sich dementsprechend zwei Grundtypen der Führung, die wiederum in mehreren Varianten erscheinen.

1.2.1 Unipolare Organisationsformen

In der unipolar strukturierten Führung ist die exekutive Macht an eine Person gebunden

Bei diesem Grundtyp fungiert eine Person als zentraler Träger der Willensbildung innerhalb der Unternehmung. Die Machtfülle der betreffenden Führungskraft vergrößert sich zusätzlich, wenn der Board seiner Überwachungsfunktion nicht gerecht wird. Der Vorteil einer solchen Konstruktion liegt eindeutig in der *Einheitlichkeit der Willensbildung* und der *schnellen Aktions- und Reaktionsfähigkeit.* Entscheidungen können ohne langwierige Abstimmungsprozesse gefällt und implementiert werden. Dem steht auf der anderen Seite als Nachteil die enorme *Abhängigkeit* der Unternehmung von einer einzigen Führungskraft gegenüber. In diesem Zusammenhang kann sich die *Nachfolgeplanung* als Problem erweisen. Wenn alle wichtigen Führungsfunktionen in einer Person vereint sind, bestehen nur beschränkte Möglichkeiten, einen Nachfolger „aufzubauen" und mit der Ausübung dieser Funktionen vertraut zu machen. Für den unipolaren Grundtyp lassen sich folgende Varianten unterscheiden:

Unipolarer Grundtyp, Variante A: Eine Person übernimmt die Positionen des Chairmans, CEO's und Presidents

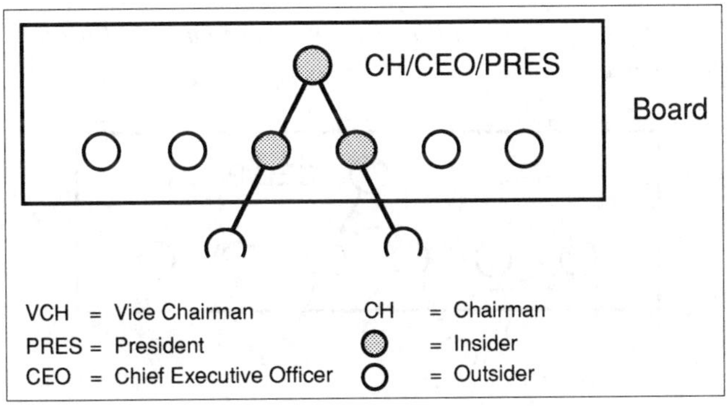

Abb. D 8: Unipolarer Grundtyp, Variante A

Wenn die Positionen des Chairmans, CEO's und Presidents zugleich von einer Person in Personalunion wahrgenommen werden, entsteht eine extreme Machtkonzentration in der Führungsspitze, eine Entwicklung, die in einer nicht unbedeutetenden Zahl von Unternehmungen stattgefunden hat. Vance kennzeichnet eine solche Konstellation (vgl. Vance, Corporate Leadership, 89).

Probleme der *Aufgabenabgrenzung* entstehen in diesem Fall offensichtlich nicht. Die Frage, ob eine Person in der Lage ist, die an sie gestellten Aufgaben zu erfüllen, dürfte weitgehend von der Unternehmungsgröße bestimmt werden. So ist anzunehmen, daß sich eine solche Konstruktion der Führungsspitze eher für *kleinere Unternehmungen* eignen dürfte.

Unipolarer Grundtyp, Variante B: Eine Person übernimmt die Positionen des Chairmans/CEO's

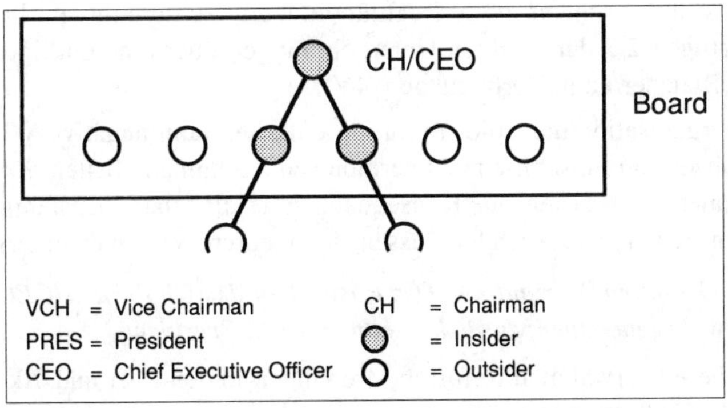

Abb. D 9: Unipolarer Grundtyp, Variante B

In diesem Typ gibt es keinen President bzw. COO. Dessen Funktion dürfte unternehmungsspezifisch teilweise vom Chairman/CEO oder der nachfolgenden Führungsebene wahrgenommen werden.

Unipolarer Grundtyp, Variante C: Eine Person übernimmt die Position des CEO's/Presidents

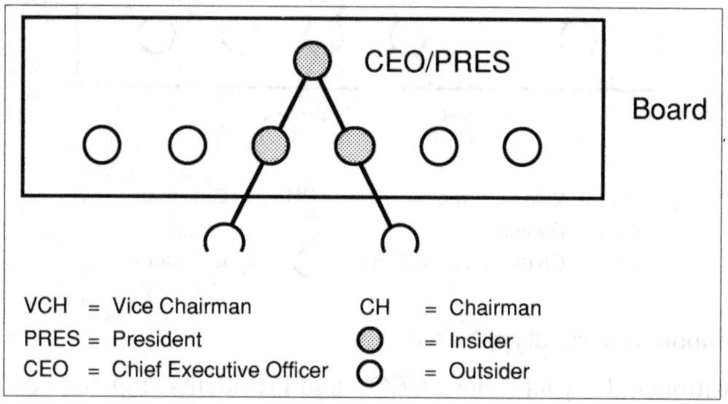

Abb. D 10: Unipolarer Grundtyp, Variante C

Bei dieser Variante gibt es keinen Chairman. CEO und President bzw. COO sind eine Person. Die Aufgaben des Chairmans werden faktisch vom CEO/President wahrgenommen, obwohl dieser nicht den Titel „Chairman" führt. Damit entspricht dieser Fall der Variante A.

1.2.2 Multipolare Organisationsformen

In der multipolar strukturierten Führung wird die exekutive Macht auf wenigstens zwei Personen verteilt

Diese Spitzenstruktur scheint in der Realität eindeutig zu dominieren. In der Studie der Verfasser verfügen 2/3 der erfaßten Unternehmungen über eine multipolare Führungsstruktur (vgl. Bleicher/Paul, Verfassungen, 460).

Eine solche Organisation der Spitzenführung entfaltet dann negative Wirkungen, wenn die beiden Spitzenführungskräfte nicht harmonisch zusammenarbeiten; *Konflikte* auf dieser Ebene können schwerwiegende Konsequenzen für die Überlebensfähigkeit der Unternehmung nach sich ziehen. Auch hier lassen sich mehrere Varianten unterscheiden.

Multipolarer Grundtyp, Variante A: Die Positionen des Chairmans/CEO's werden von einer Person wahrgenommen; zusätzlich gibt es einen President

Im Zuge der bereits erwähnten Reformbestrebungen in den 60er und 70er Jahren wurde ein größerer Einfluß der Aktionäre auf den Board und damit die Unternehmungspolitik gefordert. Einen Ansatzpunkt, um diesen Einfluß geltend zu machen, sah man in der Position des Chairmans, dessen Stellung als Repräsentant des Boards gegenüber dem Management gestärkt werden sollte. Deshalb wurde gefordert, die Funktion des CEO's dem Chairman zuzuordnen.

Empirische Daten über die Art der Funktionsaufteilung an der Unternehmungsspitze liefert die Korn/Ferry-Studie (vgl. Korn/Ferry International, Board, 4). Danach geben 74% aller befragten Corporations an, daß die Funktionen des Chairmans und CEO's von einer Person ausgeübt werden. In diesem Zusammenhang scheint die Unternehmungsgröße eine besondere Rolle zu spielen; denn mit zunehmender Unternehmungsgröße nimmt auch der Anteil der Unternehmungen zu, die die Funktionen des Chairmans und CEO's in einer Person vereinigen. Bei Unternehmungen mit einem Dollarumsatz von mehr als einer Milliarde sind dies 81%.

Es scheint allerdings in höchstem Maße fraglich, ob diese Aufwertung der Position des Chairmans tatsächlich zu einem stärkeren Einfluß der Aktionäre auf die Unternehmungspolitik führt. Es läßt sich ebenso argumentieren, daß der Einfluß der Aktionäre durch diese Entwicklung geringer geworden ist, weil der Chairman/CEO aufgrund seiner herausragenden Machtstellung nun erst recht in der Lage ist, den Board in seinem Sinne zu beeinflussen.

Während der Chairman/CEO früher in der Regel gleichzeitig auch die Funktion des Presidents wahrnahm, ist in den letzten Jahren eine Aufteilung beider Funktionen auf *zwei Personen* zu beobachten. Dies gilt insbesondere für große Unternehmungen. Das Verhältnis zwischen dem Chairman als CEO und dem President hat sich im Zeitablauf erheblich gewandelt.

„There are some observers of the business world who assert that CEOs of very large companies cannot discharge their external responsibilities effectively and at the same time deal with the details of their business as did the CEO of the past. They suggest, therefore, that the job be divided into two parts one officer would be responsible for operating affairs inside the corporation" (Steiner, New CEO, 75).

In dieser Struktur würde sich die Funktion des CEO's weitgehend auf die *Außenbeziehungen der Unternehmung* beziehen, während der President für das *operative Geschäft* zuständig wäre. Steiner kommt ebenfalls zu dem Ergebnis, daß der Aufgabenbereich des CEO's einer großen Unternehmung für eine Person in der Tat zu umfangreich ist.

„The CEOs interviewed for this survey said that the CEOs job in a large corporation was indeed too large to be managed by one person. None with whom the issue was discussed, however, agreed with the „Mr. Outside, Mr. Inside" concept. They believe that a good bit of the internal management job can and should be delegated to another manager or managers while the CEO devotes most attention to external affairs. But they all believe that the CEO is still and should be responsible for the entire operation of the corporation" (Steiner, New CEO, 76).

Wie das Verhältnis zwischen CEO und President letztlich ausgestaltet ist, wird bestimmt durch den *Führungsstil* und die *Persönlichkeit* beider Führungskräfte. Bacon/Brown kommen zu folgendem Schluß:

„It has become fairly common practice in large U.S. corporations to divide the responsibility of the chief executive between two people ... The chairman serves as chief executive officer, concentrating on policy, planning and external relations, and is responsible to the board; the president is the chief operating or chief administrative officer, concerned with day-to-day-operations, and reports to the chairman" (Bacon/Brown, Corporate Directorship Practices III, 25).

Für diese Variante lassen sich zwei Unterfälle unterscheiden:

Multipolarer Grundtyp, Variante A, Fall 1: Es gibt einen Chairman/CEO und einen President; alle operativen und funktionalen Einheiten sind dem President unterstellt

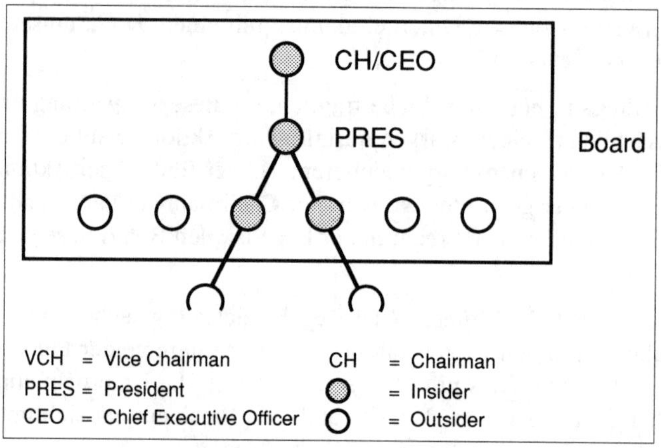

Abb. D 11: Multipolarer Grundtyp, Variante A, Fall 1

In diesem Fall berichten alle operativen oder funktionalen Einheiten an den President. Der Chairman/CEO hat *keine direkten* funktionalen und operativen Zuständigkeiten.

Multipolarer Grundtyp, Variante A, Fall 2: Es gibt einen Chairman/CEO und einen President; einige operative und/oder funktionale Einheiten sind dem Chairman/CEO unterstellt

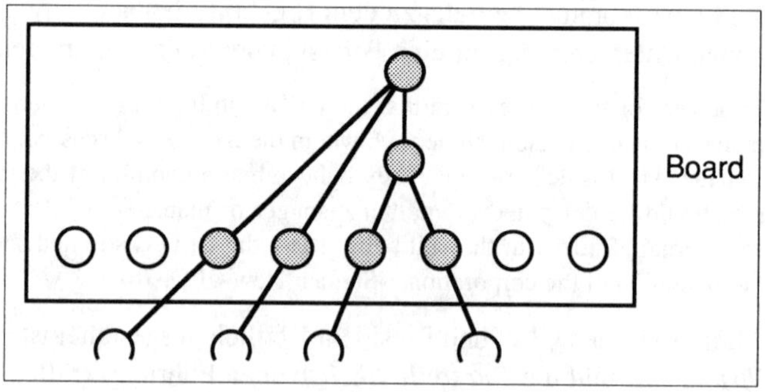

Abb. D 12: Multipolarer Grundtyp, Variante A, Fall 2

Hier sind einige Organisationseinheiten *direkt* an den Chairman/ CEO angebunden. Im Hinblick auf die unterstellten Einheiten kann nochmals differenziert werden in *funktionale* und *operative Einheiten*. Bei der General Motors Corporation beispielsweise berichtet nur der Finanzbereich direkt an den Chairman/CEO. Alle übrigen Einheiten sind einem President und einem Vice Chairman unterstellt (vgl. Bleicher, General Motors, 147 ff.). Der zweite Unterfall liegt vor, wenn sowohl operative als auch funktionale Einheiten an den Chairman/CEO berichten. Dies wird am Beispiel der Pfizer Corporation deutlich. Der Chairman/CEO ist zuständig für die beiden Geschäftsbereiche Grundstoffe und Konsumprodukte, die Tochtergesellschaft Pfizer International und eine Reihe von zentralen Dienstleistungsabteilungen. Der President hingegen ist verantwortlich für die Bereiche Chemie, Pharmazeutika und Forschung und Entwicklung (vgl. Bleicher, Pfizer, 416ff.). Der Fall, daß ausschließlich operative Einheiten an den Chairman/CEO berichten, ist nicht bekannt.

Multipolarer Grundtyp, Variante B: Es gibt einen Chairman und einen CEO/President

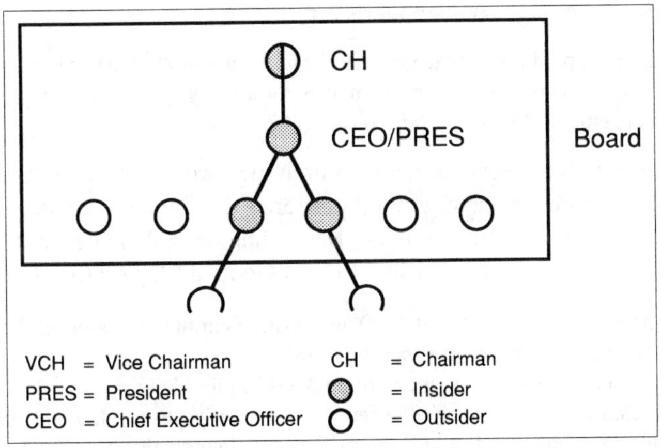

Abb. D 13: Multipolarer Grundtyp, Variante B

In Variante B des multipolaren Grundtyps wird die Funktion des Chairmans von einer Person ausgeübt, dem ein CEO/President untergeordnet ist. Diese Situation ist typisch für einen *geplanten Führungswechsel*. Der bisherige CEO/President übernimmt die Funktion des Chairmans, während sein Nachfolger zum CEO/President ernannt wird. Vance beschreibt eine solche Situation:

„Often there is contention, a sort of governance tug-of-war between president and chairman, and the price for the winner is the post of the chief executive officer. This headquarter's tussle is a fairly recent contest; historically, it was the president who also served as CEO. Then, upon earning a respectable retirement, the president CEO relinquished both designations and moved to the chairman's post, basically an honorific and ceremonial position. The chairman presided over board meetings, but since the board did little more than nod approval to the CEO's proposals, the chairman simply enjoyed a comfortable sinecure" (Vance, Corporate Leadership, 88).

Ein Beispiel für eine Form der Variante B stellt die Hewlett-Packard Company dar. David Packard, einer der beiden Gründer des Unternehmens, hat die Funktion des CEO's und Presidents an John Young abgegeben und nur die Funktion des Chairmans behalten.

Es wäre nun auch denkbar, daß bei dieser Variante die Position des Chairmans von einem *outside Direktor* wahrgenommen wird. Diese Konstellation käme dem bereits erwähnten Vorschlag von Harold Williams nahe (Kapitel D. I. 2.2). Es ist bis jetzt nur eine Unternehmung bekannt geworden, in deren Board die Rolle des Chairmans für eine gewisse Zeit von einem outside Direktor wahrgenommen wurde. Diese Praxis wurde aber wieder aufgegeben, weil sich die Schwierigkeiten der Einbindung des outside Chairmans in die Führungsspitze als zu groß erwiesen.

Wenn die Positionen des Chairmans und CEO's auf zwei Personen aufgeteilt werden, können sich Probleme bei der Aufgabenverteilung ergeben, die Mueller in bezug auf den Chairman besonders prägnant charakterisiert:

„Servant or master? Board agent or team leader? Guide or whip? Moderator or task advocate? The satyrlike biformity of corporate governance makes for a fuzzy system at the top, as far as roles and structures are concerned" (Mueller, Directions, 83).

Dieses sog. „Fuzzy Set" wird zum einen durch die formale Struktur (Unterstellungsverhältnis) und zum anderen ganz wesentlich durch die Persönlichkeiten der Spitzenführungskräfte bestimmt. Auf die besondere Bedeutung des zuletzt genannten Aspekts weist Reginald Jones, der frühere Chairman/CEO der General Electric Corporation hin:

„In a word, separation of the offices of CEO and board chairman will work if the occupants of the two offices are compatible and collaborate fully and in good faith. But if a CEO is prepared to cooperate with a colleague who is board chairman, he is highly likely to serve the board faithfully in the capacity of chairman. Conversely, the separation of the posts of CEO and chairman will work to the detriment of the board and of the enterprise if a serious rivalry develops between the two incumbents" (Jones, Relations, 100).

Den Versuch einer Abgrenzung der Augaben des Chairmans unternimmt Ira G. Corn mit einer idealtypischen Auflistung von spezifischen Funktionen:

(1) „*Compatability.* The chairman should have those characteristics which tend to satisfy, complement, and otherwise be compatible with major holders of capital stock and with the executive team.

(2) *Visible leadership.* The chairman is a reflected image of the company to the rest of the world.

(3) *Decision role.* The chairman should have a proven record of success as a decision maker.

(4) *Building a team.* The chairman must be responsive to members of the board.

(5) *Board organization.* The chairman should be the leader of the board in the judgmental role of appointing directors to committees where they can serve most effectively.

(6) *Membership on the board.* The chairman has to assume the responsibility of arriving at a consensus in choosing members.

(7) *Replacement of the chief executive officer.* The chairman must ensure survival of the corporation and the maximizing of success by replacing the CEO when necessary.

(8) *Public image.* Because good relations are essential with government, suppliers, employees, media, trade associations, and others, the chairman must spend an increasing portion of his time in building the corporate image.

(9) *Social responsibility.* The chairman should monitor the company's compliance with laws and regulations while helping it become a good corporate citizen.

(10) *Data dissemination.* A major test of the performance of the chairman as a monitor may be found in his ability to keep the members of the board of directors informed about the operations of the company" (zitiert in Vance, Corporate Leadership, 90)

Auch mit dieser Liste ist eine klare Abgrenzung der Aufgabenbereiche von Chairman und CEO nicht möglich. Sie ist letztlich abhängig von verschiedenen Faktoren. In diesem Sinne argumentiert Mueller:

„The criteria for the respective roles in a plural leadership setup are elusive, organic and tailored to suit the nature of the company, the business, and the personalities involved" (Mueller, Directions, 90).

Multipolarer Grundtyp, Variante C: Es gibt einen Chairman und einen President

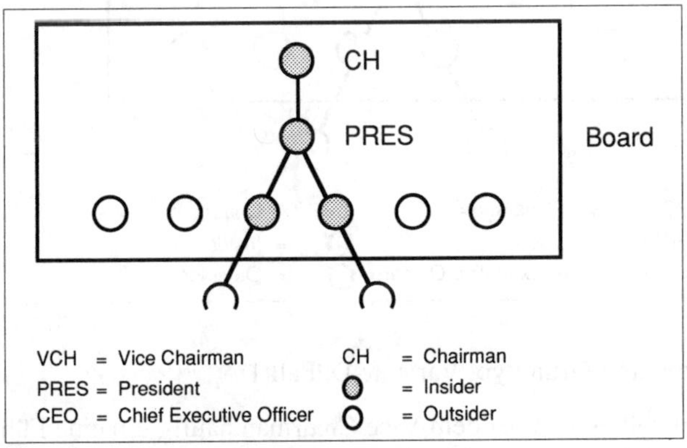

Abb. D 14: Multiplarer Grundtyp, Variante C

In Variante C des multipolaren Grundtyps schließlich gibt es einen Chairman und einen President. Die Position des CEO's existiert nicht. Faktisch dürfte diese Funktion aber in Abhängigkeit von der jeweiligen Führungspraxis von einer der beiden anderen Positionen übernommen werden. Ein typisches Beispiel für diese Form der Spitzenorganisation ist die Yellow Freight Company (vgl. Bleicher, Yellow Freight, 257-260).

Multipolarer Grundtyp, Variante D: Zur Position des Chairman tritt die eines oder mehrerer Vice Chairman(men)

Während die Funktion des Chairman seit der Verabschiedung moderner Inkorporationsgesetze existiert, ist die Funktion des Vice Chairmans relativ neu. Sie entstand im Zuge der Übertragung von CEO-Funktionen an den Chairman. Vance sieht in dieser Entwicklung eine Bestätigung des *Parkinsonschen Gesetzes*, das besagt, daß der Status einer Führungskraft vom Titel und der Zahl der Untergebenen abhängt (vgl. Vance, Corporate Leadership, 91). Diese sarkastische Einschätzung dürfte wahrscheinlich auch durch die „Titelinflation" insbesondere im Hinblick auf den Titel „President" und die verschiedenen Kategorien der Vice Presidents gestützt werden.

Für die strukturelle Einordnung der Position des Vice Chairmans bieten sich zwei Ansatzpunkte:

Multipolarer Grundtyp, Variante D, Fall 1: Der Vice Chairman fungiert lediglich als Stellvertreter des Chairmans ohne eigene operative oder funktionale Verantwortlichkeit

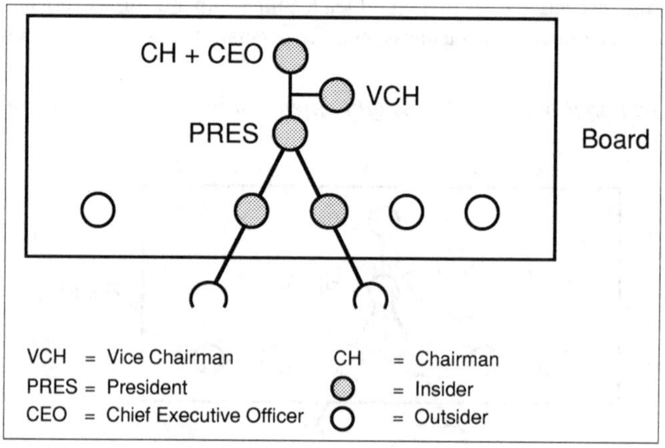

Abb. D 15: Multipolarer Grundtyp, Variante D, Fall 1

In diesem Fall handelt es sich bei dem Vice Chairman häufig um eine Führungskraft, die in gewisser Weise aufs „Abstellgleis" geschoben wurde.

„For years, whenever an executive was elected vice-chairman of the board, his close associates offered condolences instead of congratulations. The move was synonymous whith being kicked upstairs. The job has traditionally been a ceremonial one, with limited authority and little responsibility. It was a way to accommodate a veteran executive who had lost the race for a top slot. The vice-chairman was solicitously treated but not necessarly listened to in the executive suite" (Louis M. Phelps zitiert in Vance, Corporate Leadership, 93).

Multipolarer Grundtyp, Variante D, Fall 2: Der Vice Chairman übernimmt operative oder funktionale Verantwortlichkeiten

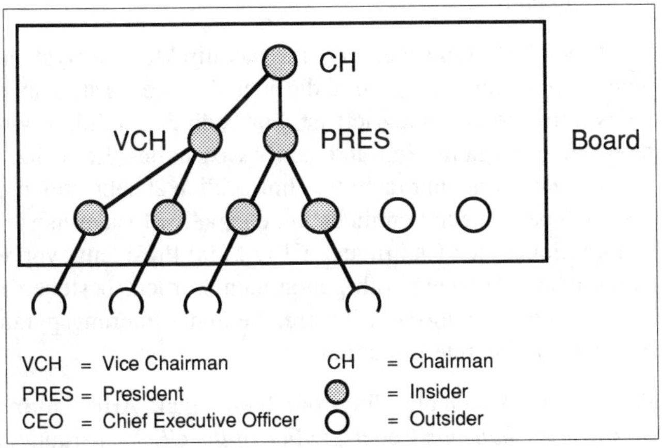

Abb. D 16: Multipolarer Grundtyp, Variante D, Fall 2

Der bzw. die Vice Chairman(men) sind zuständig für bestimmte operative oder multinationale Einheiten und übernehmen damit eine aktive Führungsrolle. Hier kann die Position des Vice Chairmans u.U. als Trainingsfeld für den zukünftigen Chairman/CEO angesehen werden. Die bereits erwähnte General Motors Corporation hat diese Organisationsform der Spitzenführung realisiert. Alle operativen Divisions unterstehen dem President/COO, der wiederum an den Chairman/CEO berichtet. Die Zentralbereiche mit Ausnahme des Finanzbereichs unterstehen dem Vice Chairman. Der Finanzbereich berichtet direkt an den Chairman/CEO. Ein zweites Beispiel liefert die Standard Oil of California. An der Spitze dieser Unternehmung steht der Chairman/CEO. Die „Corporate Staff Functions" einschließlich des Chief Financial Officers sind direkt an den Chairman/CEO angebunden. Weiterhin sind ihm ein Vice Chairman und ein President unterstellt. Der Vice Chairman ist zuständig für alle inländischen operativen Einheiten der Standard Oil of California, während alle internationalen Aktivitäten an den President angebunden sind.

1.3 Typische Arbeitsformen der Führung

Für die Board-Verfassung gilt, daß der Board immer kollegial angesetzt ist, während die Exekutive innerhalb des Boards (also der faktische Vergleich zum bundesdeutschen Vorstand) weitgehend direktorial ausgestaltet wird. Aber auch hier sind Tendenzen im Hinblick auf eine Ergänzung durch kollegiale Arbeitsformen zu beobachten.

1.3.1 Das „CEO-Prinzip" als Ausdruck direktorialer Arbeitsformen

Die direktoriale Prägung der amerikanischen Board-Verfassung räumt dem Chairman/CEO eine omnipotente Stellung ein

Das amerikanische Modell als typischer Fall für das direktoriale System räumt dem *Chairman/CEO* eine *omnipotente Stellung* ein, die auch durch die Tatsache, daß er in den Board als kollegiales Spitzenorgan integriert ist, nur bedingt gemildert wird. Der CEO kennt die Intimitäten seiner Organisation und seines Geschäftes. Er besitzt einen Informationsstand, der von „Outsidern" nur dann und mit zeitlich abnehmender Aktualität erreicht wird, wenn es sich bei einigen von ihnen um ehemalige Insider handelt. Unabhängig davon, ob die Funktionen des Chairmans, CEO's und Presidents von einer Person oder von unterschiedlichen Personen wahrgenommen werden, bestehen in den USA letztlich *klar definierte Unterstellungsverhältnisse*, die in der Führungspyramide auf einzelne *Personen* und nicht auf Gremien zulaufen.

Dieses direktoriale System läßt sich allerdings durch kollegiale Arbeitsformen ergänzen, die in einem *„Office of the Chairman"* oder *„Office of the CEO"* institutionalisiert werden. Weitere Beispiele für kollegiale Arbeitsformen bilden Board Committees, wie das führungsorientierte *Executive Committee* und das *Finance Committee*, die in sich wiederum eine Verzahnung von Mitgliedern und Teilnehmern allerdings beschränkt auf Board-Mitglieder herstellen.

Die *Nachfolge eines direktorialen CEO's* in einer amerikanischen Unternehmung kann eine völlige Umpolung der unternehmungspolitischen Orientierung, eine Änderung der Organisationsphilosophie und des Führungsstils mit sich bringen und wesentliche Erschütterungen auslösen, wenn diese nicht von den Outsidern gebremst werden. Die dargestellten Versuche, über den President/COO zum Chairman/CEO einen Karriereweg zur Spitze aufzubauen und der Nachfolgeplanung im Board eine hohe Bedeutung einzuräumen, kann daher als Strategie zur Bewältigung von im System angelegten Nachteilen beim Herstellen einer unternehmungspolitischen Kontinuität betrachtet werden.

1.3.2 Das „Office-Konzept" als Ausdruck kollegialer Arbeitsformen

Das kollegial angelegte „Office" ergänzt direktoriale Arbeitsformen

Mitte der 50er Jahre entwickelte sich in den USA ein Trend zu einem Führungskonzept, das eine Verteilung der Führungsverantwortung, die bis dahin allein in den Händen des CEO's lag, auf mindestens zwei Personen vorsieht. Im sogenannten *„Office of the CEO"* (auch *Office of the Chairman, Office of the President,* je nach Lage der CEO-Zuweisung) als kollegiale Arbeitsform können Mitglieder dieses Kollegiums gemeinsam Entscheidungen treffen. Sie werden dabei in eine gemeinsame Verantwortung für die Entscheidungen des Gremiums eingebunden:

„... what one member enunciates in the absence of his coequal holds legally and effectively for the entire office" (Vance, Corporate Leadership, 198).

Diese kollegiale Arbeitsform, die im Grenzfall dem Executive Committee nahekommt, konnte vor allem in großen und komplexen Unternehmungen an Bedeutung gewinnen.

Die *organisatorische Ausgestaltung* dieses Office ist *unternehmungsindividuell* geregelt. Größe, Zusammensetzung und Funktion variieren von Unternehmung zu Unternehmung. Zwei bis vier Mitglieder sind die Regel, doch gibt es auch Offices mit bis zu zehn Mitgliedern. In der Regel sind die Positionen des Chairmans, CEO's, Presidents und COO's – soweit sie von verschiedenen Personen wahrgenommen werden – in einem Office vereint. Die frühere Struktur der Control Data Corporption kann hier als Beispiel dienen. An der Spitze der Führungspyramide stand ein *Corporate Executive Committee*, das aus Chairman/CEO, Deputy Chairman und President/COO besteht. Die Zusammenarbeit innerhalb dieses Gremiums ist dabei so geregelt, daß der Chairman/CEO sich mit Fragen der langfristigen Strategie beschäftigt. Der President/COO ist zuständig für die operativen Einheiten und dem Deputy Chairman unterstehen die administrativen Funktionen (vgl. Bleicher, Control Data, 407-420).

Drei wesentliche Funktionen haben sich im Laufe der Zeit im Rahmen eines derartigen Gremiums herauskristallisiert: Zum einen die *Führungsfunktion*, in dem das Office kollegial alle oder einen wesentlichen Teil jener Aufgaben übernimmt, die bisher allein in der Hand des Chairmans, des Presidents bzw. des CEO's – wie immer diese Position zugeordnet ist – lagen; zum anderen die *Funktion der Nachfolgeplanung*, die sich aus der Tatsache ergibt, daß dieses Office die Spitzenführungskräfte organisatorisch zusammenfaßt. In diesem Sinne kann das Office ebenfalls als Trainingsfeld für den Nachfolger des CEO's betrachtet werden (vgl. Vance, Corporate Leadership, 198). Weiterhin erfüllt das Office spezifische *Integrationsfunktionen*. Durch den Einbezug von „Officers", die nicht Board-Mitglieder sind, ist eine Verzahnung von inside Direktoren mit der nächsten Führungsebene möglich. Dies entfernt ein derartiges „Office" aus der Nähe eines *„Boards within the Board"* und gibt ihm im Rahmen der delegierten Führungsaufgabe eine arteigene Integrationsfunktion.

Das Office als kollegiale Arbeitsform entspricht nicht dem deutschen Vorstand

Dem theoretischen Anspruch nach Gleichberechtigung der Office-Mitglieder, wie er im deutschen Vorstand realisiert ist, konnte bisher in der amerikanischen Praxis keine Unternehmung gerecht werden (vgl. Vance, Corporate Leadership, 199). Im Regelfall werden die *hierarchischen Unterstellungsverhältnisse* durch die angeblich gleichberechtigten Mitarbeiter in einem derartigen „Office" *keineswegs aufgehoben*. Dies drückt sich auch in der Ungleichheit der Vergütung einzelner Office-Mitglieder aus:

„... there are no instances where all OP (Office of the President, Anm. d. Verf.) members get equal pay" (Vance, Corporate Leadership, 199).

Von einem gleichberechtigten Kollegium im Sinne des deutschen Vorstands ist das Office in der Praxis also weit entfernt. Das Verhältnis zwischen Board und Office kann lediglich in der kollegialen Arbeitsform mit dem zweistufigen deutschen System von Aufsichtsrat und Vorstand verglichen werden. Während sowohl Aufsichtsrat als auch Board bei gegebenem „Office" eine Überwachungsfunktion ausüben, obliegt die Führung der Unternehmung dem Vorstand bzw. dem Office. Da die Office-Mitglieder jedoch in der Regel gleichzeitig Board-Mitglieder sind, ergibt sich hier eine Verwischung der Zuständigkeiten für die Führungsaufgaben, die letztlich als Board-Kompetenz verbleiben. In amerikanischen Unternehmungen können sich daher derartige „Offices" leicht zu einem *„Board within the Board"* entwickeln und damit zwei Arten von Direktoren schaffen.

Die zunehmende Umweltkomplexität hat zu einer vermehrten Akzeptanz des Office-Konzepts geführt

In der Untersuchung von Bleicher/Paul gaben 52 % der befragten Unternehmungen an, über ein Office of the Chairman/President/CEO zu verfügen (vgl. Bleicher/Paul, Verfassungen, 443). Vance hat in seiner Studie ebenfalls einen deutlichen Trend zur Bildung von derartigen Office-Strukturen festellen können (vgl. Vance, Corporate Leadership, 204). Gegenwärtig ist allerdings eine gewisse *Stagnation* (gelegentlich sogar bereits eine Trendwende) zu beobachten.

Ein großer Vorteil des Office liegt zweifelsohne in der *Reduzierung der Omnipotenz des CEO's* in einer immer komplexer werdenden Umwelt. Besonders mit wachsender Unternehmungsgröße erscheint es bedenklich, alle Macht in den Händen einer Person zu konzentrieren. Das Office-Konzept entlastet den CEO, er wird kontrollierbar und im Ansatz auch ersetzbar. Die Entscheidungsfindung wird auf mehrere kompetente Personen verteilt. Obwohl einige amerikanische Unternehmungen aufgrund ihrer extrem direktorial geprägten Führungskultur kollegiale Arbeitsformen völlig ablehnen, dürfte das Office-Konzept langfristig gerade in großen Unternehmungen weiter an Bedeutung gewinnen.

„The increasing complexity of modern large-scale corporate endeavor virtually precludes that any one person can perform optimally in every one of the chief executive roles. Having two, three, or more coequal „chiefs", sharing duties where needed, maximizes their expertise and allows the CEO more precious time" (Vance, Corporate Leadership, 198).

2. Die sachliche Dimension der Führung

2.1 Eingrenzung der Führungsaufgabe des Boards

Die Führungsfunktion läßt sich in drei hierarchisch gegliederte Einflußebenen aufteilen

Die Problematik der Abgrenzung der Führungsfunktion hat Mueller mit Hilfe eines theoretischen Konzepts zu lösen versucht (vgl. Mueller, Board Score, 51-67). Zunächst entwickelt er einen Relevanzbaum für die Board-Verfassung, der aus vier Ebenen besteht.

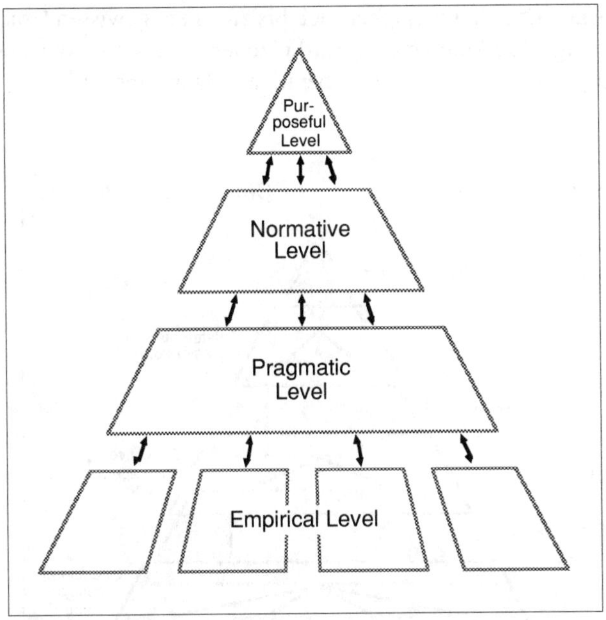

Abb. D 17: Relevanzbaum der Corporate Governance (Mueller, Board Compass, 167)

Die oberste Ebene bezeichnet Mueller als „Purposeful Level". Auf dieser *Sinn-Ebene* geht es in erster Linie um unternehmungsphilosophische Fragen.

„It is the prime domain of the Board. It deals with teleological aspects of governance, that is, the study of design, meaning, purpose and destiny of the corporate organization with its canon and doctrins. At this lofty level, ideology, values and value systems, behavioral norms, aspirations, objectives, and timed goals come into play" (Mueller, Board Score, 51).

Die zweite Ebene, die sog. *normative Ebene*, spiegelt die Ansichten und Auffassungen des Top Managements wider. Sie bezieht sich auf die Festlegung von Prinzipien und Standards, die ihren Ausdruck in Strategien und Plänen finden.

Die *pragmatische Ebene* erfaßt die Verknüpfung von Funktionen und Aktivitäten einschließlich der Steuerung der Unternehmung über die Organisationsstruktur und den Führungsprozeß. Auf dieser Ebene werden praktische Probleme der Forschung, der Produktion, der Distribution und des Marketings gelöst.

Die empirische oder *funktionale Ebene* schließlich bezieht sich auf die Definition spezifischer Pflichten und Aktivitäten. Auf dieser untersten Ebene des Relevanzbaums werden Verfahrensvorschriften für Routineaufgaben entwickelt.

Die Art der Verbindung zwischen den einzelnen Ebenen wird durch die Unternehmungsphilosophie und die Arbeitsweise des Boards geprägt. Sie manifestiert sich formal in den By-Laws, Policy Statements und ähnlichen Verhaltenskodices.

Die eben beschriebenen Ebenen überlappen sich bis zu einem gewissen Grad. Aufbauend auf dieser Überlappung leitet Mueller drei Einflußzonen ab: (1) die Zone des Boards, (2) die Zone der Führung und (3) die Zone des operativen Managements.

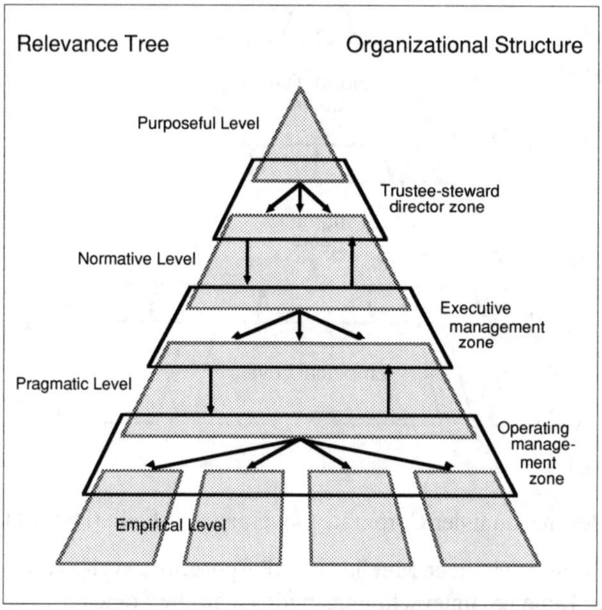

Abb. D 18: Einflußzonen der Corporate Governance (Mueller, Board Score, 57)

Die Einflußzone des Boards umfaßt die Sinn-Ebene und die normative Ebene

Der Board wird auf den beiden obersten Ebenen des Relevanzbaums aktiv gestaltend tätig. Fragen der Unternehmungsphilosophie und der grundsätzlichen langfristigen Ausrichtung der Unternehmungspolitik fallen in diesen Bereich. Die *Zone der Führung* umfaßt die Funktion des *CEO's* und die ihm unmittelbar nachgeordnete Führungsebene. Mueller weist ausdrücklich darauf hin, daß beide Zonen klar getrennt werden müssen, um die Überwachung und eine entsprechende Zuordnung von Verantwortlichkeiten zu ermöglichen:

„... it is clear that this executive zone should be recognized as a separate force field in overall corporate governance if accountability is not to be diffused or confused" (Mueller, Board Score, 55).

Die *Zone des operativen Managements* betrachtet Mueller als taktischen Bereich, in den die Implementation der strategischen Pläne fällt, die von den beiden übergeordneten Zonen festgelegt werden. Die Trennung dieser beiden Zonen ist in der Regel eindeutig durch Verfahrensvorschriften geregelt, die nur in Krisensituationen außer Kraft gesetzt werden. Der Board dürfte auf dieser untersten Ebene nur in den seltensten Fällen involviert werden.

Das von Mueller vorgelegte Konzept erlaubt zwar eine theoretische Abgrenzung der verschiedenen Einflußzonen, ist aber letztlich auch nicht in der Lage, eindeutige Kriterien für den Umfang der Führungsaufgabe des Boards zu liefern. Es ist vielmehr als Raster zu verstehen, mit dessen Hilfe bestimmte Funktionen dem Board bzw. dem Management zugeordnet werden können. Von zentraler Bedeutung in diesem Zusammenhang ist die Involvierung des Boards in den *strategischen Planungsprozeß*. Da der Board über die Unternehmungsplanung die zukünftige Unternehmungsentwicklung wesentlich beeinflussen kann, ist anzunehmen, daß der Board in diesem Bereich aktiv mitwirkt. Weiterhin ist zu vermuten, daß der Board in *Krisensituationen* stärker in die Führung eingreift.

2.2 Die Mitwirkung an der strategischen Planung als Kern der Führungsaufgabe

Im Rahmen der Diskussion der Sinnebene im Relevanzbaum wurde bereits darauf hingewiesen, daß eine der zentralen Aufgaben des Boards darin liegt, die *grundsätzliche Unternehmungspolitik* und *Richtung der Unternehmungsstrategie* vorzugeben. Die detaillierte Ausarbeitung der Einzelpläne zur Erfüllung der strategischen Ziele bleibt dem Management überlassen. Die Integration des Boards in den strategischen Planungsprozeß gibt ihm die Möglichkeit, aktiv an der Führung mitzuwirken.

Die Einflußnahme des Boards auf den strategischen Planungsprozeß wird als problematisch beurteilt

1971 hat Myles L. Mace in einer vielbeachteten Studie festgestellt, daß der Board entgegen der allgemeinen Auffassung nicht an der Festlegung der Unternehmungsziele und der Strategien zur Erreichung dieser Ziele beteiligt ist (vgl. Mace, Myth and Reality). Diese Aussage entspricht dem Modell des klassischen *„Rubberstamp"-Boards,* der lediglich vom Management bereits gefällte Entscheidungen nachträglich genehmigt und keinerlei aktive Rolle in der Gestaltung der Unternehmungsentwicklung übernimmt. Es ist zu prüfen, ob diese Auffassung, vor allem im Hinblick auf die Involvierung des Boards in den Planungsprozeß, auch heute noch Gültigkeit besitzt.

In diesem Zusammenhang ist eine Artikelserie in der Harvard Business Review besonders interessant, in der sich zum Ende der 70er Jahre prominente Akademiker und Führungskräfte der amerikanischen Wirtschaft mit der Rolle des Boards im strategischen

Planungsprozeß auseinandergesetzt haben. Kenneth R. Andrews forderte darin eine stärkere Rolle des Boards bei der Planung der zukünftigen Unternehmungsentwicklung. Dafür führt er vier Gründe an:

„First, the board needs specific evidence that its management has a process for developing, considering, and choosing among strategic alternatives operating within the company.

Second ... especially if they have no personal experience in the industry, independent directors need to understand the characteristics of their company's business. Knowledge of strategy makes intelligent overview feasible.

Third, knowing the company's strategy can give the board a reference point for separate decisions that come up before it and insights into what matters should be presented to it ...

The fourth reason for directors to insist not only that a company have an explicit strategy but also that it present the strategy to them is that the evaluation of corporate strategy and of management's adherence to it allows continuous evaluation of management" (Andrews, Responsibility, 105).

Die Gegenposition wird von Charles S. Mechem, Jr., Chairman der Taft Boardcasting Company, vertreten:

„The basic role of the board is to protect and enhance the shareholders' investment in the enterprise. The chief executive officer is the only proper architect of corporate strategy. Outside directors should assess that individual according to his or her ability to devise strategy and his or her commitment to carry it out. Regarding strategy, the function of outside directors is to review it and not make it. It is inappropriate for management and the board to devise strategy in tandem. If the board gets deeply involved in planning and strategy, it may overlook the welfare of the shareholders and it may fail properly to assess the chief executive" (zitiert in Brown, Planning Committee, 2).

Die grundsätzliche Frage nach der Involvierung des Boards in den strategischen Planungsprozeß dürfte allerdings heute wohl eindeutig positiv beantwortet werden. In diesem Sinne argumentieren auch Worthy/Neuschel:

„The major value of such involvement is to provide senior management with a friendly and intelligently critical sounding board against which to bounce strategic ideas" (Worthy/Neuschel, Emerging Issues, 43).

Die Art und Weise, wie dies geschieht, ist hingegen nach wie vor umstritten.

Die Etablierung eines Planning oder Strategy Committees hat sich nicht durchgesetzt

Andrews schlägt die Bildung eines *„Planning Committees"* auf der Board-Ebene vor, daß sich mit dem Planungsprozeß näher auseinandersetzen soll. Die Schaffung eines solchen Committees erscheint ihm notwendig, weil der Board bereits mit anderen Aufgaben überlastet ist und kaum die Zeit aufbringen kann, Fragen der strategischen Planung tiefgreifend zu behandeln. In diesem Sinne betrachtet Wommack die Gründung eines *„Objectives"* oder *„Strategy Committee"* ebenfalls als einen ersten Schritt, um den Board in den strategischen Planungsprozeß einzubinden (vgl. Wommack, Most Important Function, 93). Solche Committees scheinen in der amerikanischen Board-Praxis keine Verbreitung gefunden zu haben (vgl. z.B. Bleicher/Paul, Verfassung, 372 und z.B. Korn/Ferry, Annual Study,).

Demgegenüber wird die Meinung vertreten, daß der *gesamte Board* sich mit der strategischen Planung auseinandersetzen soll, weil damit die zukünftige Entwicklung der Unternehmung vorgezeichnet wird. Als besonders deutlichen Vertreter dieser Ansicht hat sich James L. Ferguson, Chairman/CEO der General Foods Corporation, geäußert:

„It seems a legitimate role for board members to ensure themselves that the proper processes are in place for establishing broad strategy direction. It would not be my choice, however, to establish a committee for that purpose. Rather, I would have management discuss the process with the entire board and get its reactions, input, and, ultimately, understanding.

First of all, strategy planning processes are sufficiently important that all the directors should be involved in them and should understand them.

Second, a committee particularly one that spends time meeting with members of the organization to gain insight, might be disruptive, and questions could arise about its true role.

Third, I am not sure that many board members could or would take the additional time required for such committee deliberations beyond what they already contribute. In our case, most of our directors already serve on two committees. We give a good bit of material to review. My present concern really is more one of overloading than seeking opportunity to add additional work" (zitiert in Brown, Planning Committee, 2).

Diese Äußerung läßt eine gewisse Zurückhaltung im Hinblick auf eine weitgehende Einflußnahme des Boards auf die strategische Planung erkennen.

Die Behandlung der strategischen Planung im Board: Präsentation von „Highlights", Beratung oder Genehmigung?

Die Art und Weise, wie der Board auf die strategische Planung Einfluß nimmt, ist zunächst einmal davon abhängig, in welcher Form die strategische Planung vorgelegt wird. Diese Vorlagen reichen von der partiellen Präsentation sog. *„Highlights"* bis hin zur Überreichung eines *kompletten Planungshandbuchs* mit den entsprechenden begleitenden Unterlagen.

Ebenso unterschiedlich wie die Vorlagen ist auch die Zeit, die für die Behandlung der strategischen Pläne aufgebracht wird. In der Regel wird *jährlich eine Board-Sitzung* der strategischen Planung gewidmet. Es gibt aber auch solche Unternehmungen, die die strategische Planung als einen Punkt unter mehreren in der Tagesordnung abhandeln. Diesen stehen auf der anderen Seite Unternehmungen gegenüber, die besondere Planungskonferenzen mit einer Dauer von bis zu 3 Tagen für die Board-Mitglieder vorbereiten. In einigen wenigen Unternehmungen sind die Board-Mitglieder eingeladen, an den jährlichen Managementkonferenzen zur Aufstellung und Präsentation der strategischen Pläne teilzunehmen (vgl. Bleicher/Paul, Verfassungen, 373).

Damit ist allerdings noch nicht die Frage nach der Art der Behandlung der strategischen Planung im Board beantwortet. In der Bleicher/Paul-Studie gaben 22% der befragten Unternehmungen an, daß der Board ausführlich über die strategische Planung *informiert* wird, darüber *berät* und den Plan letztlich auch *genehmigt*. 34% der befragten Unternehmungen informieren den Board über den strategischen Plan. Anschließend findet eine Diskussion und Beratung statt. Wenn man ausschließlich auf die Beratungsfunktion im Sinne eines kritischen *„Sounding Boards"* abstellt, wird diese Funktion für die strategische Planung in 56% der befragten Unternehmungen vom Board wahrgenommen. Weitere 22% legen den strategischen Plan dem Board ausschließlich zur Information vor. Die restlichen 22% genehmigen den strategischen Plan ohne vorherige Beratung; dies wäre der typische Fall des Rubberstamp-Boards (vgl. Bleicher/Paul, Verfassungen, 372-375).

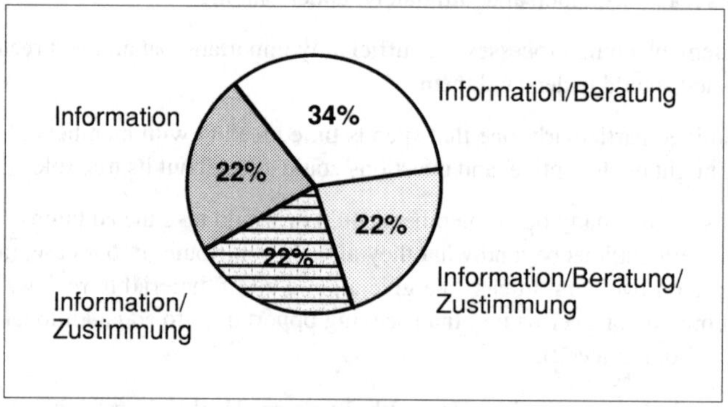

Abb. D 19: Zweck der Vorlage des strategischen Plans (Bleicher/Paul, Verfassung, 374)

Der Board wird in den einzelnen Phasen des strategischen Planungsprozesses unterschiedlich aktiviert

In einer Untersuchung von 119 Unternehmungen haben Tashakori/Boulton die Einflußnahme des Boards auf den strategischen Planungsprozeß untersucht (vgl. Tashakori/ Boulton, Look,). Dieser Prozeß wurde in drei Teilbereiche aufgespalten:

(1) *Formulierung der Strategie* (Festlegung von langfristigen Zielen, Unternehmungsleitlinien und grundsätzlichen Strategien),

(2) *Implementation der Strategie* (Ressourcenverteilung) und

(3) *Evaluation der Strategie* (Überwachung der Ergebnisse der Ressourcenverteilung).

In dieser Untersuchung gaben *18.5%* der befragten Unternehmungen an, daß der Board in nur einer Phase des Planungsprozesses partizipiert. Dabei überwiegt die Phase der *Evaluation* mit 73%. *31,1%* der Unternehmungen gaben an, daß der Board an zwei Phasen des strategischen Planungspozesses teilnimmt. Hier überwiegen mit 65% die Phasen der *Strategieformulierung* und der *-evaluation. 50,4%* erklärten, daß der Board in allen drei Phasen des Planungsprozesses involviert ist.

Aus dieser Untersuchung läßt sich der Schluß ziehen, daß bei allen befragten Unternehmungen der Board in wenigstens einer Phase am strategischen Planungsprozess beteiligt ist. Die Art und Weise der Partizipation variiert aber erheblich. Wird die strategische Planung als das wohl bedeutendste Instrument zur Beeinflussung der langfristigen Unternehmungsentwicklung betrachtet, ist es erstaunlich, daß nur in etwa der Hälfte der von Tashakori/Boulton befragten Unternehmungen der Board diese Gestaltungsaufgabe voll wahrnimmt.

2.3 Der Führungsauftrag des Boards in Krisensituationen

Der Board übernimmt in Krisensituationen die Führungsrolle

In einer Krisensituation wird der Board Führungsbefugnisse, die bisher an das Management delegiert worden waren, zurücknehmen und sich in Abhängigkeit von der Art und der Intensität der Krise selbst in den Prozeß der Krisenbewältigung einschalten. Typische Krisen können sich in diesem Zusammenhang durch das Eintreten der folgenden Situationen ergeben:

(1) *Übernahmeversuche:* Eine Krise liegt hier offensichtlich dann vor, wenn die betrachtete Unternehmung Ziel eines Übernahmeversuchs ist. Besonders problematisch stellt sich diese Situation dar, wenn der Zweck der Übernahme nicht in der Realisation gemeinsamer Synergiepotentiale besteht. In diesem Zusammenhang ist auf die sog. *„Corporate Raiders"* zu verweisen, die mit einer Übernahmeofferte entweder Druck auf die betreffende Unternehmung ausüben wollen, bereits erworbene Aktien zu einem Aufpreis zurückzukaufen („Greenmailing") oder die Unternehmung aufspalten wollen, um die einzelnen Teile mit hohen Gewinnen weiterzuverkaufen (vgl. hierzu die Beispiele von Bleicher, Haie).

(2) Die *Ernennung eines neuen Chairmans/CEO's,* wenn der bisherige Amtsinhaber aus nicht vorhersehbaren Gründen (Tod, Unfall) plötzlich ausscheidet.

(3) Fälle der *Produktehaftung,* die von wesentlicher Bedeutung für den Bestand der Unternehmung sind (Fallbeispiele aus der Praxis finden sich bei Cifelli, Bankruptcy, 69ff. und Moore, Tylenol, 44 ff.).

Die erste Maßnahme beim Auftreten einer Krise ist die *Information der outside Direktoren* entweder durch den Chairman/CEO selbst oder durch eine andere Spitzenführungskraft. Hier kommt wieder dem Corporate Secretary als Mittler zwischen Management und Outsidern eine Schlüsselstellung zu.

In Krisensituationen erhöht der Board die Frequenz und Dauer von Sitzungen oder delegiert das Krisenmanagement an ein Committee

Die Bewältigung einer Krise kann dadurch erfolgen, daß

(1) der Board die *Frequenz* und *Dauer* seiner *Sitzungen erhöht*. Problematisch ist dabei, daß die Outsider aufgrund anderer Verpflichtungen nicht immer in der Lage sind, kurzfristig an Board-Sitzungen teilzunehmen;

(2) das Krisenmanagement an einen *Ausschuß* delegiert wird. Dies kann entweder das Executive Committee sein oder ein ad hoc Committee, das nur für die Lösung eines ganz bestimmten Problems gebildet wird. Im Rahmen der Krisenbewältigung können diesem Committee die Aufgaben zufallen, *Lösungsvorschläge* zu erarbeiten oder auch die notwendigen Entscheidungen zu treffen und ihre Implementation zu veranlassen.

IV. Die Aufgabe der Interessenvertretung des Boards

Aus europäischer Sicht tritt zur Überwachungs- und Führungsfunktion in der Dimension des Auftrags an das Spitzenorgan in einer zweiten Dimension die Vertretung spezifischer Interessen von *„Constituencies"* im Spitzenorgan (vgl. Kapitel B. II.).

1. Formen der Interessenvertretung im Board

1.1 Monistische Verpflichtung gegenüber den Kapitalgebern

Die Vertretung von Aktionärsinteressen durch die Board-Mitglieder ist ein anerkanntes Prinzip der Board-Verfassung

Während die bundesrepublikanische Diskussion in den letzten Jahrzehnten eher vom Prinzip eines *Interessendualismus* (Kapital und Arbeit) getragen wird, steht in der USA nach wie vor das Interesse der Kapitalgeber im Vordergrund. Zu den Interessen der *Kapitalgeber* (im wesentlichen durch *„Outsider"* repräsentiert) und des *Managements* als *Insider* kommen die Interessen weiterer „relevanter" gesellschaftlicher Gruppen hinzu. Da im Regelfall auch die „outside" Direktoren im wesentlichen über den Einfluß des Managements kooptiert werden, wird das amerikanische Board-System vom Prinzip des *Interessenmonismus* getragen. Dabei gelingt der Brückenschlag zwischen dem Interesse des Managements und dem Interesse des Kapitalgebers zumeist nur über Hinweise auf *Kapitalmarkt-Gegebenheiten* in der Beurteilung einer Unternehmung: Handelt das Management nicht im besten Interesse der Aktionäre, stimmen diese „mit den Füßen" ab und es ergibt sich eine negative Bewertung an der Börse, in der „Financial Community", die recht wirkungsvoll zu personellen Konsequenzen führen kann.

Aus amerikanischer Sicht überwiegen die Nachteile der pluralistischen Interessenvertretung deren Vorteile

Die Frage der pluralistischen Vertretung gesellschaftlicher Interessen in institutionalisierter Form im Board wurde in den Vereinigten Staaten vor allem zu Beginn der 70er Jahre heftig diskutiert (vgl. Kapitel D. I. 2.1).

Die Gründe für eine Vertretung gesellschaftlicher Interessengruppen im Board hat Koontz folgendermaßen beschrieben:

(1) Die besonderen Anliegen dieser Interessengruppen werden *permanent* bei der *Entscheidungsfindung* berücksichtigt.

(2) Die Unternehmung macht der *Öffentlichkeit* deutlich, daß sie den sozialen Problemen Aufmerksamkeit schenkt.

(3) Die Vertretung von Interessengruppen im Board verringert deren Druck hinsichtlich einer *gesetzlichen Regelung*. Die Kritik seitens bestimmter Politiker und anderer Repräsentanten der Öffentlichkeit wird geringer.

(4) Wenn Interessengruppen wie bspw. *Banken* oder *Rechtsanwälte* im Board vertreten sind, sollten die übrigen gesellschaftlichen Gruppierungen das gleiche Recht besitzen (vgl. Koontz, Corporate Board, 80 f.).

Die folgenden zwei Argumente sprechen aus amerikanischer Sicht gegen Interessenvertreter im Board:

(1) Als wesentlicher Grund für die Ablehnung der Interessenvertretung im Board wird angeführt, daß der Board nicht mehr dem Gesamtinteresse der Unternehmung dient. Die einzelnen Interessenvertreter haben nur noch die Erfüllung ihrer *Partikularinteressen* im Auge.

   „In such representation's most stringent form, the representative receives instructions from his interest group, reports back to it, and may be recalled if his performance fails to satisfy it" (Blumberg, Who Belongs on Corporate Boards, 42).

   In ähnlicher Form argumentiert auch Koontz:

   „... appointment of special interest representatives is inconsistent with the fundamental role of the director to represent the interests of all the shareholders for continuing growth, stability and profits... the ... argument in favor of special interest groups overlooks the fact that representatives from these would almost certainly see themselves only as acting for and on behalf of these special interests" (Koontz, Corporate Board, 81).

   Blumberg weist ebenfalls darauf hin, daß die Vertretung von Interessengruppen im Board diesen in eine politische Institution, einen *Mikrokosmos der Gesellschaft*, umformt. Alle Direktoren würden dann als Interessenvertreter auftreten und versuchen, die Interessen ihrer Lobby durchzusetzen:

„The problem of conflict of interest for the individual board members would be replaced by the problem of conflict among all the directors" (Blumberg, Who Belongs on Corporate Boards, 45).

Die Bildung von Fraktionen im Board könnte auch dazu führen, daß der Board seine Rolle als Entscheidungsgremium verliert. Das würde bedeuten, daß die Board-Verfassung aufgrund der Vertretung von „Special Interests" automatisch in eine pluralistische Struktur der Spitzenverfassung hineinwachsen könnte. Dann würde das Management die Involvierung des Boards in Fragen der Unternehmungspolitik und -strategie erheblich reduzieren. Der Board würde zwar formal als oberstes Entscheidungsgremium fungieren, wichtige Entscheidungen würden aber *ohne Beteiligung der Interessenvertreter* außerhalb der offiziellen Board-Sitzungen vom Management getroffen. In diesem Zusammenhang wird immer wieder auf die duale Struktur des deutschen Systems hingewiesen (vgl. Blumberg, Who Belongs on Corporate Boards, 46). Der Aufsichtsrat mit den Arbeitnehmern als Interessenvertreter übt im wesentlichen Überwachungspflichten aus, während wichtige Entscheidungen im Vorstand vorbereitet und gefällt werden.

(2) Ein zweites Argument gegen die „Constituency Representation" liegt darin, daß die Interessenvertreter möglicherweise nicht in der Lage sind, ihre Interessen ausreichend zu Gehör zu bringen. Daraus könnte sich eine noch negativere Einstellung gegenüber der Unternehmung und ein entsprechender *Druck auf den Gesetzgeber* zur Durchsetzung bestimmter Interessen ergeben.

1.2 Reduktionistische Lösung des Interessenausgleichs

Die komplexe Berücksichtigung aller relevanten Interessen im Beitrag eines Board-Mitglieds wird in der amerikanischen Verfassungsrealität präferiert

Aus der bereits angeführten Kritik zu einer pluralistischen Interessenvertretung in einem institutionellen Rahmen wird deutlich, daß diese Form des Interessenausgleichs in den USA abgelehnt wird.

Trotzdem ist eine gewisse Tendenz beobachtbar, spezielle Interessen – wenn auch häufig als Dekorum – nicht völlig zu ignorieren, indem Vertreter spezieller Interessengruppen in den Board berufen werden. Mit dieser Maßnahme wird allerdings keine Verschiebung der *Machtstruktur* innerhalb des Boards angestrebt. Vielmehr sollen Persönlichkeiten, die nicht aus der Unternehmung kommen, mit unterschiedlichen Erfahrungen *neue Perspektiven* in die Diskussionen und Entscheidungen des Boards einbringen. Mit der Ernennung von Frauen, Farbigen, Ausländern und „Non-Business Persons" in den Board soll die Artikulation spezieller Interessen während der Board-Sitzungen ermöglicht werden.

In diesem Sinne hat sich auch die Zusammensetzung der Boards im Zeitablauf verändert. In bezug auf Minoriäten und Frauen argumentiert Alderfer:

„Minority and female membership on boards has increased during the last 15 years from virtually none to a small number. By widening their minority membership, boards can gain the different perspectives these people can bring to a subject" (Alderfer, Invisible Director, 50).

In der Studie von Bleicher/Paul sind Frauen in 5% und ethnische Minoritäten in 3% der Boards der befragten Unternehmungen vertreten (vgl. Bleicher/Paul, Verfassungen, 388).

Es bleibt festzuhalten, daß in der amerikanischen Board-Praxis eine reduktionistische Lösung des Interessenabgleichs bevorzugt wird, allerdings mit der Einschränkung, daß durch die Ernennung von qualifizierten Interessenvertretern eine Perspektivenerweiterung des Boards erreicht wird. Die Bereitschaft der Corporation, Persönlichkeiten, die nach außen hin als Vertreter bestimmter Gruppen erscheinen, in den Board zu berufen, ist gewachsen. Es muß sich aber um *qualifizierte Persönlichkeiten* handeln, von denen erwartet werden kann, daß sie bei ihrer Urteilsbildung auch Argumente berücksichtigen, die nicht aus ihrer u. U. einseitigen Interessensperspektive kommen. Dabei stößt man allerdings auf eine äußerst begrenzte Anzahl potentieller Kandidaten.

2. Arbeitnehmervertretung im Board

Potentielle Interessenkonflikte sind das wichtigste Argument für eine Ablehnung von Arbeitnehmervertretern im Board

Die Berücksichtigung von Arbeitnehmerinteressen im Board ist im Hinblick auf den vergleichenden Charakter dieser Darstellung von besonderer Bedeutung. Während in der Bundesrepublik eine eindeutige institutionalistische Lösung gefunden wurde, die in entsprechenden gesetzlichen Vorschriften festgehalten ist, wird in den USA – wie gezeigt – eine reduktionistische Lösung verfolgt.

Im Gegensatz zur Bundesrepublik bestehen in den USA keine gesetzlichen Vorschriften, die die Vertretung von Arbeitnehmern im Board regeln. Andererseits ist den Arbeitnehmern durch den *„National Labor Relations Act"* folgendes Recht eingeräumt worden:

"...to form, join or assist labor organizations, to bargain collectively through representatives of their choosing, and to engage in other concerted activities for the purpose of collective bargaining or other mutual aid and protection, and shall also have the right to refrain from any or all such activities" (National Labor Relations Act, Section 7, zitiert in Zapp, Analyse, 143 f.).

Die amerikanischen Arbeitnehmer sind dieser Regelung gemäß in ihren Belangen insbesondere durch die Verfahrensweise des *„Collective Bargaining"* und des *„Grievance Procedures"* der Gewerkschaften bereits ausreichend berücksichtigt (vgl. Summers, Worker, 158 ff.).

Arbeitnehmer und Gewerkschaften verhalten sich in den USA auch heute noch gegenüber dem Gedanken der Arbeitnehmervertretung im Board weitgehend ablehnend. So ist Blumberg der Auffassung, daß der Gedanke der *Mitbestimmung der Arbeitnehmer nie-*

mals ein ernstzunehmendes Ziel der amerikanischen Gewerkschaften und der Arbeiterschaft im allgemeinen war (vgl. Blumberg, Who Belongs on Corporate Boards, 42). In diesem Zusammenhang wird immer wieder auf die *potentiellen Interessenkonflikte* zwischen der Funktion des Direktors und des Arbeitnehmervertreters hingewiesen (vgl. Vance, Corporate Leadership, 42 und Blumberg, Who Belongs on Corporate Boards, 43).

Nach der bisherigen Rechtsprechung übernimmt ein Direktor treuhänderische Verantwortlichkeiten gegenüber allen Aktionären in gleicher Weise. Als Mitglied der Gewerkschaft könnten sich aber Interessenkonflikte ergeben, die der ehemalige President der AFL-CIO, George Meany, folgendermaßen beschreibt:

„Who are you if you are a labor man on a board of directors? Who do you represent? Labor doesn't want to run the shop" (O.V., Workers on Your Board, 52).

Bacon/Brown haben die wichtigsten Argumente gegen eine Vertretung der Arbeitnehmer im Board zusammengefaßt:

(1) Etablierung einer „Self-Interest-Group" im Board,
(2) Probleme potentieller Interessenkonflikte,
(3) Einschränkung des freien Unternehmertums,
(4) Verlagerung der Entscheidungsfindung außerhalb des Boards, um die Arbeitnehmervertretung zu umgehen und
(5) Umwandlung des Boards in ein Forum für die Diskussion von Arbeitnehmerbeziehungen (vgl. Bacon/Brown, Perspectives and Practices, 95).

Die negative Einstellung zur Arbeitnehmervertretung im Board wird auch durch die Studie der Verfasser bestätigt. Von den befragten Unternehmungen mit insgesamt 598 Board-Mitgliedern gehören nur 0.7% der Board-Mitglieder zu den Arbeitnehmervertretern (vgl. Bleicher/Paul, Verfassungen, 298). Zu einem ähnlichen Ergebnis (1.5%) kommt die Kern/Ferry-Studie (vgl. Kern/Ferry, Board, 12).

In der amerikanischen Verfassungsrealität entsteht ein gewisser Druck, in bestimmten Situationen Arbeitnehmervertreter als Board-Mitglieder zu akzeptieren

Trotz dieser prinzipiellen Bedenken wird in den letzten Jahren eine Entwicklung deutlich, die eine *stärkere Rolle der Arbeitnehmer im Board* erkennen läßt. Dieser Trend wurde ausgelöst durch die Wahl von *Douglas M. Frazer*, dem damaligen Präsidenten der Vereinigten Automobilarbeiter-Gewerkschaft (UAW), in den Board von *Chrysler*. Die Chrysler Corporation, die 1980 kurz vor dem Bankrott stand, verlangte im Rahmen eines Sanierungsplans in der Lohnpolitik weitgehende Zugeständnisse von den Gewerkschaften, die im Gegenzug das Recht erhielten, einen Kandidaten für den Board zu nominieren. Die Gefahr eines Interessenkonflikts wurde bei Chrysler so gelöst, daß Frazer den Board-Sitzungen dann fernblieb, wenn Fragen der Verhandlungsstrategie gegenüber der UAW behandelt wurden (vgl. o.V., The Risk, 159). Ebenfalls aus wirtschaftlichen Schwierigkeiten haben die Eastern Airlines vier und die Pan American einen Arbeitnehmervertreter im Board. In diesem Zusammenhang sind auch die sog. ESOP (*„Employee Stock Ownership Plans"*) zu nennen, die es den Mitarbeitern einer in wirtschaftliche

Schwierigkeiten geratenen Corporation ermöglichen, die Unternehmung ganz oder teilweise aufzukaufen. Im Gegenzug erhalten die Arbeitnehmer/Anteilseigner das Recht, eine bestimmte Zahl von Board-Mitgliedern zu nominieren.

Diese und ähnliche Fälle veranlaßten *„Business Week"* zu der Feststellung, daß seit 1980 die Arbeitnehmervertretung im Board schneller als ursprünglich erwartet voranschreitet (vgl. o.V., Labor's Voice, 107). Dieser Trend wird noch verstärkt durch eine andere Entwicklung, die außerhalb der Boards stattfindet:

„Workers in increasing numbers, and in many industries, are seeking and getting a voice in the management of the workplace. This is happening mainly on the shop floor, where workers and lower-level supervisors are participating in labor-management committees set up under 'quality of work life' programs to make jobs more challenging, rewarding and productive" (O.V., The Risk, 194).

Die logische Konsequenz aus dieser Entwicklung wäre, daß im Zeitablauf das Interesse und auch der Druck im Hinblick auf eine Repräsentation der Arbeitnehmer im Board zunimmt. Dies ist allerdings eine *langfristige Perspektive*, von deren Realisation die derzeitige amerikanische Verfassungswirklichkeit noch sehr weit entfernt ist.

V. Verfahren und Strukturen der Board-Arbeit

Die Nominierung des im Spitzenorgan zu kooptierenden Personenkreises ist in allen Modellen der Spitzenverfassung problematisch. Das *deutsche Modell* zeichnet sich durch relativ *enge Regelungen* hinsichtlich der Verfahren zur Bestimmung der Mitglieder der beiden Spitzengremien Aufsichtsrat und Vorstand und ihrer Struktur aus, was sich aus dem Aktiengesetz, den Mitbestimmungsgesetzen und der Satzung ergibt. Abgesehen von den durch die Arbeitnehmerseite zu besetzenden Aufsichtsrats-Positionen wird die Kooptation der übrigen Mitglieder in starkem Maße vom Einfluß des *Vorstands* auf den Aufsichtsrat, der im Regelfall potentielle Kandidaten vorschlägt, bestimmt. In der amerikanischen *Board-Praxis* hingegen zeigt sich, daß die Auswahl potentieller Kandidaten für den Board früher dem *Chairman/CEO* zustand. Nunmehr ist ein anders gearteter Trend erkennbar: Die Initiative geht zunehmend auf die zumindest mehrheitlich mit outside Direktoren besetzten *Nominating Committees* über. Formale Verfahren der Auswahl und Leistungsbeurteilung gewinnen an Bedeutung. Dabei ist jedoch nicht zu übersehen, daß ein Nominating Committee Kandidaten kaum gegen den Willen der Spitzenführungskräfte durchsetzen kann.

Weiterhin liegen die Festlegung von Frequenz und Dauer der Sitzungen, die Größe des Boards und seine Zusammensetzung im Hinblick auf inside und outside Direktoren im autonomen Gestaltungsbereich der Unternehmung.

1. Verfahren im Board

1.1 Konstituierung des Boards

1.1.1 Wahl des Boards

Das „Proxy-System" gewährt dem Management großen Einfluß auf das Wahlverfahren

Die Aktionäre wählen in der jährlichen Hauptversammlung den Board of Directors. Ein Aktionär kann sein Stimmrecht auf einer Hauptversammlung nur persönlich oder durch einen Bevollmächtigten ausüben. Für Kleinaktionäre ist es in der Regel problematisch persönlich zu erscheinen; normalerweise fehlt es auch an Interesse und notwendiger Sachkenntnis. Deshalb hat das *„Voting by Proxy"*, d.h. die Übertragung des Stimmrechts an einen Bevollmächtigten durch eine aktienrechtliche Vollmacht („Proxy"), in den vergangenen Jahren zunehmend an Bedeutung gewonnen. Schwartz beschreibt das Wahlverfahren folgendermaßen:

„Shareholder voting in large corporations is achieved through the proxy process; whereby shareholders appoint an agent to cast their votes at the meeting of shareholders" (Schwartz, Shareholder Democracy, 58).

Als *Bevollmächtigter* oder *„Agent"* tritt das *Management* auf. Damit besteht die Möglichkeit, ein *„Self-Perpetuating Management"* zu installieren, d.h. der Board kann mehr oder weniger selbst für seine Wiederwahl sorgen (vgl. Berle/Means, Corporation, 81-89). Auf diesen Zusammenhang weist auch Eisenberg hin:

„...current practice in connection with the election of directors in publicly held corporations reflects the current assumption that the board has virtually exclusive access to the corporate proxy machinery" (Eisenberg, Structure, 112).

Mit dem Proxy-Formular wird das sog. *„Proxy Statement"* verschickt, daß die Tagesordnung für die Hauptversammlung, eine Liste der zu wählenden Board-Kandidaten und ein kurzes Profil dieser enthält. Obwohl diese Liste den Board betrifft, wird sie häufig als *„Management Slate"* bezeichnet, da die Spitzenführungskräfte bestimmen, wer auf die Liste kommt.

„Having one's name placed on this so-called 'management slate' has virtually been a guarantee of election for at least two reasons: (1) no alternative choices appeared on the slate, and so shareholders could vote only for the nominees presented on the slate; and (2) no means existed for registering a vote against any or all of the names on the proxy form" (Bacon, Nominating Committee, 25).

Gerade im Hinblick auf den zweiten Aspekt weist Bacon darauf hin, daß seit einiger Zeit flexiblere Formen des Proxy-Formulars benutzt werden, die den Aktionären größere Wahlmöglichkeiten einräumen.

Eng verbunden mit dem „Voting by Proxy" ist die *„Proxy Solicitation"*:

„... the process of systematically contacting shareholders and urging them to execute and return proxy cards which authorize named proxies to cast the shareholder's vote, either in a manner designated in the proxy card or according to the proxies' discretion" (Eisenberg, Structure, 98).

Der Zugang zur „Proxy Machinery" liegt ausschließlich beim Board bzw. Management. Aktionäre, die mit den vorgeschlagenen Board-Kandidaten nicht zufrieden sind, haben keine Möglichkeit, das Proxy-System zu nutzen. Eisenberg begründet die Vorteile des amtierenden Boards wie folgt:

„First, an incumbent board uses corporate facilities to solicit proxies on its own behalf, while insurgents may undertake expensive and time-consuming litigation even to obtain a shareholder list, and must then pay out of their own pockets the expenses of preparing, clearing, printing, and distributing their proxy statement and proxy card. Second, incumbents gain an important psychological advantage in soliciting under the name „the corporation" rather under their own names, as insurgents must do" (Eisenberg, Structure, 112).

Diese Praxis unterstreicht wiederum die starke Stellung des Boards, der mit dem Zugang zum Proxy-System über ein beachtliches Machtinstrument verfügt, um seine eigene Stellung auszubauen und abzusichern.

Das „Cumulative Voting" verstärkt den Einfluß der Aktionäre

Einen gewissen Einfluß auf die Wahl der Board-Kandidaten können die Aktionäre dann ausüben, wenn die Möglichkeit des *„Cumulative Voting"* in den By-Laws vorgesehen ist. Bacon berichtet, daß die überwiegende Mehrheit der amerikanischen Bundesstaaten entsprechende Regelungen in den jeweiligen Inkorporationsgesetzen vorsieht (vgl. Bacon, Corporate Directorship Practices I, 6ff.). Dieses Wahlverfahren, das auch als proportionales Stimmrecht bezeichnet wird, berechtigt jeden Aktionär, bei der Wahl des Boards so viele Stimmen abzugeben, wie sich aus der Multiplikation seiner Aktien mit der Zahl der zu wählenden Direktoren ergibt. Ein Aktionär mit 1.000 Aktien hat demnach bei einem Board, der aus 12 Mitgliedern besteht, 12.000 Stimmen, die er nach Belieben auf einen oder mehrere Board-Kandidaten aufteilen kann.

„The significance of cumulative voting is that it may enable a concerted minority of stockholders to concentrate their voting power and thereby elect one or more directors of their choice. Under straight voting, on the other hand, holders of a majority of outstanding shares of stock can always prevent the election of a director not of their choice" (Bacon, Corporate Directorship Practices I, 7).

Die Amtsdauer der Board-Mitglieder beträgt in der Regel ein Jahr

In Abhängigkeit von den einzelstaatlichen Regelungen beträgt die Amtsdauer der Board-Mitglieder entweder *ein Jahr* oder *drei Jahre*. Üblich ist eine einjährige Amtsperiode (vgl. Bleicher/Paul, Verfassungen, 304). Corporations mit längerer Amtsdauer der Board-Mitglieder besitzen häufig einen sog. *„Staggered Board"* , d.h. in jedem Jahr wird ein Drittel der Direktoren neu gewählt. Bacon beschreibt die Vorteile dieser Regelung so:

„... it provides continuity in the membership of the board by reducing the chance of an abrupt turnover in its members, and it is a counterpoise to the threat of the election, through cumulative voting, of directors inimicable to management" (Bacon, Corporate Directorship Practices I, 6).

Ein weiterer Grund für den „Staggered Board" dürfte darin zu sehen sein, daß auf diese Weise die Übernahme durch eine andere Unternehmung wesentlich erschwert wird. Die aufkaufende Unternehmung müßte sich dann für eine bestimmte Zeit mit einem Board auseinandersetzen, der teilweise aus Direktoren besteht, die ihr gegenüber u.U. feindlich gesinnt sind.

Altersgrenzen erleichtern die Veränderung der Board-Zusammensetzung

Die Mitgliedschaft im Board endet in der Regel erst mit Erreichen des Ruhestandsalters (*„Mandatory Retirement Age"*), das in der Regel in den By-Laws fixiert wird. Dabei werden inside und outside Direktoren unterschiedlich behandelt. Die Altersgrenze für *outside Direktoren* liegt durchschnittlich bei *70 Jahren* und für die *inside Direktoren* bei *67 Jahren* (vgl. Bleicher/Paul, Verfassungen, 304 f.). Eine empirische Untersuchung von Korn/Ferry, die zu ähnlichen Ergebnissen kommt, zeigt, daß die Altersgrenze für outside Direktoren sich während der letzten 5 Jahre nicht verändert hat; die Altersgrenze für inside Direktoren hingegen ist von 65 auf 68 Jahre gestiegen (vgl. Korn/Ferry International, Annual Study, 10). Dies könnte möglicherweise ein Hinweis auf Schwierigkeiten beim Finden neuer Direktoren sein.

Auch bei offensichtlich nachlassender Leistung eines Board-Mitgliedes scheint dessen Wiederwahl bis zum Erreichen der Altersgrenze gesichert (vgl. Patton/Baker, Directors Rock the Boat, 16). In diesem Zusammenhang wird sehr häufig der Begriff *„Tenure"* gebraucht, der im weiteren Sinne mit „lebenslanger Anstellung" übersetzt werden kann. Die Festlegung von Altersgrenzen stellt in der Regel die einzige Möglichkeit dar, sich von einem Board-Mitglied zu trennen und auf diese Weise die Zusammensetzung des Boards an veränderte Umweltbedingungen anzupassen.

1.1.2 Leistungsbeurteilung der Board-Mitglieder

Die Beurteilung der Leistung von Board-Mitgliedern stellt in der Board-Verfassung ein bisher ungelöstes Problem dar

Die *erhöhten Anforderungen* an die *Board-Mitglieder* im Zuge einer zunehmend komplexer und dynamischer werdenden Umwelt führt zu der Frage, ob einmal gewählte Direktoren diesen Ansprüchen im Zeitablauf noch gerecht werden. Worthy/Neuschel kommen in ihrer Studie zu folgendem Schluß:

„There was general agreement that there is a growing need for... individual director evaluation, but that little ...is now being done in any consistent or systematic way. There was no consensus whether or how evaluations should be made, who should make them, and what should be done with them after they are made" (Worthy/Neuschel, Emerging Issues, 62).

Obwohl im Board allgemein bekannt ist, daß die Leistung der einzelnen Direktoren stark variiert und daß die Beiträge bestimmter Direktoren nicht mehr den Anforderungen entsprechen, besteht doch eine ausgeprägte Mentalität, das *Beste aus der Situation zu machen*, anstatt den betreffenden Direktor nicht wiederzuwählen. Im übrigen verläßt man sich auf die Altersgrenze. Die Trennung von einem Board-Mitglied, dessen Beitrag zur Board-Arbeit zu wünschen läßt, stellt ein delikates Problem dar, daß in nur wenigen Fällen vom Chairman/CEO angegangen und gelöst wird. Deshalb fordern Worthy/Neuschel die Entwicklung von *Kriterien zur Leistungsbeurteilung* von Board-Mitgliedern (vgl. Worthy/Neuschel, Emerging Issues, 75).

Das Nominating Committee könnte die Leistungsbeurteilung der Direktoren übernehmen

In der regelmäßigen Evaluation der Direktoren könnte dem Nominating Committee, das in der Regel mehrheitlich mit Outsidern besetzt ist, eine besondere Rolle zukommen. Dies würde weiterhin für den *Chairman/CEO* von Vorteil sein, um ihm ein eigenes Engagement in einer derart delikaten Angelegenheit zu ersparen. Worthy/Neuschel beschreiben den Prozeß der Leistungsbeurteilung durch das Nominating Committee anhand eines Beispiels aus ihrer Untersuchung:

„... the nominating committee reviews the performance of all directors annually and makes recommendations for re-election. In those repeatedly few cases when a director is not recommended for re-election, he is so advised by the committee, which stands ready to discuss the matter frankly with him. Members of this board feel that the delicate task of communicating a negative decision to one of their colleagues can be handled more easily by the committee than by the chief executive, a feeling their chief executive shares wholeheartedly" (Worthy/Neuschel, Emerging Issues, 69 f.).

In der Praxis wird das Nominating Committee zur Leistungsbeurteilung der Direktoren eher selten eingesetzt, obwohl es am ehesten geeignet scheint, eine solche Beurteilung durchzuführen (vgl. Bleicher/Paul, Verfassungen, 306). Um diese Aufgabe effizient wahrnehmen zu können, sollten die folgenden drei Bedingungen erfüllt sein:

(1) Als Mitglieder des Nominating Committees werden nur outside Direktoren gewählt. Auf jeden Fall sollten aber die Mehrheit der Mitglieder und der Chairman des Committees Outsider sein.
(2) Die Mitgliedschaft rotiert in regelmäßigen Abständen.
(3) Für die Leistungsbeurteilung der Direktoren wird ein Kriterienkatalog erstellt, wie Worthy/Neuschel und Mueller dies bereits vorgeschlagen haben (vgl. Worthy/Neuschel, Emerging Issues, 75 und Mueller, Board Score, 152ff.).

1.1.3 Auswahl potentieller Board-Mitglieder

Der Chairman/CEO ist immer noch die wichtigste Quelle für Board-Kandidaten

Bei der Suche nach Kandidaten für den Board lassen sich drei wesentliche Quellen unterscheiden. In einer Untersuchung der American Society of Corporate Secretaries (ASCS) nannten 83% der befragten Unternehmungen den *CEO*; 61% das *Nominating Committee* und 58% die übrigen *Board-Mitglieder* als primäre Quellen (zitiert in Bacon, Nominating Committee, 25). Diese Zahlen verdeutlichen die dominante Stellung des Chairmans/CEO's schon zu Beginn des Auswahlprozesses. Auch die vermehrte Bildung von Nominating Committees scheint hier wenig Einfluß auf die Rolle des Chairmans/CEO's gehabt zu haben; ihnen kommt in dieser Hinsicht mehr eine unterstützende Funktion über die Beurteilung der potentiellen Kandidaten zu.

Bei der Bestellung von Board-Mitgliedern versagt die Aktionärsdemokratie durch Nominating Committees

Mit der Schaffung der Nominating Committees sollte aber gerade erreicht werden, daß der Auswahlprozess neuer Board-Kandidaten nicht mehr allein in den Händen des Chairmans/CEO's liegt. Die SEC war in besonderem Maß an der Gründung von Nominating Committees interessiert, um auf diese Weise Aktionären die Möglichkeit zu geben, Kandidaten für den Board vorzuschlagen. Aus einer Analyse der Proxy-Unterlagen von 1.200 Corporations aus dem Jahre 1979 zog die SEC den folgenden Schluß:

„In view of the almost universal acclaim of nominating committees as a substitute for direct shareholder access to issue proxy material for the purpose of making nominations, it is disturbing to note that of the 28.9 percent of companies disclosed that had nominating committees, only 77.7 percent disclosed that they considered shareholder nominations. If nominating committees are to be taken seriously as an alternative to direct shareholder nominations, then they must demonstrate, in a more persuasive fashion that they indeed are an alternative" (SEC, Staff Report, 118f.).

Trotz eines allgemein erkennbar *geringen Aktionärsinteresses* an der Nominierung von Direktoren ist ein Trend erkennbar, der eine größere Unabhängigkeit des Nominating Committees vom Chairman/CEO erkennen läßt. Eine Schlüsselrolle kommt in diesem Prozeß dem Chairman des Nominating Committees zu, der durch die Steuerung der Committee-Arbeit einen Gegenpol zum Chairman/CEO bilden kann. Im Rahmen des Selektionsprozesses ist das Nominating Committee für folgende Aufgaben zuständig:

„– Determining the criteria for directors (experience, field of activity, particular skills, age) that are most apppropriate at any point in time;
– Identifying and screening candidates;
– Checking credentials and approaching candidates;
– Recommending selected candidates to the full board" (Worthy/Neuschel, Emerging Issues, 26).

Ausländische Staatsangehörige als Board-Mitglieder sind sehr selten anzutreffen

Für Unternehmungen mit ausgeprägten internationalen Aktivitäten ergibt sich die Frage der Berufung entweder von Mitgliedern des Boards, die über extensive *internationale Erfahrungen* verfügen, oder von Vertretern ausländischer Tochtergesellschaften sowie deren Umwelt. So fordern z.B. Bacon und Brown:

„For multinational corporations it is fitting to appoint as outside directors citizens of foreign countries in which the corporation has extensive interests" (Bacon/Brown, Perspectives and Practices, 21).

Mit der Verwirklichung dieses Grundsatzes scheint es jedoch bislang bei international tätigen amerikanischen Unternehmungen noch nicht weit her zu sein. Als Grund für diese Entwicklung wird auf die Intensität der amerikanischen Board-Arbeit verwiesen, die bei größeren räumlichen Entfernungen erhebliche zeitliche Anforderungen an im Ausland residierende Board-Mitglieder stellt.

Die Verbindung zu kritischen Umweltsegmenten und Expertise bilden primäre Selektionskriterien

Vertreter kritischer Umweltsegmente, die für den Bestand der Unternehmung von Bedeutung sind, können durch die Wahl in den Board kooptiert werden. Provan ordnet die Kriterien für die Selektion von Board-Kandidaten zwei Kategorien zu:

„... the board members are selected either for their expertise and familiarity with the organization and its administrative needs or for their association and involvement with external groups and organizations with which the organization must interact if it is to survive" (Provan, Board Power, 222).

Daraus lassen sich eher *intern* orientierte Funktionen, bei der Überwachungs- und Führungsaufgaben im Vordergrund stehen, und eine *externe* Funktion, die sich auf die Kooptation kritischer Umweltsegmente (Interessenvertretung!) bezieht, ableiten. Die relative Bedeutung der Funktion sollte sich in der Board-Zusammensetzung niederschlagen, wobei das Problem im Finden der richtigen Balance liegt.

„Increasingly, corporate leaders are recognizing the importance of achieving balance on their boards. This calls for an effective combination of directors with varying backgrounds and skills, and an appropriate mix of insiders and outsiders" (Worthy/Neuschel, Emerging Issues, 32).

In Abhängigkeit von den besonderen Bedürfnissen der Unternehmung und ihrer Umwelt wird sich das relative Gewicht beider Funktionen im Zeitablauf verschieben. Dementsprechend müßte sich auch die Zusammensetzung des Boards ändern.

Statt Status wird Erfahrung gesucht

Der übliche Brauch, Persönlichkeiten nach dem Bekanntheitsgrad ihres Namens und ihrem persönlichen Prestige, unabhängig von ihrem möglichen fachlichen oder gestalterischen Beitrag zur Unternehmungsführung, in Boards zu berufen, scheint im Nachlassen begriffen zu sein. So bemerkt Heller, daß es einen feststellbaren Trend gäbe, „... to clear the board of deadwood (and) to attract promising new talent" (Heller, Vital Force, 28). Statt großer Namen wird nach *erfahrenen Persönlichkeiten* gesucht, die einen *wesentlichen Beitrag* zur Board-Arbeit zu leisten gewillt und in der Lage sind.

Eine detaillierte Auflistung von Kriterien hat die bereits genannte ASCS zusammengestellt:

- „Ability to exercise sound business judgment
- a position of leadership or prominence in a specified field
- freedom from conflicts of interest or other legal impediments to serving on the board
- willingness to devote the required time
- freedom from schedule conflicts or other barriers to attending board and committee meetings
- the right kind of experience" (zitiert in Bacon, Nominating Committee, 20).

Dabei scheinen eine kompetente Urteilsfähigkeit in geschäftlichen Belangen und Erfahrungen in der Führung einer großen komplexen Unternehmung von zentraler Bedeutung zu sein.

Die Suche nach Board-Kandidaten gestaltet sich schwieriger

Für diese These sprechen im wesentlichen drei Gründe:

(1) Die gestiegene Aufmerksamkeit hinsichtlich realer und potentieller Interessenkonflikte,
(2) die erhöhte Haftung der Board-Mitglieder und
(3) die Tendenz aufgrund der vermehrten zeitlichen Verpflichtung, die mit der Board-Arbeit einhergeht, nur wenige Board-Mandate zu akzeptieren (vgl. Bacon, Nominating Committee, 26).

Der zeitliche Aufwand für ein Board-Mandat dürfte insbesondere in bezug auf einen Vergleich mit dem deutschen System von Interesse sein. Bleicher/Paul stellen in ihrer Untersuchung fest, daß in der Regel eine Person aufgrund der zeitlichen Belastung nicht mehr als zwei oder drei Board-Mandate als outside Direktor wahrnehmen möchte (vgl. Bleicher/Paul, Verfassungen, 310). Ausnahmen bilden die sog. *„Professional Directors"* mit bis zu 8 Board-Mandaten, die aber – wie später noch auszuführen ist – relativ selten anzutreffen sind (vgl. Kapitel D. V. 2.2).

In Einzelfällen, z.B. kleineren Unternehmungen, deren Name wenig Prestige besitzt, kann die Suche nach einem geeigneten Board-Kandidaten deshalb mit Schwierigkeiten verbunden sein. Allgemein bestehen derzeit jedoch keine grundsätzlichen Probleme bei der Kandidatensuche.

1.2 Frequenz und Dauer der Board-Sitzungen

Der Board tagt im Durchschnitt neunmal je Jahr mit einer Sitzungsdauer von 4 Stunden

Die Sitzungsfrequenz der Boards liegt im Durchschnitt bei *9 Sitzungen je Jahr*. Die Dauer einer Sitzung beträgt durchschnittlich knapp *4 Stunden* (vgl. Bleicher/Paul, Verfassungen, 394). Diese Ergebnisse werden von anderen Studien weitgehend bestätigt. Die durchschnittliche Sitzungsfrequenz liegt dort etwas niedriger bei 8 Sitzungen je Jahr (Korn/Ferry International, Board, 19; Mruk/Giardina, Compensation, 17; Heidrick & Struggles, Inc., Changing Board, 3). Daten zur Sitzungsdauer wurden in diesen Studien nicht erhoben.

Der monatliche Zeitaufwand für die Ausübung eines Board-Mandats liegt im Durchschnitt bei etwa 12 Stunden

Die Korn/Ferry-Studie macht lediglich Angaben zu der gesamten geschätzten Zeitdauer, die ein Board-Mitglied für die Ausübung eines Board-Mandats aufwendet. Im Durchschnitt bringt ein Board-Mandat einen zeitlichen Aufwand von monatlich etwa *12 Stunden* mit sich. Diese Zahl bezieht sich allerdings auf Vorbereitung, Sitzungsdauer (Board einschließlich Committees) und Reisezeit (vgl. Korn/Ferry International, Board, 20). Während der Zeitperiode 1977 bis 1982 ist dieser Zeitbedarf um 29% gestiegen (vgl. Korn/Ferry International, Board, 8).

1.3 Vorlagen und Abstimmungsmodalitäten

Die Festlegung der Tagesordnung des Boards erfolgt durch den Chairman bzw. den Corporate Secretary

Mit der Bestimmung der Tagesordnung wird die *Arbeitsweise des Boards* in starkem Masse *vorstrukturiert*. Die Bedeutung der Tagesordnung vergleicht Mueller mit der Funktion eines Informationssystems:

„Construction, control, and issuance of board meeting agenda are as powerful a tool for corporate management as design and implementation of a management information system are to the executive level of an organization. Control of the matters that are either passed up the organization or called for from the topside can either make or break a company's performance in the long run" (Mueller, Hidden Agenda, 41).

Diese Funktion wird in 80% der von Bleicher/Paul befragten Unternehmungen durch den *Chairman* bzw. den ihm unterstellten *Corporate Secretary* wahrgenommen (vgl. Bleicher/Paul, Verfassungen, 379). In den übrigen 20% wird die Agenda für den Board durch andere Spitzenführungskräfte oder ein Committee bestimmt.

Entscheidungsvorlagen für den Board werden durch den Chairman oder die sachlich zuständigen Committees vorbereitet

Neben der Bestimmung der Tagesordnung kommt dem *Chairman* bei der Vorbereitung von Entscheidungen für den Board eine Schlüsselrolle zu. Damit wird wiederum die zentrale Stellung des Chairmans für die Funktionsfähigkeit des Boards deutlich. Eine nahezu gleichgewichtige Rolle bei der Vorbereitung von Board-Entscheidungen fällt den *Committees* zu.

Entscheidungsvorlagen werden bereits vor der Board-Sitzung zwischen inside und outside Direktoren abgeklärt

Entscheidungsvorlagen können im Board unterschiedlich behandelt werden. Zunächst einmal scheint es eine weitgehende Praxis zu sein, kritische Entscheidungsfälle bereits vor der Behandlung im Board informal abzuklären. Dabei wird zunächst einmal ein hohes Maß an Übereinstimmung zwischen Chairman, CEO und President, soweit diese Funktionen von verschiedenen Personen wahrgenommen werden, angestrebt. Das heißt allerdings nicht, daß der Board lediglich als „Rubberstamp" funktioniert. Die dem Board vorgelegten Entscheidungen werden niemals oder selten ohne Diskussionen während der Board-Sitzungen gefällt. Es stellt sich dann aber die Frage, ob diese Diskussionen nur einen gewissen Schein wahren sollen. So gibt die überwiegende Zahl der outside Direktoren zu, gegen die Vorlagen der inside Direktoren niemals oder nur sehr selten substantielle Einwände zu erheben. Die Rückgabe von Vorlagen an die inside Direktoren oder sogar eine vollständige Ablehnung der Board-Vorlagen durch die outside Direktoren ist ebenfalls relativ ungewöhnlich. Wenn Vorlagen zurückgegeben werden, stehen den inside Direktoren zwei Möglichkeiten offen: ihre Vorlage zu verändern und die Kritik der outside Direktoren zu berücksichtigen oder die ursprüngliche Vorlage dem Board nochmals zur Entscheidung vorzulegen. Die inside Direktoren beschreiten vorzugsweise den ersten Weg. Interessant ist schließlich noch, daß zum Fällen einer Entscheidung bei strittigen Vorlagen kaum auf die Aktionärsversammlung zurückgegriffen wird.

Aus diesen Ausführungen, die auf Ergebnissen der Studie von Bleicher/Paul basieren, kann geschlossen werden, daß die Entscheidungsfindung *teilweise außerhalb des Boards* stattfindet, wobei inside und outside Direktoren in informalen Vorgesprächen strittige Fragen bereits vor den Board-Sitzungen abklären (vgl. Bleicher/Paul, Verfassungen, 380-382). Weiterhin wird deutlich, daß die *inside Direktoren* und nicht der Board die eigentlichen *Träger des Entscheidungsprozesses* sind. Die *outside Direktoren* scheinen in diesem Zusammenhang wenn überhaupt nur eine *beratende Funktion* wahrzunehmen.

Für Abstimmungen im Board gilt das Konsensprinzip

In 70% der von Bleicher/Paul befragten Unternehmungen wird ausschließlich nach dem *Konsensprinzip* abgestimmt. In den restlichen 30% wird je nach Entscheidungsvorlage das Konsens- oder das Mehrheitsprinzip angewandt. Reine Mehrheitsbeschlüsse dagegen sind äußerst selten (vgl. Bleicher/Paul, Verfassungen, 382-383). Grundsätzlich gilt das Prinzip: *„Eine Person, eine Stimme"*. Gelegentliche Ausnahmen beziehen sich in erster Linie auf Enthaltungen bei Interessenkonflikten sowie auf Fälle, in denen die Entscheidung an einen Ausschuß delegiert wurde.

2. Strukturen im Board

2.1 Board-Größe

Die durchschnittliche Board-Größe liegt bei 13 Direktoren

Eine Studie von Heidrick & Struggles, die die Größe des Boards von 1.350 Unternehmungen für das Jahr 1983 erfaßt, kommt zu dem Ergebnis, daß ein Board im Durchschnitt aus *13 Direktoren* besteht. 50,2% der befragten Unternehmungen geben an, über einen Board in der Größe von 10-14 Mitgliedern zu verfügen (vgl. Heidrick & Struggles, Changing Board, 2). Die Korn/Ferry-Studie sowie die Mruk/Giardina-Studie, die etwa 600 Corporations in 1982 bzw. 1983 erfassen, kommen ebenfalls auf einen Durchschnitt von 13 Direktoren je Board (vgl. Korn/Ferry International, Board, 11; Mruk/Giardina, Compensation, 14). Für die Mruk/Giardina-Studie liegen Vergleichsdaten für das Jahr

1973 vor. Die Größe des Boards hat sich über den 10-Jahres-Zeitraum 1973-1982 nur *unwesentlich* von durchschnittlich 11 auf 13 Mitglieder erhöht. Zu einem ähnlichen Ergebnis kommen Patton/Baker in deren Studie die Board-Größe von 74 großen Unternehmungen 1969 und 1985 erfaßt wurde (vgl. Patton/Baker, Directors Rock the Boat, 10).

2.2 Zusammensetzung des Boards

2.2.1 Abgrenzung inside vs. outside Direktor

Beschäftigungsverhältnis und geschäftliche Beziehungen bilden die zentralen Ansatzpunkte für die Klassifizierung von „inside" und „outside" Direktoren

Bevor auf die Board-Zusammensetzung näher eingegangen werden kann, sind zunächst die Begriffe „inside" und „outside" Direktor zu definieren. Hier wird den begrifflichen Abgrenzungen des *Corporate Director's Guidebook* gefolgt, das zwischen *„Management Director"* und *„Non-Management Director"* unterscheidet. Als Synonyme zu diesen Begriffen finden sich im Schrifttum *„inside"* und *„outside"*, *„dependent"* und *„independent"* oder *„employee"* und *„non-employee"* Direktor. Das Guidebook definiert einen „inside" bzw. „Management-" Direktor wie folgt:

„A director should be regarded as a management director if he devotes substantially full time and attention to the affairs of the corporation, one of its subsidiaries, or any other corporation controlling or controlled by the corporation" (Committee on Corporate Law, Guidebook, 25).

Demnach sind alle diejenigen Direktoren der Kategorie „Outsider" zuzuordnen, die nicht in einem Beschäftigungsverhältnis zu der Corporation stehen.

Problematisch ist diese Klassifizierung im Hinblick auf solche Direktoren, die zu einem früheren Zeitpunkt von der Unternehmung beschäftigt wurden. Nach der Auffassung des Guidebooks sollten diese Direktoren den Insidern zugerechnet werden, da es sich in der Regel um *in den Ruhestand getretene Führungskräfte* handelt, die häufig weiterhin durch Beratungsverträge mit der Unternehmung verbunden bleiben.

Ein weiteres Problem bietet eine eindeutige Definition der outside Direktoren. So ist es denkbar, daß ein Direktor, der in keinem Beschäftigungsverhältnis zu der Corporation steht, trotzdem geschäftliche Beziehungen zu ihr unterhält. Wenn diese Situation gegeben ist, dürfte die Stellung eines solchen Direktors wohl kaum als unabhängig einzustufen sein. Deshalb unterscheidet das Guidebook zwischen *„Affiliated Non-Management-"* und *„Unaffiliated Non-Management-"* Direktoren. In diesem Sinne würden alle Direktoren, die mit der Unternehmung geschäftlich verbunden sind, wie z.B. Vertreter von Banken, Rechtsanwaltskanzleien, Kunden, Lieferanten und Unternehmungsberatungen den „Affiliated Non-Management-" Direktoren zugeordnet.

Die Trennung in verbundene und nicht-verbundene „outside" Direktoren wird wegen der damit einhergehenden Abgrenzungsproblematik in der Literatur nicht immer vorgenommen. Hier kommt es wesentlich auf eine subjektive Beurteilung der Beziehung des Betroffenen zur Corporation und zum Board an. In diesem Sinne argumentiert das Guidebook in bezug auf die Besetzung von Board Committees:

„The decision whether or not an individual may be regarded as an unaffiliated non-management director must ultimately be based on the judgement of the board ... that the individual is free of any relationship which would interfere with the exercise of his independent judgement as a member of the board committee on which he is to serve" (Committee on Corporate Law, Guidebook, 26).

2.2.2 Aufteilung der Board-Mandate

„Outsider" haben die Mehrzahl der Board-Sitze inne

Anknüpfend an die Definition der „inside" und „outside" Direktoren beträgt das Verhältnis zwischen beiden Gruppen 1 zu 2,5, d.h. *auf 4 inside Direktoren kommen 10 outside Direktoren.* Dabei werden die sog. „Affiliated Management-" Direktoren nicht gesondert ausgewiesen sondern bei den outside Direktoren mitgezählt (vgl. Bleicher/Paul, Verfassungen, 387). Patton/Baker berichten in ihrer Untersuchung, daß sich die Zusammensetzung der Boards im Zeitablauf deutlich verändert hat. Der Anteil der „Insider" verringerte sich von 48% in 1969 auf 32% in 1985. Dementsprechend ist der Anteil der „Outsider" gestiegen (vgl. Patton/Baker, Directors Rock the Boat, 10).

Eine detaillierte Aufschlüsselung nimmt die Heidrick & Struggles-Studie vor. In den befragten Unternehmungen wurden 59,2% als „Independent" Direktoren, 13,1% als „Affiliated Non-Management-" und 27,7% als „Management-" Direktoren eingestuft (vgl. Heidrick & Struggles, Changing Board, 3). Faßt man „Independent" und „Affiliated Non-Management-" Direktoren zusammen, wird das o.g. Ergebnis bestätigt.

Die Hälfte der „outside" Direktoren sind Spitzenführungskräfte aus anderen Unternehmungen

Ein differenziertes Bild der Board-Zusammensetzung läßt sich zeichnen, wenn man die Zusammensetzung in bezug auf einzelne Gruppen untersucht. Ein Drittel aller in der Bleicher/Paul-Studie erfaßten „outside" Direktoren sind Spitzenführungskräfte aus anderen Unternehmungen. Addiert man die in den Ruhestand getretenen Führungskräfte aus anderen Unternehmungen hinzu, zählen 43% aller „outside" Direktoren zu der Kategorie Führungskräfte aus anderen Unternehmungen.

Worthy/Neuschel weisen in diesem Zusammenhang insbesondere auf die Bedeutung der CEO's als potentiale Direktoren für andere Unternehmungen hin:

„A chief executive officer from another company, traditionally the most desirable choice, is still a primary and often preferred source for directors. The chief executive carries considerable prestige. He comes with a sympathetic understanding of his fellow chief executive's problems, he can add prestige to the company, and he is most likely to win the support of stockholders. In 1980 over half of the new directors named by major corporations were presidents or chairmen of other corporations" (Worthy/Neuschel = Emerging Issues, 30).

Innerhalb der outside Direktoren bilden die Aktionäre mit 12% die zweitstärkste Kategorie. Dieser Gruppe folgen die Akademiker, die Bankenvertreter und Vertreter von Rechtsanwaltskanzleien. Die Vertreter von spezifischen Interessengruppen wie z.B. ethnische Minoritäten, Frauen, Vertreter von Konsumentenvereinigungen sind jeweils mit Anteilen von 5% und weniger – trotz der teilweise recht heftigen öffentlichen Diskussionen in den 70er Jahren – immer noch recht schwach repräsentiert (vgl. hierzu Kapitel D. IV. 1.2).

Die Rangordnung der einzelnen Gruppen hat sich im Zeitablauf nicht wesentlich verändert. Dies zeigt der Vergleich mit einer Fortune-Studie, in der 5.995 Direktoren von Unternehmungen der Fortune 500-Liste für das Jahr 1977 befragt wurden (vgl. Smith, Boardroom, 152).

Berufsdirektoren („Professional Directors") konnten sich in der amerikanischen Board-Praxis nicht durchsetzen

Im Rahmen verschiedener Reformvorschläge zur Verbesserung der Effizienz von Boards wurde auch die Einführung eines sog. *„Professional Directors"* gefordert. Dieser Direktor sollte idealerweise über *Führungserfahrung* verfügen und als Haupttätigkeit die Funktion eines outside Direktors in mehreren Corporations ausüben (vgl. Barr, Professional Director). Der Vorteil eines hauptberuflichen Direktors liegt in seiner *zeitlichen Verfügbarkeit* für die Wahrnehmung eines Board-Mandats. Ein typisches Beispiel für einen solchen Direktor stellt der frühere Präsident der Vereinigten Staaten, Gerald Ford, dar, der zeitweise als outside Direktor bei sechs Corporations fungierte (vgl. O.V., Unique Perspective, 19). Das Konzept der professionellen Direktoren hat jedoch in der Praxis bisher wenig Anklang gefunden.

2.3 Einflußfaktoren auf die Board-Struktur

Unternehmungsgröße, Industriezugehörigkeit und Alter sind zentrale Einflußfaktoren der Board-Struktur

Größe, Zusammensetzung und Sitzungsfrequenz und -dauer des Boards sind von verschiedenen Faktoren abhängig, die in ihrer unternehmungsspezifischen Ausprägung die Board-Struktur bestimmen. Vance weist dabei auf die folgenden Faktoren hin:

„There definitely is no optimal board size; specific circumstances, and especially history condition the structuring" (Vance, Corporate Leadership, 32f.).

Wie bereits mehrfach erwähnt, spielt der persönliche Führungsstil und das Rollenverständnis des Chairmans/CEO's im Hinblick auf Aufgaben und Funktion des Boards eine wesentliche Rolle bei der Gestaltung der Board-Struktur. Vance bemerkt hierzu:

„A chairman-chief executive officer, with expertise in handling relatively wide spans of control, might be comfortable with a twenty-member board. Conversely, the one-to-one type of CEO would probably prefer working with a smaller board" (Vance, Corporate Leadership, 33).

Empirisch belegbar sind bisher lediglich zwei Einflußfaktoren: Die Abhängigkeit der Board-Struktur von der *Größe der Unternehmung,* wobei als Maßgröße der *Umsatz* dient, und der *Industriezweig*. Ein dritter Einflußfaktor könnte im *Alter* einer Unternehmung liegen.

2.3.1 Unternehmungsgröße

Mit zunehmender Unternehmungsgröße steigt die Zahl der Board-Mitglieder

Eine Beziehung zwischen *Unternehmungsgröße* und *Größe des Boards* wird in der Korn/Ferry-Studie festgestellt. Danach beträgt die durchschnittliche Board-Größe bei Unternehmungen des verarbeitenden Gewerbes mit einem Umsatz von weniger als 200 Mio. US-Dollar 9 Mitglieder. In Unternehmungen mit einem Umsatz von mehr als 5 Mrd. US-Dollar beträgt die Board-Größe im Durchschnitt 15 Direktoren (vgl. Korn/Ferry International, Board, 3).

Mit zunehmender Unternehmungsgröße wächst die Zahl der outside Direktoren im Board

Die *Board-Zusammensetzung* variiert ebenfalls mit der Größe der Unternehmung. In diesem Zusammenhang liefert die Heidrick & Struggles-Studie den Beleg dafür, daß mit zunehmender Unternehmungsgröße der Anteil der „Independent" Direktoren ansteigt, während jener der „Management-" Direktoren und der Anteil der „Affiliated Non-Management-" Direktoren zurückgeht (vgl. Heidrick & Struggles, Changing Board, 3).

Mit zunehmender Unternehmungsgröße steigen Sitzungsfrequenz und -dauer

Im Hinblick auf die *Sitzungsfrequenz* ergibt sich gleichfalls eine positive Korrelation zwischen Unternehmungsgröße und Zahl der Board-Sitzungen. Mit zunehmender Unternehmungsgröße nimmt die durchschnittliche Zahl der Board-Sitzungen zu (vgl. Heidrick & Struggles, Changing Board, 3). Ebenfalls mit der Unternehmungsgröße variiert die Dauer der Board-Sitzungen. Die Korn/Ferry-Studie kommt hier zu dem Ergebnis, daß der Zeitaufwand für die Board-Arbeit mit zunehmender Größe der Unternehmung wächst (vgl. Korn/Ferry International, Board of Directors, 8).

2.3.2 Branchenzugehörigkeit

Ein zweiter wichtiger Einflußfaktor der Board-Struktur ist die Branchenzugehörigkeit. Sinnvolle Aussagen lassen sich dabei nur in bezug auf die Unterscheidung zwischen *verarbeitendem Gewerbe* („Industrials") und *Dienstleistungsgewerbe* („Non-Industrials") generieren. Eine Auswertung nach Industriezweigen ist wenig ergiebig, da innerhalb einer Branche die Größe der Unternehmung einen wesentlichen Einflußfaktor der Board-Struktur darstellt.

Industrieunternehmungen haben kleinere Boards als Dienstleistungsunternehmungen

Industrieunternehmungen besitzen in der Regel einen *kleineren Board* als Dienstleistungsunternehmungen mit im Durchschnitt 12 Mitgliedern in der Industrie und 15 im Dienstleistungssektor (vgl. Heidrick & Struggles, Changing Board, 2). Innerhalb des Dienstleistungsbereichs besitzen insbesondere Banken und bankähnliche Institutionen relativ große Boards mit durchschnittlich 18 Mitgliedern (vgl. Korn/Ferry International, Board, 11; Mruk/Giardina, Compensation, 14).

Der Anteil der „outside" Direktoren ist in Industrieunternehmungen niedriger als in Dienstleistungsunternehmungen

Hinsichtlich der Zusammensetzung der Boards zeigt sich, daß die *Dienstleistungsunternehmungen* einen wesentlich *höheren Anteil* an *outside Direktoren* besitzen (vgl. Heidrick & Struggles, Changing Board, 3). Dies könnte damit begründet werden, daß der Berücksichtigung öffentlicher Interessen, die sich in gewisser Weise in der Board-Zusammensetzung widerspiegelt, in Dienstleistungsunternehmungen eine größere Bedeutung als in der Industrie zukommt. Diese Zusammensetzung zeigt deutlich, daß die Anteile der „Management-" Direktoren und „Affiliated Non-Management-" Direktoren erheblich niedriger sind (vgl. Heidrick & Struggles,, Changing Board, 3).

Boards von Industrieunternehmungen haben eine höhere Sitzungsfrequenz als Boards von Dienstleistungsunternehmungen

Ein Unterschied zeigt sich ebenfalls bei der Sitzungsfrequenz der Boards. Boards von Industrieunternehmungen treffen sich häufiger als Boards von Dienstleistungsunternehmungen (vgl. Mruk/Giardina, Compensation, 16). Hinsichtlich der Sitzungsdauer bestehen keine Unterschiede zwischen Industrie- und Dienstleistungsunternehmungen.

2.3.3 Alter der Unternehmung

Ein dritter Einflußfaktor der Board-Struktur dürfte im Alter der jeweiligen Unternehmung liegen.

Junge spitzentechnologische Unternehmungen stellen andere Anforderungen an den Board als reife Unternehmungen

Insbesondere neugegründete „Venture"-Unternehmungen, die auf spitzentechnologischen Arbeitsgebieten tätig werden, stellen andere Anforderungen an die Board-Struktur als Unternehmungen im Feld reifer Technologien und Märkte.

„The conventional management framework for governance useful in established firms is of limited applicability ... The conditioned reflexes of a conventional business board and its intuitive response to the problems that will arise in the growing-up period of a scientific company are likely to be counterproductive if they are allowed to prevail in the directorate relationship to the management (Mueller, Board Score, 97).

Den wesentlichen Unterschied zwischen einer jungen und einer reifen Unternehmung sieht Mueller in den Persönlichkeitstypen:

„The main key, however, is the different type of persons and the different attitudes of key people which must exist in an entrepreneurial company" (Mueller, Board Score, 97).

Der Board einer jungen Unternehmung übernimmt mehr Führungsaufgaben als der Board einer reifen Unternehmung

Das stärkere Engagement des Boards in der Führung kann unter Umständen dazu führen, daß das Management zu einem reinen Operations Committee degradiert wird und seinen ursprünglichen Aufgaben nicht mehr gerecht werden kann. Ein zu starkes Eingreifen des Boards in die Unternehmungsführung kann auch die Innovation und Kreativität der jungen Unternehmung behindern und qualifizierte Mitarbeiter mit unternehmerischen Eigenschaften veranlassen, die Unternehmung zu verlassen. Der Board einer jungen spitzentechnologischen Unternehmung muß also letztlich eine *Balance* finden zwischen der Erhaltung eines *innovativen unternehmerischen Klimas* auf der einen Seite und dem Aufbau *effizienter administrativer Strukturen*, die den wirtschaftlichen Erfolg sichern, auf der anderen Seite.

Die Board-Struktur muß an die speziellen Bedürfnisse junger Unternehmungen angepaßt werden

Von besonderer Bedeutung für die Entwicklung der jungen Unternehmung ist die Board-Zusammensetzung, um der oben angesprochenen stärkeren Involvierung in die Unternehmungsführung gerecht zu werden. Spitzenführungskräfte anderer jungen Unternehmungen, die bereits mehrere Entwicklungsstufen erfolgreich durchlaufen haben, sind aufgrund ihrer Erfahrungen ideale Board-Kandidaten.

Soweit die junge Unternehmung in spitzentechnologisch ausgerichteten Geschäftsfeldern tätig ist, muß der Board adäquate technologische Kompetenzen besitzen, die durch Vertreter aus der „Scientific Community" sichergestellt werden kann.

In jungen Unternehmungen ist der Board mit 6 bis 8 Mitgliedern nur halb so groß wie in reifen Unternehmungen. Die Sitzungsfrequenz und Dauer liegen wesentlich höher als in traditionellen Unternehmungen.

VI. Die Integration von outside und inside Direktoren im Board

Die Integration von outside Direktoren, die in erster Linie überwachende Funktionen wahrnehmen, und von inside Direktoren als primäre Träger der Führungsfunktion erfolgt in der Board-Verfassung zum einen über die organisatorische Einbindung von Spitzenführungskräften in den Board und zum anderen innerhalb der Ausschüsse, den Board Committees. Aufgrund der unterschiedlichen Wahrnehmung der Überwachungs- und Führungsaufgaben lassen sich Boards in spezifische Kategorien einordnen und dementsprechend Typologien ableiten.

1. Die Insider als integrative Verbindung

„Inside" Direktoren sind Mitglieder des Systems Unternehmung;
„Outside" Direktoren sind Teilnehmer

Innerhalb der Board-Verfassung erfolgt die Verzahnung zwischen Board und Organisationspyramide durch die Insider. Der Board besteht in diesem Sinne aus *intrasystemischen Mitgliedern* des Systems Unternehmung und *extrasystemischen Teilnehmern* (outside Direktoren). Dabei sind als Teilnehmer diejenigen Personen anzusehen, welche in der Unternehmung lediglich eine Metarolle innehaben, also nur an den generellen zielsetzenden und überwachenden Entscheidungen beteiligt sind. Mitglieder sind demgegenüber jene Personen, die neben ihrer Metarolle auch eine Objektrolle wahrnehmen, d.h. auch administrative und operative Entscheidungen übernehmen (vgl. Bleicher/Meyer, Führung, 93).

1.1 Der Chief Executive Officer

Der CEO bildet das zentrale Verbindungsglied

Der CEO nimmt innerhalb der amerikanischen Board-Verfassung eine zentrale Rolle als *„Linking Pin"* im Sinne von Likert ein (vgl. Likert, New Patterns, 113ff.). Als Bindeglied zwischen Board und Organisationspyramide liegt seine Aufgabe und Bedeutung in der Förderung der horizontalen Zusammenarbeit im Board und der vertikalen Zusammenarbeit zwischen Board und Organisationspyramide. Worthy/Neuschel stellen fest:

„Beyond question, the chief executive officer continues to be the focal point for board as well as managerial functions, and he continues to exercise the most powerful influence in corporate affairs" (Worthy/Neuschel, Emerging Issues, 13 f.).

Die Rolle des CEO's als zentrales Verbindungsglied wird noch verstärkt, wenn er gleichzeitig die Funktion des Chairmans of the Board und möglicherweise die des Presidents übernimmt (vgl. Kapitel D. III.1).

1.2 Die Corporate Officers

Die Wahl von Corporate Officers in den Board orientiert sich an ihrer Stellung in der Organisationspyramide

Bei der Wahl von weiteren inside Direktoren in den Board sind zwei besondere Situationen zu berücksichtigen. Zum einen sind häufig solche inside Direktoren im Board vertreten, die zur Gründerfamilie zählen und über beachtliche Aktienanteile verfügen (z.B. Wrigley oder Crown Zellerbach bis zur Übernahme durch die Gruppe um Sir James Goldsmith). Dabei spielt die hierarchische Stellung dieser inside Direktoren in der Organisationspyramide keine Rolle. Zum anderen erhalten bei einer Übernahme Spitzenführungskräfte bzw. Eigentümer der aufgekauften Unternehmung nicht selten einen Sitz im Board der aufkaufenden Unternehmung. Über diese Beschränkungen hinaus können inside Direktoren aus den Führungspositionen der verschiedenen Stabs- und Linienabteilungen rekrutiert werden, z.B. Chief Financial Officer, Chief Administrative Officer und Chief Science & Technology Officer, sowie die Leiter von Geschäftsbereichen.

Problematisch ist aber die Frage, welche Spitzenführungskräfte im Board vertreten sein sollen. Bacon/Brown weisen auf eine Art „Pecking Order" innerhalb der Gruppe der Spitzenführungskräfte hin:

„... friction arises when some senior executives, by dint of serving on the board are „more equal" than others for example, if the company is organized on a divisional or profit center basis, and some division heads are on the board whereas others are not" (Bacon/Brown, Corporate Directorship Practices III, 68).

Mit Ausnahme der eben beschriebenen speziellen Situationen wird dieses Problem in der amerikanischen Board-Praxis so gelöst, daß die Wahl von Corporate Officers in den Board sich nach ihrer hierarchischen Stellung richtet.

Einen besonders interessanten Weg zur Lösung dieses Dilemmas scheint die Wm. Wrigley Jr. Company mit der *„Rotating Inside Directorship"* gefunden zu haben. Der Board von Wrigley besteht aus 10 Mitgliedern (5 inside und 5 outside Direktoren) plus einem „Honorary Director". Einer der inside Direktoren wird in jedem Jahr aus dem Kreis der Spitzenführungskräfte in den Board gewählt. Dieser Direktor wird aufgrund einer Empfehlung des CEO's vom Nominating Committee vorgeschlagen. Die Ernennung eines solchen Direktors orientiert sich nicht am Senioritätsprinzip sondern am Entwicklungspotential dieser Führungskraft. Das Ziel besteht darin, im Zeitablauf einer möglichst großen Zahl von Führungskräften die Möglichkeit zu geben, für ein Jahr Board-Mitglied zu werden.

2. Board Committees als integrative Verbindung

2.1 Bedeutung von Board Committees

Die Einrichtung von Board Committees als Überwachungsorgane gegenüber der Unternehmungsführung stellt heute eine allgemein akzeptierte Praxis in der amerikanischen Verfassungsrealität dar.

„The increased use and growing effectiveness of committees constitute one of the most impressive changes in the operations of corporate boards. The greater use of committees has multiplied severalfold the capacity of the board to dig deeply and broadly in the substance of board and corporate issues. This, indeed, is the most consequential structural change in corporate boards in the past several years and will profoundly affect how boards operate in the future" (Worthy/Neuschel, Emerging Issues, 48 f.).

Der Business Roundtable begründet den Einsatz von Board Committees wie folgt:

„It should be noted ... that the use of committees

- compensates for the fact that outside directors can function only parttime,
- permits a better focus on particular problems and a more intensive exploration of those problems, and
- permits development and utilization of specialized knowledge and experience" (Business Roundtable, Board, 21).

In diesem Sinne trägt die vernetzte Bildung von spezialisierten Board Committees zu einer stärkeren Professionalisierung der Board-Arbeit bei.

Die Bildung von Committees liegt weitgehend im Autonomiebereich des Boards

In bezug auf Struktur und Funktionen der Ausschüsse bestehen erhebliche Unterschiede zwischen einzelnen Unternehmungen. Vance führt diese auf die unterschiedliche Gesetzgebung in den einzelnen Bundesstaaten zurück (vgl. Vance, Corporate Leadership, 60). So gibt es beispielsweise im Bundesstaat New York keine gesetzlichen Vorschriften, die die Art zu errichtender Committees und ihre Funktionen regeln. In anderen Staaten, z.B. Delaware, New Jersey und Pennsylvania, ist eine weitgehende Delegation von Aufgaben des Boards an Committees möglich. Insgesamt eröffnet die geringe Regelungsdichte in diesem Bereich ein weites Feld für die Gestaltung des Ausschußwesens im Rahmen von amerikanischen Boards.

2.2 Aufgaben von Board Committees

Committees werden in erster Linie als Stäbe für den Board tätig

Board Committees können verschiedene Funktionen erfüllen, wobei die Überwachungsfunktion offensichtlich im Mittelpunkt steht.

„Perhaps the most basic function of most board committees, other than executive committees, is to be fact-finding bodies to serve as the eyes and ears of the full board in particular areas of corporate affairs and, in turn, to keep the board informed, either through reports or minutes of committees or both" (Bacon/ Brown, Corporate Directorship Practices III, 99).

Diese Überwachungsfunktionen werden im allgemeinen so wahrgenommen, daß ein Committee sich über den betreffenden Sachverhalt informiert und Vorschläge zur Entscheidung an den Board vorlegt. Damit wird der Ausschuß beratend für den Board tätig. Es besteht aber auch die Möglichkeit, daß der Board ein Committee ermächtigt, bestimmte Entscheidungen zu fällen. Dies wird besonders deutlich beim *Stock Options Committee*, das in den Corporations, die über einen solchen Ausschuß verfügen, die Entscheidung über die Gewährung von Aktienoptionen an Führungskräfte trifft. Dabei sind diese Ausschüsse keineswegs als eigenständige Entscheidungseinheiten aufzufassen. Sie erhalten ihre Befugnisse vom Board und sind diesem Rechenschaft schuldig.

Worthy/Neuschel fassen die Aufgaben der Committees folgendermaßen zusammen:

„... committees are creatures of the board and not independent of it. Committees collect data, identify and define problems, and develop recommendations for consideration by the full board. While the full board may enpower – and typically does enpower committees to decide and carry out specific tasks, the major products of committees are recommendations to be decided or approved by the full board" (Worthy/Neuschel, Emerging Issues, 57).

2.3 Formale Merkmale von Board Committees

Audit, Compensation und Nominating Committees gehören zur Standardausstattung amerikanischer Boards

Aber auch „Executive Committee", „Public Affairs Committee", „Pension/Retirement Funds Committee" und „Board Organization and Stock Options Committee" sind relativ häufig vertreten. Daneben verfügen einige wenige Unternehmungen über ein „Investment Committee", ein „Long Range" bzw. „Strategic Planning Committee", ein „Legislative Committee", ein „Science and Technology Review Committee" oder ein „Board Organization Committee".

Die umfangreichste Untersuchung der Committee-Struktur stammt aus dem „Proxy-Statement-Monitoring-Program", das von der SEC für die Jahre 1979, 1980 und 1981 vorgenommen wurde. In ihr wurde aus den über 9.000 Corporations, die ihre Jahresberichte und 10-K-Formulare der SEC vorlegen, eine repräsentative Stichprobe von 961 Unternehmungen (für 1981) ausgewählt. Die Studie zeigt, daß 86,4% aller Corporations ein Audit, 72% ein Compensation und 30,4% ein Nominating Committee besitzen (vgl. SEC, Monitoring Program,).

Die NYSE beeinflußt die Committee-Struktur über ihre Vorschriften zur Börsenzulassung

Interessant ist die SEC-Erhebung aber auch deshalb, weil sie die untersuchten Corporations nach der Börsenzulassung gruppiert.

	Audit Committee	Compensation Committee	Nominating Committee
NYSE	99.0	90.0	48.4
AMEX	86.9	66.7	20.2
NASDAQ	79.0	63.5	23.4
Total	86.4%	72.0%	30.4%

Abb. D 20: Anteil der Unternehmungen, die über ein Audit, Compensation oder Nominating Committee verfügen, in Abhängigkeit von der Börsenzulassung (SEC, Monitoring Program, 10798)

Diese Zahlen belegen neben der Tatsache, daß die größeren und bekannteren Unternehmungen am „Big Board" der NYSE gelistet werden, daß diese über eine wesentlich ausgeprägtere Committee-Struktur verfügen als die an anderen Börsen zugelassenen Corporations. Damit wird der Einfluß der Vorschriften der NYSE im Feld der Board-Verfassung deutlich. Wie bereits erwähnt, schreibt die NYSE die Existenz eines Audit Committees als zwingende Voraussetzungen zur Börsenzulassung vor, während die American Stock Exchange nur eine Empfehlung zur Einrichtung eines Audit Committees ausspricht (vgl. SEC, Monitoring Program, 10794).

Große Unternehmungen haben eine ausgeprägtere Committee-Struktur als kleinere Unternehmungen

Neben dem Einfluß der Börsen ist die Unternehmungsgröße ein wesentlicher Bestimmungsfaktor für die Committee-Struktur. Große Unternehmungen mit hoher Binnenkomplexität besitzen eine deutlich ausgeprägte Ausschuß-Struktur. Dies läßt sich ebenfalls mit Zahlen der SEC-Studie belegen und gilt im großen und ganzen für sämtliche Committee-Formen. 90 % der untersuchten Unternehmungen haben ein Audit Committee, 70% ein Compensation Committee und 37% ein Nominating Committee, wenn die Bilanzsumme 150 Mio. US-Dollar übersteigt. Diese Prozentzahlen sinken auf 68, 54 und 16 für Unternehmungen mit einer Bilanzsumme von weniger als 50 Mio. US-Dollar (vgl. SEC, Monitoring Program, 10798).

Die Zahl der Committees steigt im Zeitablauf

Betrachtet man die Veränderung der Committee-Struktur im Längsschnitt, ergibt sich langfristig für nahezu alle Committee-Arten eine positive Veränderungsrate (vgl. Heidrick & Struggles, Changing Board, 57). Dies gilt vor allem für Committees, die primär Überwachungsfunktionen ausüben.

Die überwiegende Mehrheit der Committee-Mitglieder wird von outside Direktoren gestellt

Worthy/Neuschel sprechen für Audit, Nominating und Compensation Committees folgende Empfehlung aus:

„... they are basically outside board member committees and should be chaired by, and composed primarily of, outside members. The notable exception is that the chief executive officer should be a member of the nominating committee and, where it exists, of the board organization committee as well" (Worthy/Neuschel, Emerging Issues, 95).

Die Ergebnisse der Bleicher/Paul-Studie zeigen, daß Audit Committees nahezu ausschließlich aus Outsidern bestehen (vgl. Bleicher/Paul, Verfassungen, 355). Ein besonders hoher Anteil an Insidern ist demgegenüber im Executive (40%) und im Finance Committee (20%) vertreten. Dennoch dominieren zahlenmäßig auch hier immer noch die Outsider. Auch Compensation und Nominating Committees werden fast ausschließlich mit Outsidern besetzt, was allerdings in beiden Fällen nicht als Regel bezeichnet werden kann.

Die Sitzungsfrequenz wird von den Aufgaben des jeweiligen Committees bestimmt

Eine Analyse der Sitzungsfrequenz der Committees zeigt, daß jene Ausschüsse am häufigsten zusammentreten, die ihrer Funktion nach eher der Führung als der Überwachung zuzuordnen sind, nämlich vor allem Executive und Finance Committee. Diese bringen es auf ein halbes Dutzend jährlicher Sitzungen. Die primär überwachenden Audit Compensation und Nominating Committees liegen mit 3-4 Sitzungen je Jahr deutlich darunter. In einigen Ausschüssen werden typischerweise nur dann Sitzungen einberufen, wenn ein entsprechender Anlaß besteht. Das gilt vor allem für Nominating und Stock Options Committees (vgl. Bleicher/Paul, Verfassungen, 408).

2.4 Executive Committee als Sonderfall

Innerhalb der Committee-Struktur nimmt das Executive Committee eine besondere Stellung ein

Grundsätzlich lassen sich Unternehmungen, die über ein Executive Committee verfügen, in zwei Kategorien einteilen: (1) Unternehmungen, in denen das Executive Committee ein aktives Führungsorgan, dem häufig auch Nicht-Board-Mitglieder angehören, darstellt (vgl. hierzu Kapitel D. III. 1.3) und (2) Unternehmungen, in denen das Executive Committee lediglich als Interimsorgan zwischen Board-Sitzungen fungiert und ausschließlich aus Board-Mitgliedern besteht. Hier interessiert nur der zweite Typ, der auch in der Praxis eindeutig überwiegt (vgl. Bleicher/Paul, Verfassungen, 411). Dieser Typ von Executive Committee ist eher als *passiv* einzustufen und tritt nur zwischen den Board-Sitzungen zusammen, um dringende Board-Angelegenheiten zu erledigen. Bacon/Brown beschreiben seine Funktion wie folgt:

„... the purpose of establishing such a committee and granting it board powers may be only to assure that important matters that might arise between board meetings and that cannot wait for the board to convene will receive timely attention" (Bacon/Brown, Corporate Directorship Practices III, 107).

Dies führt dazu, daß das Executive Committee in der Regel aus Mitgliedern besteht, die ihren Wohnsitz in der Nähe der Corporation haben. Sitzungen werden nicht regelmäßig, sondern ad hoc entsprechend jeweiliger Notwendigkeiten, einberufen. Seine Funktion als *„Standby Committee"* dürfte im Hinblick auf moderne Kommunikationstechnologien in ihrer Bedeutung allerdings geringer werden.

Das Executive Committee als Interimsorgan des Boards verfügt über eine große Machtfülle

Die Delegation von Entscheidungsbefugnissen an ein derartiges Committee ist offensichtlich von besonderer Wichtigkeit. In der Regel ist davon auszugehen, daß diese Committees mit der vollen Autorität des Boards handeln können. Dies läßt auf eine beachtliche Machtfülle des Executive Committees schließen. Bacon/Brown beschreiben drei Möglichkeiten der Delegation:

„1. Its (the Executive Committee's Anm. d. Verf.) power is unrestricted, or subject only to broad or general limitations, such as a requirement to abide by the law or the charter or bylaws.
2. It has full authority, except for certain areas that are spelled out.
3. It has full authority only in certain specified areas" (Bacon/Brown, Corporate Directorship Practices III, 107).

Im ersten Fall verfügt das Executive Committee über eine nahezu unbegrenzte Machtfülle. Ein Beispiel hierfür ist das Executive Committee der Cincinnati Gas & Electric Company:

„The Board of Directors may, by resolution adopted by a majority of the whole Board, designate annually three (3) or more of their members, to constitute an Executive Committee, and may delegate to such committee power to authorize the seal of the Corporation to be affixed to all papers which may require it and to exercise in the intervals between the meetings of the Board of Directors the powers of the Board in the management of the business and affairs of the Corporation" (Cincinnati Gas & Electric Company, Regulations, 7).

In den beiden anderen Fällen wird die Machtfülle des Executive Committees durch den Board eingeschränkt. Der Fall 2 ist in einer Board-Resolution der Pitney Bowes, Inc. definiert:

„The Executive Committee shall have all of the power and authority of the Board of Directors in the management of the business and affairs of the company, but the Committee shall not have the power to:

(1) Amend the certificate of incorporation.

(2) Adopt an agreement of merger or consolidation.
(3) Recommend to the stockholders the sale, lease or exchange of all or substantially all of the corporation's property and assets.
(4) Recommend to the stockholders a dissolution of the corporation or a revocation of a dissolution.
(5) Amend the by-laws.
(6) Declare a dividend or authorize the issuance of stock" (Pitney Bowes, Inc., Board Resolution, 2).

Das Executive Committee ist nicht unumstritten

In der Literatur setzen sich insbesondere Bacon/Brown mit der Funktion des Executive Committees auseinander (vgl. Bacon/Brown, Corporate Directorship Practices III, 106). Ein aktives Executive Committee bildet ihrer Ansicht nach in gewisser Weise einen Board innerhalb des Boards bzw. eine Art *„Super Committee"*, weil es aufgrund seiner weitreichenden Machtfülle nahezu alle Entscheidungen treffen kann. Sie weisen auch darauf hin, daß dieser Ausschuß in der Regel einen sehr engen Kontakt zum CEO besitzt:

„Many CEOs come to rely on the executive committee as a source of counsel on a broad range of questions. A chief executive may use the executive committee as a sounding board on general management problems or matters that affect the corporation as a whole. He may try out ideas on the committee before presenting them to the full board; a negative reaction from the executive committee may well convince him to change, or even drop, the proposal; but on the other hand, an executive committee that either approves or can be won over to a proposal can also be instrumental in getting full board approval" (Bacon/Brown, Corporate Directorship Practices III, 106).

Es ließe sich deshalb argumentieren, daß die Mitglieder des Executive Committees als Direktoren einen besonderen Status besitzen, während Nicht-Mitglieder als Direktoren nur eine zweitrangige Rolle spielen. Dieses Problem scheint aber in der Praxis kaum eine Rolle zu spielen, weil das Executive Committee eventuell getroffene Entscheidungen letztlich dem gesamten Board zur Genehmigung vorlegen muß (vgl. Bleicher/Paul, Verfassungen, 414 f.).

3. Typologien für das monistische Modell der Spitzenverfassung

Die Integration von outside und inside Direktoren wird durch eine Reihe von Faktoren beeinflußt, von denen der Führungsstil des CEO's, die Unternehmungstradition und die Umweltentwicklung die wichtigsten zu sein scheinen. Dementsprechend wird auch die Wahrnehmung der Überwachungs- und Führungsaufgaben durch den Board unterschiedlich ausfallen. (Die spezielle Problematik des Auftrags der Interessenvertretung wird dabei ausgeklammert). Vor diesem Hintergrund lassen sich spezifische Board-Typen ableiten.

3.1 Statischer Ansatz von Vance

Vance ordnet die Boards von Unternehmungen in vier Kategorien ein

Der Ansatz von Vance baut auf vier Kriterien auf: (1) Begründung für den Board, (2) Autoritätsform, (3) Entscheidungsträger und (4) Entscheidungsfunktion des Boards (vgl. Vance, The Corporate Director, 221 – 229 und ders., Corporate Leadership, 2-10). Die beiden zuletzt genannten Kriterien dürften als Abgrenzungsmerkmal von zentraler Bedeutung sein. Aufgrund dieser Merkmale werden die Boards in vier Kategorien eingeordnet.

(1) *Der konstitutionelle Board*

Dieser Board erfüllt lediglich seine rechtlich definierten Aufgaben:

„Unfortunately, while they fulfill the legal mandate, most constitutional boards do little else. The directors tend to be unobstrusive and let all authority gravitate to the CEO" (Vance, Corporate Leadership, 8).

Der konstitutionelle Board entspricht damit weitgehend dem traditionellen „Rubberstamp Board", der lediglich in regelmäßigen Abständen zusammentritt, um die Entscheidungen des CEO's gutzuheißen. Dieser Board-Typ ist charakteristisch für kleine und mittelgroße Unternehmungen, deren Aktien nur gering gestreut sind und die u.U. von ihrem Gründer bzw. ihren Gründern geleitet werden.

(2) *Der konsultative Board*

Mit zunehmender Größe und Komplexität der Unternehmung wird der CEO bei wichtigen Entscheidungen andere Personen zur Beratung hinzuziehen.

„Also, as operations become more complex and global, and as its customers, government and the general public take a keener interest in the firm, the CEO must consult more seriously with his board" (Vance, Corporate Leadership, 9).

Der Board bietet sich dabei als beratendes Gremium an. Dabei sind zwei Varianten denkbar. Wenn der CEO großen Wert auf den Rat der Insider legt, wird er nach Möglichkeit Führungskräfte der Unternehmung in den Board berufen. Dementsprechend läßt sich diese Variante als Insider-Board bezeichnen. Die zweite Variante, der Outsider-Board, liegt dann vor, wenn der Board überwiegend aus outside Direktoren besteht. Vance nimmt an, daß der größte Teil der amerikanischen Corporations in diese Kategorie einzuordnen ist.

(3) *Der kollegiale Board*

Die nächste Stufe in der Evolution des Boards wird als kollegialer Board charakterisiert. Unabdingbare Voraussetzungen für das Entstehen eines solchen Boards sind erstens ein *breit gestreuter Aktienbesitz* und zweitens *starke Machtkoalitionen* innerhalb des Boards und innerhalb der Unternehmung. Diese Koalitionen verhindern eine Ein-Mann-Herrschaft. Kollegiale Boards treffen sich häufiger als konstitutionelle oder konsultative Boards. Außerdem müssen die Direktoren regelmäßig an den Board-Sitzungen teilnehmen, um zu vermeiden, daß sich die Macht auf eine oder wenige Personen konzentrieren kann. In Sitzungen eines derartigen Boards wird intensiv diskutiert und debattiert. Damit muß nicht notwendigerweise ein Konsens erreicht werden; Mehrheitsentscheidungen sind ein typisches Merkmal für einen kollegialen Board. Vance schätzt, daß nur eine handvoll Boards dieser Kategorie zugeordnet werden kann.

(4) *Der kommunale Board*

Dieser Board-Typ stellt einen Sonderfall dar, der hier nicht weiter verfolgt werden soll. Als kommunale Boards bezeichnet Vance die Boards öffentlicher Unternehmungen oder Organisationen, wie z.B. den Board der Tennessee Valley Authority, die für einen Teil der Energieversorgung im Mittleren Westen zuständig ist. Typisches Merkmal eines kommunalen Boards ist eine ausgeprägte Beziehung zwischen Board-Zusammensetzung und Zugehörigkeit zur jeweiligen Regierungspartei. Ein weiteres Merkmal bezieht sich auf den hohen Anteil bürokratischer Regelungen sowohl innerhalb des Boards als auch innerhalb der Unternehmung/Behörde.

Diese Typologie wird in Abb. D 21 dargestellt, wobei jeder Board-Typ durch die bereits genannten vier Kriterien beschrieben wird.

	Constitutional	**Consultive**	**Collegial**	**Communal**
Reason for board	Legal	Economic	Socioeconomic	Political
Authority form	Autocratic	Oligarchic	Technocratic	Bureaucratic
Decision maker	Chief executive	CEO plus key executives	The board	Central planning agency
Board´s decision-making role	Acceptive	Advisory	Definitive	Adaptive

Abb. D 21: Board-Typologie von Vance (Vance, Corporate Leadership, 11)

3.2 Dynamischer Ansatz von Boulton

Boulton untersucht den Übergang zwischen den einzelnen Board-Typen

Im Gegensatz zu dem statischen Ansatz von Vance betrachtet Boulton die Entwicklung des Boards im Zeitablauf und widmet dem Übergang zwischen den einzelnen Typen besondere Aufmerksamkeit (vgl. Boulton, The Case, 71 ff.).

Boulton geht von drei grundsätzlichen Funktionen aus, die ein Board erfüllen muß:

(1) Die Legitimation bestimmter Vorgänge aufgrund rechtlicher Vorschriften,
(2) die Überwachungsfunktion und
(3) die direktive Funktion.

Dementsprechend unterscheidet er drei Board-Typen: den *„Legitimizing Board"*, den *„Auditing Board"* und den *„Directing Board"*.

(1) *Der statutarische Board*

Dieser Board-Typ („Legitimizing Board") soll hier nicht weiter erörtert werden, da er dem konstitutionellen Board von Vance voll entspricht. Hinzuzufügen ist allerdings, daß dieser Board in keiner Weise strategisch tätig wird; die langfristige Unternehmungsstrategie wird ausschließlich von den Spitzenführungskräften und hier insbesondere vom CEO bestimmt.

„Strategy is unlikely to be discussed in any meaningful way at this time due to the general lack of director knowledge about the nature of the business and management's objectives" (Boulton, The Case, 74).

(2) *Der überwachende Board*

Dieser Board („Auditing Board") erfüllt in erster Linie die Funktion eines Überwachungsorgans wie Ralph Nader et al. dies gefordert haben:

„The board should serve as an internal auditor of the corporation, responsible for constraining executive management from violations of law and breach of trust. Like a rival branch of government, the board's function must be defined separate from operating management. Rather than pretending directors can „manage" the corporation, the board's role as disciplinarian should be precisely described" (Nader et al., Constitutionalizing, 186).

Der Übergang vom statutarischen zum überwachenden Board bedeutet einen stärkeren Informationsfluß zwischen Board und Führungskräften. Die Überwachung geht über die rechtlichen Vorschriften hinaus. In diese Phase fällt auch die Gründung eines Audit Committees. Der Schwerpunkt der Board-Tätigkeit liegt mehr auf der Etablierung problemadäquater Überwachungsverfahren und der Überwachung operativer Ergebnisse. Die Einbindung in den strategischen Planungsprozeß erfolgt wenn überhaupt nur auf einer ad hoc Basis.

(3) *Der direktive Board*

Diesen Board („Directing Board") definiert Boulton als: „... actively monitoring top management's performance to ensure the corporation's long-term survival" (Boulton, The Case, 71). Dieser Board-Typ beschränkt sich nicht mehr auf die Überwachungsfunktion, sondern greift in bestimmten Fällen auch in die Führung ein. Boulton sieht den direktiven Board als eine Institution, die durch die aktive Überwachung des Spitzenmanagements über eine längere Zeitperiode Kontinuität herstellt. Das bedeutet, daß der Board in den Prozeß der Erstellung der langfristigen Unternehmungspläne aktiv eingeschaltet wird.

„As the board takes up its directing role, and the time horizon becomes one to future orientation, board discussions become increasingly involved in choices between alternative directions, strategies, and investments ... At this point directors can utilize their experience and expertise to provide guidance to management as decisions are being made" (Boulton, The Case, 76).

Über die aktive Mitwirkung des Boards bei der strategischen Planung ist es möglich, Kontinuität in der Unternehmungspolitik zu bewahren, selbst wenn der CEO aus welchen Gründen auch immer ausgewechselt werden sollte.

Boulton nimmt an, daß aufgrund der Forderungen der Umwelt an die Unternehmung der statutarische Board sich über einen Zeitraum von 5 bis 10 Jahren in einen direktiven Board wandelt. Zentrales Kriterium für die Einordnung eines Boards in eine der drei Kategorien ist die Involvierung des Boards in Fragen der strategischen Planung. Der unterschiedliche Grad der Einbindung des Boards in den langfristigen Planungsprozeß während der drei Phasen wird in der folgenden Übersicht deutlich.

	Categories of director involvement					
Stages of board development	Legally* required board approvals	Financial review	Objectives and policy reviews and approvals	Strategic and operating reviews and approvals	Personnal and organizational reviews an approvals	External and environmental reviews and approvals
Legitimizing → Transition I → Auditing	Ensure minimum legal compliance	Ensure accuracy of published reports	Establish auditing procedures and budgets	Leave to management	Accept management´s recommendations	React as necessary
Auditing → Transition II → Directing	Review overall board role and responsibility	Review operating variances and problem areas	Review objectives and set standards for performance	Review business structure and evaluate strategic and operating pians	Review standards for compensation and rewarding performance; ensure organization´s human resource development	Review external trends an set policies for corporate actions

* As specified in bylaws, articles of incorporation or laws
+ Such as balace sheets, income statements, 10K´s, etc.
÷ Such as business and investment plans and organization structure

Abb. D 22: Board-Typologie von Boulton (Boulton, The Case, 74)

3.3 Gleichgewicht zwischen Überwachung und Führung als typologisches Kriterium

Betrachtet man das von Steinmann/Gerum entwickelte Vereinigungsmodell als Grundkonzept der amerikanischen Spitzenverfassung, lassen sich im Hinblick auf die Wahrnehmung von Überwachungs- und Führungsaufgaben verschiedene Board-Typen unterscheiden. Das Vereinigungsmodell geht davon aus, daß Überwachungs- und Führungsfunktionen in einem Spitzenorgan vereinigt werden.

„Es läuft konsequent zu Ende gedacht auf die schlichte Abschaffung jeder institutionalisierten Fremdkontrolle des obersten Führungsorgans hinaus" (Steinmann/Gerum, Reform, 86f.).

Die faktische Machtstellung der Verwaltung wird als „... das sachliche innere Funktionsgesetz der modernen Kapitalgesellschaft ..." akzeptiert (Wiethölter, Interessen, 337). Ihr gegenüber muß jede Fremdkontrolle wirkungslos bleiben:

„Kontrolle ohne Einfluß ist Fiktion, Einfluß ohne Kontrolle undenkbar. In der großen Gesellschaft geht es nicht länger um Leitung getrennt von Kontrolle, sondern um Einheit von Leitung und Kontrolle einerseits und Verantwortlichkeit andererseits" (Wiethölter, Interessen, 305).

In dieser Board-Konstruktion werden die deutschen Vorstellungen von Vorstand und Aufsichtsrat in einem Organ vereint, das allerdings je nach zugrundeliegendem Konzept der Regelung von Aufgabenerfüllung, Kompetenz und Verantwortung in Unterformen dann zerfällt, wenn die rechtliche Gestaltungsfreiheit wie in den USA gegeben eine derartige Ausdifferenzierung zuläßt. Aufbauend auf den Ansätzen von Vance und Boulton, lassen sich vier Grundtypen unterscheiden:

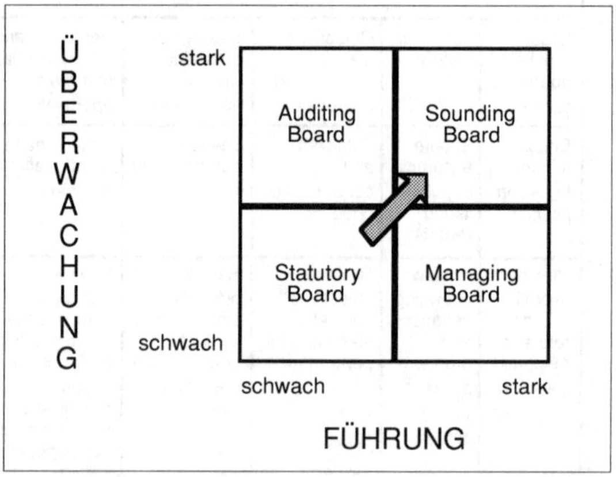

Abb. D 23: Board-Typologie in Abhängigkeit von der Wahrnehmung der Überwachungs- und Führungsfunktion

(1) *Der statutarische Board*

Ausgangspunkt für diesen Typ ist der gesetzliche Auftrag des Boards mit seinen Überwachungs- und Führungspflichten. Soweit der Board sich dabei auf die Erfüllung der per Gesetz vorgeschriebenen Minimalvorschriften beschränkt, ist dieser Board als konstitutionell oder statutarisch zu bezeichnen. Die traditionellen *Insider-Boards,* die weitgehend oder ausschließlich aus inside Direktoren bestehen, entsprechen diesem Typ.

Ein solcher Board wäre das Ergebnis einer konsequenten Deckung von Aufgabe, Kompetenz und Verantwortung in einem Spitzenorgan (konsequente Realisierung des organisatorischen Kongruenzprinzips). Die Arbeitsweise eines reinen Insider-Boards beschreibt Baker zu Beginn der 40er Jahre in einer Fallstudie der American Tobacco Company, eines Unternehmens, das später im Rahmen eines Antitrustverfahrens entflochten wurde (vgl. Baker, Directors, 31-53). Die Spitzenführungskräfte der Unternehmung fungierten dort gleichzeitig als Board-Mitglieder. Der Board traf sich wöchentlich und diente als das zentrale Führungsgremium der American Tobacco Company, eine Rolle, die heut eher von einem „Executive Committee" wahrgenommen werden dürfte.

Dieser Board-Typ dürfte lediglich in zwei Fällen eine gewisse praktische Relevanz haben. Rechtlich selbständige *Tochtergesellschaften* besitzen heute teilweise noch reine Insider-Boards, deren Existenz ausschließlich auf gesetzliche Vorschriften zurückzuführen ist. Nur dort, wo die Vorschriften es erfordern, befinden sich auch Outsider in den Boards der Tochtergesellschaften. Der Board einer Tochtergesellschaft wird in der Regel mit Führungskräften der Tochter- und Muttergesellschaft besetzt und wird nur tätig, um bestimmten rechtlichen Erfordernissen Genüge zu tun:

„...the board in divisions and subsidiaries can be assumed to be only a legal formality without any real power or function" (Leksell/Lindgren, Foreign Subsidiaries, 29).

Der zweite Fall bezieht sich auf *kleinere Unternehmungen*, die von den *Eigentümern* geleitet werden. Auch hier besteht der Board in der Regel größtenteils aus Insidern.

Mit zunehmenden Forderungen der Umwelt an das System Unternehmung wird sich auch die Board-Tätigkeit verändern. Zunächst einmal wird der Board über die gesetzlichen Vorschriften hinausgehende Überwachungs- und Führungspflichten übernehmen müssen. Dabei ist es denkbar, daß der Board sich in erster Linie auf eine Ausdehnung der Überwachungsfunktion beschränkt oder aber aktiv eine Rolle in der Führung übernimmt. Dementsprechend lassen sich zwei Board-Typen unterscheiden.

(2) *Der überwachende Board*

Im ersten Fall könnte man von einem Auditing Board sprechen, wie das bspw. Boulton tut. Der Fokus der Board-Tätigkeit liegt hier auf der ex post-Überwachung. Es geht primär um die Entwicklung von Systemen zur Überwachung der Geschäftstätigkeit, vor allem für das operative Geschäft. Daraus folgt, daß der Board mit einem extrem kurzfristigen Zeithorizont arbeitet. Ein solcher Board dürfte insbesondere dann entstehen, wenn die *outside Direktoren* den Board deutlich dominieren, die Zahl der *Board-Sitzungen* relativ *gering* und die Unternehmung selbst stark *diversifiziert* ist. Alle drei Faktoren tragen dazu bei, daß der Board sich beinahe zwangsläufig auf reine Überwachungsfunktionen beschränken muß und ein Eingreifen in die Führung bewußt vermeidet. Die Führung liegt weitgehend in den Händen des CEO's und der ihm nachgeordneten Führungsebenen. In extremer Form wäre dieser Ansatz realisiert, wenn der Board ausschließlich aus outside Direktoren besteht. Der Board wird zum spezialisierten Überwachungsgremium, das hierfür Sach- und Formalkompetenzen besitzt und nur für die Wahrnehmung der Überwachung Verantwortung übernimmt. Die nicht im Board eingebettete Exekutive müßte dann sinnvollerweise die Unternehmungspolitik bestimmen, womit sie dem Board den Einfluß auf die Steuerungsgröße, die jedem Überwachungsprozess ex ante zugrundeliegt, entzieht. Das Konzept des reinen Outsider-Boards mit dem Chairman/CEO als einzigem Vertreter der Führungskräfte geht auf den bereits erwähnten Vorschlag von Harold Williams, dem früheren Vorsitzenden der SEC, zurück. Williams stellt die Überwachungsfunktion in den Mittelpunkt, indem er auf die Dysfunktionalität der vorherrschenden Board-Praxis eingeht:

„How can an independent director raise a question at a board meeting about whether a given division should be sold when the man whose career depends upon that division is sitting at the meeting? How do you turn to your fellow board member and observe, 'I thought that was a lousy presentation what do you think?' when the man who made it is on the board? How do you raise matters at the meeting which reflect some criticism of the chief executive officer when a number of his subordinates are on the board? How many instances can you recall of subordinates on boards who disagree with, let alone vote against, the CEO and the management recommendation?" (zitiert in SEC, Staff Report, 439).

Dieses Konzept konnte sich in der Praxis nicht durchsetzen. In keiner Studie konnte die Existenz eines reinen Outsider-Boards nachgewiesen werden.

(3) *Der führende Board*

Auf der anderen Seite steht ein Board-Typ, der neben der Überwachung auch aktiv in die Führung eingreift. Dies ist insbesondere dann der Fall, wenn im Board eine relativ große Zahl von inside Direktoren vertreten ist. Dann ist es möglich, daß der Board zum zentralen Gremium für die Festlegung der Unternehmungspolitik wird. Ein solcher Board-Typ dürfte auch bei neugegründeten „Venture"-Unternehmungen anzutreffen sein. Der Einfluß des Boards ist hier wesentlich höher einzuschätzen als in anderen Unternehmungen, gerade weil die Vertreter der „Venture Capital"-Unternehmungen über allgemeine Geschäftserfahrungen verfügen, die für den Aufbau der neuen Unternehmung von großem Nutzen sind. Weiterhin wird der Board hier aufgrund der eher zu erwartenden Krisensituationen gezwungen sein, im Sinne eines Krisenmanagements verstärkt in die Führung einzugreifen.

In der Darstellung der beiden zuletzt genannten Board-Typen wurde unterstellt, daß der Board sich auf eine der beiden grundsätzlichen Funktionen konzentriert und die andere Funktion weitgehend vernachlässigt. In beiden Fällen sind die dominierenden Kräfte in der Unternehmung die Spitzenführungskräfte und hier vor allem der Chairman/CEO. Der Board spielt in diesen Fällen nur eine untergeordnete Rolle.

(4) *Der beratende Board*

Der vierte Board-Typ ist durch ein *Gleichgewicht zwischen Überwachung und Führung* gekennzeichnet. Hier geht es weniger um die konkrete Ausübung ganz spezifischer Überwachungs- und Führungsaufgaben, sondern vielmehr um die Beratung des Managements. Dieser Beratungsaspekt des sogenannten *„Sounding Boards"* bildet den zentralen Fokus der Board-Tätigkeit. Voraussetzung für das Funktionieren dieses Board-Typs ist ein Machtgleichgewicht zwischen Board und Spitzenführungskräften, das in der Zusammensetzung des Boards als gemischter „Insider-/Outsider"-Board zum Ausdruck kommt.

Diese Struktur stellt den Hauptanwendungsfall des Vereinigungsmodells dar. Die Fiktion eines einheitlichen Spitzenorgans mit undifferenzierter Aufgabe, Kompetenz und Verantwortung wird hier erhalten, obwohl faktisch zwischen den „Insidern" und den „Outsidern" erhebliche Differenzen im Niveau von Informationen, Einfluß und Macht bestehen. Durch die Ernennung von outside Direktoren in den Board wird sowohl dem Überwachungs- als auch dem Beratungsaspekt Rechnung getragen. So sehen auch Worthy/Neuschel die Rolle des outside Direktors zunehmend als die eines Beraters für die Spitzenführungskräfte (vgl. Worthy/Neuschel, Emerging Issues, 96).

Gleichzeitig wird mit der Repräsentanz von Insidern versucht, dem Board eine größere Führungs- und Operationsnähe zu vermitteln. Der „Business Roundtable" erklärt hierzu:

„'Insiders' (i.e. members of operating management) bring to board deliberations and intimate knowledge of business operations that can be enormously valuable in arriving at sound board judgements" (Business Roundtable, Board, 19).

Für das exakte Verhältnis zwischen inside und outside Direktoren, das die Funktionsfähigkeit des Boards als Sounding Board sicherstellt, lassen sich keine eindeutigen Empfehlungen machen. Allgemein akzeptiert ist, daß der Board mehrheitlich aus Outsidern bestehen sollte (vgl. Business Roundtable, Board, 20). Worthy/Neuschel fassen diese Überlegungen folgendermaßen zusammen:

„Perhaps the most striking feature of the future board will be the need for a majority of independent, outside members. In both fact and perception, the board of the future should be and probably will be outside oriented. To be effective, the outside majority needs to be complemented by a core of knowledgeable, inside senior-officer directors, providing a vital quality of board balance. Such balance would provide many advantages while maintaining outsiders in the majority can also serve the corporation by providing an evaluative counseling body along with enhanced credibility" (Worthy/Neuschel, Emerging Issues, 92 f.).

Der Board der Dayton Hudson Corporation als Beispiel für einen beratungsorientierten Board

Kenneth N. Dayton, der ehemalige Chairman der Dayton Hudson Corporation, kennzeichnet das Gleichgewicht zwischen Board und Spitzenführungskräften im Hinblick auf die zukünftige Unternehmungsentwickung:

„We have long believed that a strong board makes a first-class management even stronger, that a professional board makes management even more professional, that an optimum relationship between board and management creates almost unbelievable dynamics, and that the ideal board-setup is the corporation's best protection of its future" (Dayton, The other Side, 35).

Dieses Prinzip beschreibt den Leitgedanken für die Board-Tätigkeit bei der Dayton Hudson Corporation. Der Board muß Impulse geben und dafür Sorge tragen, daß die Führungskräfte sich immer wieder neue Ziele mit einem höheren Anspruchsniveau setzen. Der Board wird zur treibenden Kraft für die Unternehmungsentwicklung. Diese Funktion eines Bords beschreibt Dayton weiter wie folgt:

„... as representatives of the shareholders, to be the primary force pressing the corporation to the realization of its opportunities and the fullfillment of its obligations to its shareholders, customers, employers, and the communities in which it operates" (Dayton, The other Side, 35).

Wenn der Board diese Aufgabe erfüllen soll, sind folgende Prinzipien zu beachten:

1) Der Board muß eine vitale Rolle für die zukünftige Unternehmungsentwicklung spielen. Er hat sicherzustellen, daß innerhalb der Unternehmung eine zukunftsorientierte Kultur aufgebaut wird.

2) Der Board muß unabhängig von den Führungskräften sein. Dazu ist es notwendig, daß Funktionsbeschreibungen des Boards und seiner Committees, die das Verhältnis des Boards und der Committees zu den Führungskräften eindeutig definieren, vorliegen. Weiterhin sind die zustimmungsbedürftigen Geschäfte sowie Kriterien für die Leistungsbeurteilung festzulegen.

3) Der Board kann nicht unabhängig sein, wenn außer dem CEO weitere Spitzenführungskräfte Board-Mitglieder sind. Auf der anderen Seite kann der Board aufgrund des Expertenwissens der inside Direktoren nicht auf deren Mitarbeit verzichten. Die Lösung dieses Dilemmas könnte in der Schaffung eines Executive Committees liegen, das aus outside Direktoren und dem CEO besteht.

4) Der Chairman des Boards und der Chairman des Executive Committees müssen outside Direktoren sein, um die Unabhängigkeit gegenüber dem Management zu wahren. Das Executive Committee hat im wesentlichen drei Funktionen: Es ist verantwortlich für die Vergütungspolitik gegenüber dem Management und die Personalpolitik, sowohl im Hinblick auf den Board als auch die Führungskräfte. Drittens dient es dem CEO als unabhängiger Ansprech- und Gesprächspartner für spezielle Projekte oder Pläne, die vom Board erörtert werden sollten.

5) Damit der Board in der beschriebenen Weise funktionieren kann, müssen entsprechende Informationen vorliegen. Der Chairman des Executive Committees ist dafür verantwortlich, daß der Board regelmäßig einen neutralen Bericht über die Stärken und Schwächen der Unternehmung und der Führungsmannschaft erhält.

Mit der Einführung dieser Prinzipien bleiben die Führungskräfte nicht mehr länger die dominierende Kraft in der Unternehmung. Obwohl diese Funktion an den Board übergeht, bedeutet dies keine „Unterwerfung" des Managements. Voraussetzung für die Funktionsfähigkeit ist vielmehr der Gedanke des Gleichgewichts zwischen Board und Spitzenführungskräften, wobei der Board als Impulsgeber und die Spitzenführungskräfte als Umsetzer dieser Impulse anzusehen sind.

In der Praxis domineren überwachende und führende Boards

Nach Darstellung der vier Grundtypen stellt sich die Frage, wie sich die Unternehmungen auf die einzelnen Typen verteilen. Eine exakte Einordnung ist dabei kaum möglich, weil der Board einer Unternehmung im Hinblick auf die jeweiligen Kontextbedingungen und internen Gegebenheiten in unterschiedlicher Form tätig wird. Grundsätzlich läßt sich aber feststellen, daß nur sehr wenige Unternehmungen des ersten und vierten Typs anzutreffen sind. Der weitaus größte Teil der Unternehmungen dürfte auf die Typen zwei und drei entfallen.

E. Die Spitzenverfassung im einstufigen Verwaltungsratsmodell schweizerischer Aktiengesellschaften

I. Entwicklung der Spitzenverfassung schweizerischer Aktiengesellschaften

1. Die historische Entwicklung der Aktiengesellschaft

Die *faktischen Ausgestaltungsmöglichkeiten* der Spitzenverfassung schweizerischer Aktiengesellschaften zeigen eine im internationalen Vergleich extrem *hohe Spannweite.* Das mit dem Begriff „Verwaltungsrat" bezeichnete oberste Organ ist in seiner Funktionsweise weitgehend frei von einengenden gesetzlichen Bestimmungen. Diese Freiheit hat vor allem historische Gründe.

Die Geschichte der Aktiengesellschaften beginnt in der Schweiz relativ spät

Im Vergleich zu den umliegenden Staaten bleibt die Aktiengesellschaft als gesellschaftsrechtliche Vereinigungsart in der Schweiz bis ins 19. Jahrhundert hinein fast gänzlich unbekannt (vgl. Kobelt, Handelsgesellschaften, 100). Erstaunlicherweise gibt es heute auch kaum noch Quellen, die die Spuren jener für schweizerische Verhältnisse frühen Gründungen nach 1800 sichern (vgl. v. May, Aktiengesellschaft, 23). Ein starker Anstieg der Gründung von Aktiengesellschaften erfolgt erst im Zeitalter der Eisenbahnen und der aufkommenden Großbanken um 1850. Dabei ist an dieser Stelle bereits darauf hinzuweisen, daß die Schweiz heute zu den Ländern gehört, die den höchsten prozentualen Anteil an Aktiengesellschaften aufweisen.

Im historischen Rückblick werden Gründe für den verspäteten Einstieg der Schweiz sowohl in der *geopolitischen Lage* (durch hohe Gebirge abgeschlossenes Land ohne Zugang zum Meer und damit zu den kolonialen Handelswegen) als auch bestimmten *Eigenarten der schweizerischen Bevölkerung* angenommen (vgl. v. May, Aktiengesellschaft, 24). Als erste schweizerische Aktiengesellschaft ist mit einer gewissen Wahrscheinlichkeit die im Jahr 1801 in den verlassenen Gebäuden des Klosters St. Gallen gegründete *„Generalsozietät der englischen Baumwollspinnerei"* zu bezeichnen. Mit einiger Sicherheit kamen die Anregungen für diese frühen Gründungen auf schweizerischem Boden aus dem Ausland. Nicht völlig auszuschließen ist auch, daß Einzelerscheinungen vor dieser Zeit existierten, die auf die Initiative ausländischer Glaubensflüchtlinge zurückzuführen waren.

Die Ausbreitung der Aktiengesellschaft erfolgt erst nach 1800

Die moderne Wirtschaftsordnung des 19. Jahrhunderts mit ihren verkehrstechnischen und industriellen Errungenschaften bescherte der Schweiz dank ihrer zentralen Lage in der Nord/Süd- wie Ost/West-Achse Europas dann ab der Mitte des 19. Jahrhunderts einen rasanten Aufschwung im Aktienwesen. Doch verläuft diese Entwicklung unterschiedlich. Noch im späten 19. Jahrhundert gibt es einzelne Kantone, in denen nicht eine einzige Aktiengesellschaft nachweisbar ist. Und keine der wichtigen Handelsstädte jener Zeit (Zürich, St. Gallen, Genf, Basel, Bern) kennt innerhalb ihrer Handelsgemeinschaften und Transportverbände vor dem Jahr 1800 irgendwelche Rechtsfiguren, die auch nur eine entfernte Ähnlichkeit mit denen der Aktiengesellschaft aufweisen (vgl. v. May, Aktiengesellschaft, 27). Diese Aussage ist dahingehend zu relativieren, daß *Genf* bereits vor seinem Eintritt in die Eidgenossenschaft im Jahr 1813 mit dem Institut der Aktiengesellschaft vertraut war und ihm nun weiterhin der *Code Francais* zur Verfügung stand. Damit sind die dort zahlreichen Gründungen nach 1808 für die Genfer Kantonsbehörde nicht eigentlich als Neuerscheinungen zu bezeichnen. So wird Genf zum Vorreiter jener Kantone (Genf, Waadt, Freiburg, Neuenburg, Berner Jura, Basel-Stadt), die mit dem Code de Commerce (CdC) vom 15. September 1807 einen ersten Versuch der Kodifikation aktienrechtlicher Bestimmungen (als dritte der offiziell anerkannten „Sociétés Commerciales") unternehmen.

Der CdC kennt keine Legaldefinition der *„Société Anonyme"*. Immerhin ergeben sich aus den Bestimmungen insgesamt, wenn auch unsystematisch die typischen Merkmale der Aktiengesellschaft: Beziffertes, in gleichwertige Anteile zerlegtes Grundkapital; beschränkte Haftung und begrenzte Beitragspflicht der Aktionäre; widerrufliche Auftragspflicht des für Gesellschaftsschulden nicht persönlich haftenden Vermögens; Übertragbarkeit der Mitgliedschaft durch Inhaber- und Namensaktien. Einschlägige Vorschriften zur Ausgestaltung der Führungsspitze gibt es nicht. Ein besonderes Charakteristikum der Société Anonyme (SA) ist jene Zwangsmaßnahme, nach der zu ihrer Errichtung eine staatliche Genehmigung einzuholen ist (Art. 37) (Reste jenes Genehmigungsgedankens finden sich noch – nicht nur in der Schweiz – in der konstitutiven Wirkung der Handelsregister-Eintragung.)

„Diese „Autorisation Gouvernementale" der SA war ein Bedürfnis der damaligen Zeit und dadurch ihren Umständen entsprechend angepaßt. Die Geschäfte waren begrenzt, die öffentlichen Bekanntmachungen beschränkt; der Handelsmann, der sich am Kapital anderer mitbeteiligte, wandte sich an die Regierung, wenn sein Zutrauen zur betreffenden Handelscompagnie aus irgendeinem Grunde ins Wanken geriet" (v. May, Aktiengesellschaft, 2f.).

In den übrigen genannten Kantonen wurden die Bestimmungen des CdC francais den jeweiligen kantonalen Code Civils angepaßt, ohne dabei grundlegend verändert zu werden. Nach und nach verschwindet das *Erfordernis der Zwangskonzessionierung* aus den kantonalen Rechten. Genf hält am längsten an der überkommenen, in ihrem Ursprung napoleonischen Gesetzgebung fest, und ändert erst 1864 das Wesen der SA, indem aus der „société autorisée par l'Etat" nun endgültig die „société anonyme libre" wird.

Im Gesetz über *„Kommanditen und anonyme Gesellschaften"* des Kantons Basel-Stadt aus dem Jahr 1847 ist in § 4 dann erstmals eine der heutigen vergleichbare Legaldefinition enthalten. Dort heißt es:

„Anonyme Gesellschaften sind solche, deren Geschäftsbetrieb nicht unter Verantwortlichkeit eines einzelnen oder mehrerer solidarischer Teilhaber geführt wird, sondern für deren Verpflichtungen bloß ein bestimmter Kapitalfond haftet. Diese Gesellschaften sollen daher durch ihren Zweck oder den Gegenstand ihres Geschäftskreises bezeichnet sein und nicht bloß den Namen einer oder etlicher dabei beteiligter Personen tragen."

Diese Begriffsbestimmung wird in den anschließenden §§ 5-9 weiter ausgeführt.

Die Kantone des zürcherischen Rechtskreises (Zürich, Luzern, Schaffhausen, Graubünden) gehen in ihren Aktienrechtsgesetzgebungen eigene Wege. Das von Bluntschli zwischen 1853 und 1855 verfaßte *PGB des Kantons Zürich* wird allerdings bestimmt von einer (mit theoretischen Argumenten gestützten) extremen Begriffsfeindlichkeit, die es mit sich bringt, daß die Regeln der Aktiengesellschaft nicht in sukzessiver Abfolge unter den Handelsgesellschaften zu finden, sondern über das ganze Gesetzbuch verteilt sind. Alle übrigen Kantone zeichnen sich entweder durch Passivität in der Aktiengesetzgebung aus, oder schließen sich stillschweigend einem der vorhandenen Systeme (zu denen auch noch die aus Bern und Solothurn als eigenständige Beiträge zu rechnen sind) an.

2. Tendenzen zur Rechtsvereinheitlichung nach 1850

Die Vereinheitlichung erfolgt in einem gesamtschweizerischen HGB und OR

Die Vielfalt der an den kantonalen Grenzen haltmachenden Regelungen führte nach 1860 zu Vereinheitlichungsbestrebungen, die sich in Entwürfen zu einem gesamtschweizerischen HGB (Handelsgesetzbuch) und OR (Obligationenrecht) manifestieren. Für die aktienrechtlichen Bestimmungen bedeutet dies vor allem auch einen Ausgleich mit den wichtigsten französischen und deutschen Vorstellungen; die grenzüberschreitende wirtschaftliche Betätigung führt zu *Internationalisierungstendenzen.* Nicht zuletzt aus diesen zeitlich spät einsetzenden aktienrechtlichen Kodifikationsbemühungen sowie der lange Zeit kantonalen Gesetzgebungskompetenz hierfür, die aus gesamtschweizerischer Sicht „ein sehr buntscheckiges Bild" (vgl. Forstmoser/Meier-Hayoz, Aktienrecht, 79) pluralistisch gewachsener Ausgestaltungsmöglichkeiten mit sich brachte, resultiert entwicklungsgeschichtlich schließlich auch die Gestaltungsfreiheit in Funktion und Arbeitsweise des heutigen Verwaltungsrats. Die im 19. Jahrhundert einsetzende Rechtsvereinheitlichung hat an diesem Zustand nichts wesentliches geändert. Von einer scharfen Trennung der Funktionen und Organe wurde ausdrücklich abgesehen, womit die *Freiheit der organisatorischen Gestaltung* (einschließlich der der Führungsspitze) letztlich festgeschrieben wurde (vgl. Schulz-Dornburg, Verwaltung, 16).

Mit Erlaß des Schweizerischen OR's (Obligationenrecht) vom 14. Juni 1881 hat der Bund die ihm durch die Bundesverfassung übertragenen Zuständigkeiten schließlich ausgeübt. Das gegenwärtige schweizerische Aktienrecht stammt im wesentlichen aus dem Jahr *1936*, in dem eine allgemeine große Revision des OR's zum Abschluß kam, die sich in ihren Ansätzen bis ins Jahr 1911 zurückverfolgen läßt, in welchem eine frühere Revision abgeschlossen wurde, die jedoch die Titel 24-33 (Art. 552-880) des OR's von 1881 (und damit auch die Vorschriften über die Aktiengesellschaft) nicht berührt hatte.

Die laufende Revision des Aktienrechts will die Gestaltungsfreiheit erhalten

Derzeit ist eine weitere Revision des Aktienrechts im Gang, mit der dieses den heutigen Zeiterfordernissen angepaßt werden soll (vgl. o. V., Revision, 745ff.). In unserem Kontext ist dabei vor allem interessant, daß eines der Ziele dieses Entwurfs erklärtermaßen die *Beibehaltung der gegenwärtigen Organisationsstruktur* der Aktiengesellschaft bei gleichzeitiger Stärkung ihrer Organe in deren Grundfunktionen ist. Die Hauptaufgaben des Verwaltungsrats sollen klar umschrieben sowie Voraussetzungen und Wirkungen der Kompetenzdelegation geklärt werden. Damit würde die gegenwärtige weite Gestaltungsfreiheit gewisse Veränderungen erfahren. Denn das heutige Gesetz definiert von Grundlegungen abgesehen nicht Organisation, Kompetenzen und Arbeitsweise des Verwaltungsrats, sondern lediglich auf welcher formell-rechtlichen Basis (Statuten, Reglemente) diese beruhen müssen (vgl. Forstmoser/Meier-Hayoz, Aktienrecht, 175). Vom Gesetz vorgeschrieben sind lediglich die Bezeichnungen des *Präsidenten* und des *Protokollführers*.

Diese *Offenheit in der Gestaltung der Spitzenverfassung* korrespondiert insofern mit der schweizerischen Aktienwirklichkeit als in diesem Land die Aktiengesellschaft die *typische Gesellschaftsform* darstellt neben der z.B. die GmbH praktisch bedeutungslos ist. Die gesellschaftliche und wirtschaftliche Spannweite ist dabei sehr hoch. Sie reicht von den großen Publikumsgesellschaften bis zur mit minimaler Kapitalbasis ausgestatteten Aktiengesellschaft ohne oder mit nur wenigen Mitarbeitern. Diese letzte Gruppe stellt prozentual den mit Abstand höchsten Anteil. Derartige Gesellschaften sind nahezu ausnahmslos zwar wirtschaftlich aber nicht kaufmännisch tätig, d.h. sie beschränken sich auf die Verwaltung des eigenen Vermögens. Nur so ist auch zu erklären, daß *schweizerische Vielfachmandatare* in der Spitze bis zu *200 und mehr Verwaltungsratsmandate* in einer Person vereinigen. Das schweizerische Aktienrecht wie die schweizerische Aktienwirklichkeit weisen also eine Reihe von (teils historisch gewachsenen) Besonderheiten auf, die bei der Interpretation des Nachfolgenden zu beachten sind. Die faktische Typenvielfalt zwingt dabei zu einer Beschränkung auf die Darstellung der prinzipiellen Ausgestaltungsmöglichkeiten insbesondere in jenen Aktiengesellschaften, die in ihrer wirtschaftlichen Funktion der Mehrzahl der Aktiengesellschaften in den zuvor dargestellten Modellen vergleichbar sind.

II. Die Überwachungs- und Führungsaufgabe schweizerischer Verwaltungsräte

Das schweizerische Modell der Spitzenverfassung nimmt im Vergleich zum einstufigen Board-System und dem zweistufigen Vorstands-/Aufsichtsrat-System eine besondere Stellung ein. In den schweizerischen Aktiengesellschaften sind zwar grundsätzlich Führungs- und Überwachungsfunktionen in einem Organ, dem Verwaltungsrat, vereinigt. Da es diesem jedoch offensteht, die Funktionen der Führung an einen oder mehrere *Delegierte* zu übertragen, wie es insbesondere in Großunternehmungen häufig praktiziert wird, engt sich die Tätigkeit des Verwaltungsrats weitgehend auf die Überwachung ein.

1. Die Organe der Aktiengesellschaft nach schweizerischem Obligationenrecht

OR, Statuten und Reglemente bilden die Grundlage der Spitzenverfassung

Die Organisation der Aktiengesellschaft ist im 3. Abschnitt des 26. Titels des Obligationenrechts durch die Artikel 698 bis 731 geregelt. In der Ordnung der Vorschriften folgen dem Gesetz Statuten und Reglemente (OR Art. 713 Abs. 1). Das Reglement wird definiert als (schriftliche) Zusammenfassung von Verhaltensmaßregeln der internen Körperschaftsordnung, erlassen durch förmlichen Beschluß eines zuständigen Organs für jeden Bereich, der nicht zwingend vorbehalten ist. Unter den Reglementen wird gelegentlich zwischen Organisations- (Aufbauorganisation) und Geschäftsreglementen (Ablauforganisation) unterschieden.

Die Organisation der Verwaltung ist im OR geregelt

Die schweizerische Aktiengesellschaft kennt insgesamt drei Organe:

1. *Die Generalversammlung.* Sie ist nur intern tätig und besteht aus allen Aktionären.
2. *Die Verwaltung.* Sie besorgt die Geschäftsführung und die Vertretung der Gesellschaft nach außen.
3. *Die Kontrollstelle.* Sie kontrolliert das Rechnungswesen, nicht aber die Geschäftsführung.

Die Organisation der *Verwaltung* der Aktiengesellschaft ist in Artikel 707-726 OR geregelt: Die *Verwaltung der Gesellschaft* (OR Art. 707 Abs. 2) besteht aus einem oder mehreren Mitgliedern, die Aktionäre sein müssen. Sind mit der Verwaltung (OR Art. 912 Abs. 1) mehrere Personen betraut, so bilden sie den Verwaltungsrat. Der *Verwaltungsrat* (OR Art. 714) bezeichnet seinen *Präsidenten* und den *Protokollführer*. Er kann aus seiner Mitte einen oder mehrere *Ausschüsse* bestellen. Die Statuten (OR Art. 717) oder ein von ihnen vorgesehenes Reglement bestimmt, ob und wie die Geschäftsführung und Vertretung der Gesellschaft unter die Mitglieder des Verwaltungsrats zu verteilen sind. Wenigstens ein Mitglied der Verwaltung muß zur Vertretung der Gesellschaft befugt sein.

Im übrigen können die Generalversammlung oder die Verwaltung durch die Statuten oder das Reglement ermächtigt werden, die Geschäftsführung oder einzelne ihrer Zweige und die Vertretung der Gesellschaft an eine oder mehrere Personen, Mitglieder des Verwaltungsrats (*Delegierte*) oder Dritte, die nicht Aktionäre zu sein brauchen (*Direktoren*) zu übertragen. Die Geschäftsführung und Vertretung steht allen Mitgliedern der Verwaltung gemeinsam zu.

2. Die Überwachungsaufgabe des Verwaltungsrats

Der Verwaltungsrat ist sowohl Überwachungs- als auch Führungsorgan

Der Verwaltungsrat hat die Geschäfte der Gesellschaft zu überwachen. In Gesellschaften, in denen die Führung nicht durch den Verwaltungsrat besorgt wird, bedeutet dies eine Überwachung auch der Geschäftsleitung als Institution. Er muß dafür Sorge tragen, daß *regelmäßige und unabhängige Überwachungen* vorgenommen werden. Auch hier gilt wieder, daß eine mögliche Beiziehung interner oder externer Überwachungs-/Kontrollinstanzen lediglich die Effizienz der Überwachung erhöht, an den Überwachungspflichten des Verwaltungsrats jedoch prinzipiell nichts ändert. Dies gilt insbesondere auch für die von Gesetzes wegen zu schaffende *Kontrollstelle*. Ihre auf das Rechnungswesen, d.h. letztendlich auf formale Richtigkeit ausgerichteten Prüfungspflichten erlauben regelmäßig keine schlüssige Überwachung der sach-inhaltlichen Dimension der Führung. Im Rahmen der weitreichenden Delegationsmöglichkeiten innerhalb der Spitzenverfassung schweizerischer Aktiengesellschaften können ihr jedoch diesbezügliche Kompetenzen ausdrücklich übertragen werden. Oesch meint zur Rollenverteilung bei vom Verwaltungsrat institutionell getrennter Geschäftsleitung:

> „Es entspricht einer naheliegenden Rollenverteilung, wenn die aktive Geschäftsleitung chancenorientiert handelt und der Verwaltungsrat ein risikenorientiertes Gegengewicht bildet. Gerade eine solche Rollenverteilung unterstreicht natürlich ein laufendes Kontrollbedürfnis durch den Verwaltungsrat" (Oesch, Verwaltungsrat, 23).

Daß die insbesondere bei kleinen Aktiengesellschaften anzutreffende *Identität von Aktionär, Verwaltungsrat und Geschäftsleitung* die Objektivität der Überwachung infrage zu stellen vermag, wird zwar grundsätzlich nicht verkannt, bleibt aber weitgehend unthematisiert. Für die Praxis spielen diesbezügliche Probleme offenkundig keine Rolle.

Oesch unterteilt die Gegenstände der Kontrolle in

- laufendes Geschäft
- Projekte
- Sicherung der Vermögenswerte (vgl. Oesch, Verwaltungsrat, 24 ff.).

Auch hier kommt wieder, unabhängig von jeder konkreten Ausgestaltung, die *prinzipielle Identität von Führungs- und Überwachungsorgan* zum Ausdruck. Wenigstens die beiden ersten Punkte sind deutlich auf eine permanente Einbindung der Überwachungsaufgabe in die Geschäftstätigkeit angelegt. Führung und Überwachung stehen sich aufgrund der fehlenden Delegierbarkeit des Kernbestands der Verwaltungsaufgaben auch im Fall der institutionalen Trennung nicht antagonistisch gegenüber, sondern weisen vielfältige Verzahnungen auf, die bei entsprechender Ausgestaltung eine die Führung begleitende Erfüllung der Überwachungsaufgaben ermöglichen.

3. Die Führungsaufgabe des Verwaltungsrats

Der Verwaltungsrat kann die Führungsaufgabe weitgehend an die Geschäftsleitung delegieren

Der Verwaltungsrat hat die Geschäfte der Gesellschaft zu leiten. Zwar erfolgt zumindest in großeren Aktiengesellschaften regelmäßig eine *Delegation* dieser Zuweisung an die *Geschäftsleitung*, die Verantwortlichkeit bleibt jedoch beim Verwaltungsrat. Dessen Befugnisse sind grundsätzlich sehr weit gefaßt und umfassen sämtliche Angelegenheiten des Geschäftsbetriebs, die nicht durch Gesetz oder Statuten anderen Organen übertragen sind (OR Art. 721). Die Geschäfte der Gesellschaft sind mit aller *Sorgfalt* zu leiten (OR Art. 722). Die Verwaltung muß die *Reglemente* aufstellen und *Weisungen* erlassen, die sowohl für den Geschäftsbetrieb als auch dessen Überwachung erforderlich sind. Im Rahmen der Statuten kann der Verwaltungsrat Aufgaben und Kompetenzen delegieren. Erklärungen hierzu sowie Abgrenzungsvorschläge, welche Aufgaben delegierbar sind und welche beim Verwaltungsrat verbleiben müssen (sollen), liefert die kommentierende Literatur. So schlagen Forstmoser/Meier-Hayoz vor, daß der Verwaltungsrat die generelle Geschäftspolitik festlegt und existentielle Einzelfragen entscheidet, sowie darüber hinaus sich die wichtigsten finanz- und personalpolitischen Entscheidungen vorbehält (vgl. Forstmoser/Meier-Hayoz, Aktienrecht).

Größe und Struktur der Aktiengesellschaft bestimmen die Aufgabenverteilung zwischen Verwaltungsrat und Geschäftsleitung

Die faktische Aufteilung der Aufgaben auf Verwaltungsrat und Geschäftsleitung hängt primär von Größe und Struktur der Unternehmung bzw. der Betreuungsintensität durch den Verwaltungsrat ab.

„Bei kleinen Unternehmen herrscht oft eine weitgehende Identität zwischen Verwaltungsrat und Geschäftsleitung, so daß eine Aufgabenteilung weitgehend dahinfällt. In größeren Unternehmen, besonders aber bei Publikumsgesellschaften ... drängen sich präzise Regelungen auf. Aber auch in kleinen Firmen, in denen die Geschäftsleitung von professionellen und kapitalunabhängigen Managern wahrgenommen wird, beschränkt sich der Einsatz des Verwaltungsrats in der Regel auf wenige Sitzungen im Jahr, so daß auch hier eine präzise Aufgabenverteilung angezeigt erscheint" (Oesch, Verwaltungsrat, 16).

Die *Aufgabenverteilung* wird im einzelnen durch *Statuten* (OR Art. 626 Abs. 5) und *Reglemente* bestimmt. Die Bestimmungen in den Statuten sind gelegentlich recht umfangreich und detailliert, oft aber liefern sie keine ausreichenden Anhaltspunkte für eine klare Aufgabentrennung zwischen Verwaltungsrat und Geschäftsleitung. In diesen Fällen werden sie durch Reglemente verbindlich ergänzt. Diese Reglemente basieren auf den entsprechenden Statuten und müssen mit ihnen im Einklang stehen. Ihr Erlaß wird von der Generalversammlung beschlossen oder erfolgt durch den Verwaltungsrat, der seinerseits durch die Statuten entsprechend ermächtigt oder verpflichtet ist (vgl. Oesch, Verwaltungsrat, 16f.). Die Zuteilung von Entscheidungskompetenzen kann schließlich in *Kompetenzordnungen* und *Geschäftsverteilungsplänen* niedergelegt sein.

Zusammenfassend gilt es also festzuhalten, daß der Verwaltungsrat für die Führung der Unternehmung in vollem Umfang zuständig und verantwortlich ist, sofern nicht Teilbereiche ausdrücklich anderen Organen zugewiesen werden. Aber auch dann ist er (bzw. das einzelne Verwaltungsrats-Mitglied) von seiner besonderen Sorgfaltspflicht, die üblicherweise über die diligentia quam in suis hinaus geht, nicht befreit (OR Art. 722 ergänzt durch Bundesgerichtsentscheide und Kommentare). Diese Sorgfaltspficht kann ihrerseits als Teil der Überwachungsfunktion des Verwaltungsrats interpretiert werden. Die Schweizerische Revisionsgesellschaft „revisuisse" hat die Verantwortlichkeit des Verwaltungsrats(-Mitglieds) in „7 Grundregeln" zusammengefaßt (vgl. Abbildung E 1).

4. Aufgaben der Interessenvertretung des Verwaltungsrats

Der Verwaltungsrat als Forum zur Vertretung unterschiedlicher Interessen (wie im bundesdeutschen und U.S.-amerikanischen Modell verankert bzw. kontrovers diskutiert) ist in der schweizerischen Aktienwirklichkeit kein Thema. Verwaltungsrats-Mitglieder sind primär dem Gesellschaftsinteresse verpflichtet. Abweichende Interessen werden an ihrer Übereinstimmung mit dem Wohlergehen der Unternehmung gemessen. Das gilt sowohl für die Interessen der Aktionäre als auch für die der Arbeitnehmer und der Öffentlichkeit. Andere Interessen als die der gerade genannten Gruppen werden darüber hinaus kaum systematisch berücksichtigt; in der gegenwärtigen Realität noch weniger als in der Theorie. Der Grund wird vor allem darin gesehen, daß mit der Berücksichtigung pluralistischer Interessen Vorstellungen der Aktiengesellschaften als gesellschaftsrechtliche Institution verbunden sind (vgl. Binder, Verfassung, 62 ff., insbes. 78). Im Vergleich mit den anderen in diesem Buch behandelten Modellen der Spitzenverfassung ist das schweizerische durch eine extreme Form des reduktionistischen Interessenausgleichs gekennzeichnet.

7 Grundregeln für den Verwaltungsrat

1. Prüfung der Gesellschaft vor Übernahme des Mandates

Zumindest die Bilanzen der letzten zwei Geschäftsjahre resp. bei Neugründungen ein Budget müssen vorliegen. Die bisherige Geschäftsführung, die Mitverwaltungsräte, der Vorgänger und dessen Demissionsgrund sowie die Verteilung und Art der Aktien sind einer genauen Prüfung zu unterziehen. Die Vorschriften der Statuten sind zu studieren.

2. Handeln wie ein sorgfältiger Einzelunternehmer

Beim Abschluß spekulativer Geschäfte ist besondere Vorsicht geboten. Die Zukunft ist vorsichtig und langfristig zu planen. Das leitende Personal ist sorgsam auszuwählen, zu instruieren und zu überwachen. Einzelunterschriftsberechtigungen müssen mit besonderer Zurückhaltung gehandhabt werden.

3. Selbständigkeit der AG respektieren

Das Vermögen der Gesellschaft ist Sondervermögen und entsprechend zu behandeln. Bei Geschäften mit Aktionären sind strenge Maßstäbe anzulegen. Bei Interessenkonflikten haben die Interessen der Gesellschaft den Vorrang.

4. Einhaltung der Formalitäten

Generalversammlungen müssen abgehalten und protokolliert werden. Die Beschlüsse müssen ordnungsgemäß zustande kommen und ausgeführt werden. Statutenänderungen und andere publikationspflichtige Tatsachen sind ordnungsgemäß zur Veröffentlichung anzumelden.

5. Genügende Organisation

Die Organisation muß so gestaltet sein, daß sie der Tätigkeit der Gesellschaft gerecht wird. Die Aufgaben sind möglichst zweckmäßig zu delegieren.

6. Wahl einer kompetenten Kontrollstelle

Obwohl die Kontrollstelle nur einmal jährlich eine Prüfung vornimmt, ist sie eine wichtige Informationsquelle für den Verwaltungsrat. Bei der Revision einer Gesellschaft bemerkt die Kontrollstelle oft Risikofaktoren, deren Kontrolle nicht in ihren Aufgabenbereich fällt. Der Verwaltungsrat tut deshalb unter Umständen gut daran, sich bei der Kontrollstelle über allfällige Feststellungen zu erkundigen.

7. Beachten der eigenen Leistungsgrenzen

Art und Anzahl der Verwaltungsratsmandate müssen sich in einem Rahmen bewegen, der zeitlich zu bewältigen ist. Zeitmangel ist nie ein Entschuldigungsgrund. Wird besonderes Fachwissen verlangt, ist zu überlegen, ob die geforderte Leistung - unter Umständen unter Zuzug eines Fachberaters - überhaupt erbracht werden kann.

Abb. E 1: Verantwortlichkeiten des Verwaltungsrats (Revisuisse, Verantwortlichkeit)

5. Aufgaben und Anforderungen an Verwaltungsräte in der schweizerischen Praxis

In einer der für den bundesdeutschen Aufsichtsrat durchgeführten (vgl. Bleicher, Aufsichtsrat,) inhaltlich vergleichbaren empirischen Erhebung haben Spencer Stuart Management Consultants im Jahr 1983 Aufgaben von und Anforderungen an schweizerische(n) Verwaltungsräten ermittelt (vgl. Spencer Stuart Management Consultants, Verwaltungsräte).

Führungskräftepolitik und strategische Planung sind für Verwaltungsräte von wachsender Bedeutung

Die „Auswahl neuer Führungskräfte der obersten Führungsebene" wurde als die wichtigste Aufgabe des Verwaltungsrats eingestuft. Es folgen das „Durchsetzen einer strategischen Planung", die „Sicherstellung der Nachfolgeplanung auf Stufe Geschäftsleitung", das „Bewältigen von Krisensituationen", die „Genehmigung und Kontrolle der Einhaltung der Unternehmensstrategie, Budgets und Investitionsobjekte", schließlich das „Beurteilen und notfalls Auswechseln von Führungskräften" und die „Sicherstellung der Nachfolgeplanung auf Stufe VR". Alle genannten Aufgaben wurden von 90 Prozent und mehr der Befragten als „sehr wichtig" und „wichtig" bezeichnet (vgl. Spencer Stuart Management Consultants, Verwaltungsräte, 41 f.). Umgekehrt wird der *Stellenwert* einer Aufgabe *umso geringer eingeschätzt*, je *operationeller* diese ist. Dementsprechend stellt die „operationelle Mitarbeit in der Geschäftsleitung" für die meisten auch in Zukunft keine Verwaltungsratsaufgabe dar, während das „Durchsetzen einer strategischen Planung" und die „Auswahl neuer Führungskräfte" für viele steigende Zukunftsbedeutung hat (vgl. Spencer Stuart Management Consultants, Verwaltungsräte, 6 ff.).

Persönlichkeit und Führungsstärke sind die wichtigsten Auswahlkriterien für Verwaltungsrats-Kandidaten

Die fachlichen Anforderungen an Verwaltungsrat-Mitglieder werden angeführt von Kenntnissen in den Bereichen „Finanzen", „Marketing/Verkauf", „Produkt-/Marktkenntnisse", „Recht" sowie „Forschung und Entwicklung" und „Produktion". In allen diesen Bereichen werden Fachkenntnisse von mindestens der Hälfte der Befragten für erforderlich gehalten. In den traditionellen Funktionen Finanzen und Recht sind die geforderten Kenntnisse darüber hinaus derzeit faktisch bereits ausreichend vertreten, während besonders auf dem Gebiet von *Forschung und Entwicklung* ein *erhebliches Defizit* spürbar ist (vgl. Spencer Stuart Management Consultants, Verwaltungsräte, 12 f.). Alles in allem kommen auch schweizerische Verwaltungsräte zu dem Ergebnis, daß *Persönlichkeit* und *Führungsstärke* eines Verwaltungsrats-Mitglieds der Unternehmung mehr nützen als seine Stellung und Beziehungen. Anders als in der Bundesrepublik Deutschland (vgl. Bleicher, Aufsichtsrat, 30 ff.) stehen allerdings für schweizerische Verwaltungsräte Branchenkenntnisse und Fachkompetenz heute wie in Zukunft am Ende der Skala der Auswahlkriterien für neue Verwaltungsrats-Mitglieder, hinter den zuvor genannten Anforderungen und Eigenschaften (vgl. Spencer Stuart Management Consultants, Verwaltungsräte, 14 f.).

III. Verfahren und Strukturen der Verwaltungsrats-Arbeit

1. Aufgabenverteilung und Beschlußfassung im Verwaltungsrat

Anknüpfend an die Vielfalt möglicher Gestaltungen der Spitzenorgane der schweizer Aktiengesellschaft ergibt sich einerseits die Frage, welche Aufgaben der Verwaltungsrat als Gremium zu bewältigen hat, welchen Modalitäten seine Beschlußfassung unterliegt und letztlich, welche zusätzlichen Organe bzw. unterstützenden institutionalisierten Einheiten dem Verwaltungsrat in seinen Führungstätigkeiten i.w.S. angegliedert sind bzw. auf welche Organe der Verwaltungsrat und hier insbesondere der Verwaltungsrats-Präsident zurückgreifen kann.

1.1 Aufgaben des Verwaltungsrats gemäß Statuten und Reglementen

Die relativ hohe inhaltliche Gestaltungsfreiheit der Statuten schweizer Aktiengesellschaften bedingt, daß hierin nur die *wesentlichen Punkte der „Geschäftsführung"* festgehalten werden. Buchmann verweist in diesem Zusammenhang als Ergebnis einer empirischen Erhebung darauf, daß in den Statuten „... weitgehend die gesetzlichen Bestimmungen *wiederholt* und in einigen Fällen zusätzlich *präzisiert* und qualifiziert" werden (Buchmann, Organisation, 65). In welchen Dokumenten (Statuten, Reglemente, etc.) die Aufgaben näher beschrieben werden, ist den Gesellschaften freigestellt.

Die inhaltliche Gestaltung der Aufgaben des Verwaltungsrats

Das folgende Beispiel der konkreten Ausgestaltung der Aufgaben des Verwaltungsrats ist den Statuten der Schweizerischen Kreditanstalt entnommen.

§ 23

Der Verwaltungsrat ist das Organ für die Oberleitung, Aufsicht und Kontrolle der Geschäftsführung. Er beschließt über alle Gesellschaftsangelegenheiten, die nicht durch das Gesetz oder die Statuten andern Gesellschaftsorganen zur Entscheidung vorbehalten sind.

§ 24

Die Oberleitung der Geschäftsführung umfaßt insbesondere folgende Obliegenheiten:

1. Erlaß der für Organisation und Geschäftsentscheidung erforderlichen Reglemente, sowie Genehmigung der Vorschriften für den Geschäftsbetrieb selbst, soweit der Verwaltungsrat nicht deren Erlaß der Generaldirektion überträgt;
2. Wahl und Entlassung der Mitglieder und stellvertretenden Mitglieder der Generaldirektion, der Direktoren, stellvertretenden Direktoren, Vizedirektoren des Hauptsitzes und der Zweigniederlassungen sowie der Rechtskonsulenten; Festsetzung ihrer Anstellungsbedingungen;
3. Erteilung der Prokura und der Handelsvollmacht;
4. Prüfung und Genehmigung der Jahresrechnung und des Geschäftsberichtes zuhanden der Generalversammlung;
5. Beschlußfassung über alle weiteren Anträge an die Generalversammlung;
6. Beschlüsse über:
   a) Geschäfte größeren Umfanges, für welche der Verwaltungsrat sich durch das Organisations-Reglement die Genehmigung vorbehalten hat;
   b) Errichtung und Aufhebung von Zweigniederlassungen;
   c) Gründung von Gesellschaften mit Beteiligung an ihrem Kapital;
   d) Erwerb, Belastung und Veräußerung von Liegenschaften;
   e) Anhebung und Abstand von Prozessen und Abschluß von Vergleichen.

§ 25

Die Aufsicht und Kontrolle der Geschäftsführung umfaßt insbesondere:

1. Entgegennahme der laufenden Berichterstattung der Generaldirektion über den Gang der Geschäfte und die Lage der Gesellschaft;
2. Entgegennahme der monatlichen Rohbilanzen und der Liquiditätsausweise;
3. Entgegennahme der Berichterstattung der Generaldirektion über die Ergebnisse der Revisionen ihrer Inspektoren;
4. Eingehende Prüfung der von der Generaldirektion vorgelegten Jahresrechnungen;
5. Behandlung der von der gesetzlichen Revisionsstelle über die Jahresrechnungen erstatteten Berichte.

Das Bemerkenswerte an diesen Statutenbestimmungen ist einerseits die Ausführlichkeit und andererseits die Unterteilung in „Oberleitung der Geschäftsführung" und „Aufsicht und Kontrolle der Geschäftsführung".

Die Oerlikon-Bührle Holding AG beschränkt sich im Gegensatz zur Schweizerischen Kreditanstalt bei der inhaltlichen Gestaltung der Aufgaben des Verwaltungsrats in ihren Statuten auf eine Minimaldefinition der Aufgaben des Verwaltungsrats:

Art. 27

„Der Verwaltungsrat faßt diejenigen Beschlüsse, die Gesetz oder Statuten nicht anderen Organen der Gesellschaft vorbehalten. Er ernennt Direktoren, Prokuristen und andere Bevollmächtigte..."

In den Statuten anderer Gesellschaften finden sich folgende Befugnisse, die dem Verwaltungsrat eingeräumt werden:

- „Festsetzung des Ortes und des Zeitpunktes der Generalversammlung";
- „Erstellung des Jahresberichtes",
- „...Ausgabe und Verbürgung von Obligationsanleihen...";
- Festsetzung von allfälligen Beiträgen, „die zur Unterstützung von gemeinnützigen, wohltätigen oder sonst nützlichen Anstalten und Unternehmungen verwendet werden sollen";
- „Entscheidung betreffend Neu-Investitionen, die über den Rahmen des normalen Betriebes hinausgehen";
- „Festsetzung von Richtlinien für die Geschäftspolitik";
- Beschluß, „... über die Ausdehnung oder Einschränkung des Geschäftsbereiches,..."

Zusätzlich in die Reglemente aufgenommene Bereiche der Geschäftsführung können sich auf folgende Aufgaben beziehen:

- Festlegung der Personal-, Investitions- und Finanzpolitik;
- Festlegung der Führungs- und Organisationsgrundsätze;
- Genehmigung des Budgets;
- Genehmigung der Unternehmungsplanung;
- Bewilligung der Annahme von Verwaltungsrats- und Kontrollstellenmandaten sowie von öffentlichen Ämtern und politischen Mandaten.

1.2 Delegation von Aufgaben des Verwaltungsrats

Rechtlich gesehen bilden die Art. 714 und 717 OR die Grundlage, Ausschüsse, Delegierte und Direktoren zu bestimmen und einen Teil der Aufgaben an diese zu delegieren.

Die Bildung von Verwaltungsrats-Ausschüssen liegt im Ermessen des Verwaltungsrats

Die Ausschußbildung liegt im freien Ermessen des Verwaltungsrates (vgl. Schulthess, Funktionen, 106), wobei sich die Mitglieder nur aus dem Verwaltungsrat selbst zusammensetzen dürfen (vgl. Eigenmann, Reglement, 54). Buchmann stellt fest, daß, obwohl mehrere Ausschüsse bestellt werden könnten, in 17 von 20 untersuchten Fällen lediglich ein Ausschuß vorhanden war. Die Mitgliederzahl schwankt zwischen 1 und 8, durchschnittlich sind 40% der Verwaltungsräte in einen Ausschuß eingebunden. In der Regel ist eine bestimmte Anzahl Sitzungen fest vorgesehen, die allerdings je nach Notwendigkeit durch außerordentliche Sitzungen ergänzt werden (vgl. Buchmann, Organisation, 97 ff.). In den Zuständigkeitsbereich der Verwaltungsrats-Ausschüsse fallen dabei:

„a) Aufsicht

Der VR-Ausschuß sorgt zuhanden des VR für die Überwachung der gesamten Geschäftstätigkeit der Unternehmung.

b) Vorberatung und Antragsstellung

- Der VR-Ausschuß berät alle Geschäfte, die dem VR vorzulegen sind sowie alle besonders wichtigen Fragen, die das Stammhaus und den Konzern betreffen, die ihm vom Präsidenten vorgelegt werden,
- stellt an den VR Antrag für die Wahl der Mitglieder der Konzernleitung (KL) und
- unterbreitet diesem nötigenfalls Anträge für Änderungen, die die Organisation, die Aufgabenumschreibung und die Kompetenzenordnung der KL betreffen.

c) Berichterstattung

- Der VR-Ausschuß erstattet dem VR über die von ihm gefaßten Beschlüsse Bericht.

d) Beschlußfassung

- Der Ausschuß beschließt stellvertretend für den Gesamt-VR über Angelegenheiten, die der letztere nicht selbst behandeln will. Der VR-Ausschuß legt auf Antrag bzw. nach Anhören der Konzernleitung zuhanden des VR die grundsätzlichen Richtlinien für die Unternehmungspolitik (Personal-, Investitions- und Finanzpolitik) fest.
- nimmt nach Anhören der Konzernleitung die konzerninterne Abgrenzung der Tätigkeitsgebiete der einzelnen Instanzen vor, legt die Richtlinien für die Übertragung von Namensaktien fest und beauftragt ein Mitglied der Konzernleitung mit der Überwachung des Aktienbuches,
- ist zuständig für die Wahl von Firmenvertretern in die Stiftungsräte der Fürsorgeeinrichtungen der Gesellschaft sowie für die Genehmigung der Reglemente dieser Stiftungen,
- bezeichnet auf Antrag der Konzernleitung die Kandidaten für die Verwaltungsorgane und die leitenden Funktionen von Konzerngesellschaften und Beteiligungen,
- ernennt und entläßt die Direktions-Mitglieder, Prokuristen und Handlungsbevollmächtigten und regelt Art und Form ihrer Zeichnungsberechtigung,
- legt die Entschädigungen und den Bonus der Mitglieder der Generaldirektion fest,
- genehmigt die Annahme von VR- und Aufsichtsratsmandaten durch Mitglieder der Konzernleitung innerhalb und außerhalb des Konzerns.

e) Geschäftsführung

- Der Ausschuß trifft Entscheidungen über besonders wichtige Geschäfte.
- Der Ausschuß entscheidet über Anträge der Konzernleitung betreffend Sach- oder Finanzinvestitionen mittel- und langfristiger Natur;
- entscheidet über Erwerb, Belastung und Verkauf von Grundeigentum;
- genehmigt die Einleitung und Erledigung von Prozessen und Rechtsstreitigkeiten;
- genehmigt freiweillige Beitragsleistungen an Dritte" (Buchmann, Organisation, 98 ff.)

Zu diesen Funktionen der Führung ist zu bemerken, daß die einzelnen Kompetenzbereiche in den meisten Fällen quantitativ abgegrenzt sind.

Im Rahmen der Führungsorganisation nehmen die Ausschüsse, obwohl angebunden an den Verwaltungsrat, eine Mittelstellung zwischen Verwaltungsrat und Delegierten ein. Lediglich die internen Belange der oberen Führung aktivieren den/die Ausschüsse (vgl. Vischer, Stellung, 345ff.).

1.3 Stellung und Aufgaben des Delegierten

„Die Stellung des Delegierten ist, analog zu derjenigen des Präsidenten, abhängig von den anderen VR-Instanzen und deren Aufgabenkreisen, insbesondere aber von der Stellung des Präsidenten. Die Beweggründe, die zur Bestellung eines Delegierten führen, sind die gleichen, die veranlassen, daß der Präsident mit weitgehenden Kompetenzen ausgestattet wird" (Buchmann, Organisation, 93). In diesem Zusammenhang werden vor allem genannt:

- Rasche Entschlußkraft und Anpassungsfähigkeit (vgl. Meyer, Delegierten, 14) und
- ressortgebundener persönlicher Einsatz (vgl. Eigenmann, Reglement, 60).

1.4 Beschlußfassung im Verwaltungsrat

Die Beschlußfassung im Verwaltungsrat erfordert in den meisten Aktiengesellschaften die absolute Mehrheit der Verwaltungsrats-Mitglieder

„Eine sich auf die Gesetze (Art. 717 OR) beziehende Beschlußfähigkeit des Verwaltungsrates sieht zwar vor, daß immer sämtliche VR-Mitglieder anwesend sein sollten, was aber letztlich in der Praxis nicht durchführbar ist. Statutarisch bzw. reglementiert zeigt sich, daß wenigstens die Hälfte der VR-Mitglieder anwesend sein müssen" (Buchmann, Organisation, 78ff.).

Dabei hat sich in Buchmanns Untersuchung weiterhin gezeigt, daß

- in den meisten Unternehmungen die absolute *Mehrheit*
- seltener die *relative* bzw. eine *qualifizierte* Mehrheit gefordert ist.

„In den VR der großen Gesellschaften stellt sich bei der Beschlußfassung in der Praxis weder die Frage der erforderlichen Mehrheit noch die Frage über den Entscheid bei Stimmengleichheit. Bei der Aufstellung des Fragebogens wurde ich durch die juristische Literatur fehlgeleitet, die sich ausführlich mit diesem Problem beschäftigt hat und dabei offensichtlich durch kleinere Gesellschaften und Extremfälle inspiriert worden war. Die Willensbildung in den VR großer Unternehmen vollzieht sich auf einer ganz anderen Ebene. Auseinandersetzungen und Kampfabstimmungen sind in einer VR-Sitzung praktisch undenkbar. In den meisten Fällen werden die Anträge ohne eigentliche Abstimmung angenommen. Eine kritische Äußerung oder Stimmenthaltung sind das Maximum an Opposition, die einem Antrag erwachsen kann. Nach den Gründen dieser Tatsache befragt, gab eine Gesellschaft den langen Weg an, den ein Antrag in einem großen Unternehmen macht, bis er dem VR vorgelegt werden kann. Falls über einen Antrag auch nur geringe Differenzen bestehen, wird dieser vom Ausschuß gar nicht in dieser Form auf die Traktandenliste gesetzt bzw. bei Widerstand zurückgenommen. Obwohl die Entscheide praktisch schon eine oder mehrere Stufen tiefer getroffen werden, mindert dies keineswegs die Bedeutung des VR als Oberleitungs-, Aufsichts- und Kontrollorgan, da die vorgelagerten Verwaltungsinstanzen die Ansichten, Meinungen und Strömungen genau kennen und entsprechend entscheiden bzw. Antrag stellen" (Buchmann, Organisation, 81f.).

2. Strukturtypen der Führung schweizerischer Aktiengesellschaften

Die Gestaltungsfreiheit im Schweizer Verwaltungsrats-Modell ermöglicht verschiedene Strukturierungsformen

Die recht komplexe und vielschichtige Aufgabenstellung in der Geschäftsführung führt in Verbindung mit zunehmender Größe einer Unternehmung zu sehr unterschiedlichen Strukturierungsproblemen der Führungsorganisation. Die relative Offenheit in der Gesetzgebung der schweizerischen Aktiengesellschaft vermag somit einen *reichhaltigen Gestaltungsfreiraum* zu schaffen, um auf die unterschiedlichsten Anforderungen interner und externer Art reagieren zu können.

Grundsätzlich stehen der Unternehmung Wahlhandlungen zwischen *zentraler und dezentraler*, sowie zwischen *uni- und multipersonaler, umfassender und spezialisierter* (Ressortierung) Führung der Unternehmung offen.

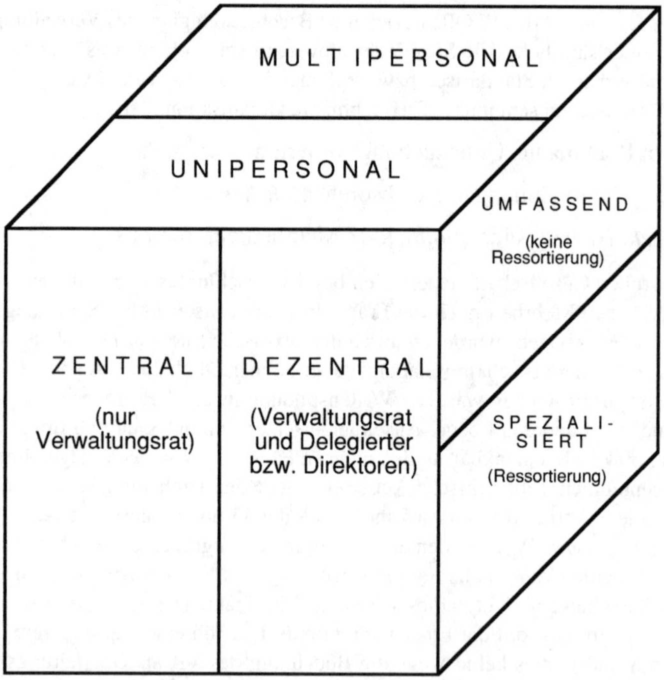

Abb. E 2: Gestaltungsfelder des schweizerischen Modells der Spitzenverfassung

Zu den Grundsatzentscheidungen in der Frage nach einer effizienten Gestaltung der Führungsspitze, insbesondere unter Berücksichtigung der vorliegenden Eigentumsverhältnisse (z.B. Familien-Aktiengesellschaft) und der Unternehmungsgröße, gehört die Verteilung der wesentlichen Aufgaben der Führung (vgl. Oesch, Verwaltungsrat, 15f.).

Neben der *Vertretung* der Gesamtunternehmung nach außen zählen hierzu die *Entwicklung, Verabschiedung, Durchsetzung und Überwachung* der Unternehmungspolitik. Gemäß Art. 626 OR ist in die Statuten eine genaue Festlegung der Aufgabenbereiche aufzunehmen, bzw. eine mögliche Übertragung der Aufgabenbereiche an Dritte zu dokumentieren. Eine zusätzliche Sicherung übertragener Rechte und Pflichten kann in den Arbeitsverträgen, Stellenplänen und Stellenbeschreibungen – falls vorhanden – verankert werden.

2.1 Zentrale Führung durch den Verwaltungsrat

Ressortloser Verwaltungsrat

Als grundsätzlich einfachste Form der organisatorischen Ausgestaltung der Führungsspitze in einem Gremium (zentral) kann die Führung der Unternehmung durch einen unspezifizierten Verwaltungsrat angesehen werden. Der Verwaltungsrat besteht in dieser Form aus *einer oder mehreren Personen* (uni- oder multipersonal), die ggf. gemeinsam die Führung im Innen- und Außenverhältnis wahrnehmen.

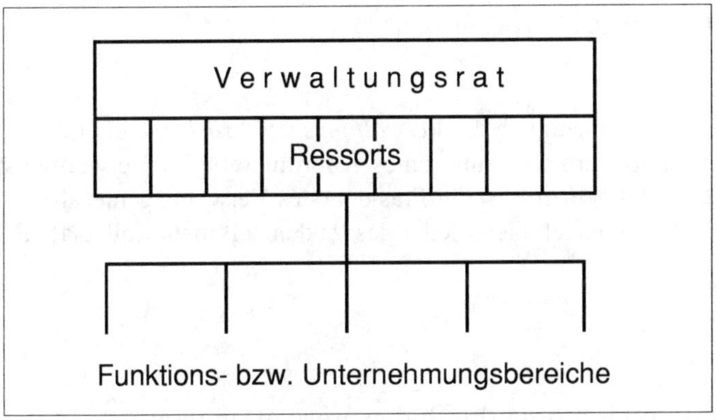

Abb. E 3: Ressortloser Verwaltungsrat

Bei nicht vorhandener Spezialisierung der Verwaltungsrats-Mitglieder (im multipersonalen Fall) stehen alle Beteiligten für die Übernahme von Rechten und Pflichten auf *gleichgeordneter Stufe*. In letzterem Fall kann es, falls das reine Kollegialprinzip im Verwaltungsrat unterbrochen werden sollte, zu einer weiteren Ausdifferenzierung kommen, indem die Stelle eines Verwaltungsrats-Präsidenten (hier ohne Ressortverantwortung) geschaffen wird, womit zugleich den gesetzlichen Anforderungen genüge getan wird.

Ressortierter Verwaltungsrat

Analog zu dem dargestellten Grundtyp wird im Fall eines ressortierten Verwaltungsrats die Führung sowie die Überwachung (mehr im Sinne einer Eigenkontrolle) von zentraler Stelle aus vorgenommen. Im nunmehr vorhandenen *multipersonalen Spitzenorgan* ergeben sich, insbesondere im Hinblick auf Einflußfaktoren wie steigende Unternehmungsgröße und erhöhte Komplexitäts- und Dynamikgrade der Umwelt, eine Spezialisierung und damit klar zugeordnete Aktions- und Verantwortungsbereiche der einzelnen Verwaltungsrats-Mitglieder.

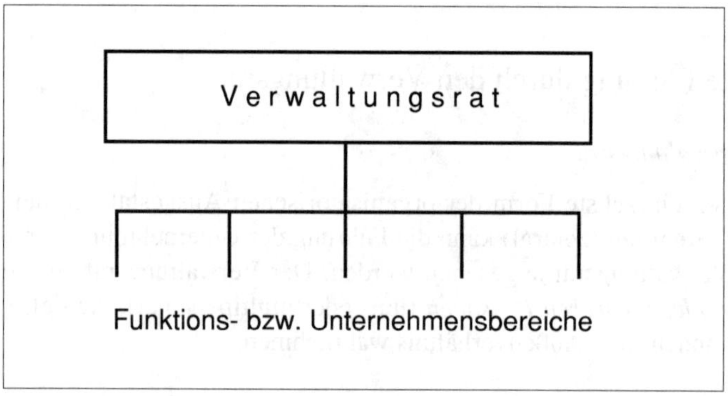

Abb. E 4: Ressortierter Verwaltungsrat

Eine Ausnahme bildet lediglich der *Verwaltungsrats-Präsident*, der i.d.R. kein spezielles Ressort betreut, sondern im Sinne eines Koordinators die Verwaltungsrats-Arbeiten steuert (direktoriales Prinzip). Ist der Präsident des Verwaltungsrats allerdings ressortgebunden, so findet sich auch hier wieder das tendenziell mehr kollegiale Prinzip im Verwaltungsrat.

2.2. Dezentrale Führung durch den Verwaltungsrat

Verwaltungsrat und Delegierte

Neben einem im einfachsten Fall vorliegenden unressortierten Verwaltungsrat wird zumindest ein Verwaltungsrats-Mitglied mit der eigentlichen Führung der Unternehmung betraut. Aus dieser mehr operativen Führung des *Delegierten* heraus kommt der Verwaltungsrat in eine Position, die im deutschen Vorstands-/Aufsichtsrats-Modell vergleichbar der Aufsichtsrat als Überwachungsorgan bekleidet.

Dem (den) Delegierten ist ein konkreter Führungsauftrag vorgegeben, der in den Statuten bzw. Reglementen zu verankern ist (vgl. Buchmann, Organisation, 4 f.).

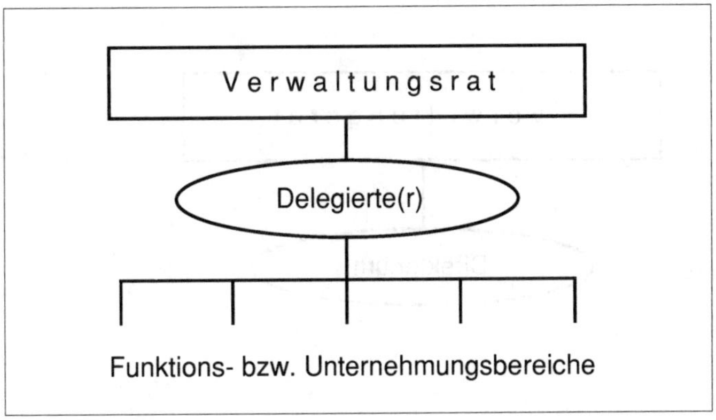

Abb. E 5: Ressortloser Verwaltungsrat mit Delegiertem(n)

Ausgehend von einem multipersonalen und ressortierten Verwaltungsrat ergeben sich für den (die) Delegierten eindeutige Zuordnungsverhältnisse zum Verwaltungsrat selbst. Die Delegation der Führungsfunktion i.e.S. hat unter der Voraussetzung von institutionalisierten und personifizierten Ansprechpartnern ein Optimum an Beratungs- und Entscheidungskompetenz geschaffen (vgl. Buchmann, Organisation, 61 f.).

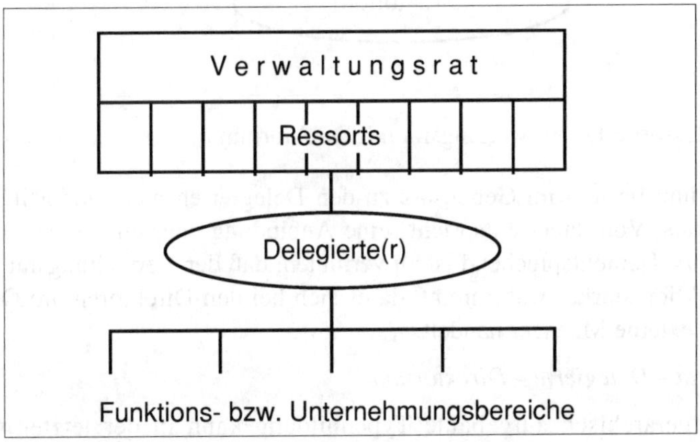

Abb. E 6: Ressortierter Verwaltungsrat mit Delegiertem(n)

Ähnlich ist der Fall gelagert, wenn anstatt des (der) Delegierten ein *Direktorium* dem Verwaltungsrat (auch hier in den Ausprägungen ressortlos bzw. ressortiert) angegliedert ist.

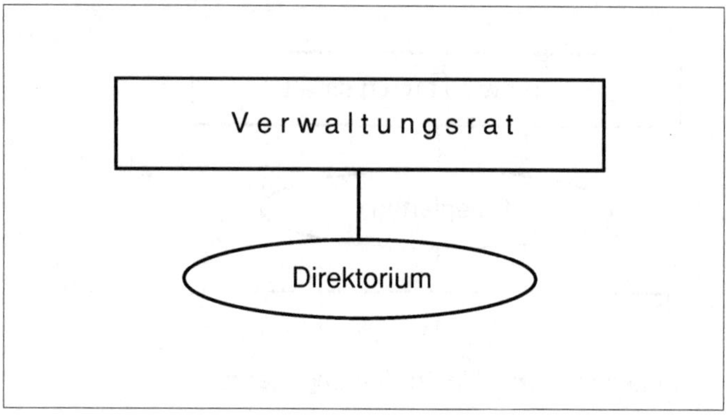

Abb. E 7: Ressortloser Verwaltungsrat mit Direktorium

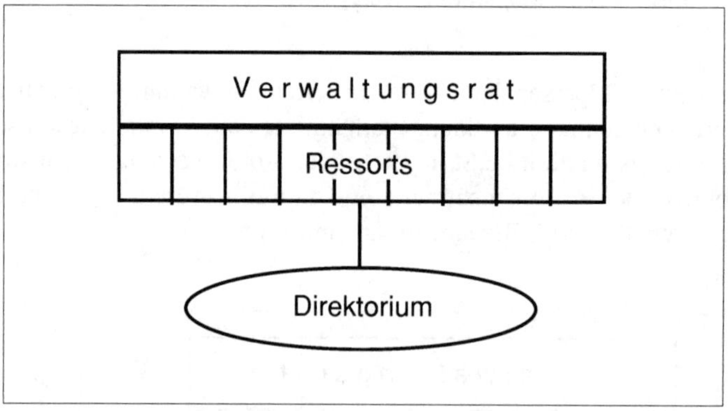

Abb. E 8: Ressortierter Verwaltungsrat mit Direktorium

Das Direktorium besteht im Gegensatz zu den Delegierten nicht aus Mitgliedern des Verwaltungsrats. Von daher entspricht seine Anbindung eher einem *reinen Unterstellungsverhältnis*. Dementsprechend ist zu vermuten, daß der Verwaltungsrat seine Überwachungsfunktion stärker wahrnimmt, da es sich bei den Direktoren um Outsider also vor allem um externe Manager handelt.

Verwaltungsrat – Delegierte – Direktorium

Eine streng hierarchisch aufgebaute Typenbildung kann in der letzten Gruppe des Schweizer Verwaltungsrats-Modells gesehen werden. Die Ausprägungen führen hier vom Verwaltungsrat (ressortlos oder ressortiert) über einen bzw. mehrere Delegierte zu einem Direktorium als der untersten Stufe der Führungsorganisation.

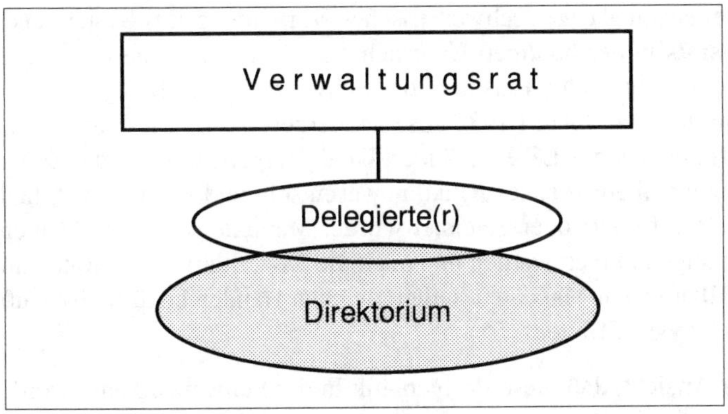

Abb. E 9: Ressortloser Verwaltungsrat mit Delegiertem(n) und Direktorium

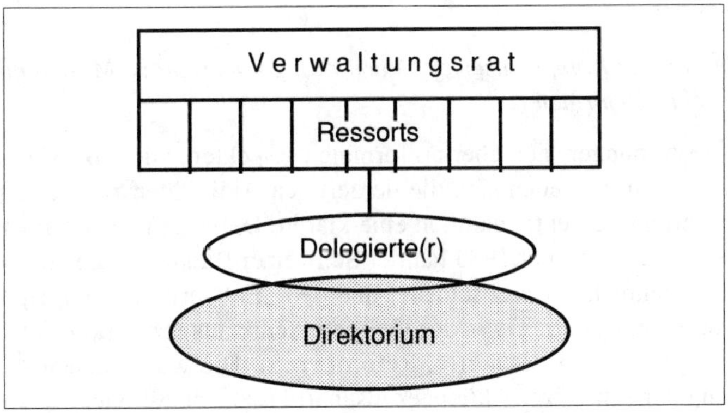

Abb. E 10: Ressortierter Verwaltungsrat mit Delegiertem(n) und Direktorium

3. Aufgaben und Stellung des Verwaltungsrats heute und in der Zukunft

Unternehmungszusammenbrüche als Ansatzpunkt für eine Reform des schweizerischen Aktienrechts

Auch in der Schweiz hat sich in den vergangenen Jahren gezeigt, daß die Verwaltungsräte ihren Aufgaben nicht immer gerecht werden. In einem kürzlich erschienen Artikel in der „Politik und Wirtschaft" listet Hans Ott eine Reihe von spektakulären Unternehmungszusammenbrüchen in den 70er und der ersten Hälfte der 80er Jahre, die in erster Linie auf eine mangelnde Überwachung der Geschäftsleitung durch den Verwaltungsrat zurückzuführen sind (vgl. Ott, Haus ohne Hüter, 54 f.).

Mit der Kritik am gegenwärtigen schweizerischen Verwaltungsrats-System und der Rolle des Verwaltungsrats in der heutigen Unternehmung hat sich Robert Holzach während seiner Zeit als Verwaltungsrats-Präsident der Schweizerischen Bankgesellschaft an der Generalversammlung am 7. April 1983 auseinandergesetzt. Er wies darauf hin, daß sich auch für Verwaltungsräte das Leben geändert habe. Vergangen seien die Zeiten, da Verwaltungsrats-Sitzungen ein soziales Ritual gewesen sein und von den Mitgliedern keine Vorbereitungszeit gefordert oder geleistet wurde. Mandate sollten nicht mehr nur aus Prestigegründen angenommen werden und auch die Überalterung von Räten und die Ansammlung von allzu vielen Mandaten in den gleichen Händen bedürfe der Aufmerksamkeit (zitiert in Dätwyler, Effizienz, 55).

Dätwyler ist der Ansicht, daß diese Problematik in der Schweiz erkannt worden ist. Obwohl keine konkreten Studien vorliegen, sei erkennbar, daß viele Unternehmungen Altersgrenzen für Verwaltungsräte eingeführt haben. Außerdem seien führende Personen aus Wirtschaft und Politik bei der Annahme von Mandaten vorsichtiger geworden (vgl. Dätwyler, Effizienz, 56).

Eine klare Definition der Kompetenzen des Verwaltungsrats steht im Mittelpunkt der gesetzgeberischen Reformen

Während diese Bestrebungen sich eher an formalen Aspekten, wie z.B. Alter und Mandatshäufung orientieren, beziehen sich die derzeitigen Aktivitäten zur Reform des Aktienrechts auf materielle Aspekte, nämlich eine klarere Definition der Kompetenzen des Verwaltungsrats. Am 23. Februar 1983 hat der Schweizer Bundesrat die „Botschaft über die Reform des Aktienrechts" verabschiedet und den „Entwurf zu einem Bundesgesetz betreffend die Revision des 26. Titels des Obligationenrechts (Die Aktiengesellschaft)" dem Parlament zugeleitet (vgl. Scherrer, Reform, 113). Die wesentlichen Änderungen für die Verfassung der schweizer Aktiengesellschaft lassen sich in vier Punkten zusammenfassen:

(1) *Stärkung der Generalversammlung*

Grundsätzlich kann von einer Stärkung dieses obersten externen Organs der Schweizer Aktiengesellschaft ausgegangen werden (vgl. Schweizer Bundesrat, Drucksache, 139). Neben einer generellen Einberufungsfrist und damit auch einer entsprechenden Verlängerung der Vorbereitungszeit von 10 auf 20 Tagen wird die Beschlußfähigkeit auf eine 2/3 Mehrheit der anwesenden Mitglieder festgelegt.

(2) *Definition der Aufgaben des Verwaltungsrats*

Dem Verwaltungsrat werden eindeutig festgelegte und nicht delegierbare Aufgabenbereiche zugewiesen. Als unübertragbare Aufgaben werden aufgeführt:

- „die Oberleitung der Gesellschaft, die in der Entwicklung der Unternehmensziele, der Festlegung der Mittel für die Zielerreichung und der Kontrolle der Geschäftsführungsorgane im Hinblick auf die Zielerreichung besteht;
- die Aufstellung des Organisationsreglements, das die Struktur der Geschäftsführung beinhaltet;

- die Genehmigung der Finanzplanung sowie die Ausgestaltung des Rechnungswesens und der Finanzkontrolle;
- die Ernennung und Abberufung der Geschäftsführer;
- die Ernennung und Abberufung der Konzernrevisoren;
- die Oberaufsicht über die Geschäftsführer bezüglich der Befolgung der Gesetze, Statuten und des Reglements sowie bezüglich der Befolgung von Weisungen;
- die Erstellung des Jahresberichts, die Vorbereitung der Generalversammlung und die Ausführung der Generalversammlungsbeschlüsse;
- die gerichtliche Anfechtung von Generalversammlungsbeschlüssen, die gegen Gesetz und Statuten verstoßen, sowie die Benachrichtigung des Richters bei Überschuldung (Art. 716a Abs. 1)" (Scherrer, Reform 122).

Dabei fällt die Geschäftsführung eindeutig in den Aufgabenbereich des Verwaltungsrates. Zusätzlich werden

„... die Mitglieder des Verwaltungsrates und alle mit der Geschäftsführung oder mit der Liquidation befaßten Personen ... bei absichtlicher oder fahrlässiger Pflichtverletzung der Haftung unterworfen (Art. 754 Abs. 1)" (Scherrer, Reform, 122).

(3) *Weitergehende gesetzliche Verankerung der Kontrollstelle*

Neben der Festlegung der Neutralität des (der) von der Generalversammlung bestellten Revisors (Revisoren) wird die Zuordnung, zu der (und dementsprechend Berichtspflicht an die) Generalversammlung gesetzlich verankert. Die Revisoren sind verantwortlich für die Schäden, die durch absichtliche oder fahrlässige Verletzung ihrer Pflichten den Aktionären entstehen.

Die Kontrollstelle ist jedoch weiterhin allein für die Prüfung der Finanzbuchhaltung zuständig, deren Abweichung gerade in einem Land wie der Schweiz, „... wo die Vorschriften über die kaufmännische Buchführung eher vage sind" (Oesch, Verwaltungsrat, 53), von den betriebswirtschaftlich relevanten Zahlen zuweilen recht groß ist.

(4) *Verpflichtung zur Publizität*

Sowohl Publikums- als auch Großgesellschaften sind nach dem neuen Gesetzesentwurf dazu verpflichtet, öffentlich Rechnung zu legen (vgl. Scherrer, Reform, 126).

Mit einem Inkrafttreten der Gesetzesnovelle ist frühestens für das Jahr 1989 zu rechnen.

Das schweizerische Verwaltungsrats-Modell kommt ohne den gesetzlich normierten Dualismus der bundesdeutschen Spitzenverfassung aus

Vergleicht man die Funktionen und den Aufbau des Verwaltungsrats mit dem deutschen dualistischen System, so kann als Stand der Dinge festgehalten werden:

Die Aktiengesellschaften der Schweiz sind in der Gestaltung und Handhabung organisatorischer Regelungen ihrer Führungsgremien *relativ frei* und können sich somit den Gegebenheiten anpassen. Aufgrund einer Delegationskompetenz an Organe (Delegierte, Direktoren und Ausschüsse), die dem Verwaltungsrat nachgelagert sind, ist ein gesetzlich normierter Dualismus der Spitzenorganisation überflüssig, eine ausreichende Überwachung ist über den Verwaltungsrat als organisatorisches Gesamtgebilde, den Präsidenten des Verwaltungsrats und die einzelnen Mitglieder gewährleistet. Trotzdem ist das Schweizerische Verwaltungsrats-Modell nicht über alle Zweifel erhaben.

F. Einsichten und Empfehlungen

Eine Betrachtung der unterschiedlichen Regelungen von Spitzenverfassungen im internationalen Drei-Länder-Vergleich läßt zum Schluß die Frage aufkommen, ob sich in deren Entwicklung gewisse allgemeingültige Tendenzen erkennen lassen, die bei ähnlicher Problemlage auch zu gemeinsam verfolgten Lösungsrichtungen führen. Derartige Einsichten erlauben es – bei aller notwendigen Relativierung im Hinblick auf die Unterschiedlichkeit national-kultureller und politisch-gesetzlicher Kontexte und unternehmungsindividueller Situationen – vorsichtige Empfehlungen für die Gestaltung der Führungs- und Überwachungspraxis in Unternehmungen auszusprechen.

I. Konvergente Entwicklungen in den Spitzenverfassungen

1. Konvergenzüberlegungen im internationalen Vergleich

Als Ausgangspunkt für eine kulturgeprägte Betrachtung der Konvergenz von unterschiedlichen Spitzenverfassungen mag Boisots Aussage dienen

„...that where problems and the technical means available for solving them are similar social groups which may differ widely in cultural outlook will find similar ways of tackling them" (Boisot, Convergence, 159; ähnlich auch Hofstede, Consequences, 45).

Vor allem jedoch ist es das Argument einer zunehmend gleichgerichteten Entwicklung der Managementpraxis in verschiedenen Ländern etwa gleichen wirtschaftlichen Entwicklungsstandes, das beispielsweise Kerr, Dunlop, Harbison und Myers zu folgender Feststellung veranlaßt haben mögen:

„Die Professionalisierung der Unternehmensleitung ist eines der Merkmale, die allen Industrialisierungsprozessen gemeinsam (ist)... Wenn auch Stadium und Tempo der Industrialisierung die Position und Politik der Unternehmensleitung beeinflussen, so überwiegen in allen fortgeschrittenen Industriegesellschaften die Ähnlichkeiten bei weitem die Unterschiede" (Kerr/Dunlop/Harbison/Myers, Mensch, 105).

Dieser Meinung nach dürfte sich „... im Laufe der Zeit universell die Forderung nach einem kompetenten Berufsmanagement ... durchsetzen" (Webber, Convergence, 39ff.), so daß der Einfluß kultureller Unterschiedlichkeit zunehmend verblaßt.

Konvergenzentwicklungen zeigen sich generell vor allem in der weiteren Professionalisierung des Managements, die zu einer größeren Autonomie der Führungsaufgaben gegenüber dem Einfluß der überwachenden Funktionen drängt.

„In *beiden Systemen* (USA und Bundesrepublik – Anm. der Verf.) ist die *Bedeutung* und die *Machtposition von Aktionären zurückgegangen*, wodurch das Management gestärkt wurde. Eine Konvergenz-Bewegung wird auch in der *Kontroll- und Personalberufungsfunktion* sichtbar. Die konvergenten Entwicklungen in beiden Systemen deuten daraufhin, daß keine der Spitzenverfassungen ihre optimale Struktur bisher erreicht hat" (Zapp, Analyse, 219).

Divergenzen ergeben sich vor allem aus der völlig unterschiedlichen Regelung der *Mitbestimmung*, die eine unterschiedliche, kulturell geprägte Wertung von Interessen deutlich werden läßt. Schließlich bleibt in beiden Systemen die Erkenntnis einer sich unter dem Druck zunehmender Komplexität und steigender Dynamik auftuenden *Überwachungslücke*, die zu einer Reflektion über einen sinnvollen *Rollenwechsel* der Outsider in Boards und Verwaltungsräten wie zur Intensivierung der Aufsichtsratsarbeit zwingt.

2. Deutlicher werdende konvergente Entwicklungen

Die von den Bleicher/Paul durchgeführte Untersuchung bundesdeutscher, US-amerikanischer und schweizerischer Spitzenorgane von Aktiengesellschaften lassen in eigener Interpretation einige konvergente Entwicklungen der Spitzenverfassung deutlich werden.

2.1 Reformbestrebungen zur Stärkung der Stellung des Spitzenorgans

Als Reaktion auf die Kritik an der Funktionsfähigkeit und Kompetenz der Spitzenorgane sind in allen drei Ländern wesentliche Veränderungen in Gang gesetzt worden. In den USA haben die Boards die Initiative selbst ergriffen und einen Teil der zwischenzeitlich an das Management verlorengegangenen Autorität zurückgewonnen:

„A growing number of boards have begun to reassert the primacy of authority that critics of the board system in that country (and elsewhere) believe has been largely usurped by corporate managements. The impetus for this trend has come from external factors but its implementation ... has not been imposed from outside: It is the achivement of directors themselves" (Bacon/Brown, Perspectives and Practices, 9).

In der Bundesrepublik Deutschland hat die Erkenntnis des partiellen Überwachungsdefizits einen Prozeß der Bewußtwerdung ausgelöst, der die faktische Stellung des Aufsichtsrats kritisch beleuchtet und ein verändertes Verhältnis von Vorstand und Aufsichtsrat anstrebt.

Die geplante Revision des schweizerischen Aktienrechts mit ihrer erweiterten Festschreibung von Legaldefinitionen zielt auf eine explizite Kompetenzverteilung innerhalb der Spitzenverfassung ab.

In allen drei Ländern – USA, BRD, Schweiz – kommt damit eine generelle Tendenz zur Stärkung der Stellung des Spitzenorgans (Board/Aufsichtsrat/Verwaltungsrat) zum Ausdruck.

2.2 Verwässerter Unterschied zwischen Monismus und Dualismus

2.2.1 Dualistische Ausdifferenzierungen der Überwachung und Führung in amerikanischen Boards

In der amerikanischen Verfassungsrealität findet eine Ausdifferenzierung der Führung an den CEO und die ihm nachgeordnete Ebene statt, während die Überwachungsfunktion bei den outside Direktoren und hier in erster Linie beim Audit Committee verbleibt. Damit hat sich in den vergangenen Jahren die Funktion der Boards maßgeblich gewandelt. Der frühere typische *„Rubberstamp-Board"*, der von inside Direktoren dominiert wurde und bei dem die outside Direktoren als *„Figureheads"* lediglich die Entscheidungen der Spitzenführungskräfte absegneten, wurde von einem faktisch dualistisch strukturierten Board abgelöst, in dem die Überwachung der Unternehmungsführung durch die outside Direktoren einen wesentlichen höheren Stellenwert einnimmt.

Ein weiterer Ansatzpunkt für eine noch stärkere Ausdifferenzierung von Überwachung und Führung könnte in der Funktion des Chairmans of the Board liegen, die in der Mehrzahl der Unternehmungen mit der Funktion des CEO's zusammenfällt. Die Wahrnehmung der Position des Chairmans durch einen outside Direktor als Vertreter der Anteilseigner, der hauptsächlich die Überwachungstätigkeit des Boards koordiniert, würde den Trend zur dualistischen Separierung von Überwachung und Führung weiter verstärken. Dieser ursprünglich von Harald Williams stammende Vorschlag ist allerdings lediglich ein theoretisches Konstrukt geblieben, das, wie gesagt, in der Praxis nicht umgesetzt wurde.

2.2.2 Die Bedeutung der „Integrative Links" wächst

In deutschen und in amerikanischen Verfassungssystemen ist eine eindeutige Tendenz zu beobachten, die anzeigt, daß die „Integrative Links" zum einen zwischen Vorstand und Aufsichtsrat und zum anderen zwischen inside und outside Direktoren in ihrer Bedeutung erheblich zugenommen haben. Im *deutschen Verfassungssystem* wird die Verbindung zwischen Aufsichtsrat und Vorstand in erster Linie über die *Vorsitzenden* beider Gremien vollzogen.

In den USA bildete traditionell der *Chairman/CEO* das stärkste „Integrative Link" zwischen Überwachung und Führung. In den letzten zehn Jahren gewannen insbesondere die Board Committees aufgrund ihrer Zusammensetzung als zentrale Verbindung zwischen inside und outside Direktoren erheblich an Gewicht. Von besonderer Bedeutung sind in diesem Zusammenhang die Audit und die Nominating Committees. Mit Outsidern besetzte *Audit Committees,* die heute ein sehr viel wirksameres Instrument der Überwachung geworden zu sein scheinen als etwa der deutsche Aufsichtsrat, und *Nominating Committees*, die die Personalhoheit an der Unternehmungsspitze zumindest im Hinblick auf Selektion und Vorschlag ausüben, haben das Gewicht der outside Direktoren in den Boards amerikanischer Unternehmungen deutlich verstärkt und damit einen Trend zu einem unabhängiger operierenden und gegenüber dem CEO und der ihm nachgeordneten Ebene selbstbewußteren Board ausgelöst.

2.2.3 Kollegiale Arbeitsformen gewinnen in der Führung amerikanischer Aktiengesellschaften an Bedeutung

Die Führungsstruktur amerikanischer Unternehmungen ist grundsätzlich *direktorial* angelegt. Dies wird besonders deutlich in der Stellung des Chairmans/CEO's, der an der Spitze der Führungspyramide steht und zugleich die Funktion des Chairman of the Board wahrnimmt. Dieses direktoriale System wird im Hinblick auf die Führung in zunehmendem Maß durch kollegiale Arbeitsformen entweder durch das *Office-Konzept* (Kapitel D. III. 1.3.2) oder das *Executive Committee* (Kapitel D. VI. 2.4) ergänzt.

Das Office-Konzept bezieht sich auf die Zusammenfassung der wichtigsten Spitzenführungskräfte, in der Regel des Chairmans, des Vice Chairmans, des CEO's u.U. des President in einem zentralen Führungsgremium. Anders als beim rein kollegial aufgebauten deutschen Vorstand existieren auch innerhalb dieses Gremiums eindeutig definierte Unterstellungsverhältnisse.

Obwohl das Executive Committee relativ häufig Verwendung findet, wird es nur in sehr wenigen Fällen als Führungsorgan eingesetzt. Es dient in erster Linie als Interimsorgan, um zwischen den Board-Sitzungen in dringenden Angelegenheiten in Vertretung des Boards unaufschiebbare Entscheidungen zu treffen. In den Unternehmungen, in denen das Executive Committee Führungsfunktionen übernimmt, besteht es ausschließlich aus inside Direktoren. Hinzu kommen, im Gegensatz zum Office-Konzept, weitere Spitzenführungskräfte (Executive/Senior Vice Presidents), die nicht dem Board angehören.

Der Trend innerhalb der Insider-Gruppe und als Teil des Managements kollegiale Arbeitsformen wie das Office of the Chief Executive oder das Executive Committee einzurichten, scheint insbesondere in größeren Unternehmungen an Bedeutung zu gewinnen.

2.2.4 Im deutschen Vorstand zeigt sich tendenziell eine Hinwendung zum Direktorialprinzip

Direktoriale Arbeitsformen in der Führung deutscher Aktiengesellschaften konzentrieren sich auf die Rolle des Vorstandsvorsitzenden. Obwohl das Aktienrecht die Bestellung eines Vorstandsvorsitzenden nicht zwingend vorschreibt, zeigt die Praxis, daß die ganz überwiegende Mehrheit der Aktiengesellschaften einen Vorsitzenden bzw. Sprecher bestellt haben.

Der Unterschied zwischen Vorsitzendem und Sprecher scheint in einem etwas höheren Status und Einfluß des ersteren zu liegen. Der Schwerpunkt der Tätigkeit des Vorsitzenden bzw. Sprechers liegt in der Vorbereitung und Abstimmung ressortübergreifender strategischer Maßnahmen. Unterschiede zwischen Vorsitzendem und Sprecher zeigen sich insbesondere in der Beanspruchung mit Gemeinschaftsaufgaben, wie z.B. Kontakte zu Verbänden, Behörden und Regierung zu pflegen, und Kommunikation mit dem Aufsichtsrat. Hier wird der Vorsitzende stärker gefordert als der Sprecher. Daraus läßt sich schließen, daß der Sprecher in erster Linie innerhalb des Kollegialorgans Vorstand koordinierend wirkt, während der Vorsitzende sowohl im Innen- als auch im Außenverhältnis koordinierende Funktionen ausübt (vgl. Bleicher/Paul, Verfassungen, 170 ff.).

2.2.5 Die Bedeutung der Interessenvertretung steigt im bundesdeutschen und im amerikanischen Modell der Spitzenverfassung

In der Tendenz vergleichbar mit der bundesrepublikanischen Situation, jedoch in Richtung und Qualität unterschiedlich, ist auch in den USA ein Druck auf die Unternehmungen feststellbar, spezielle Interessengruppen im Board vertreten zu sehen. Während sich diese Tendenz in der Bundesrepublik in gesetzlichen Vorschriften, die einen speziellen Kontrakt zwischen Kapital und Arbeit an der Unternehmungsspitze institutionalisieren (Mitbestimmungsgesetze), niederschlägt und nur durch freiwillige Maßnahmen (z.B. Vertreter von Kleinaktionärsgruppen im Aufsichtsrat) ergänzt wird, scheint der Druck einer freiwilligen Regelung in den USA breiter zu streuen: Minoritäten, Konsumenten, Frauenverbände, Special Action Groups der verschiedensten Zielsetzungen, Vertreter der lokalen Umwelt und bislang unbedeutend Vertreter der Gewerkschaften werden berücksichtigt.

Von besonderem Interesse für den Vergleich mit der bundesdeutschen Situation ist die Vertretung von Arbeitnehmer- und Gewerkschaftsinteressen im amerikanischen Board. Hier ist – wie gezeigt wurde – eine grundsätzliche ablehnende Haltung zu erkennen. Es gibt bis jetzt nur wenige Boards, in denen Arbeitnehmer vertreten sind. Ein Trend in Richtung auf eine internationale Zunahme der Mitbestimmung ist weder aus amerikanischer noch aus schweizer Sicht erkennbar, zumindest wäre eine derartige Einstufung verfrüht.

II. Notwendige Verbindung von Führung und Überwachung als Kernaufgabe von Spitzenorganen der Aktiengesellschaft

Die besondere Problematik des deutschen Modells der Spitzenverfassung bedingt sich – sieht man einmal von der besonderen und hier kaum behandelbaren Frage der Mitbestimmung ab – aus der *Trennung* von Führung und Überwachung in zwei Organen. Diese an sich theoretisch gegenüber der Verwischung beider Funktionen in einem Organ beim angelsächsischen Board und dem schweizerischen Verwaltungsrats-Modell sauberere Lösung, die der Neutralität der Überwachung und dem Vermeiden von interpersonellen Interessenkonflikten von Mitgliedern der Spitzenorganen zugute kommen soll, wirft jedoch eine Reihe neuer und bislang kaum reflektierter Probleme auf.

Schon Heinrich Nicklisch konstatierte während der dreißiger Jahre in seinem Gesetz der Einung und Gliederung, daß jede arbeitsteilige und spezialisierende Trennung zugleich die Notwendigkeit der Einung, der Integration und Koordination impliziert (vgl. Nicklisch, Die Betriebswirtschaft). An dieser Stelle bietet das Gesetz wenig Greifbares, das in Richtung eines Aufzeigens von Einungsmechanismen zwischen beiden Organen weist. Die Praxis behilft sich hier mittels gemeinsamer Sitzungen von Vorstand und Aufsichtsrat und inform der „Troika", bei der eine Vorabstimmung der Vorsitzenden von Aufsichtsrat, Vorstand und Betriebsrat (stellvertretenden Vorsitzenden des Aufsichtsrats) zur Abstimmung wichtiger unternehmungspolitischer Fragen zwischen Sitzungen des Aufsichtsrats stattfindet. Die Fälle, in denen es zudem gesonderte Vorbereitungssitzungen für beide „Bänke" zur Erhöhung des Informationsstandes von Mitgliedern des Aufsichtsrats vor Sitzungen gibt, scheinen sich zu mehren.

Unter dieser beobachtbaren Oberfläche scheinen sich jedoch wesentlich grundsätzlichere Entwicklungstendenzen zu verbergen, die unter dem Druck gestiegener Komplexität und Dynamik unserer gesellschaftlichen, wirtschaftlichen und technologischen Verhältnisse in die Richtung einer zunehmenden Dysfunktionalität der angestrebten sauberen Trennung von Führung und Überwachung in zwei getrennten Organen weisen.

Stehen auf der einen Seite eine zunehmende *Professionalisierung des Managements* in der Vorbereitung auf seine Führungsaufgaben, die Bereitstellung ständig weiterentwickelter Strukturen, Systeme, Methoden und Instrumente des Managements und wachsende intime Kenntnisse der innerbetrieblichen Verhältnisse, des Standes und der Entwicklungstendenzen von ökonomischen, humanen und technischen Potentialen im Rahmen sich abzeichnender Chancen und Risiken aus dem Umfeld, so bleiben die *Mitglieder des Überwachungsorgans* auf der anderen Seite zunehmend hinter diesen Entwicklungen zurück. Dies ist dann in besonderer Weise der Fall, wenn diese selbst nicht als professionelle Führungskräfte tätig sind und damit über ihre Ausbildung und ihr eigenes Erleben zumindest im ersten Bereich kaum „mitreden" können. Leichter tun sich dann schon Mitglieder des Aufsichtsrats, die selbst an der Spitze großer Organisationen stehen und gelegentlich auch im „Cross Transfer" die Arbeit des Aufsichtrats über eigene Erfahrungen befruchten können. Dies darf jedoch nicht über den wesentlichen *Informationsvorsprung* hinwegtäuschen, den Insider über Outsider in der Kenntnis der eigenen Führungssituation besitzen. Hier sind es dann nicht selten Aufsichtsrats-Mitglieder der Arbeitnehmerbank, die über entsprechende Insider-Kenntnisse verfügen, dies aber eher aus der operativen und weniger aus der strategischen Sicht. Ehemalige Vorstandsvorsitzende im Aufsichtsrat ergänzen das Bild, indem sie sich nicht selten auf ihr schnell veralterndes Insider-Wissen verlassen.

Als Fazit bleibt festzuhalten, daß sich zwischen Führung und Überwachung eine zunehmend deutlicher werdende *Lücke* in der realistischen Abschätzung der effektiven Unternehmungsentwicklung und der Machbarkeit unternehmungspolitischer und strategischer Vorhaben auftut: *Der Aufsichtsrat bleibt hinter der professionellen Entwicklung der Führung zurück.* So nimmt es nicht Wunder, daß die Bertelsmann/Emnid-Studie eine beachtliche *Unzufriedenheit* vor allem jüngerer Aufsichtsrats-Mitglieder – gleich welcher Bank – mit dem zweistufigen Trennungsmodell bundesdeutscher Prägung zum Ausdruck bringt (vgl. Bleicher, Aufsichtsrat, 56- 60).

Das Verhältnis von Aufsichtsrat und Vorstand, das der Gesetzgeber in seinem Verfassungsanspruch im Sinn gehabt haben mag, läßt sich vielleicht mit der *Gegenmacht-Position* des englischen Ausdrucks von erstrebten „Checks and Balances" am besten umschreiben. Kann das auf die Personalhoheit und die Überwachungsfunktion reduzierte Spitzenorgan in der Verfassungswirklichkeit diesem Ausspruch gerecht werden? Der weitaus überwiegende Teil von Befragten bejaht deutlich die *Einwirkungsmöglichkeit* des Aufsichtsrats auf den Vorstand (vgl. Bleicher, Aufsichtsrat, 57). Der Wunsch nach einer weiter verbesserten *Zusammenarbeit* ist jedoch ebenso deutlich: Weniger das Formale des Einwirkens als vielmehr der Einfluß auf die Mitgestaltung der Inhalte mag sich hinter diesem Ergebnis verbergen. Inhaltliche Partizipation bedeutet jedoch bei den gesetzlichen Möglichkeiten, den Weg von der Überwachung über eine ex post-Überwachung zu einer auch in Zeiten des Wandels theoretisch zu fordernden *ex ante-Überwachung* zu beschreiten. Sie erfordert einen Dialog über Planungsprämissen, das Anspruchsniveau der Führung und mögliche alternative strategische Kurse in die Zukunft, anstatt Diskussionen an formell fixierten Einzelpunkten zustimmungsbedürftiger Geschäfte festzumachen. Die Erfahrung von Externen in der Unternehmungsführung anderer Organisationen und die Branchen-und Unternehmenskenntnisse der Insider hierüber in einen fruchtbringenden Dialog zu bringen, scheint eine noch unerledigte Gestaltungsaufgabe der Spitzenverfassung zu sein, die Chancen in sich birgt, das drohende Ablehnungspotential des Trennungsmodells abzubauen.

Bei allen diesen Überlegungen darf jedoch nicht übersehen werden, daß bei jeder verstärkten Einschaltung des Aufsichtsrats in weiterführende unternehmungspolitische Diskussionen leicht die *Grenze getrennter Verantwortlichkeiten* beider Spitzenorgane überschritten wird: Wie kann ein Aufsichtsrat seinen Vorstand noch zur Verantwortung ziehen, wenn er selbst wesentliche Prämissen für die Unternehmungspolitik gesetzt hat, die sich im Nachhinein als nicht tragfähig erwiesen haben? Das Ganze ist durchaus mit einem Drahtseilakt vergleichbar – „walking a fine line" – zwischen dem „Rubber Stamp Board" nickender Zustimmung auf der einen Seite und dem „Phantasiezentrum Aufsichtsrat", das den Vorstand in die Rolle einer operativen Umsetzung großer Strategieentwürfe zurückdrängt. Aber verbirgt sich hinter allem nichts anderes, als daß es in *integrativer Sicht* ohnehin unmöglich ist, bei hoch-komplexen und varianten Zusammenhängen im Führungsprozeß, der die Planung, Entscheidung u n d Überwachung umfaßt, eine Separierung von Planungs- und Entscheidungsverantwortung einerseits und Überwachungsverantwortung gegenüber ersterer andererseits sauber vorzunehmen?

III. Ansätze zur Schließung der „Aufsichtslücke" in Aktiengesellschaften

1. Unzulängliche ex post-Überwachung durch den Aufsichtsrat in Zeiten beschleunigten Wandels

Wenn dem Anspruch von Aufsichtsrats-Mitgliedern nach Partizipation Geltung verschafft werden soll, dann kann dies zum einen formal in einer durchaus als problematisch einzustufenden Ausweitung des Katalogs der „zustimmungsbedürftigen Geschäfte", die dem Aufsichtsrat vorgelegt werden, geschehen. Dies sieht beispielsweise das revidierte österreichische Aktiengesetz inform einer „Kann"-Vorschrift vor. Die 5. EG-Richtlinie geht weit darüber hinaus, indem sie einen enumerativen Katalog als Soll-Vorschrift vorsieht. Zum anderen kann eine *inhaltliche* Verstärkung der Partizipation des Aufsichtsrats aber auch dadurch erfolgen, daß im Rahmen der bereits gegebenen gesetzlichen Möglichkeiten der bereits angedeutete Weg von einer bislang weitgehend praktizierten ex post-Überwachung zu einer in Zeiten des Wandels theoretisch zu fordernden ex ante-Überwachung beschritten wird.

Dem mag entgegengehalten werden, daß die *ungenügende Kenntnis* des Überwachungsobjekts „Unternehmung" insbesondere die außenstehenden Aufsichtsrats-Mitglieder nicht zu einer ex ante-Überwachung *qualifiziert.* Wird das Überwachungsobjekt zweckmäßigerweise auf die „Unternehmungsführung" eingeengt, entschärft sich diese Aussage nur bedingt; denn wie läßt sich eine „Unternehmungsführung" überwachen, wenn nicht ihre Interaktion mit der Entwicklung von Umwelt und Unternehmung, ihre vielfältigen Versuche Chancen und Risiken zu erkennen und in erfolgversprechende Strategien und Operationen „umzumünzen", mit in die Betrachtung einbezogen werden?

In Anlehnung an beeindruckende Erfahrungen amerikanischer Unternehmungen mit der Idee des *„Sounding Boards"*, der als Reflektionsboden für die unternehmungspolitischen und strategischen Absichten der Führung dient, lassen sich aber dennoch Empfehlungen auch für die deutsche Aufsichtsrats-Praxis aussprechen, wenn auch die Frage der Einbindung der Spitzenorgane in die strategische Unternehmungsführung ein noch ungeschriebenes Kapitel der Managementlehre bleibt. Dabei ist die Unterscheidung, die Steinmann und Klaus zwischen Interessenkompetenz in der normativen und der Sachkompetenz in der technischen Dimension vornehmen, für die Klärung der Zusammenhänge dienlich

„... der AR vermag die Leitung des Unternehmens der AG nicht wieder an sich zu ziehen. Er muß sich auf seine *Kontrollrolle* beschränken und ist dabei im Prinzip auf die vor- und nachlaufende Registrierung der (antizipierten) Wirkungen des unternehmerischen Handelns des Vorstandes ... verwiesen; er kann nach Veraussetzung die unternehmerische Mittelwahl kaum auf ihre Zweckmäßigkeit hin beurteilen" (Steinman/Klaus, Aufsichtsrat, 526 f.).

Wenn die *Interessen*kompetenz des Aufsichtsrats als normengebendes Organ unbestritten sein dürfte, verbleibt dennoch die Frage, wie sich diese in der praktischen Arbeit umsetzen soll. Theoretisch läßt sich leicht in Richtung eines erstrebten Dialogs und Konsenses über die generellen Ziele der Unternehmungspolitik argumentieren. Praktisch sind es aber fast immer konkrete Fragestellungen, die kasuistisch-interessenorientierte Zielkonflikte, die zudem meist verdeckt auftreten, zur Diskussion stellen. Im Sinne eines „Sounding Board" ist praktisch an folgende Einzelmaßnahmen zur ex ante-Aktivierung des Aufsichtsrats zu denken:

(1) Lösung einer *grundsätzlichen Zieldiskussion* vom routinemäßigen Dialog über strategische und operative Pläne und von Einzelmaßnahmen aus der Sicht der Führung und Öffnung für den Einbezug von Verhaltensfragen im ethischen und ökologischen Bereich.

(2) Kritisches *Infragestellen von Prämissen* der Unternehmungspolitik und der strategischen Planung und *Beurteilung der Konsistenz* von Vorhaben mit den konsensierten generellen Zielen und Verhaltensmustern.

(3) Intensivierung des Bemühens um eine *sachgerechte Personalentwicklung* im Hinblick auf die Führung und über Anregungen zur Installation von Selektions- und Nachfolgesystemen für die Spitzenführung, wie für die Anreiz- und Vergütungspraxis aus der Sicht der Rolle des Aufsichtsrats als Delegationsgeber.

(4) *Integration der Zustimmungsvorbehalte* des Aufsichtsrats in dieses Muster unter Abbau von rein juristisch, aber nicht unternehmungspolitisch relevanten Geschäften unter Beachtung des Integrationsgebotes (Es macht wenig Sinn, die ex ante Beteiligung des Aufsichtsrats an unverbundenen Einzelgeschäften festzumachen, wenn damit u. U. Friktionen bei der unternehmungspolitischen Integration verworfener und positiv entschiedener Vorlagen entstehen).

Bei allen diesen denkbaren Ansatzpunkten für eine Aktivierung der Überwachung durch den Aufsichtsrat (vgl. Theisen, Überwachung) bleibt wiederum die Gefahr einer Verwischung der Verantwortlichkeiten von Vorstand und Aufsichtsrat. Der Vorstand muß in seiner *Fach*kompetenz die Führung im Rahmen der vom Aufsichtsrat gesetzten Normen vollumfänglich vollziehen. Eine über den Diskurs hinausgehende Einflußnahme des Aufsichtsrats kann hier leicht zu einem System organisierter Verantwortungslosigkeit führen.

2. Verbesserung der Zusammensetzung von Aufsichtsräten

Mitbestimmte deutsche Aufsichtsräte bieten in ihrer gesetzlichen vorgeschriebenen Zusammensetzung aus Anteilseigner- und Arbeitnehmervertretern eine besondere Mischung des Insider-/Outsider-Problems. Generelle Vorschläge zur Verbesserung der Zusammensetzung von Aufsichtsräten, die zu einer Intensivierung der Aufsichtsrats-Arbeit im Sinne der dargestellten Wahrnehmung der Überwachungsaufgabe beitragen können, müssen diesen Rahmen beachten.

Grundsätzlich wird neben der hier nicht zu behandelnden Frage, ob es sich bei Aufsichtsrats-Mitgliedern der Anteilseignerseite tatsächlich um „Vertreter der Aktionäre" im ureigensten Sinne handelt, das Problem aufgeworfen, inwieweit im obersten Spitzenorgan die intime Kenntnis des Überwachungs*objekts* – dies würde für Insider im Spitzenorgan sprechen – oder der Überwachungs*technik* – dies ist im Hinblick auf Insider oder Outsider ambivalent, wenn nicht das Neutralitätsargument den Ausschlag für Outsider gibt – der Vorzug zu geben sei. Faktisch entscheidet sich die vom Aktiengesetz vorgegebene Spitzenverfassung über die Trennung von Führung und Überwachung für den Aspekt Überwachungstechnik und damit für die Outsider im Aufsichtsrat. Über die Arbeitnehmervertreter „rutschen" gleichsam dann dennoch wieder Insider in den Aufsichtsrat hinein, aber dies war sicherlich nicht die ursprüngliche Absicht der Verfasser des Aktiengesetzes.

Wird damit die *Überwachungstechnik* akzentuiert, ergibt sich ein zunehmendes Mißverhältnis in der Entwicklung der Managementlehre, das auf die Arbeit des Aufsichtsrats nicht ohne Folgen bleiben kann. Während – wie bereits erwähnt – die Entwicklung der Technik der Führung während der letzten Jahrzehnte beachtliche Fortschritte verzeichnen kann, ist dies für die Technik der Überwachung keineswegs zu verzeichnen. Hier wäre allenfalls auf die zaghaften Versuche zu verweisen, zu einem *„Management Audit"* – einer Führungsprüfung (vgl. Zünd, Revisionslehre, 653 f. und 709 f.) – vorzustoßen, was jedoch wiederum auf kaum überbrückbare Schwierigkeiten zu stoßen scheint, wenn die Grenze zwischen der formellen zur materiellen Prüfung überschritten wird (damit wird der Prüfer zum „Obergutachter" über die Führung – eine Aufgabe, die in dieser Form kaum erfüllbar erscheint).

Als Lösungsrichtung zur Schließung dieser Lücke zwischen der Aufgabenerfüllung von Vorstand und Aufsichtsrat ist vor allem an eine verbesserte *Selektion der Anteilseignervertreter* zu denken, wenn die Besetzung der Arbeitnehmerbank als politisch determiniert aus dieser Betrachtung ausgeklammert wird. Statt einer Sammlung großer Namen ist hier eine gute Mischung von unternehmerisch-visionären, managerielll-professionellen, politisch gesellschaftlich vernetzten und juristisch-ordnenden und sichernden Persönlichkeitsprofilen anzustreben. Amerikanische Erfahrungen scheinen zu belegen, daß es sich lohnt, hierbei insbesondere nach Persönlichkeiten Ausschau zu halten, die Erfahrungen in der Führung großer sozialer Systeme haben und dabei gelernt haben, sich integrativ mit der Umsetzung der Entwicklung der Umwelt und den sich dabei ergebenden Möglichkeiten für die organisatorisch vielgliedrig strukturierte Landschaft der eigenen Unternehmung auseinanderzusetzen. Dies muß nicht notwendigerweise in einer ähnlichen Geschäftssituation der Fall sein. Gerade der Einbezug von Erfahrungen anderer Lebensbereiche kann geeignet sein, als Frühwarnindikator gesellschaftlicher, ökonomischer und technologischer Änderungstendenzen zu dienen, die bei einer Prämis-

für die unternehmungspolitischen und strategischen Absichten des Vorstands zum Tragen gebracht werden können.

Ein Vergleich mit Besonderheiten der Spitzenführung amerikanischer Corporations zeigt zudem, daß bei der Zusammensetzung *Träger unterschiedlicher Zeithorizonte* berücksichtigt werden sollten. Hier können sich häufig beachtliche Differenzen zwischen Vorstand und Aufsichtsrat ergeben: Der Fall eines langfristig orientierten Vorstands, der sein technologisches Konzept erst über ein Jahrzehnt verwirklichen kann und sich einem Aufsichtsrat gegenübersieht, der vorwiegend aus kurzfristig orientierten Bankenvertretern zusammengesetzt ist, kann dabei genauso angedacht werden, wie der umgekehrte Fall eines stark vom kurzfristigen Controlling-Denken beherrschten Vorstands, der von einem am Langfristigen orientierten Aufsichtsrat überwacht wird. Hier scheint im Aufsichtsrat selbst eine gute Mischung von Kurz- und Langfristorientierung angebracht. Gleiches gilt im Übrigen auch im Hinblick auf das Risikoverhalten, dies im Gegensatz zu der von Oesch versuchten Zuordnung der Risikofreude zur Führung und der Risikofeindlichkeit zum Überwachungsgremium (Oesch, Verwaltungsrat).

3. Intensivierung der Aufsichtsrats-Arbeit

Im Kontrast zu amerikanischen Boards, die etwa 9 mal je Jahr zu Board-Sitzungen (vgl. Kapitel D. V. 2.3) mit zusätzlichen Ausschuß-Sitzungen zusammentreten, liegt die *Sitzungsfrequenz* deutscher Aufsichtsräte unter 4 mal je Jahr (vgl. Kapitel C. II. 2.1.1). Die Sitzungsfrequenz von Ausschüssen des Aufsichtsrats folgt eher problem- und situationsspezifischen Kriterien. Offensichtlich bestehen derzeit keine Wünsche bezüglich einer Ausdehnung der unter 4 Stunden liegenden Dauer einzelner Aufsichtsratssitzungen (vgl. Bleicher, Aufsichtsrat, 45). Dennoch stellt sich die Frage, ob diese Praxis geeignet ist, den gewachsenen Anforderungen an die Überwachungsaufgaben genüge zu leisten. Diese Frage stellt sich vor dem Hintergrund der stärkeren Einbeziehung des Aufsichtsrats in die interessenbezogene Zieldiskussion und die Erörterung der Prämissenkompatibilität der Planung in besonderer Weise.

In diesem Zusammenhang tritt weiter die Frage nach der – durch die „Lex Abs" in der Bundesrepublik bereits reduzierten – *Kumulation von Aufsichtsrats-Mandaten* auf, die ja für viele begehrte Aufsichtsrats-Mitglieder eine sehr praktische Schranke im Hinblick auf die Intensivierung der Aufsichtsrats-Arbeit darstellt. Hier zeigt die Bertelsmann/Emnid-Studie, daß insbesondere jüngere und sich über Uninformiertheit beklagende Aufsichtsrats-Mitglieder für eine weitere Beschränkung der Mandatskumulation plädieren (vgl. Bleicher, Aufsichtsrat, 32-35). Eine Reduzierung der zulässigen Höchstzahl von Aufsichtsrats-Mandaten auf 5 – 6 Mandate würde allerdings die Verfassungswirklichkeit in der Bundesrepublik ganz im Gegensatz zur Schweiz – kaum wesentlich verändern, denn rund 90 % der in der Studie Befragten haben ohnehin nicht mehr Mandate inne.

Ein weiterer Ansatz zur Intensivierung der Aufsichtsratsarbeit läßt sich im Vergleich zur amerikanischen Board-Praxis im *Einsatz von Ausschüssen* des Aufsichtsrats erkennen. Die bundesdeutsche Praxis kennt vor allem das Präsidium, den Personal-, Finanz-, Investitions- und den Prüfungsausschuß („Audit Committee"). Dabei ist es der Prüfungsausschuß, der von seinen Mitgliedern den höchstens Zeitaufwand verlangt. Im Vergleich zu den USA ist die Ausschußarbeit an der Spitze der Unternehmungen jedoch stark unterentwickelt. Dies mag seine tiefere Begründung darin finden, daß der deutsche Vorstand als Kollegialorgan stärker korrigierende Kräfte in Richtung auf Ausgewogenheit und Kontinuität der Führung freisetzt, als dies bei der direktorialen Führung amerikanischer Aktiengesellschaften durch den Chief Executive Officer der Fall ist.

Für eine Intensivierung der Überwachungsrolle des Aufsichtsrats ist dennoch die weitere *Einführung von Prüfungsauschüssen* erwägenswert. Die Frage, die sich in diesem Zusammenhang stellt, ist die, ob unsere Prüfungen durch die Interne Revision und den Wirtschaftsprüfer derart ausreichend sind, daß wir in der Bundesrepublik auf Prüfungsausschüsse verzichten können. Insbesondere sind hier die verschiedenen Funktionen zu überprüfen, die eine Geschäftsführungsprüfung – Informations-, Warn-, Unterstützungs-, Zweckmäßigkeits- und Ordnungsfunktion – (Saage, Prüfung, 215 f.) zu leisten in der Lage ist. Auch fällt in den Kreis dieser Überlegungen der Vorschlag Potthoffs, die Kontrolle durch *Grundsätze ordnungsmäßiger Überwachung* abzusichern (vgl. Potthoff, Prüfung).

Nach dem Vorbild amerikanischer „Nominating & Compensation Committees" ist weiter zu überlegen, ob die Personalfunktion des Aufsichtsrats im Hinblick auf die Bestellung und Abberufung des Vorstandes durch den *Einsatz von Personalausschüssen* stärker gestützt werden sollte. Dabei sollte sich diese Funktion nicht zu eng auf den Vorstand und die Zuwahl von Aufsichtsrats-Mitgliedern beschränken, sondern sich auch mit Systemen der Nachfolgeregelung und den Anreiz- und Vergütungsregeln für den Nachwuchs auseinandersetzen. Wenn sich zunehmend ein Konsens darüber herauszubilden scheint, daß die Managementkapazität den kritischen Erfolgsfaktor für die Bewältigung zukünftiger Unternehmungsentwicklung bilden wird (vgl. Paul, Managementkapazität, 305-312), hat der Aufsichtsrat derartige Überlegungen im Sinne seiner Sounding Board-Funktion mit anzustellen.

4. Veränderung der kontextualen und situationalen Rahmenbedingungen

In Ergänzung zu den bereits dargestellten Möglichkeiten, eine Erhöhung der Überwachungskapazität des Aufsichtsrats zu erreichen, ist daran zu denken, im Interesse einer höheren Effizienz erhöhte Anforderungen an die Sorgfaltspflicht der Aufsichtsrats-Mitglieder zu stellen. Ein höheres *Haftungsrisiko* als das in den §§ 95 und 116 AG vorgesehene, könnte bewirken, daß sich solche Kandidaten gar nicht erst zur Verfügung stellen, die mangels persönlicher und/oder fachlicher Qualifikation von vornherein zu einer ordnungsmäßigen Durchführung der Überwachung nicht in der Lage sind. Ob dieser Weg, der in den USA, nachdem Versicherungsgesellschaften nur noch bedingt bereit waren, das Haftungsrisiko zu decken, zu einer Abwanderung von Board-Mitgliedern aus Unternehmungen, die sich in schwierigen Geschäftssituationen befinden, geführt hat, in der Bundesrepublik rechtlich beschritten werden sollte, muß allerdings offen bleiben.

Situativ ist aber ohnehin anzunehmen, daß viele der hier angestellten Überlegungen in Unternehmungen, die unter dem Druck des Wandels in *Schieflagen kritischer Anpassung* geraten, über den Haufen geworfen werden. In der Krise ist die Tätigkeit des Aufsichtsrats kaum auf seine Überwachungsfunktion reduzierbar. Ist die Tatsache, daß sich unter erheblichem und u. U. überlebenskritischem Anpassungsdruck der durch die Trennung zwischen Planung und Entscheidung einerseits und der Kontrolle andererseits aufgebrochene Führungszyklus nicht aufrecht erhalten läßt, Indiz für einen fehlkonzipierten Ansatz des deutschen Aktienrechts?

5. Management Auditing als alternative Form der Überwachung?

Die Überwachung der Unternehmungsführung in Form einer *materiellen Geschäftsführungsprüfung* durch *externe Prüfer* („Management Audit" oder „Management Auditing") hat in den USA, Kanada und Australien eine lange Tradition. Die Begründungen für die Notwendigkeit des Management Auditings sind vielfältig. Die alles in allem positive Erfahrung mit dieser Art der Überwachung legen für die Beschäftigung mit dem bundesdeutschen Modell die Frage nahe, ob eine Stärkung der Überwachungsfunktion des Aufsichtsrats durch einen konsequenten Ausbau der Management Audits möglicherweise ersetzt werden kann. Wegen der fehlenden Übertragbarkeit der amerikanischen Erfahrungen auf die deutsche Situation läßt sich diese Frage nicht abschließend beantworten.

Die konstatierten positiven Erfahrungen im US-amerikanischen Bereich können indes nicht darüber hinwegtäuschen, daß auch dort eine Reihe von Problemen existiert, die in gleicher oder ähnlicher Form bei einer Übertragung auf das bundesdeutsche Modell entstehen würden. So stellt Theisen zunächst generell fest:

„Konzeption und Inhalte einer derartigen materiellen Geschäftsführungsprüfung unter der vieldeutigen Bezeichnung „Management Audit" bzw. „Management Auditing" scheinen jedoch unverändert offen zu sein" (Theisen, Überwachung, 118).

Diese Offenheit bezieht sich neben dem formal-technischen Ablauf einer solchen Prüfung besonders auf deren Art und Umfang, oder anders – auf das Überwachungsobjekt bezogen – formuliert: Wer definiert Umfang und Funktion der Führung? *Das Fehlen ob-*

jektiver und allgemein anerkannter Maßstäbe und Grundsätze zur Bewertung von Führungsaktivitäten ist darum ein seit Beginn der Diskussion auch in den USA häufig thematisierter Problemaspekt (vgl. Theisen, Überwachung, 123). Kann dieser Mangel an Verbindlichkeit nicht behoben werden, ist – zumindest für den bundesdeutschen Bezugsrahmen – zu erwarten, daß eine zusätzliche externe Prüfung nach dem Vorbild des Management Auditings sich stark in der Prüfung formaler Gesichtspunkte erschöpfen, d. h. letztlich *ein weiteres Instrument der ex post-Überwachung* darstellen würde.

Diese Tendenz wird durch ein weiteres Argument gestützt: Antizipative Überwachung ohne ökonomische (oder gar juristische) Mitverantwortung für die späteren Ergebnisse bleibt Fiktion oder ist im eigentlichen Sinn des Wortes „verantwortungslos". Wie eine derartige, institutionell verankerte Mitverantwortung eines externen Prüfers mit einer Vielzahl von Mandaten praktisch aussehen könnte, ist nur mit erheblichen Schwierigkeiten vorstellbar. Auch wird die Bereitschaft einer Unternehmung, ihre Geschäftsgeheimnisse, die die geplante zukünftige Entwicklung betreffen, offenzulegen (und damit einer für sie im Prinzip nicht mehr kontrollierbaren Umwelt bekanntzugeben) erheblich geringer sein als internen Institutionen und Organen gegenüber.

In der Summe weisen diese Überlegungen einem potentiellen Management Auditing einen Schwerpunkt, der dem sachlichen Dimension der Überwachungsaufgabe nur partiell kongruent ist. Insbesondere die divergente Zeitorientierung läßt erwarten, daß die für den deutschen Aufsichtsrat primär zu fordernde Stärkung der ex ante Überwachung durch die Einführung eines Management Auditings nach amerikanischem Muster nur begrenzt kompensiert werden kann.

IV. Kollegiale Führung durch den Vorstand – „ultima ratio" der Spitzenorganisation?

Als der Gesetzgeber die dualistische Führungsspitze für die deutsche Aktiengesellschaft schuf, ging er sicherlich beim Prinzip der Einheit der Willensbildung in der Führung des Vorstandes von einer weit geringerer Komplexität der Bewältigung der Führungsaufgaben aus, als dies heute selbst in mittleren Unternehmungen der Fall ist. In *Ablösung vom Führerprinzip* der dreißiger Jahre glaubte man der schnell wachsenden Komplexität und der sich rasch steigenden Dynamik gesellschaftlicher und wirtschaftlicher Verhältnisse durch das Prinzip der Kollegialität im Vorstand entsprechen zu können. Organisationen verarbeiten jedoch eine wachsende Komplexität durch arbeitsteilige Strukturen und die Spezialisierung der Aufgabenträger. Damit hat sich auch in vielen Vorständen der *Ressortspezialist* durchgesetzt, der „zwei Hüte" zugleich trägt: Er ist oberste Spitze eines funktionalen, divisionalen oder regionalen Teilbereichs und Mitglied eines gesamtverantwortlichen Vorstandes *zugleich.* Er versteht von „seinem Geschäft", d.h. seinem Ressort weit mehr als seine Kollegen und ist nicht selten mehr an der *Durchsetzung von Bereichsinteressen* – denn das verschafft ihm Ansehen und Unterstützung bei „seiner Mannschaft" – als am Konsens im Hinblick auf *übergeordnete Gesamtinteressen* der Unternehmung interessiert. Auch er kann ähnlich wie ein Aufsichtsrat, wenn auch vielleicht etwas deutlicher im Hinblick auf Vorschläge seiner Vorstands-Kollegen nur mit Prämissen- und Plausibilitätsüberlegungen antworten. Ergibt sich damit nicht eine Tendenz, daß sich auch im Vorstand eine Art „Stakeholder Approach" von Bereichsinteressen entwikkelt, der im Sinne der „Micropolitics" einer Konflikthandhabung bedarf? Inwieweit enthüllt sich vor dem Hintergrund eines denkbaren und praktisch nicht seltenen „Geleitzuges von Ressortinteressen" deutscher Vorstände (im Vergleich zur Idealvorstellung eines „Schlachtschiffes" mit deutlicher Kursvorgabe), das Postulat der *Gesamtverantwortung des Vorstandes* als rein theoretisches Konstrukt?

Das *Kollegialprinzip* im Vorstand kann ohne Zweifel eine Reihe von wesentlichen Vorteilen für sich buchen: In Situationen wachsender Komplexität sind Arbeitsteilung und Spezialisierung nach wie vor Voraussetzungen für eine sachgerechte und effiziente Aufgabenerledigung – wenn es gelingt, die arbeitsteilig erzielten Resultate ohne Effizienzminderung zu einem geschlossenen Ganzen zusammenzufügen. Die wachsende Bedeutung der Rolle von Vorstands-Vorsitzenden deutscher Aktiengesellschaften indiziert, daß es vor allem der letzte, nämlich der integrative Aspekt ist, der problematisch wird. Kollegialität ist aber auch ein gewisser Garant für *Kontinuität* bewährter Unternehmungspolitik und -entwicklung. Erst dort, wo Kontinuität des Bewährten auf neue Konstellationen trifft, die erfordern, daß das Rad herumgeworfen werden muß, um in ein neues, situationsgerechteres „Fahrwasser" zu gelangen, versagt – unter diesem Aspekt – das Kollegialprinzip. Hier sind direktoriale Spitzenformen, wie etwa das amerikanische CEO-Prinzip – zumindest für eine kurzfristige Restrukturierung – als weit wirksamer einzustufen.

Für die *Vorstands-Arbeit* deutscher Aktiengesellschaft bleibt als Fazit festzuhalten: Es empfiehlt sich die weitgehend übertriebene Ressortierung vor allem größerer Unternehmungen zurückzunehmen und stärker die Integrationsleistung des Vorstands unter Herausstellung der *Rolle des Vorstands-Vorsitzenden* zu betonen. Dies darf jedoch nicht zu Lasten einer eindeutigen Führungsverantwortung für einzelne Bereiche gehen, die zweckmäßigerweise unterhalb eines klein zu haltenden Vorstands (stellvertretende Vorstands-Mitglieder) anzusiedeln sind. Begeben wir uns damit in modifizierter Form auf den Weg, der zu ähnlichen Formen der Leitungsspitze führt, wie in den USA mit dem CEO plus internes Executive Committee oder zum französischen „PDG" (Président Directeur Général) vorgezeichnet, seit langem praktiziert wird?

V. Änderung der Spitzenorgane in Selbstorganisation der Wirtschaft zur Verbesserung der Spitzenverfassung statt neuer gesetzlicher Regelungen

Ansatzpunkte für eine Reform der Spitzenverfassung bieten sich, wie dargelegt wurde, in vielerlei Hinsicht. Eine Reform kann zum einen im Sinne der Eigengestaltung durch die Unternehmung selbst und zum anderen im Sinne der Fremdgestaltung durch den Gesetzgeber erfolgen. Es wäre eine Fehlentscheidung, wenn diese Ansatzpunkte zu *neuen gesetzgeberischen Initiativen* Anlaß geben sollten. Dies ist vor allem vor dem Hintergrund der deutschen Mitbestimmungspraxis problematisch. Die meisten Unternehmungen haben die Vorschriften der Mitbestimmungsgesetze in eine praktische und akzeptable Form umgesetzt und jede Unternehmung hat dabei mehr oder weniger ihr eigenes, spezifisches Gleichgewicht erreicht. Es wäre falsch, in diesen delikaten Zusammenhang eines Ausgleichs von Interessen durch neue gesetzgeberische Initiativen hinein erneute Ungleichgewichtskonstellationen zu produzieren, die eher geeignet sind, von vordringlichen Aufgaben der Erhaltung der Wettbewerbsfähigkeit in einem schwieriger gewordenen internationalen Umfeld abzulenken.

Das Faszinierende der amerikanischen Entwicklung liegt in der Tatsache, daß innerhalb eines sehr lockeren gesetzlichen Rahmens, auf relativ kleine Anstöße hin, Anpassungsmaßnahmen zur Optimierung der Spitzenorganisation in amerikanischen Corporations in Eigeninitiative der Wirtschaft ausgelöst wurden. Sollte dies nicht auch im eigenen Land möglich sein?

Literaturverzeichnis

ABBOTT LABORATORIES, *Proxy* Notice of Annual Meeting and Proxy Statement 1983. Abbott Park, IL. 1983.

AGUILAR, G.C., *Doctrine* Business Judgement Doctrines Being Challenged in U.S. In: Wall Street Journal, 16. Aug. 1984, S. 2.

ALBACH, H./KLEES, H.-P., *Verflechtungen* Personelle Verflechtungen bei deutschen Industrieaktiengesellschaften. In: Zeitschrift für Betriebswirtschaft (52) 1982, S. 959-977.

ALDERFER, C.P., *Invisible Director* The Invisible Director on Corporate Boards. In: Harvard Business Review (64) 6/1986, S. 38-52.

ALDRICH, H.-E., *Organizations* Organizations and Environments. Englewood Cliffs, New York 1979.

ALEWELL, K./HAHN, D., *Mitbestimmung* Mitbestimmung leitender Angestellter. In: Zeitschrift für Betriebswirtschaft (42) 1972, S. 871 ff.

ALLEN, L.A., *Management* Management und Organisation. Gütersloh, ohne Jahrgang. Übersetzt aus dem Amerikanischen von O. H. Hames. Titel der Originalausgabe: Management and Organization. New York et al. 1958.

ANDERSON, Ch. A./ANTHONY, R.N., *Directors* The New Corporate Directors. Insights for Board Members & Executives. New York et al. 1986.

(THE) AMERICAN LAW INSTITUTE (ALI), *Principles* Principles of Corporate Governance and Structure: Restatement and Recommendations. Tentative Draft No. 1. Philadelphia, PA April 1982.

ANDREWS, K. R., *Responsibility* Director's Responsibility for Corporate Strategy. In: Harvard Business Review (58) 6/1980, S. 30-42.

DERS.: *Rigid Rules* Rigid Rules will not make for good Boards. In: Harvard Business Review (60) 6/1982, S. 34-47.

ARAM, J. D./COWEN, S.S., *Information* Information for Corporate Directors. Cleveland, Ohio 1983.

ARBEITSKREIS DR. KRÄHE, *Organisation der Geschäftsführung* Arbeitskreis Dr. Krähe der Schmalenbach-Gesellschaft: Die Organisation der Geschäftsführung - Leitungsorganisation. Opladen 2. Aufl. 1971.

BACON, J., *Corporate Directorship Practices I* Corporate Directorship Practices: Membership and Committees of the Board. A Research Report from the Conference Board and the American Society of Corporate Secretaries, Inc. New York 1973.

DERS: *Audit Committee* Corporate Directorship Practices: The Audit Committee. Research Report from the Conference Board. New York 1979.

DERS.: *Nominating Committee* The Nominating Committee and the Director Selection Process. Research Report from the Conference Board. New York 1981.

BACON, J./BROWN, J. K., *Corporate Directorship Practices III* Corporate Directorship Practices: Role, Selection and Legal Status of the Board. A Joint Research Report from the Conference Board and the American Society of Corporate Secretaries, Inc. New York 1975.

DIES.: *Perspectives and Practices* The Board of Directors: Perspectives and Practices in Nine Countries. Research Report from the Conference Board. New York 1977.

BAER, H.J., *Verantwortung* Die Verantwortung des Verwaltungsrates in der AG. Zürich 1978.

BAKER, J. C., *Directors* Directors and their Functions. Boston, MA 1945.

BAKER, D.W., *Treadway* Treadway Commission: Its Initial Conclusions. In: Management Accounting, Dec. 1986, S. 6-7.

BALZER, U. *Krisenmanagement* Krisenerkennung durch den Aufsichtsrat. Frankfurt et al. 1983.

BARR, J. W., *Professional Director* The Role of the Professional Director. In: Harvard Business Review (54) 3/1976, S. 18-24.

BASS, B.M./ NORTON, F.-T.M., *Group Size* Group Size and Leaderless Discussions. In: Journal of Applied Psychology (35) 1951, S. 397-400.

BAUMBACH, A. (Begr.), fortgef. v. HUECK, A./HUECK, G./Mitarb. v. SCHULZE, J., *Aktiengesetz* Kurzkommentar zum Aktiengesetz. 13. Aufl. München 1968.

BERLE, A.A./MEANS, G.C., *Corporation* The Modern Corporation and Private Property. New York 1933.

BERRY, L. E., *Environment* The Internal and External Auditor's New Coordinated Environment. In: The Internal Auditor, Oct. 1985, p. 57-60.

BIELER, H., *Kapitalverflechtung* Die Kapitalverflechtung zwischen den größten deutschen Unternehmen des Jahres 1981. In: Soziale Welt, (37) 1/1986, S. 79-106.

BIELER, H./ ORTMANN, R., *Verbindungen* Personelle Verbindungen zwischen Unternehmen. In: Die Betriebswirtschaft, 1/85, S. 4-18.

BINDER, A., *Verfassung* Die Verfassung der Aktiengesellschaft. Dissertation Basel 1988.

BISHOP, J. W., *D & O Insurance Policies* Understanding D & O Insurance Policies. In: Harvard Business Review (56) 2/1978, S. 20-34.

BLAU, P.M., *Exchange* Exchange and Power in Social Life. New York 1964.

BLAU, P.M./SCHOENHERR, R.A.: *The Structure* The Structure of Organizations. New York et al. 1971.

BLEICHER, K., *Unternehmungsentwicklung* Unternehmungsentwicklung und organisatorische Gestaltung. Stuttgart et al. 1979.

DERS.: *Entwicklungstendenzen* Probleme und Entwicklungstendenzen der Organisationspolitik industrieller Großunternehmungen. In: Führungsprobleme industrieller Unternehmungen. Friedrich Thomée zum 60. Geburtstag, hrsg. von Hahn, D.; Berlin et. al. 1980, S. 75-108.

DERS.: *Yellow Freight* zfo-Führungsprofil: Yellow Freight System, Inc., Kansas City. In: Zeitschrift Führung + Organisation (50) 1981, S. 257-266.

DERS.: *Konvergieren* Konvergieren europäische und amerikanische Führungsstrukturen der Unternehmungsspitze? In: Zeitschrift für Organisation (50) 2/1981, S. 66-74.

DERS.: *United Technologies* zfo - Führungsprofil: United Technologies. Spitzentechnologien als gemeinsamer Nenner. In: Zeitschrift Führung + Organisation (52) 1983, S. 275-287.

DERS.: *Control Data* zfo - Führungsprofil: Control Data Corporation: Die Befriedigung gesellschaftlicher Bedürfnisse als erfolgversprechendes Wachstumspotential. In: Zeitschrift Führung + Organisation (52) 1983, S. 407-420.

DERS.: *General Motors* zfo - Führungsprofil: General Motors Corporation. Der größte Automobilhersteller der Welt im Umbruch. In: Zeitschrift Führung + Organisation (53) 1984, S. 147-158.

DERS.: *Pfizer* zfo - Führungsprofil: Pfizer Inc. Erfolgreiches Vorgehen auf internationalen Märkten mit einer globalen Produktstruktur und einer starken Organisationskultur. In: Zeitschrift Führung + Organisation (53) 1984, S. 416- 425.

DERS.: *Haie* Lassen sich „Haie" mit „goldenen Fallschirmen" verjagen? In: Blick durch die Wirtschaft, Beilage zur Frankfurter Allgemeinen Zeitung, 24. Aug. 1984, S. 3f.

DERS.: *Sicherheit* Zuviel Sicherheit, zuwenig Führungsleistung. Die Führungsspitze im kritischen Blickpunkt. In: Blick durch die Wirtschaft, Beilage zur Frankfurter Allgemeinen Zeitung, 9. Januar 1984, S. 3.

DERS.: *Ausgestaltung* Zur strategischen Ausgestaltung von Anreizsystemen für die Führungsgruppe in Unternehmungen. In: Zeitschrift Führung + Organisation (52) 1985, S. 21-27.

DERS.: *Wandel* Probleme des Wandels der Unternehmungsverfassung im Spannungsfeld von Philosophie, Organisation und Politik der Unternehmung. In: Die ganzheitlich-verstehende Betrachtung der sozialen Leistungsordnung. Festschrift für Josef Kolbinger zum 60. Geburtstag, hrsg. v. Bühler, W.; Hofmann, M.; Malinsky, A.H.; Reber, G.; Pernsteiner, A.W.; Wien et al. 1985, S. 601-624.

DERS.: *Board-System* Board-System. In: Die Betriebswirtschaft (45) 1985, S. 222-223.

DERS.: *Intel* Intel Corporation. Technologische Spitzenleistungen durch Kreativität und Innovation. In: Zeitschrift Führung + Organisation (54) 1985, S. 167-174.

DERS.: *Aufsichtsrat* Der Aufsichtsrat im Wandel. Gütersloh 1987.

BLEICHER, K./MEYER, E., *Führung* Führung in der Unternehmung. Formen und Modelle. Reinbek bei Hamburg 1976.

BLEICHER; K./PAUL, H., *Verfassungen* Unterschiedliche Verfassungen der Leitungsspitze von Unternehmungen in organisatorischer Sicht. Unveröffentlichter Abschlußbericht eines Forschungsprojekts der Deutschen Forschungsgemeinschaft (DFG). St. Gallen 1985.

DIES.: *Governance* Corporate Governance Sysems in a Multinational Environment: Who Knows What's Best? In: Management International Review. Journal of International Business. (26) 3/ 1986, S. 4-15.

DIES.: *Board-Modell* Das amerikanische Board-Modell im Vergleich zur deutschen Vorstands-/Aufsichtsratsverfassung - Stand und Entwicklungstendenzen. In: Die Betriebswirtschaft (46) 3/1986, S. 263-288.

BLUMBERG, P.J., *Who Belongs on Corporate Boards* Who Belongs on Corporate Boards? In: Business and Society Review (5) 1973, S. 40-47.

BLUME, O./KUHLMEYER, E./RIEMANN, C./RUMP, P., *Normen* Normen und Wirklichkeit einer Betriebsverfassung. Tübingen 1964.

BÖHM, F., *Demokratie* Demokratie und ökonomische Macht. In: Kartelle und Monopole im modernen Recht. Band 1. Karlsruhe 1961.

BORTEL, K.-D./KLEINMANN, R./ PAUL, H., *Verfassung* Unternehmungsverfassung und Spitzenorganisation. In: Zeitschrift für Organiation (53), 1984, S. 21-29.

BOISOT, M., *Convergence* Convergence Revisited: The Codification and Diffusion of Knowledge in a British and a Japanese Firm. In: Journal of Management Studies (20) 1983, S. 159-190.

BOULTON, W.R., *The Case* The Case for More Board Participation in Strategic Management. In: Strategic Management and Business Policy, hrsg. v. Glueck, W.F., New York et al. 1980, S. 71-78.

DERS.: *Board* The Emery Board. A Look at the Board's Changing Roles and Information Needs. In: Academy of Management Review, October 1978, p. 827-836.

BRINKMANN-HERZ, D., *Entscheidungsprozesse* Entscheidungsprozesse in den Aufsichtsräten der Montanindustrie. Eine empirische Untersuchung über die Eignung des Aufsichtsrates als Instrument der Arbeitnehmermitbestimmung. Berlin 1972.

BROSE, P., *Erkenntnisstand und Perspektiven* Erkenntnisstand und Perspektiven von Unternehmensverfassungen aus interdisziplinärer Sicht. In: Die Aktiengesellschaft (26) 1984, S. 38- 48.

BROWN, C.C., *Putting* Putting the Corporate Board to Work. New York 1976.

BROWN, J.K., *Planning Committee* Corporate Directorship Practices: The Planning Committee. Research Report from the Conference Board. New York 1981.

BUCHAN, P.B., *Advisors* Boards of Directors: Adversaries or Advisors. In: California Management Review (24) Nr. 2/1981, S. 31-39.

BUCHMANN, P., *Organisation* Organisation der Verwaltungsräte in 20 der größten Aktiengesellschaften der Schweiz. Bern et al. 1976.

BUNDESMINISTERIUM DER JUSTIZ (Hrsg.), *Bericht* Bericht über die Verhandlungen der Unternehmungsrechtskommission. Köln 1980.

BURNS, T./ STALKER, G.M., *Innovation* The Management of Innovation. London 1961.

(THE) BUSINESS ROUNDTABLE, *Statement* Statement of The Business Roundtable on the American Law Institute's Proposed „Principles of Corporate Governance and Structure: Restatement and Recommendation." New York 1983.

DIES.: *Board* The Role and Composition of the Board of Directors of the Large Publicly Owned Corporation. Statement of The Business Roundtable. New York 1978.

CARLEY, W.M./THUROW, R., *Braniff* Braniff Clipped Wings. In: The Wall Street Journal, 6. Jan. 1981, S. 1.

CHILD, J., *Predicting and Understanding Organization Structure* Predicting and Understanding Organization Structure. In: Administrative Science Quarterly (18) 1973, S. 168-185.

CHINI, L.W., *Aufsichtsrats* Aufsichtsrats - Informationssystem. Wiesbaden 1988.

CHILD, J./ KIESER, A., *Development* Development of Organization over Time. In: Handbook of Organizational Design, Vol. 1, hrsg. v. Nystrom, P.C. und Starbuck, W.H., Oxford et al. 1981.

CHMIELEWICZ, K., *Unternehmungsverfassung* Unternehmungsverfassung. In: Die Betriebswirtschaft (41) 1981, S. 484-486.

DERS.: *Probleme der Unternehmensverfassung* Aktuelle Probleme der Unternehmensverfassung aus betriebswirtschaftlicher Sicht. In: Die Betriebswirtschaft (44) 1984, S. 11-24.

DERS.: *Neuentwurf* Der Neuentwurf einer 5. EG-Richtlinie (Struktur der AG) Darstellung und Kritik. In: Die Betriebswirtschaft (44) 1984, S. 393-409.

CHMIELEWICZ, K./GROSSMANN, A./INHOFFEN, A./LUTTER, M., *Mitbestimmung* Die Mitbestimmung im Aufsichtsrat und Vorstand. Darstellung, Vergleich und Kritik der rechtlichen Regelungen aus juristischer und betriebswirtschaftlicher Sicht. In: Die Betriebswirtschaft (37) 1977, S. 105-145.

CIFELLI, A., *Bankruptcy* Management by Bankruptcy. In: Fortune, 31. Okt. 1983, S. 69-72.

DERS.: *Rolling Back* Rolling Back the Freedom to Manage. In: Fortune, 9. Jan. 1984, S. 90-94.

CINCINNATI GAS & ELECTRIC COMPANY, *Regulations* Regulations. Cincinnati, OH 1980.

CLENDENIN, W.D., *Company Presidents* Company Presidents Look at the Board of Directors. In: California Management Review (14) 3/1972, S. 60-66.

(THE) COMMITTEE ON CORPORATE LAW – SECTION OF CORPORATION, BANKING AND BUSINESS LAW. AMERICAN BAR ASSOCIATION, *Guidebook* Corporate Director's Guidebook. Sonderdruck aus Business Lawyer (33) 3/1978.

CONRAD, A.F., *Überwachung* Die Überwachung des Unternehmensmanagements. In: Zeitschrift für Unternehmens- und Gesellschaftsrecht (16) 2/1987, S. 180-218.

CUMMINGS, L.L./HUBER, G.P./ARENDT, E., *Effects of Size* Effects of Size and Spatial Arrangements on Group Decision Making. In: Academy of Management Journal (17) 1974, S. 460-475.

CZUBEK, G., *Unternehmungsverfassung* Die Unternehmungsverfassung. Wirtschaftliche Grundlagen, juristische Reformbestrebungen und rechtsdogmatischer Widerstand. Dissertation Freiburg 1968.

DAETWYLER, M., *Effizienz* Auf der Suche nach Effizienz. In: Politik und Wirtschaft. 3/1988. S. 55-58.

DERS.: *Haus* Haus ohne Hüter - ohne Schuld keine Haftung. In: Politik und Wirtschaft, Zürich 3/1988.

DAHRENDORF, R., *Mitbestimmungsproblem* Das Mitbestimmungsproblem in der deutschen Sozialforschung. Eine Kritik. München 2. Aufl. 1965.

DAYTON, K. N., *The other Side* Corporate Governance: The Other Side of the Coin. In: Harvard Business Review (62) 1/1984, S. 34-37.

DeMOTT, D.A., *Corporate Veil* Reweaving the Corporate Veil: Management Structure and the Control of Corporate Information. In: Corporations at the Crossroads: Governments and Reform, hrsg. v. New York et al. 1980.

DEPPE, W., *Willensbildung* Vorrang, Arten und Einflußfaktoren der Willensbildung in betrieblichen Führungskollegien. Herne, Berlin 1973.

DLUGOS, G., *Mitbestimmung* Mitbestimmung. In: Handwörterbuch der Organisation, hrsg. von Grochla, E. Stuttgart 2. Aufl. 1980, Sp. 1343-1356.

DRUCKER, P.F., *Praxis* Neue Management-Praxis. 2 Bände. Düsseldorf et al. 1974.

DUNN, D.J., *Directors* Directors Aren't Doing Their Jobs. In: Fortune,16. März 1987, S. 119 f.

DYLLICK, T., *Umweltbeziehungen* Die Beziehungen zwischen Unternehmung und gesellschaftlicher Umwelt. In: Die Betriebswirtschaft (46) 1986, S. 373-392.

EARLE, V.M., *Stop* A Stop at School on the Way to the Boardroom. In: Fortune. 2. Juli 1979, S. 102-103.

EISENBERG, M.A., *Legal Roles* The Legal Roles of Shareholders and Management in Modern Corporate Decision Making. In: California Law Review, (57) 1/1969, S. 5-181.

DERS.: *Structure* The Structure of the Corporation. Boston, MA, Toronto 1976.

EIGENMANN, E.J., *Reglement* Das Reglement der Aktiengesellschaft. In: Die AG im neuen OR. Zürich 1952, Heft 11.

ELLIS, T./CHILD, J., *Placing Stereotypes of the Manager* Placing Stereotypes of the Manager into Perspective. In: the Journal of Management Studies (10) 1973, S. 233-255.

EMERY, F.E./ TRIST, E.L., *Texture* The Casual Texture of Organizational Environments. In: Human Relations (18) 1965, S. 21-32.

ESCHER, A., *Rechtsstellung* Die Rechtsstellung des Verwaltungsrates nach dem Aktienrecht der Vereinigten Staaten von Amerika. Dissertation Bern 1954.

FISCHER, C.E., *Rechtsschein* Rechtsschein und Wirklichkeit im Aktienrecht - Rechtspolitische Betrachtungen zu einer Reform der Aktiengesellschaft. In: Archiv für die civilistische Praxis (154) 1955, S. 85-120.

FOPP, L., *Verwaltungsräte* Verwaltungsräte: Ins Pflichtenheft gehört jetzt auch strategisches Management. In: io Management-Zeitschrift (54) 7,8/1985, S. 332.

FORSTMOSER, P., *Verantwortlichkeit* Die Aktienrechtliche Verantwortlichkeit. Zürich 1987.

FORSTMOSER, P./MEIER-HAYOZ, A., *Aktienrecht* Einführung in das schweizerische Aktienrecht. 2. Aufl. Bern 1980.

FREILING, C., *Überwachung* Zur Überwachung der Aktiengesellschaft durch Aufsichtsrat und Abschlußprüfer. In: Zeitschrift für betriebswirtschaftliche Forschung, 1978, S. 771ff.

FRIEDMAN, M., *Doctrine* A Friedman Doctrine: The Social Responsibility of Business is to Increase its Profits. In: The New York Times Magazine, 13. Sept. 1970, S. 33, 126.

GAUGLER, E./HEIMBURGER, W., *Firmenbeiräte* Firmenbeiräte mittelständischer Unternehmen. Eine Analyse der Funktionen und Arbeitsweisen. Ergebnisse einer empirischen Untersuchung. Mannheim 1984.

GEHRMANN, H., *Audit Committees* Audit Committees (Prüfungsausschüsse): Auch ein Mittel zur Sicherung der Unabhänigkeit des Abschlußprüfers? In: Der Betrieb (31) 1978, S. 453-456.

GENEEN; H. S., *Directors* Why Directors Can't Protect the Shareholders. In: Fortune, 17. Sept. 1984, S. 22-26.

GESSLER, E./HEFERMEHL, W./ECKHARDT, U./KROPFF, B., *Aktiengesetz* Kommentar zum Aktiengesetz. München 1973.

GIRGENSOHN, T., *Mitwirkung* Die Mitwirkung des Aufsichtsrats bei unternehmenspolitisch relevanten Entscheidungen. In: Der Betrieb (33) 1980, S. 337-341.

GODIN, R. Freiherr von/ WILHELMI, H., *Aktiengesetz* von; Aktiengesetz, Kommentar. Band I. Berlin et al. 4. Aufl. 1971.

GOERDELER, R., *Audit Committee* Das Audit Committee in den USA. In: Zeitschrift für Unternehmens- und Gesellschaftsrecht. 1987, S. 219-232.

GOMARD, B., *Board* Board Members' Liability for Damages. In: Corporate Governance and Directors' Liabilities, hrsg. v. Hopt, K.J.; Teubner, G., Berlin 1984, S. 208 - 260.

GOMEZ, P., *Frühwarnung* Frühwarnung in der Unternehmung. Bern 1983.

GREANIAS, G./WINDSOR, D., *Foreign Corrupt Practices* The Foreign Corrupt Practices Act. Lexington, MA 1982.

GROENING, W.A., *Corporate Manager* The Corporate Manager. Responsibility and Regulation. New York et al. 1981.

GROSSKOMMENTAR, *Großkommentar zum Aktiengesetz* Aktiengesetz, Großkommentar. Berlin 3. Aufl. 1973.

GUTENBERG, E., *Unternehmensführung* Unternehmensführung, Organisation und Entscheidungen. Wiesbaden 1962.

DERS.: *Funktionswandel* Funktionswandel des Aufsichtsrats. In: Zeitschrift für Betriebswirtschaft (40) Ergänzungsheft Dez. 1970, S. 1-10.

HAHN, D., *Strategische Planung und Mitbestimmung* Strategische Planung und Mitbestimmung. In: Führungsprobleme industrieller Unternehmungen. Friedrich Thomée zum 60. Geburtstag, hrsg. v. Hahn, D. Berlin et al. 1980, S. 47-74.

DERS.: *PuK* Planungs- und Kontrollrechnung 3. Aufl. Wiesbaden 1985.

HAHN, D./KLAUSMANN, W., *Frühwarnsysteme* Frühwarnsysteme und strategische Unternehmungsplanung. In: Strategische Unternehmungsplanung, hrsg. v. Hahn, D.; Taylor, B. Würzburg et al. 3. Aufl. 1984, S. 250-266.

HALTER, W., *Morgen* Guten Morgen, Herr Präsident des Verwaltungsrates. Zürich 1985.

HAMEL, W., *Kontrolle* Interne Kontrolle der Unternehmung durch Organe der Unternehmungsverfassung - Anspruch und Realität am Beispiel des Jahresabschlusses. In: Unternehmungsverfassung als Problem der Betriebswirtschaftslehre, hrsg. v. Bohr, K.; Drukarcyk, J.; Drumm, H.-J.; Scherrer, G., Berlin et al. 1981, S. 541-574.

HEIDRICK & STRUGGLES, INC., *Profiles* Profile of a Chief Executive Officer. Ohne Ort 1980.

DIES.: *Changing Board* The Changing Board. Chicago, IL 1982.

HELLER, M., *Vital Force* The Board of Directors: Legalistic Anachronism or Vital Force. In: California Management Review, (14) 3/1972, S. 24-30.

HENN, G., *Aktienrecht* Handbuch des Aktienrechts. 3. Aufl. Kronberg 1987.

HENZLER, H.:,*Führungsmodell* Das Führungsmodell der deutschen Aktiengesellschaften im Vergleich mit Konstruktion und Praxis des anglo-amerikanischen Board-Systems. In: Zeitgemäße Gestaltung der Führungsspitze von Unternehmen, hrsg. v. d. Bertelsmann-Stiftung. Gütersloh o.J., S. 15-25.

HERKENRATH, K., *Leitungsorgane* Die Leitungsorgane der amerikanischen Corporation und der deutschen Aktiengesellschaft. Darstellung und Vergleich in rechtlicher und organisatorischer Hinsicht. Dissertation Köln 1960.

HODLER, M./RITTER, L., *Monitoring* Corporate Monitoring. In: io Management-Zeitschrift (56) 12/1987.

HOFFMANN, D., *Aufsichtsrat* Der Aufsichtsrat - ein Handbuch für die Praxis. München 1985.

HOFFMANN, F., *Führungsorganisation II* Führungsorganisation, Band II. Ergebnisse eines Forschungsprojekts. Tübingen 1984.

HOFSTEDE, G., *Consequenses* Culture's Concequences. International Differences in Work-Related Values. Beverly Hills et al. 1980.

HUDSON, R.L., *SEC Rules* SEC Rules force Activist Holders to alter Corporate Battle Strategy. In: The Wall Street Journal, 5. Sept. 1983, S. 11, 19.

HUECK, G., *Probleme* Zwei Probleme der Konzernmitbestimmung. In: Festschrift für Harry Westermann zum 65. Geburtstag, hrsg. v. Hefermehl, W.; Gmur, R.; Bronx, H.; Karlsruhe 1974, S. 241-261.

DERS.: *Gesellschaftsrecht* Gesellschaftsrecht. München 18. Aufl. 1983.

HUETTE, K., *Sorgfaltspflichten* Die Sorgfaltspflichten der Verwaltung und Geschäftsleitung im Lichte der aktienrechtlichen Verantwortlichkeit. In: Zeitschrift für Unternehmungs- und Gesellschaftsrecht (15) 1/1986.

HUPPERT, W., *Recht* Recht und Wirklichkeit der Aktiengesellschaft. Berlin 1978.

JAGENBURG, W., *Aktienrecht* Aktienrecht als Organisationsrecht. In: Die Aktiengesellschaft (19) 1965, S. 156-168.

JEMISON, D.B., *Importance* The Importance of Boundary Spanning Roles in Strategic Decision-Making. In: Journal of Managing Studies (21) 2/1984, S. 131-152.

JENNINGS, H.H., *Leadership* Leadership and Isolation. New York 1950.

JONES, R.H., *Relations* The Relationship between the Board of Directors and Operating Management. In: Running the American Corporation, hrsg. v. Dill, W.R. Englewood Cliffs, NJ 1978, S. 96-110.

DERS.: *Corporate* Corporate governance: the role of directors. In: The McKinsey Quarterly, Summer 1987.

KALLMEYER, H., *Mitbestimmungsgesetz* Mitbestimmung 1976 - Leitfaden für Aufsichtsratsmitglieder in nach dem Mitbestimmungsgesetz 1976 mitbestimmten Aufsichtsräten. In: Beilage Nr. 11/78 zu Der Betrieb (3), Heft 30/1978, S. 1-8.

KEARNY, J.J., *Corporate Governance Issues* Facets of the Corporate Secretary's Job. In: Conference Opening Remarks, hrsg. v. Futter, V., 1981, S. 73-74.

KERR, C./DUNLOP, J.T./HARBISON, F.H./MYERS, C.A., *Mensch* Der Mensch in der industriellen Gesellschaft. Frankfurt 1960.

KIRSCH, W./SCHOLL, W./ PAUL, H., *Mitbestimmung* Mitbestimmung in der Unternehmungspraxis. München 1984.

KNAPP, M.C., *Audit Committee* An Empirial Study of Audit Committee Support for Auditors involved in Technical Disputes with Clients' Managements. In: The Accounting Review, July 1987, S. 578-588.

KNEPPER, W.E., *Liability* Liability of Corporate Officers and Directors. Indianapolis, IN; 3. Aufl. 1978

KNAUP, P., *Mitbestimmung* Unternehmerische Mitbestimmung im Konzern. Dissertation Marburg 1979.

KOBELT, H., *Handelsgesellschaften* Die Entwicklung der Handelsgesellschaften und ihres Rechts in der Schweiz, insbesondere in St. Gallen bis Ende des 18. Jahrhunderts. Bern 1916.

KOLBINGER, J., *Bauplan* Bauplan sozialer Betriebsführung. Stuttgart 1957.

DERS.: *Personalwesen* Das betriebliche Pesonalwesen. Band 1. Grundlagen. Stuttgart 2. Aufl. 1972.

KÖLNER KOMMENTAR, *Kölner Kommentar zum Aktiengesetz* Kölner Kommentar zum Aktiengesetz. Köln 1970.

KOONTZ, H., *Corporate Board* The Corporate Board and Special Interests. In: Business Horizons (14) 5/1971, S. 75-82.

KOMMISSION ORGANISATION IM VERBAND DER HOCHSCHULLEHRER FÜR BETRIEBSWIRTSCHAF E.V., *Stellungnahme* Stellungnahme zum Entwurf einer 5. EG-Richtlinie (Struktur der AG). In: Die Betriebswirtschaft (47) 1987. S. 538-553.

KORN, L.B., *Streamlining* „ Streamlining the Director's Job. In: The Wall Street Journal. 28. Juni 1983, S. 7.

DERS.: *Directors* Directors Are Getting Hard to Find. In: Fortune, 29. April 1985, S. 209-210.

KORN/FERRY INTERNATIONAL, *Board* Board of Directors, Nineth Annual Study. Los Angeles, CA 1982.

DIES.: *Annual Study* Board of Directors, Eleventh Study. New York, NY 1984.

KOSIOL, E., *Organisation* Organisation der Unternehmung. Wiesbaden 1962.

DERS.: *Aktionszentrum* Die Unternehmung als wirtschaftliches Aktionszentrum. Reinbek bei

Hamburg 1966.

DERS.: *Organisation des Entscheidungsprozesses* Organisation des Entscheidungsprozesses. Berlin 2. Aufl. 1975.

KRAUSE, D., *Corporate* Corporate Social Responsibility: Interests and Goals. In: Corporate Governance and Directors' Liabilities, hrsg. v. Hopt, K.J.; Teubner, G. Berlin 1984, S. 95 - 121.

KRIEGER, G., *Präsidium* Zum Aufsichtsratspräsidium. In: Zeitschrift für Unternehmens- und Gesellschaftsrecht 3/1985, S. 343ff.

KRISTOL, I., *Dilemma* Dilemma of the Outside Director. In: The Wall Street Journal, 14. Sept. 1984, S. 6.

KRÜGER, W., *Stand* Stand und Entwicklung der Lehre von der Unternehmungsverfassung. In: Die Betriebswirtschaft (39) 1979, S. 327-346.

KUEBLER, F.K., *Dual* Dual Loyality of Labor Representatives. In: Corporate Governance and Directors' Liabilities, hrsg. v. Hopt, K.J.; Teubner, G., Berlin 1984, S. 402 - 444.

KURMANN, J. (Hrsg.),*Verwaltungsräte* Wie man Verwaltungsräte aktiviert. In: io Management-Zeitschrift (52) 11/1983.

LANGNER, R., *Rechtsposition* Rechtsposition und praktische Stellung des Aufsichtsrats im unternehmerischen Entscheidungsprozeß. Opladen 1973.

LAWRENCE, P.R./LORSCH, J.W., *Differentiation* Differentiation and Integration in Complex Organizations. In: Administrative Science Quarterly (12) 1967, S. 1-47.

LEAR, R.W.:,*Compensation* Compensation for Outside Directors. In: Harvard Business Review (57) 6/1979, S. 18-28.

LEHMANN, J., *Aufsichtsratsausschüssse* Die Zusammensetzung von Aufsichtsratsausschüssen in Gesellschaften für die das MitbG gilt. In: Die Aktiengesellschaft (22), 1977, S. 14-19.

LEKSELL, L./LINDGREN, U., *Foreign Subsidiaries* The Board of Directors in Foreign Subsidiaries. In: Journal of International Business Studies (8) 1/1982, S. 27-38.

LEVITT, T., *Dangers* The Dangers of Social Responsibility. In: Harvard Business Review (36), 5/1958, S. 41 - 50.

LEVY, L., *Reforming* Reforming Board Reform. In: Harvard Business Review (59) 1/1981.

LIESER, J./SCHOENBAUM, TH., *Board-System* Das Board-System als Mitbestimmungskonzept der Zukunft? In: Die Betriebswirtschaft, Heft 40, 12.10.1973, S. 1981-1984.

LIKERT, R., *New Patterns* New Patterns of Management. New York et al. 1961.

LÜCK, W. (Hrsg.), *Betriebswirtschaft* Lexikon der Betriebswirtschaft. Landsberg 1983.

LUTTER, M., *Gesellschaftsrecht* Europäisches Gesellschaftsrecht, Texte und Materialien zur Rechtsangleichung nebst Einführung und Bibligraphie. Berlin et al. 2. Aufl. 1984.

DERS.: *Unternehmungsverfassung* Unternehmungsverfassung und Wettbewerbsordnung. In: Betriebsberater 1975, S. 613ff.

DERS.: *Information* Information und Vertraulichkeit im Aufsichtsrat. Köln et al. 1979.

MACAVOY, P.W./CANTOR, S./DANA, J./PECK, S., *ALI Proposals* ALI Proposals for Increased Control of the Corporation by the Board of Directors: An Economic Analysis. In: Statement of The Business Roundtable on the American Law Institute's Proposal „Principles of Corporate Governance and Structure: Restatement and Recommendations.", hrg. v. The Business Roundtable. New York 1983, S. 1-49.

MACE, M.L., *Myth* Myth and Reality. Directors: Myth and Reality, hrsg. v. Harvard University Graduate School of Business Administration.

DERS.: *President* The President and the Board of Directors. In: The McKinsey Quarterly, Autumn 1973, S. 20-34.

v. MAY, P., *Aktiengesellschaft* Die Gründung der Aktiengesellschaft in ihrer geschichtlichen Entwicklung in der Schweiz. Bern 1945.

MAUTZ, R.K./NEUMANN, F.L., *Corporate Audit Committees* The Effective Corporate Audit Committee. In: Harvard Business Review (48) 6/1970.

MERTENS, H.-J., *Unternehmungsverfassung* Unternehmungsverfassung - Aufsichtsrats- oder Board-System. In: Wirtschaftswoche, Nr. 51 vom 17. 12. 1971, S. 31-34.

DERS.: *Berichtspflicht* Zur Berichtspflicht des Vorstandes gegenüber dem Aufsichtsrat. In: die Aktiengesellschaft (AG) 1977, S. 87ff.

MESTMÄCKER, F.J., *Verwaltung* Verwaltung, Konzerngewalt und Recht der Aktionäre. Eine vergleichende Untersuchung nach deutschem Aktienrecht und dem Recht des Corporations in den Vereinigten Staaten. Karlsruhe 1958.

MEYER, K., *Delegation* Die rechtliche Stellung des Delegierten des Verwaltungsrates nach schweizerischem Recht. Dissertation Zürich 1945.

MILLS, G., *Board* On the Board. London 1981.

MINTZBERG, H., *Control* Who should Control the Corporation? In: California Management Review (17) 1/1984, S. 90-115.

DERS.: *Power* Power In and Around Organizations. Englewood Cliffs, NJ 1984.

MITBESTIMMUNGSKOMMISSION (HRSG.), *Mitbestimmung* Mitbestimmung im Unternehmen. Bericht der Sachverständigenkommission zur Auswertung der bisherigen Erfahrungen bei der Mitbestimmung. Stuttgart 1970.

MIZRUCHI, M.S., *Who* Who Controls Whom? An Examination of the Relation Between Management and Boards of Directors in Large American Corporations. In: Academy of Management Review (8) 3/1983, S. 426-435.

MOHN, R., *Führungspraxis* Die Führungspraxis in deutschen Aktiengesellschaften - Ansatzpunkte für eine Weiterentwicklung der dualen Führungsspitze. In: Zeitgenössische Gestaltung der Führungsspitze von Unternehmen, hrsg. v. d. Bertelsmann Stiftung, Gütersloh 1984.

MONOPOLKOMMISSION (HRSG.),*Wettbewerb* Hauptgutachten 1973/1975. Mehr Wettbewerb ist möglich. Baden-Baden 1976.

MOORE, T., *Tylenol* The Fight to Save Tylenol. In: Fortune, 29. Nov. 1982, S. 44-49.

MRUK, E.S./GIARDINA, J.A., *Compensation* Organization and Compensation of Boards of Directors, hrsg. v. Arthur Young and the Financial Executives Institute. New York 1983.

MUELLER, R.K., *Hidden Agenda* The Hidden Agenda. In: Harvard Business Review (55) 5/1977, S. 40-52.

DERS.: *Directions* New Direction for Directors. Lexington, MA et al. 1978.

DERS.: *Board Compass* Board Compass, what it means to be a director in a changing world. Lexington MA 1979.

DERS.: *Board* The Incompleat Board. Lexington/MA 1981.

DERS.: *Board Score* Board Score. How to Judge Board Worthiness. Lexington, MA et al. 1982.

DERS.: *Door* Behind the Boardroom Door. New York 1983.

NADER, R., *Reforming* Reforming Corporate Governance. In: California Management Review (26) 4/1984, S. 129 f.

NADER, R. et al., *Constitutionalizing* Constitutionalizing the Corporation: The Case for the Federal Chartering of Giant Corporations. Washington, DC 1976.

NAZEM GHARIB, S., *Roy Ash* How Roy Ash Got Burned. In: Fortune, 6. April 1981, S. 71-72.

NEFF, TH.J., *Learning* Learning to Respect Your Board. In: The Wall Street Journal. 15. Mai 1984. S. 7.

DERS.: *Liability* Liability Panic in the Board Room. In: The Wall Street Journal. 18. Nov. 1986, S. 11.

NEGHANDI, A./REIMAN, B.C., *Task* Task Environment, Decentralization and Organizational Effectiveness. In: Human Relations (26) 1973, S. 203-214.

NICKLISCH, H., *Betriebswirtschaft* Die Betriebswirtschaft. 7. Auflage 1929, S. 32.

NOBEL, P., *Europäisierung* Europäisierung des Aktienrechts. Dissertation St.Gallen 1974.

OESCH, K., *Verwaltungsrat* Verwaltungsrat und Unternehmungskrisen. Bern 1984.

OSBURN, R.N./HUNT, J.G., *Environment* Environment and Organizational Effectiveness. In: Administrative Science Quarterly (19) 1974, S. 231-246.

OTT, H., *Haus ohne Hüter* Haus ohne Hüter. Ohne Schuld keine Haftung. In: Politik und Wirtschaft 3/1988, S. 52-55

PALMER, D., *Broken Ties* Broken Ties. Interlocking Directorates and Intercorporate Coordination. In: Administrative Science Quarterly (28) 1983, S. 40- 55.

PASSOW, R., *Aktiengesellschaft* Die Aktiengesellschaft. Eine wirtschaftswissenschaftliche Studie. Jena 1922.

PATTON, A./BAKER, J.C., *Directors Rock the Boat* Why won't Directors Rock the Boat? In: Harvard Business Review (65) 6/1987, S. 10- 18.

PAUL, H., *Managementkapazität* Managementkapazität als kritischer Faktor der Unternehmungsentwicklung. In: Zeitschrift für Organisation 5/87, S. 305 - 312.

DERS.: *Board-Modell* Das amerikanische Board-Modell. Eine Alternative zum deutschen Aufsichtsrats-/Vorstandsmodell der Unternehmungsverfassung. WiSt-Wirtschaftsstudium, Juli 1986, S. 345-351.

PFEFFER, J., *Size* Size and Composition of Corporate Boards of Directors: The Organization and its Environment. In: Administrative Science Quarterly (17) 1972, S. 218-228.

DERS. *Management* Beyond Management and the Worker: The Institutional Function of Management. In: Academy of Management Review (1) 1976, S. 36-46.

PITNEY BOWES, Inc., *Board Resolution* Duties of Board Committees. Board Resolution. 8. Dez. 1980.

PLEISTER, C., *Probleme* Die wirtschaftspolitischen Probleme der Autonomie der Geschäftsbanken. München 1978.

POENSGEN, O.H., *Der Weg in den Vorstand* Der Weg in den Vorstand. Die Charakteristiken der Vorstandsmitglieder der Aktiengesellschaft des verarbeitenden Gewerbes. In: Die Betriebswirtschaft (42) 1982, S. 3-25.

DERS.: *Fluktuation* Fluktuation, Amtszeit und weitere Karriere von Vorstandsmitgliedern. In: Die Betriebswirtschaft (42) 1982, S. 177-195.

POTTHOFF, E., *Prüfung* Prüfung und Überwachung der Geschäftsführung. In: Zeitschrift für handelswissenschaftliche Forschung (13) 1961, S. 563-580.

DERS.: *Durchführung* Zur Durchführung der Geschäftsführungsprüfung. In: Die Betriebswirtschaft 1981, S. 2185- 2188.

DERS.: *Ordnungsmäßigkeit der Geschäftsführung* Prüfung der Ordnungsmäßigkeit der Geschäftsführung. Stuttgart 1982.

DERS.: *Überwachungstätigkeit* Zur Überwachungstätigkeit des Aufsichtsrats in betriebswirtschaftlich-organisatorischer Sicht. In: Jahrbuch für Betriebswirte, Band 10, hrsg. v. Kresse, W.; Rössle, W. Stuttgart 1982.

PROKESCH, ST., *Imperial* America's Imperial Chief Executive. In: The New York Times, 12. Oktober 1986, Section 3.

PROVAN, V.G., *Board Power* Board Power and Organizational Effectiveness Among Human Service Agencies. In: Academy of Management Journal (23) 1980, S. 221-236.

PUGH, D.S./HICKSON, D.J., *Scheme* A Conceptual Scheme for Organizational Analysis. In: Administrative Science Quarterly (18) 1963, S. 289-315.

RAISCH, P., *Unternehmensrecht* Unternehmensrecht 1. Reinbek bei Hamburg 1973.

DERS.: *Begriff* Zum Begriff und zur Bedeutung des Unternehmensinteresses als Verhaltensmaxime von Vorstands- und Aufsichtsratsmitgliedern. München 1976.

RAISER, T. , *Interesse* Das Unternehmungsinteresse. Karlsruhe 1976.

DERS.: *Bericht* Der Bericht der Unternehmungsrechtskommission und die Probleme der Unternehmungsverfassung. In: Unternehmungsverfassung als Problem der Betriebswirtschaftslehre, hrsg. v. Bohr, K.; Drukarcyk, J.; Drumm, H.-J.; Scherrer, G., Regensburg 1981, S. 35-51.

RATHENAU, W. , *Wesen* Vom Aktienwesen. Berlin 1917.

RELLERMEYER, K., *Ausschüsse* Aufsichtsräteausschüsse. Köln 1986.

REUSCHENBACH, R., *Geschichte* Die Geschichte der deutschen Aktiengesellschaften. Dissertation Köln 1982.

REVISUISSE (HRSG.), *Die Verantwortlichkeit* Die Verantwortlichkeit des Verwaltungsrats. In: Information der Schweizerischen Treuhandgesellschaft, Mai 1988.

RÜHLI, E., *Rechtsnormen* Rechtsnormen als Determinante der Leitungsorganisation und des Führungshandelns in der Unternehmung. In: Betriebswirtschaftslehre und Recht, hrsg. v. Heigl, A.; Wecker, P. Wiesbaden 1979, S. 153, 170.

SAAGE, G., *Prüfung* Die Prüfung der Geschäftsführung. Stuttgart 1965, S. 215f.

SCHAUB, D., *Organisation* Die innere Organisation des Aufsichtsrats. In: Zeitschrift für Unternehmens- und Gesellschaftsrecht (6) 1977, S. 293-305.

DERS.: *Organisation* Innere Organisation des Aufsichtsrats. In: Zeitschrift für Unternehmens- und Gesellschaftsrecht 1977, S. 293ff.

SCHERRER, G., *Reform* Grundzüge der anstehenden Reform des Schweizerischen Aktienrechts. In: Die Aktiengesellschaft (29) 1984, S. 113-126.

SCHIFFELS, E.W., *Aufsichtsrat* Der Aufsichtsrat als Instrument der Unternehmenskooperation. Eine empirische Untersuchung zur Zusammensetzung des Aufsichtsrats aller Aktiengesellschaften in 15 Wirtschaftszweigen des Verarbeitenden Gewerbes in der Bundesrepublik Deutschland. Frankfurt 1981.

SCHLOEMER, R., *Überwachungssystem* Das aktienrechtliche Überwachungssystem unter Berücksichtigung der Besonderheiten von Unternehmungskrisen. Bergisch-Gladbach 1985.

SCHMALZ, W., *Verfassung* Die Verfassung der Aktiengesellschaft in geschichtlicher, vergleichender und rechtspolitischer Betrachtung. Berlin 1950.

SCHMALENBACH, E., *Überwachungspflicht* Die Überwachungspflicht des Aufsichtsrats. In: Zeitschrift für handelswissenschaftliche Forschung (5) 1910/1911, S. 10ff.

SCHMIDT, W., *Großkommentar Aktiengesetz* Großkommentar Aktiengesetz. Berlin 3. Aufl. 1973.

SCHORMANN, F.D./BAZERMANN, M.H./ATKIN, R.S., *Uncertainty* Interlocking Directorates: A Strategy for Reducing Environmental Uncertainty. In: Academy of Management Review (2) 1981, S. 243-251.

SCHREYÖGG, G./STEINMANN, H., *Trennung* Zur Trennung von Eigentum und Verfügungsgewalt. Eine empirische Analyse der Beteiligungsverhältnisse in deutschen Großunternehmen. In: Zeitschrift für Betriebswirtschaft (51) 19821, S. 533-577.

SCHREYOEGG, G., *Aufsichtsrat* Der Aufsichtsrat als Steuerungsinstrument des Vorstandes. In: Die Aktiengesellschaft (AG) 10/1983, S. 289ff.

SCHULTHESS, B., *Funktionen* Funktionen der Verwaltung einer Aktiengesellschaft. Dissertation Zürich 1967.

SCHULZ-DORNBURG, S., *Verwaltung* Die Verwaltung der Aktiengesellschaft in Deutschland und der Schweiz. Dissertation Bern 1966.

SCHUTZORGANISATION DER PRIVATEN AKTIENGESELLSCHAFTEN Jahresbericht Schutzorganisation der privaten Aktiengesellschaften. Mit Administrativbericht über das 31. Geschäftsjahr (1. Januar 1982 bis 31. Dezember 1982) Basel 1983.

SCHWARTZ, D.E., *Shareholder Democracy* Shareholder Democracy: A Reality or Chimera? In: California Management Review (25) 3/1983, S. 53-67.

SCHWEIZER BUNDESRAT *Drucksache* Botschaft über die Reform des Aktienrechts vom 23. Februar 1983 und Entwurf zu einem Bundesgesetz betreffend die Revision des 26. Titels des Obligationenrechts (Die Aktiengesellschaft). In: Drucksache 83.015.

SEC (SECURITIES AND EXCHANGE COMMISSION): *Staff Report* Staff Report on Corporate Accountability. Washington, DC 1980.

DIES.: *Monitoring Program* Analysis of Results of 1981 Proxy Statement Disclosure Monitoring Program. In: Federal Register - Rules and Regulations (47) 49/1982, S. 4-16.

SEIWERT, L., *Zielsystem* Mitbestimmung und Zielsystem der Unternehmung. Ansätze zu einem erweiterten Unternehmensmodell der Betriebswirtschaftslehre. Göttingen 1979.

DERS.: *Mitbestimmung* Mitbestimmung als Gegenstand betriebswirtschaftlicher Forschung. In: Zeitschrift für Betriebswirtschaftliche Forschung (33) 1981, S. 307-332.

SEMLER, J., *Schwerpunkte* Schwerpunkte der Unternehmensaufsicht durch den Aufsichtsrat - Öffentlichkeitsvorstellung, Gesetzesvorgabe und Alltagsanforderung. In: Betriebswirtschaftliche Forschung und Praxis 6/1977, S. 519ff.

DERS.: *Überwachungsaufgabe* Die Überwachungsaufgabe des Aufsichtsrats. Köln et al. 1980.

DERS.: *Aufsichtsrat* Aktienrechtlicher Aufsichtsrat in der Unternehmungskrise. Aufgaben und Funktionen des aktienrechtlichen Aufsichtsrats in der Unternehmenskrise. In: Die Aktiengesellschaft (28) 1983, S. 141-151.

DERS.: *Unternehmensplanung* Die Unternehmensplanung in der Aktiengesellschaft – eine Betrachtung unter rechtlichen Aspekten – In: Zeitschrift für Unternehmens- und Gesellschaftsrecht (11) 1983, S. 1-33.

SLATER, P.H., *of Group Size* Contrasting Correlates of Group Size. In: Sociometry (21) 1958, S. 129-139.

SMITH, E.E., *Directors* Are directors out of date? In: The McKinsey Quarterly, Autumn 1973, S. 35-39.

SMITH, L., *Boardroom* The Boardroom is Becoming a Different Scene. In: Fortune, 8. Mai 1978, S. 150-170.

SOMMER, A.A., SEC The Impact of the SEC on Corporate Governance. In: Corporations at the Crossroads. Governance and Reform, hrsg. v. DeMott, D.A., New York et al. 1980.

SPENCER STUART & ASSOCIATES, *Outside Directors* 1009 Outside Directors Single Out the Most Critical Issues now Facing them. In: Point of View News and Opinion Quarterly. O.O. Winter 1983.

SPENCER STUART MANAGEMENT CONSULTANTS, *Verwaltungsräte in der Schweiz* Verwaltungsräte in der Schweiz. Aufgaben und Anforderungen. Zürich et al. 1983.

STAMMBERGER, W., *Aktienrechtsreform* Zur Großen Aktienrechtsreform. Hannover 1962.

STAUDINGER, H.-J., *Überwachung* Die Überwachung der Geschäftsführung. München 1986.

von STEIN, J.H., *Rescue* Rescue Operations in Business Crises. In: Corporate Governance and Directors' Liabilities, hrsg. v. Hopt, K.J.; Teubner, G., Berlin 1984, S. 380 – 400.

STEINER, G.A., *New CEO* The New CEO. New York, London 1983.

STEINMANN, H., *Großunternehmen* Das Großunternehmen im Interessenkonflikt. Stuttgart 1969.

DERS.: *Mitbestimmung* Betriebliche Mitbestimmung. In: Handwörterbuch der Betriebswirtschaft, hrsg. von Grochla, E.; Wittmann, W., Stuttgart 4. Aufl. 1975, Sp. 2681-2695.

DERS.: *Enterprise* The Enterprise as a Political System. In: Corporate Governance and Directors' Liabilities, hrsg. v. Hopt, K.J.; Teubner, G., Berlin 1984, S. 401 – 428.

STEINMANN, H./GERUM, E., *Reform* Reform der Unternehmungsverfassung. Methodische und ökonomische Grundüberlegungen. Köln et al. 1978.

DIES.: Mitbestimmung Unternehmenspolitik in der mitbestimmten Unternehmung. Empirische Befunde zum Einfluß des Aufsichtsrates von Aktiengesellschaften. In: Die Aktiengesellschaft (23) 1980, S. 1-10.

STEINMANN, H./KLAUS, H., *Aufsichtsrat* Der Aufsichtsrat: Beratungs- oder Kontrollorgan des Vorstandes? In: Die Betriebswirtschaft 4/86, S. 526 – 529.

DIES.: *Rolle* Zur Rolle des Aufsichtsrats als Kontrollorgan. In: Die Aktiengesellschaft (AG) 1987, S. 33ff.

STEINMANN, H./GERUM, E./FEES, W., *Aufsichtsrat* Der mitbestimmte Aufsichtsrat. Stuttgart 1988.

STEINMANN, H./SCHREYÖGG, G., *Kontrolle* Die strategische Kontrolle wird vernachlässigt. In: Blick durch die Wirtschaft – Beilage zur Frankfurter Allgemeinen Zeitung, 9. Februar 1984, S. 3.

STONE, C.D., *Law* Where the Law Ends. The Social Control of Corporate Behavior. New York et al. 1975.

STRATOUDAKIS, P., *Organisation der Unternehmensführung* Organisation der Unternehmensführung. Wiesbaden 1961.

SUMMERS, C., *Worker* Worker Participation in Corporate Management – The United States Version. In: Comparison to Corporate Law and Securities Regulation (1) 1978, S. 157-186.

TASHAKORI, A./BOULTON, W., *Look* A Look at the Board's Role in Planning. In: Journal of Business Strategy (3) 1983, S. 64-70.

TEGTMEIER, W.:,*Wirkungen* Wirkungen der Mitbestimmung der Arbeitnehmer. Göttingen 1973.

TEUBNER, G., *Beneficiaries* Corporate Fiduciary Duties and Their Beneficiaries. In: Corporate Governance and Directors' Liabilities, hrsg. v. Hopt, K.J.; Teubner, G., Berlin 1984, S. 149 – 177.

TEUBNER, G./THEISEN, M.R., *Aspekte* Betriebswirtschaftliche Aspekte und Perspektiven in der Mitbestimmungsdiskussion. In: Die Betriebswirtschaft (43) 1983, S. 123-142.

THEISEN, M. R., *Überwachung* Überwachung der Unternehmungsführung. Stuttgart 1987.

THOMÉE, F., *Boardsystem* Das Boardsystem – Eine Alternative zum Aufsichtsrat? In: Zeitschrift für Organisation (43) 1974, S. 185-191.

THOMPSON, J.D., *Action* Organizations in Action. New York 1967.

THOMPSON, J.D./McEWAN, W., *Goals* Organizational Goals and Environment: Goalsetting as an Interaction Process. In: American Sociological Review, Nr. 1, 1958.

TRENKLE, T., *Vorstandsentscheidung* Organisation der Vorstandsentscheidung. Eine empirische Analyse. Frankfurt et al. 1983.

ULRICH, H., *Unternehmung* Die Unternehmung als produktives soziales System – Grundlagen der allgemeinen Unternehmungslehre. Bern et al. 2. Aufl. 1970.

ULRICH, P., *Institution* Die Großunternehmung als quasi-öffentliche Institution. Eine politische Theorie der Unternehmung. Stuttgart 1977.

U.S. HOUSE OF REPRESENTATIVES COMMITTEE ON THE JUDICIARY, *Interlocks* Interlocks in Corporate Management. Staff Report. Washington, DC 1965.

UNITED TECHNOLOGIES CORPORATION, *10-K* Form 10-K for the Year 1982. Hartford, CT 1982.

VANCE, S.C., *Structure and Performance* Boards of Directors: Structure and Performance. Eugenie, OG 1964.

DERS.: *The Corporate Director* The Corporate Director. A Critical Evaluation. Homewood, IL 1968.

DERS.: *Shared Authority* Shared Chief Executive Authority: Chaos or Collegiality? In: Directors and Boards, Fall 1980, S. 5-10.

DERS.: *Corporate Leadership* Corporate Leadership. Boards, Directors and Strategy. New York et al. 1983.

VANCIL, R.A./GREEM, CH.H., *CEOs* How CEOs use top management committees. In: Harvard Business Review (62) 1/1984, S. 65 – 73.

VETTER, E., *Beiträge* Beiträge zur inneren Ordnung des Aufsichtsrats der mitbestimmten Aktiengesellschaft. Heidelberg 1982.

VISCHER, F., *Stellung* Die Stellung der Verwaltung und die Grenzen der Delegationsmöglichkeit bei der großen AG. In: Festgabe für Wilhelm Schönenberger. Fribourg 1968, S. 345-370.

DERS.: *Aktienrechtsreform* Die Aktienrechtsreform aus der Sicht des Verwaltungsrates. In: Schweizer Schriften zum Handels- und Wirtschaftsrecht, Band 74, hrsg. v. Forstmoser, P., Zürich 1984.

VOGEL, W.C., *Aktienrecht und Aktienwirklichkeit* Aktienrecht und Aktienwirklichkeit – Organisation und Aufgabenteilung von Vorstand und Aufsichtsrat – Eine empirische Untersuchung deutscher Aktiengesellschaften. Baden-Baden 1980.

VOGT, H., *Sozialverband* Sozialverband Unternehmen – eine Alternative zur arbeitsrechtlichen

Mitbestimmungsstrategie zum Problem der Integration von Mitbestimmung und Vermögensbildung der Arbeitnehmer im Sozialverband Unternehmen. Bern, Stuttgart 1981.

VOLLMAR, J., *Grenzen* Grenzen der Übertragung von gesetzlichen Befugnissen des Verwaltungsrates an Ausschüsse, Delegierte und Direktoren. Dissertation Bern 1985.

WAGNER, D., *Der institutionalisierte Konflikt* Der institutionalisierte Konflikt in mehrdimensionalen Organisationsstrukturen. In: Zeitschrift für Organisation (48) 1979, S. 421-428.

WEBBER, R.A., *Convergence* Convergence or Divergence. In: Culture and Management. London 1977, S. 39-55.

WEDDERBURN, LORD, *Legal* The Legal Development of Corporate Responsibility. In: Corporate Governance and Directors' Liabilities, hrsg. v. Hopt, K.J.; Teubner, G., Berlin 1984, S. 3 – 54.

WEIMER, A.M., *Directors Study* Directors Study. Graduate School of Business, Indiana University. Bloomington, IN 1978.

WELCHOWSKI, P., *Unternehmensverfassung* Unternehmensverfassung im Wandel. Eine empirische Veränderungsanalyse des Arbeitnehmereinflusses von 1962 bis 1976. Diss Univ. München 1981.

WERNER, H.D., *Politics* Management by Politics. In: Manager Magazin, Heft 11/1983, S. 206-211.

WERTH, H.J., *Vorstand* Vorstand und Aufsichtsrat in der Aktiengesellschaft. Düsseldorf 1960.

WHISLER, TH.L., *Some Do's and Don'ts for Directors* In: The Wall Street Journal, 21. März 1983, S. 7.

WIESNER, P.M., *Mitbestimmungsvorschläge* Grundzüge der neuen Mitbestimmungsvorschläge der EG-Kommission auf Unternehmensebene im Rahmen der 5. Gesellschaftsrechtlichen Richtlinie. In: Jahrbuch für Betriebswirte, Band 10, hrsg. von Kresse, W.; Rössle, W., Stuttgart 1985, S. 116-118.

WIETHÖLTER, R., *Interessen* Interessen und Organisation der Aktiengesellschaft im amerikanischen und deutschen Recht. Karlsruhe 1961.

WILD, J., *Unternehmungsverfassung* Managementkonzeption und Unternehmungsverfassung. Frankfurt a.M. 1971.

DERS.: *Management-Konzeptionen* Management-Konzeptionen und Unternehmensverfassung. In: Probleme der Unternehmungsverfassung, hrsg. v. Schmidt, R.-B.,Tübingen 1971.

WITTE, E., *Angestellten* Die leitenden Angestellten. Band 2. Eine empirische Untersuchung. München 1975.

DERS.: *Verfassung* Die Verfassung der Unternehmen als Gegenstand betriebswirtschaftlicher Forschung. In: Die Betriebswirtschaft (38) 1978, S. 331-340.

DERS.: *Mitbestimmung* Das Einflußpotential der Arbeitnehmer als Grundlage der Mitbestimmung. Eine empirische Untersuchung. In: Die Betriebswirtschaft (40) 1980, S. 3-26.

DERS.: *Anteilseigner* Der Einfluß des Anteilseigners auf die Unternehmenspolitik. In: Zeitschrift für Betriebswirtschaft (51) 1981, S. 733-779.

DERS.: *Unabhängigkeit* Die Unabhängigkeit des Vorstandes im Einflußsystem der Unternehmung. In: Schmalenbachs Zeitschrift für betriebswirtschaftliche Forschung (33) 1981, S. 273-296.

WOLF, C.M.H., *Anteilseignerbanken* Die Zusammensetzung der Anteilseignerbanken in den Aufsichtsräten der deutschen Industrieaktiengesellschaften. Diplomarbeit, München 1981.

WOMMACK, W.W., *Most Important Function* The Board's Most Important Function. In: Harvard Business Review (57) 5/1979, S. 48-62.

WORTHY, J.C./NEUSCHEL, R.P., *Emerging Issues* Emerging Issues in Corporate Governance. J.L. Kellogg Graduate School of Management, Northwestern University, Evanston, IL 1983.

WUNDERER, R., *Führungsgrundsätze* Führungsgrundsätze als Instrument der Unternehmens- und Betriebsverfassung. In: Unternehmensverfassung als Problem der Betriebswirtschaftslehre, hrsg. v. Bohr, K. et al., Berlin 1981, S. 405-443.

ZALD, M.N., *The Power and Function of Boards* The Power and Function of Boards of Directors: A Theoretical Sythesis. In: American Journal of Sociology (75) 1969, S. 97-111.

ZAPP, W., *Analyse* Analyse der deutschen Vorstands- und amerikanischen Boardverfassung. München 1985.

ZIEGLER, R., *Netz* Das Netz der Personen- und Kapitalverflechtungen deutscher und österreichischer Wirtschaftsunternehmen. In: Kölner Zeitschrift für Soziologie und Sozialpsychologie. (36) 3/1984, S. 585-614.

ZÜND, A., *Revisionslehre* Revisionslehre. Zürich 1982.

DERS.: *Wirtschaftsprüfung* Amerikanische Wirtschaftsprüfung in der Krise – Lehren für den schweizerischen Berufsstand? In: Schweizer Treuhänder, 10/1986, S. 386-390.

O.V.: *Workers on Your Board* Workers on Your Board of Directors? In: Nation's Business, Februa-ry 1976, S. 52-54.

O.V.: *The Risk* The Risk in Putting a Union Chief on the Board. In: Business Week, 19. Mai 1980, S. 149-150.

O.V.: *Unique Perspective* Unique Perspective. In: Fortune, 9. Febr. 1981, S. 19.

O.V.: *Labor's Voice* Labor's Voice on Boards: Good or Bad? In: Business Week, 7. Mai 1984, S. 107-109.

O.V.: *Harry Gray* Harry Gray Wins A Battle But May Lose The War. In: Business Week, 8. Okt. 1984, S. 20.

O.V.: *FDIC* FDIC Fires 10 Senior Continental Illinois Directors. In: The Wall Street Journal, 3. Dez. 1984, S. 3.

O.V.: *A Change* A Change May Mean No Change At United Technologies. In: Business Week, 3. Dez. 1984, S. 22.

O.V.: *Well-Timed Purge* A Well-Timed Purge at Continental Illinois. In: Business Week, 17. Dez. 1984, S. 65-66.

O.V.: *Stichwort* DBW – Stichwort: Board-System. In: Die Betriebswirtschaft, 2/1985, S. 222-223.

O.V.: *Die Verantwortlichkeit des Verwaltungsrats* revisuisse info – Information der Schweizerischen Revisionsgesellschaft Mai 1988.

Sachregister